“一带一路”营商环境法治研究丛书
"The Belt and Road" Legal Research
Series on Business Environment
丛书主编：王莹莹

中亚营商环境法治研究系列

哈萨克斯坦
营商环境法治研究

Research on the Rule of Law in the Business Environment of *the Republic of* *Kazakhstan*

主编 - 贺小丽
副主编 - 贺帅帅　江　海

中国民主法制出版社
全国百佳图书出版单位

图书在版编目(CIP)数据

哈萨克斯坦营商环境法治研究 / 贺小丽主编.
北京 ：中国民主法制出版社，2025. 5. --（“一带一路”营商环境法治研究丛书 / 王莹莹总主编）. -- ISBN 978-7-5162-3991-9

Ⅰ. D936. 122. 94

中国国家版本馆 CIP 数据核字第 2025DL5631 号

图书出品人：刘海涛
责 任 编 辑：陈　曦　贾萌萌
文 字 编 辑：刘　照

书名/哈萨克斯坦营商环境法治研究
作者/贺小丽　主编

出版 · 发行/中国民主法制出版社
地址/北京市丰台区右安门外玉林里 7 号（100069）
电话/（010）63055259（总编室）　63058068　63057714（营销中心）
传真/（010）63055259
http：//www. npcpub. com
E-mail：mzfz@ npcpub. com
经销/新华书店
开本/16 开　730 毫米×1030 毫米
印张/20. 25　**字数**/346 千字
版本/2025 年 8 月第 1 版　2025 年 8 月第 1 次印刷
印刷/北京建宏印刷有限公司

书号/ISBN 978-7-5162-3991-9
定价/99. 00 元

“一带一路”营商环境法治研究丛书

指导单位

陕西省司法厅

主办单位

西北政法大学

新疆政法学院

编写单位

西北政法大学“一带一路”营商环境研究院

西北政法大学民心相通研究交流中心

商桥（西安）信息咨询有限公司

丛书国别主编及编写人员

《乌兹别克斯坦营商环境法治研究》

主　编：刘卫锋

副主编：卢文捷　郑嘉欣

编写组：卢石宏　刘　洁　曹珂欣　魏亦欣　白　鑫　金羽珩　王乐田　聂荷珍　陈子玥　舒良缘　郭若卉

《哈萨克斯坦营商环境法治研究》

主　编：贺小丽

副主编：贺帅帅　江　海

编写组：罗世琦　郭　菲　闫昱洁　宇文雅　唐　琪　张　懿　赵怡宁　陈　颖　马　楠　陈俊希　叶　娟　张　恒

《塔吉克斯坦营商环境法治研究》

主　编：贾同乐

副主编：刘吉堂　陈凌云

编写组：刘宏刚　范　涛　陈梦琦　华伟聪　曾　卓　刘甫霖　李　露　耿　申　张琪文　韦一杭

《吉尔吉斯斯坦营商环境法治研究》

主　编：汤　强

副主编：孔得建　向　东

编写组：杜　昆　许海龙　肖　扬　胡家榛　陆星宇　刘豆豆　廖　桐　刘季恒　牟苑双　孙宇杰

《土库曼斯坦营商环境法治研究》

主　编：李思思

副主编：李　洋　李泽西

编写组：郭　帅　赵　亮　赵　敏　崔仪韵　韩佳雪　白雪玉　刘芳妤　郝秋蕾　程涵婧　乔文茹

总　序

“天下熙熙，皆为利来；天下攘攘，皆为利往。”熙攘繁荣的市场图景以成熟营商环境为描绘基础，我国北宋时期破除坊市、包容恤商，造就《清明上河图》中描绘的“八荒争凑、万国咸通”盛况。当今世界，全球经济格局正经历深度调整，“一带一路”倡议的纵深推进为欧亚大陆注入了新动能，中亚五国——哈萨克斯坦、乌兹别克斯坦、吉尔吉斯斯坦、塔吉克斯坦、土库曼斯坦凭借其地缘枢纽地位、资源禀赋与市场潜力，正成为跨国投资与区域合作的热土。在此背景下，有关中亚五国营商环境成熟度的考察、评估与分析，俨然成为“一带一路”营商环境法治研究的重要命题。

根据世界银行《营商环境报告》（*Doing Business*，2020）曾以量化指标勾勒出的营商环境“区域画像”，中亚五国整体建设水平呈现梯度化趋势。哈萨克斯坦是中亚地区营商环境建设的先驱者与领跑者，其借助国内《国际商事仲裁法》实现与《联合国国际贸易法委员会国际商事仲裁示范法》的接轨，吸引了众多跨国企业选择该国作为跨境争议解决的仲裁地。乌兹别克斯坦蓄势待发，自其推行全面经济改革以来，得益于放宽外资准入、建设自贸区、数字化服务等政策，营商环境优化效果显著。吉尔吉斯斯坦和塔吉克斯坦在改善营商环境方面亦有成效，如吉尔吉斯斯坦创新“破产预警监测系统”，以技术赋能提升公共服务效率与质量；塔吉克斯坦通过加大力度吸引外资推动国内基础设施建设。土库曼斯坦近几年在公共服务、外资准入、关税改革等领域不断推进营商环境优化。

中亚五国由于地理环境、历史传统、宗教习俗、语言文化等因素，其法律体系与我国有共同点，也存在差异，这种差异会给相互之间的商贸往来带来障碍。鉴于此，西北政法大学“一带一路”营商环境研究院聚焦营商环境法治建设，编纂中亚五国营商环境法治研究系列丛书，紧扣世界银行《营商环境成熟度报告》（*Business Ready*）指标，以法治评估为主线，宏观上萦绕营商主体“准入—兴业—退出”的全法律生命周期，微观视角下紧密联系“市场参与度、公共服务获取、劳动者保护、反垄断与反不正当竞争、税收政策”等外商投资标准，分《哈萨克斯坦营商环境法治研究》《乌兹别克斯坦营商环境法治研究》《吉尔吉斯斯坦营商环境法治研究》《塔吉克斯坦营商环境法治研究》《土库曼斯坦营商环境法治研究》五册展开国别研究；从国情背景着手，立足于详实的法律文本、立法动态、世界银行数据及典型案例分析，通过系统解析中亚五国营商环境的法治要素，力求客观完整地诠释中亚地区营商环境的法治化现状，从而为学术研究者、政策制定者及企业投资者提供兼具理论深度与实践价值的参考与指南。

当“一带一路”倡议架起法治互联互通之桥，丝路商道焕发法治新貌，中亚五国正以法治为经纬，共同编织起地区安全与发展的时代锦缎。五部曲的付梓，不仅是对中亚法治图景的学术描摹，更是一份面向未来的承诺：让法治成为破除偏见、消弭冲突的桥梁，让合作成为超越分歧、共创繁荣的纽带。正如习近平总书记指出的：“法治是最好的营商环境。”在这条通向现代化的文明之路上，我们愿以法为舟，以信为帆，推动实现更加强劲、绿色、健康的全球发展，培育全球发展新动能，构建全球发展共同体。

是为序。

西北政法大学党委副书记、校长
范九利

前　言

哈萨克斯坦作为世界上最大的内陆国家之一，拥有丰富的石油和天然气资源。自 1991 年独立以来实现了经济的快速增长，2024 年 GDP 达到 2909.9 亿美元，位列全球第 49，亚洲第 18。哈萨克斯坦的经济增长不仅仅依赖其自然资源，更是得益于政府推动的一系列改革措施营造的良好营商环境。哈萨克斯坦在 2024 年吸引了 157 亿美元的 FDI，占中亚地区总额的 63%，同比增长 88%，成为中亚地区最大的外资接受国。为了更好促进中哈两国的对外投资与贸易，本书旨在通过对哈萨克斯坦投资、贸易的立法和司法全方位的解析，全面揭示哈萨克斯坦政府如何通过多元化的发展战略和政策支持推动营商环境的完善。

本书第一章通过分析哈萨克斯坦的地理位置、社会文化、宗教习俗、基础设施等概述哈萨克斯坦营商环境的国情条件。第二章体系化介绍了哈萨克斯坦与营商环境有关的法律法规，系统介绍了哈萨克斯坦营商环境的立法条件。第三章和第四章以外商投资到哈萨克斯坦可能要面临的问题为切入点，探讨哈萨克斯坦营商环境的投资条件，包括企业准入与退出、经营场所获取、公共服务、劳动者保护、反垄断与反不正当竞争、金融服务、税收政策等 8 个方面；最后，聚焦哈萨克斯坦的国际贸易营商环境，通过阐释哈萨克斯坦的国际货物贸易、国际服务贸易、国际知识产权、国际数字贸易、自贸区和特别经济特区的法律法规以及中哈两国签订的条约，分析哈萨克斯坦营商环境的贸易条件。第五章深度剖析哈萨克斯坦的司法、仲裁、调解的纠纷解决机制，并通过对典型案例的评析揭示了哈萨克斯坦营商环境的司法条件。

目　录

第一章　哈萨克斯坦概况

一、地理概况

（一）地理位置

哈萨克斯坦共和国位居亚欧大陆的中心腹地，作为全球面积最大的内陆国，其领土横跨欧亚两大洲，地理坐标大致在北纬40°至56°、东经46°至87°区间内。这种独特的经纬度位置，为哈萨克斯坦带来了多样的气候类型，从北部的温带大陆性湿润气候，到南部的温带大陆性干旱与半干旱气候，深刻影响着该国的生态环境与农业分布。

在陆域边界上，哈萨克斯坦北与俄罗斯联邦接壤，众多口岸成为双边贸易和文化交流的前沿，双方在能源输送、科技合作等领域紧密合作，形成相互依存的区域合作关系。南与乌兹别克斯坦、土库曼斯坦和吉尔吉斯斯坦毗邻，在区域安全、水资源分配以及交通基础设施建设等方面积极开展多边合作，哈萨克斯坦凭借其广阔的领土和丰富的资源，在中亚事务中发挥着主导作用。哈萨克斯坦东部与中国新疆地区接壤，霍尔果斯、巴克图等口岸成为双方合作的重要窗口。双方在能源、贸易和基础设施建设领域合作成果丰硕，中国与哈萨克斯坦共建的中哈原油管道，将哈萨克斯坦的油气资源源源不断地输送到中国，既满足了中国的能源需求，也推动了哈萨克斯坦的经济发展，成为共建“一带一路”倡议的成功范例。哈萨克斯坦西部濒临里海，里海丰富的油气资源和便捷的水运通道，使哈萨克斯坦成为区域能源市场的重要参与者。通过里海，哈萨克斯坦与阿塞拜疆、伊朗等国开展海上贸易和能源合作，不仅提升了其在西亚地区的经济影响力，也在地区政治舞台上发挥着独特作用。

从交通与历史角度看，哈萨克斯坦处于连接东亚、南亚、西亚与欧洲的关键节点，是古丝绸之路的重要组成部分。历史上，哈萨克斯坦作为东西方贸易和文化交流的枢纽，见证了众多文明的兴衰与融合。如今，哈萨克斯坦凭借其独特的地理位置，成为共建“一带一路”倡议的关键参与国，中欧班列等国际物流通道横贯全境，进一步凸显了其在全球贸易和区域合作中的战略价值，在区域经济一体化和全球化进程中扮演着越来越重要的角色。

（二）地形地貌

哈萨克斯坦地处中亚，地貌类型丰富，地势呈现东南高、西北低的特征。东南部，阿尔泰山脉与天山山脉部分延伸至此，前者属褶皱断块山，平均海拔 3000 米左右，其主峰别卢哈山海拔 4506 米，山峰常年被冰雪覆盖，发育有规模宏大的现代冰川，冰川融水不仅为当地提供水源，还塑造出 U 形谷、角峰等典型冰川地貌；天山山脉则以高大的山体、复杂的地质构造著称，众多山峰海拔超过 4000 米，这些山脉不仅是重要的地理分界线，对哈萨克斯坦的气候、水系分布也有着深远影响。

哈萨克斯坦中部广袤区域丘陵地形占据主导，中部丘陵平均海拔 300—500 米，是在古老的基底上受外力侵蚀形成，地表起伏和缓，多浅丘、宽谷，其间散布着盐湖和季节性河流。由于长期的风力与流水侵蚀，部分地区形成独特的雅丹地貌，呈现出风蚀柱、风蚀垄槽等奇特景观。里海沿岸平原和图兰低地分布在西北部。里海沿岸平原地势极为低平，海拔多在 200 米以下，紧邻里海，地下水水位高，部分区域沼泽广布。图兰低地则是中亚最大的低地，气候干旱，以荒漠、半荒漠景观为主，在长期的风力作用下，沙丘连绵，形成新月形沙丘、沙垄等风积地貌。此外，哈萨克斯坦西部的乌拉尔河，作为欧亚两大洲的界河之一，自北向南流经，长期的流水作用塑造了宽阔的河谷与河漫滩。这些河谷地带土壤肥沃，成为哈萨克斯坦重要的农业生产区域，而河漫滩每逢洪水期都会被淹没，对区域生态和人类生产生活产生周期性影响。总体而言，多样的地形地貌，深刻影响着哈萨克斯坦的气候、水文以及经济社会发展格局。

（三）行政区划

哈萨克斯坦作为中亚地区面积最大的国家，实行总统制单一制，在行政区划上，全国共设有 17 个州与 3 个直辖市①。17 个州包含阿克莫拉州、阿克纠宾斯克州等，各个州在政治、经济、文化等方面均承担着特定职能。例如，阿克纠宾斯克州油气资源丰富，在全国能源产业中占据关键地位，凭借成熟的开采技术和完备的运输体系，将大量油气资源输往国内外市场，有力带动

---

① 参见《哈萨克斯坦国家概况》，载中华人民共和国外交部网，https://www.mfa.gov.cn/gjhdq_676201/gj_676203/yz_676205/1206_676500/1206x0_676502/，2025 年 3 月 25 日访问。

区域经济发展。而农业资源丰富的州，凭借广袤的耕地和适宜的气候，发展小麦、棉花等作物种植，为国家粮食供应和农产品出口贡献显著。

3个直辖市分别为阿斯塔纳、阿拉木图与奇姆肯特。阿斯塔纳作为哈萨克斯坦首都，不仅是国家政治中心，诸多政府机关和国际组织驻哈机构在此设立，承担着国家决策和管理职能；同时也是重要的经济、文化枢纽，集中了众多金融机构、科研院校与文化场馆，推动了信息、科技和文化的交流传播。阿拉木图曾为哈萨克斯坦首都，作为全国最大城市，其商业氛围浓厚，交通网络发达，在贸易、物流和旅游领域优势突出，对国家经济的贡献举足轻重。奇姆肯特作为新兴的直辖市，工业基础雄厚，凭借独特的地理位置，在区域经济合作中发挥着重要的桥梁作用，通过与周边地区开展产业合作，促进了区域间的协同发展。

总体来看，哈萨克斯坦的行政区划既充分考虑了资源分布、地理区位等要素，也兼顾历史沿革，对推动国家的均衡发展、区域合作，有着积极且深远的影响。

1. 阿斯塔纳直辖市

阿斯塔纳作为哈萨克斯坦的首都与第二大城市，地处哈萨克斯坦中北部阿克莫拉州东南部，面积797平方千米，依据2023年11月1日的统计数据，其总人口达141.72万①。追溯历史，石器时代阿斯塔纳就有先民在此游牧，历经诸多政权的交替，1997年哈萨克斯坦将首都迁至此处，次年正式更名为阿斯塔纳。阿斯塔纳属温带大陆性气候，多风，夏季炎热干燥、冬季寒冷漫长，位列世界第二冷城市，地形以丘陵和平原为主。

政治层面，阿斯塔纳作为哈萨克斯坦的核心，聚集着众多政府机关以及国际组织的驻哈机构，是国际会议的重要承办地，在地区和国际事务中发挥着积极的影响力。

经济发展上，阿斯塔纳的第二、三产业较为发达，制造业是其经济支柱，石油、冶金产业更是占据重要地位。值得一提的是，阿斯塔纳国际金融中心积极推动绿色金融科技的创新发展，构建了一个充满活力的金融生态系统。与此同时，阿斯塔纳营商环境优越，阿斯塔纳—科技城经济特区坐落于此，区内企业享受免征企业所得税、土地税等多项税收优惠政策，并且可获增值税返还，入驻流程与外国劳务使用手续也得到简化。这些举措吸引了大量国内外投资，为阿斯塔纳的持续发展注入强劲动力。在文化方面，阿斯塔纳融

---

① See Краткие итоги социально-экономического развития региона. БЮРО НАЦИОНАЛЬНОЙ СТАТИСТИКИ.［2024-01-04］.

合了东西方文化特色，独具风格的建筑、富有魅力的音乐和特色饮食构成了多元的文化景观，且拥有科尔加尔仁自然保护区这一世界自然遗产，丰富的人文与自然景观吸引全球游客前来领略这座城市的独特魅力。

2. 阿拉木图直辖市

阿拉木图市位于哈萨克斯坦东南部边境，三面环山，海拔 700—900 米，面积 682 平方公里，截至 2025 年初，阿拉木图市人口为 204 万人①。阿拉木图作为哈萨克斯坦最大的城市，也是该国的金融、教育的中心，并且该市早年盛产苹果，因此也被称为苹果城。阿拉木图直辖市在 1929 年到 1991 年这六十多年一直是哈萨克苏维埃社会主义共和国的首府，1991 年到 1997 年又作为哈萨克斯坦共和国的首都。1997 年迁都后，它仍是国家文化和经济中心。

阿拉木图是哈萨克斯坦的金融和商业中心，拥有众多银行、证券交易所和跨国公司总部，对全国经济发展起着重要的引领作用。在产业结构上，阿拉木图是哈萨克斯坦的主要工业中心，机械制造、电力、有色冶金、金属加工等重工业发达，同时食品工业和轻工业也占很大比重。

阿拉木图市还是哈萨克斯坦的公路交通枢纽和重要航空站点，其铁路线四通八达，通向西伯利亚、乌拉尔、中亚和中国新疆等诸多地方，是重要的公路运输中心和国内国际航空港。

值得一提的是，该市为华侨华人主要聚集地，其多从事商业、餐饮业、服务业等。中石油、中石化、中有色、中国工商银行、中国银行、南方航空、华为等中资机构和企业在此设有分支机构或代表处。阿拉木图市与乌鲁木齐市已结为友好城市。②

3. 奇姆肯特直辖市

奇姆肯特位于乌加姆山脉山麓，毗邻乌兹别克斯坦边界，是中亚古城之一，古丝绸之路重镇。该市面积 347 平方公里，人口逾 111 万，于 2018 年 6 月 19 日升格为直辖市，是哈萨克斯坦重要的工业和文化中心之一。此外，奇姆肯特市与甘肃省白银市已结为友好城市。

奇姆肯特属于典型的大陆性气候，年平均气温零上 13℃，夏季高温，昼夜温差大，日照时间长，降水较少，但地下水源丰富，主要河流为南部的巴达姆河。东部为西天山山脉，东南部为卡兹库尔特山脉，北部是卡尔让套山脉。

---

① See world population review. https：//worldpopulationreview. com/cities/kazakhstan/almaty.

② 参见《哈萨克斯坦共和国行政区划》，载阿拉木图新闻网，https：//alnews. kz/kz/article/ ha-sa-ke-si-tan-gong-he-guo-xing-zheng-qu-hua. html，2025 年 3 月 30 日访问。

该市石油矿产丰富，并且建有全国最大的炼铅厂，化工产品产值占全国的17%。此外还有炼油厂、自动锻压机、磷酸盐、轮胎、轧棉、化学制药厂及棉纺织、油脂和肉类加工联合企业等。农产品主要有棉花、谷类、水果和蔬菜，畜牧业则以饲养绵羊、山羊、马、牛等为主。

4. 其他主要州

阿特劳州：首府是阿特劳市，能源产业（里海沿岸的田吉兹油田）和石化工业是该州的支柱产业。阿特劳州的营商环境具有一定优势，其石油和天然气开发享受政府税收优惠，自由经济区的政策也吸引着外资进入该州的能源领域。同时该州基础设施完善，管道运输网络发达，更加便于能源的出口。自2020年起，该州的商业活跃度指数改善明显，工业部门复苏加快，新订单量也在不断增加。

曼吉斯套州：首府是阿克套市，石油出口（阿克套港口）、矿业、渔业是其支柱产业。阿克套港是中亚重要能源出口枢纽，因此曼格斯套州政府不断对港口进行现代化改造，提升物流效率。政府还支持中小企业融资，提供贷款再融资和出口程序简化措施以改善、提升其营商环境。

卡拉干达州：首府是卡拉干达市，重工业（煤炭、钢铁）、矿业（铜、金）是该州的支柱产业。该州的营商环境优势明显，其工业基础雄厚，并且政府优先推动数字化与人工智能在制造业领域的应用以提升产能。企业还可受益于“一揽子措施”中的减负政策，如减少监管干预和非法检查。

图尔克斯坦州：首府是图尔克斯坦市，农业（棉花、甜菜）、旅游业（霍贾·艾哈迈德·亚萨维陵墓）是该州的主要产业。在产业发展方面，州政府鼓励农业现代化，提供农机租赁融资和本地化成分补贴。旅游业也获得政策倾斜，政府简化投资审批的流程，努力吸引外资开发文化遗产项目。

巴甫洛达尔州：首府是巴甫洛达尔市，重工业（炼油、铝业）以及额尔齐斯河航运是其主要产业。其工业项目享受税收减免，政府限制国有企业参与竞标，为私企创造公平竞争环境。2020年起商业活跃度指数显著改善，工业部门订单量回升。

西哈萨克斯坦州：首府是乌拉尔斯克市，天然气开采、农业（瓜果种植）是其支柱产业。该市能源企业受益于出口程序简化政策，国际竞争力逐步提升。同时，政府推动农业加工技术升级，为农业提供出口市场准入支持。

（四）气候概况

1. 气候条件

哈萨克斯坦地处北温带，深居亚欧大陆腹地，属典型的温带大陆性气候，呈现出显著的大陆性特征，冬寒夏热，境内不同区域的气候差异明显。从气温来看，1月平均气温在-19℃至-4℃间，7月平均气温为19℃至26℃，历史最高、最低气温分别达49℃和-57℃。

该国降水分布不均，荒漠地带年降水量不足100毫米，北方年降水量在300—400毫米，山区因地形的抬升作用，年降水量可达1000—2000毫米。像哈萨克丘陵地区，年降水量仅200毫米左右，属典型的大陆性干旱半干旱气候，处于荒漠、半荒漠地带。

在全球气候变化的大背景下，哈萨克斯坦受到显著影响。自1976年以来，其平均气温每10年上升0.33℃，高于全球平均升温速率。2023年，哈萨克斯坦年均气温比长期平均值（5.4℃）高出2.58℃，突破2020年的历史纪录。降水模式同样发生改变，过去33年中有15年降水量高于常规水平，极端水文事件越发频繁。2024年，哈萨克斯坦遭遇80多年来最严重的洪灾，致使1.8万座房屋被淹，11.7万人紧急撤离。有专家预测，未来该国气温将持续攀升，到2030年，平均气温可能上升1.7—1.9℃，到2050年可能升高2—3℃，这将导致降水强度增加，冰雪融化提前，洪水风险大幅上升。此外，因哈萨克斯坦大部分地区处于平原与干旱、半干旱区域，近一半地区年平均风速4—5米/秒，中部、里海和咸海沿岸地区风速更可达6米/秒以上，沙尘暴频发，多集中于干旱的初春和夏季，部分盐风暴还源于咸海，对当地生态环境和居民生活造成严重影响。

2. 水系情况

哈萨克斯坦拥有丰富的水系，但其分布并不均衡。该国拥有世界上最大的内陆水域系统之一，内流河和湖泊众多，构成了独特的生态系统。额尔齐斯河是哈萨克斯坦最重要的河流之一，也是中国唯一流入北冰洋的河流，发源于中国新疆的阿尔泰山，全长4248公里，流经哈萨克斯坦和俄罗斯，最终汇入鄂毕河，上游主要依靠融雪和降水补给，下游则主要来源于融雪、降水和壤中水，滋养了沿岸的生态系统，为哈萨克斯坦的经济发展提供重要支撑。伊犁河也是该国重要的河流，发源于中国新疆天山山脉，向西流入哈萨克斯坦，最终注入巴尔喀什湖，是巴尔喀什湖的主要水源之一，对维持该地区的生态平衡起着关键作用。发源于中国境内的新疆塔尔巴哈台山和吾尔喀什尔山，流经哈萨克斯坦境内的阿拉湖。此外，哈萨克斯坦还有乌拉尔河、锡尔河等跨界河流，乌拉尔河发源于俄罗斯的乌拉尔山脉南部，流经哈萨克斯坦，最终注入里海；锡尔河是中亚最长的河流，发源于吉尔吉斯斯坦境内的天山山脉，其间流经乌兹别克斯坦和哈萨克斯坦，最终注入咸海。这些河流对哈萨克斯坦的经济、社会和生态环境都具有重要意义，是该国重要的水资源来源，不仅为农业灌溉、工业生产和居民生活提供了用水，还支撑着独特的生态系统。[①] 然而，由于哈萨克斯坦地处干旱、半干旱地区，水资源短缺问题较为突出，加上气候变化和人类活动的影响，其水系面临着诸多挑战，如河流径流量减少、湖泊萎缩、水质污染等。为了应对出现的这些问题，哈萨克斯坦政府采取了一系列积极措施，包括加强国内的水资源管理、提高灌溉效率、推广节水技术等，以实现水资源的可持续利用和生态环境的保护。

（五）资源概况

哈萨克斯坦的自然资源丰富，尤其是固体矿产资源，在哈境内有 90 多种矿产，1200 多种矿物原料。许多矿产在全球矿产储量中的比例很高，如钨超过 50%，铀 25%，铅 19%，锌 13%，铜和铁 10%。哈萨克斯坦拥有丰富的石油和天然气资源，已探明石油可开采量为 40 亿吨，石油储量居世界第 7 位。[②]

1. 石油和天然气储量

哈萨克斯坦的可开采储量中，石油为 48 亿吨（267 座油田）。根据预测，石油总储量约 180 亿吨（包括哈里海所属区域的 100 亿吨的储量）。关于可开采量的增长，根据 2000—2014 年期间地质勘探结果，可开采石油量为 21 亿吨。在此期间，上述能源的实际开采量分别为石油 8.9 亿吨。整体上，石油储量的增加几乎超过其消耗的 2.5 倍。2016 年 12 月，中国华信能源有限公司与哈萨克斯坦国家石油天然气公司在罗马尼亚首都布加勒斯特签署关于在哈萨克斯坦国家石油国际公司基础上建立合资企业的一系列更新协议。

哈萨克斯坦陆上天然气已经探明的储量约为 3.5 万亿立方米，其中可采储量超过 1 万亿立方米。哈萨克斯坦属于里海地区，是当今世界上天然气资源最丰富的地区之一。据估算，该地区天然气储量约为 458.8 万亿立方米，占世界天然气总量的 7.5%。里海周边共有哈萨克斯坦、土库曼斯坦、阿塞拜疆、伊朗和俄罗斯 5 个国家，而哈萨克斯坦属里海领域达到 30%，所占天然气资源约为 153.3 万亿立方米，约占总储量的 1/3。

2. 煤炭储量

哈萨克斯坦已探明的煤炭储量超过 340 亿吨，其中石煤 62%，褐煤 38%，共有 147 个项目，47 个采煤区。煤主要集中在五大采煤区：卡拉干达、埃基

---

① 参见龙爱华、邓铭江、李湘权等：《哈萨克斯坦水资源及其开发利用》，载《地球科学进展》2010 年第 12 期。

② 参见商务部对外投资和经济合作司等编：《对外投资合作国别（地区）指南：哈萨克斯坦》（2024 年版），载商务部“走出去”公共服务平台，http：//fec. mafcom. gov. cn/article/gbdqzn/，2025 年 3 月 25 日访问。

巴斯图兹、玛依秋宾斯克、托尔加伊斯科和田尼斯—科尔中科里斯克，还有十个大型煤矿：博尔雷、舒巴尔科里、萨玛尔斯柯耶、扎乌亚罗夫斯科耶、吉亚科特、扎雷恩、卡伊那玛、库硕柯、博甘巴依和喀拉哲拉，这些煤矿主要分布在卡拉干达州、巴甫洛达尔州、科斯塔奈州、阿克莫林州和东哈州。煤炭预测储量超过1050亿吨，其中270亿吨石煤，其余为褐煤。

3. 铀、铅和锌等稀有矿产储量

哈萨克斯坦约有铀矿70座，已探明储量约为150万吨。截至2015年，已开采23座，约占平衡储量的45%，P1级别铀预测量为62.5万吨。约80%的储量位于两个地质区域——邱—萨雷苏依斯克（卡拉干达和克孜勒洛尔达州的东南部、南哈州、江布尔州和阿拉木图州西部）和斯尔达利英思科（克孜勒洛尔达州和卡拉干达州西南部）。其余储量集中在北哈地质区域，包括在阿克莫拉州和北哈州的矿床。哈铀主要集中在砂岩型矿坑，通过地下矿井浸析方式提取。

哈萨克斯坦已探明铅储量为1480万吨，位列俄罗斯、加拿大、澳大利亚、美国和中国之后，排名第6位。已探明锌储量为740万吨，世界储量占比3.5%。排名世界第4，位于澳大利亚、美国和俄罗斯之后。哈萨克斯坦的铜锌矿有3000多个，主要集中在中哈、南哈和东哈地区。①

哈萨克斯坦的钨矿储量为200万吨，居世界第一位，占全球储量的50%。哈萨克斯坦的钨矿主要集中在中部卡拉干达州和东南部的12个矿区。最大的钨矿是位于卡拉干达州阿塔苏东约100公里的上凯拉克铁矿。②

4. 黄金储量

哈萨克斯坦已探明黄金储量约为1900吨，居世界第8位，占全球黄金储量的3%—4%。哈萨克斯坦有20个金矿区，主要分布在北部、东部和东南部地区。哈萨克斯坦的单一金矿占总储量的68%左右，其余为共生矿。截至2016年，全国的黄金产量的2/3来自共生矿，是在加工锌和铜的过程中提炼出来的。哈萨克斯坦的黄金产量排在世界20位左右。③

---

① 参见商务部对外投资和经济合作司等编：《对外投资合作国别（地区）指南：哈萨克斯坦》（2024年版），载商务部“走出去”公共服务平台，http：//fec. mafcom. gov. cn/article/gbdqzn/，2025年3月25日访问。

② 参见商务部对外投资和经济合作司等编：《对外投资合作国别（地区）指南：哈萨克斯坦》（2024年版），载商务部“走出去”公共服务平台，http：//fec. mafcom. gov. cn/article/gbdqzn/，2025年3月25日访问。

③ 参见商务部对外投资和经济合作司等编：《对外投资合作国别（地区）指南：哈萨克斯坦》（2024年版），载商务部“走出去”公共服务平台，http：//fec. mafcom. gov. cn/article/gbdqzn/，2025年3月25日访问。

5. 铜和铁资源储量

哈萨克斯坦铜矿已探明储量为2000万吨，占世界储量的2.2%。哈萨克斯坦已勘探出93座铜矿，一半以上处于开采阶段。全国有大型铜业开采公司11家，其中两家为外国公司。排名靠前的两家公司分别为哈萨克斯坦铜业公司和哈萨克斯坦铝业公司。①

哈萨克斯坦已探明铁矿储量166亿吨，排世界第6位，位于俄罗斯、澳大利亚、乌克兰、中国和巴西之后。哈萨克斯坦的铁矿属于富矿，铁精矿含量可达65%左右。哈萨克斯坦地质学家预测哈萨克斯坦的铁远景储量为150亿吨，其中60%约为富矿和易选矿。②

6. 森林资源

哈萨克斯坦是一个森林资源有限的大国，相对于其总土地面积，森林面积只占哈萨克斯坦领土的4.2%。然而，在俄罗斯和土耳其之后，1150万公顷的森林覆盖率仍然使哈萨克斯坦成为欧洲和中亚地区第三大森林国家。哈萨克斯坦领土主要地区的森林生产有限，部分原因是其沙漠气候和降水量低。根据联合国粮农组织统计数据，2010年哈萨克斯坦的全国林地总面积为1978.8万km^2，占国土总面积的7%。③

二、社会概况

（一）人文概况

哈萨克斯坦作为中亚大国，凭借其独特的地理位置，孕育出丰富多元的人文风貌。据中华人民共和国外交部网站信息，该国约有140个民族，哈萨克族占比70.6%，俄罗斯族占15.1%，哈萨克语为国语且与俄语同为官方语言，多数居民信奉伊斯兰教逊尼派，同时存在东正教、天主教和佛教等信仰群体。④

---

① 参见商务部对外投资和经济合作司等编：《对外投资合作国别（地区）指南：哈萨克斯坦》（2024年版），载商务部“走出去”公共服务平台，http://fec.mafcom.gov.cn/article/gbdqzn/，2025年3月25日访问。

② 参见商务部对外投资和经济合作司等编：《对外投资合作国别（地区）指南：哈萨克斯坦》（2024年版），载商务部“走出去”公共服务平台，http://fec.mafcom.gov.cn/article/gbdqzn/，2025年3月25日访问。

③ 参见《哈萨克斯坦投资宏观环境分析》，载河北省自然资源厅（海洋局）网，https://zrzy.hebei.gov.cn/heb/gongk/gkml/kjxx/gjjl/10757233018897592320.html，2025年3月25日访问。

④ 参见《哈萨克斯坦国家概况》，载中华人民共和国外交部网，https://www.mfa.gov.cn/gjhdq_676201/gj_676203/yz_676205/1206_676500/1206x0_676502/，2025年3月25日访问。

在历史发展进程中，哈萨克斯坦是丝绸之路和草原之路的关键节点。哈萨克族作为主体民族，其形成是塞种、大月氏、乌孙等诸多部族长期融合的结果。自15世纪末哈萨克汗国建立，伊斯兰教迅速传播并成为主要信仰。18—19世纪，哈萨克斯坦被俄国吞并，直至1991年宣布独立。这一历史脉络，在众多研究中亚历史的著作和论文中均有体现。

在社会习俗上，哈萨克斯坦人礼仪观念浓厚，注重保护个人隐私，尊重长辈，并为传统住宅毡房制定了严格的布局与座次规范。数字“7”在其文化中占据特殊地位，因多数居民信仰伊斯兰教，在斋月期间，民众会避免在公共场合当着穆斯林的面进食、饮水。此外，哈萨克族在迎接客人时，会遵循“科纳卡西”（Konakasy）传统，热情邀请客人进帐篷，享用传统美食和饮料，宴会结束时还会邀请客人展示才艺。①

教育体系方面，该国构建了涵盖学前教育、基础教育、职业教育和高等教育的国民教育体系，学前教育免费，义务教育年限9年。教学语言丰富多样，除哈萨克语和俄语外，还涉及德语、乌兹别克语等。知名院校如哈萨克斯坦国立大学、哈萨克斯坦工学院等，为国家培养了大量人才。

在艺术领域，哈萨克斯坦传承了草原文明的艺术基因，拥有《阿勒帕米斯》等叙事长诗，还诞生了冬不拉、库布兹等特色乐器。同时，以丝绸之路为主题成为一个绘画创作方向，促进了绘画艺术在哈萨克斯坦蓬勃发展，涌现出阿尔扎诺夫、布贝等一批知名画家，他们的作品展示了哈萨克斯坦的历史与文化。

在节庆文化上，纳乌鲁斯节、肉孜节、古尔邦节等是哈萨克斯坦的重要节日。纳乌鲁斯节作为波斯语和突厥语国家的春节，承载着辞旧迎新的美好寓意；肉孜节和古尔邦节则是与伊斯兰教紧密相关的节日。

（二）历史概况

哈萨克斯坦拥有深厚的历史底蕴，作为丝绸之路与草原之路的关键节点，其历史演进历程对中亚地区乃至全球的历史进程影响深远。

公元6世纪中叶至8世纪建立了突厥汗国。9至12世纪曾建奥古兹族国、哈拉汗国。11至13世纪契丹人和蒙古鞑靼人侵入。15世纪末成立哈萨克汗国，分为大玉兹、中玉兹、小玉兹。16世纪初基本形成哈萨克部族。18世纪

---

① 参见《阿斯塔纳时报》，http：//m. toutiao. com/group/7348956657709318706/？upstream_ biz=doubao。

三四十年代，小玉兹和中玉兹先后并入俄罗斯帝国。① 19 世纪后期，沙俄入侵致使哈萨克汗国灭亡，哈萨克斯坦自此被俄国吞并。十月革命爆发后，哈萨克斯坦受到革命浪潮的影响。在苏联时期，哈萨克斯坦作为苏联加盟共和国，在经济、社会和文化等方面取得了一定发展②。1991 年 12 月 16 日，哈萨克斯坦宣布独立，开启国家发展的全新篇章。独立后的哈萨克斯坦积极构建统一的国籍、经济体系、金融和信贷体系，大力推动经济、工业、教育、医疗等领域的发展。在对外关系层面，哈萨克斯坦与中国的交往源远流长；在 2000 多年前，哈萨克斯坦便是古丝绸之路的核心区域，中哈两国人民从此开启友好交往的历史。

（三）政治制度

哈萨克斯坦实行总统制共和国的政治制度。总统是国家元首和武装力量最高统帅，拥有广泛的行政权力。总统由全民选举产生，每届任期 5 年，可连选连任。议会是国家最高立法机关，由参议院和众议院组成。参议院由各州、直辖市和首都选举产生的代表组成，众议院由全民选举产生。哈萨克斯坦实行多党制，主要政党包括“祖国之光”党等。选举制度较为完善，包括总统选举、议会选举等。此外，哈萨克斯坦还注重政治参与和民主建设，鼓励公民参与政治活动，提高政治参与度。

（四）文化制度

哈萨克斯坦自 1991 年独立后，积极构建符合本国国情的文化制度体系，在语言、文化机构建设、文化传播与国际交流等层面开展诸多探索。

语言政策作为文化制度的关键构成，哈萨克斯坦经历了从哈萨克语国语化到哈俄双语并重，再到哈俄英三语并行的变迁历程。独立后，哈萨克斯坦面临民族认同与国家认同的协调难题，语言作为民族文化的核心要素与身份认同的关键工具，其政策的制定与变迁成为学界关注焦点。部分学者从民族与国家认同视角剖析这一变迁，指出语言政策的变化旨在构建一致的民族—国家认同关系模式。另有学者认为，族际冲突与认同互动影响着语言政策的

---

① 参见商务部对外投资和经济合作司等编：《对外投资合作国别（地区）指南：哈萨克斯坦》（2024 年版），载商务部“走出去”公共服务平台，http：//fec. mafcom. gov. cn/article/gbdqzn/，2025 年 3 月 25 日访问。

② 参见马大正、冯锡时等：《中亚五国史纲》，新疆人民出版社 2023 年版，第 310 页。

决策与变迁。①

在文化机构建设方面，近年来哈萨克斯坦取得显著进展，文化机构在各地区的网点不断扩充，文化和视觉艺术活动的举办频次稳步提升，文化及休闲场所的基础设施建设发展迅速。截至2010年底，哈拥有剧院57家、演出机构69家、博物馆204家、图书馆4116个、电影院124个、放映点3390个、动物园6所、马戏院3家、历史文化保护区8处、俱乐部3188个、公园28个。②

在文化传播与国际交流领域，哈萨克斯坦持续发力。总统托卡耶夫提出多项举措，旨在加强本土文化建设，推动其全球传播。包括加快“阿拜学院”在海外的设立，借鉴孔子学院等的成功模式，促进哈萨克斯坦文化的国际传播；加大对影视产业的扶持力度，借助国际合作与电影节展映，推动本土影视作品走向全球市场；加快剧院建设，鼓励政府与企业加大对文化基础设施的投入，丰富公共文化生活；加强文化遗产保护，推动哈萨克斯坦历史文化遗产入选联合国教科文组织《世界记忆名录》，并推动文化数字化。③

（五）宗教制度

哈萨克斯坦的宗教制度历经复杂的历史演变与政策调整，呈现出多元宗教共存与动态平衡的特征。作为中亚地区的重要国家，哈萨克斯坦的宗教生态以伊斯兰教（逊尼派）与东正教为主体，两者分别承载着本土民族文化传统与沙俄殖民及苏联时期的历史遗产。伊斯兰教于公元7世纪通过阿拉伯商人与军事扩张传入。1991年独立后，哈萨克斯坦宗教复兴趋势显著，伊斯兰教通过新建清真寺、外派留学生及国际宗教合作实现组织化发展，而东正教则依托俄罗斯族裔社群维持其宗教网络，形成“南伊北正”的地理分布格局。

哈萨克斯坦现行宗教制度的核心法律框架为2011年颁布的《宗教活动与宗教组织法》，该法通过规范宗教组织注册、限制外国宗教势力渗透及强化反极端主义措施，构建了“有限多元”的宗教管理模式。法律要求宗教组织须经国家宗教事务委员会注册，禁止未注册团体开展活动，并严格限制宗教宣传的公共空间，旨在遏制宗教极端主义与非法传教行为。此外，该法确立

---

① 参见韦进深、王皓：《民族—国家认同的关系模式与哈萨克斯坦语言政策的变迁》，载兰州大学政治与国际关系学院网，https：//zgy. lzu. edu. cn/info/1087/4052. htm，2025年3月30日访问。

② 参见《邻国概况之哈萨克斯坦》，载新疆维吾尔自治区人民政府外事办公室网，http：//fao. xinjiang. gov. cn/xjwqb/bjsw/201208/382924eb84a34e7daf49c579effdb3fa. shtml，2025年3月30日访问。

③ 参见《托卡耶夫提多项举措促哈萨克斯坦文化发展与国际传播》，载中国新闻网，http：//m. toutiao. com/group/7481829679918219828/？upstream_ biz=doubao，2025年3月30日访问。

“政教分离”原则，明确禁止宗教干预政治事务，同时赋予国家通过“宗教鉴定”机制审查宗教材料的合法性，防止极端思想传播。这一立法模式反映了哈萨克斯坦在维护宗教自由与国家安全之间的平衡策略，既承认伊斯兰教与东正教作为传统宗教的合法地位，又通过法律手段抑制非传统宗教（如新兴教派与伊斯兰激进组织）的扩张。

（六）民族结构

哈萨克斯坦是一个多民族国家，民族结构丰富多样。人口最多的民族是哈萨克族，占总人口的63.1%；其次是俄罗斯族，占23.7%。其他主要民族包括维吾尔族、乌克兰族、乌兹别克族、鞑靼族、日耳曼族等。各民族在哈萨克斯坦共同生活、共同发展，形成了多元一体的民族格局。哈萨克斯坦政府注重民族团结，积极推动各民族之间的交流与合作，促进各民族的共同繁荣与发展。

1. 哈萨克族

哈萨克族是哈萨克斯坦的主体民族，占总人口的约72%，主要分布在哈萨克斯坦的东南部和南部。15世纪，哈萨克汗国的建立标志着哈萨克族的形成。在蒙古西征后，当地部落成为金帐汗国、白帐汗国和蓝帐汗国的臣属，后来这些部落逐渐融合形成了哈萨克族。哈萨克族以游牧经济为主，主要从事畜牧业，也有部分从事农业和渔业。哈萨克族有自己的语言哈萨克语，属于阿尔泰语系突厥语族。哈萨克族的传统文化丰富多彩，包括音乐、舞蹈、文学等。

2. 俄罗斯族

俄罗斯族是哈萨克斯坦的第二大民族，占总人口的约14.9%，主要居住在哈萨克斯坦北部，与俄罗斯的南西伯利亚工业农业区相连。俄罗斯族在哈萨克斯坦的历史与沙俄和苏联的扩张密切相关，19世纪中叶，哈萨克斯坦被沙俄吞并，大量俄罗斯人迁入哈萨克斯坦。苏联时期，哈萨克斯坦成为苏联的一个加盟共和国，俄罗斯族在哈萨克斯坦的社会、经济和政治生活中占据了重要地位。俄罗斯族在哈萨克斯坦主要从事农业、工业和教育等领域的工作。他们保留了自己独特的语言、文化和宗教传统，对哈萨克斯坦的文化和社会发展产生了深远影响。

3. 维吾尔族

维吾尔族在哈萨克斯坦的人口约为30万，占总人口的1.5%，主要分布在哈萨克斯坦的南部和东南部。维吾尔族在哈萨克斯坦的历史可以追溯到古代丝绸之路时期，当时维吾尔族的祖先就居住在中亚地区。后来，随着历史的变迁和民族的迁徙，部分维吾尔族人逐渐迁移到哈萨克斯坦境内。现代哈萨克斯坦的维吾尔族主要来自中国新疆维吾尔自治区，他们与哈萨克族等其他民族共同生活，形成了多元一体的民族格局。维吾尔族是一个具有悠久历史和灿烂文化的民族，以农业、手工业和商业为主。维吾尔族有自己的语言维吾尔语，属于阿尔泰语系突厥语族。维吾尔族的音乐、舞蹈、服饰等文化特色鲜明，为哈萨克斯坦的文化多样性做出了重要贡献。

4. 乌兹别克族

乌兹别克族在哈萨克斯坦的人口约为 64.3 万，占总人口的 3.2%，主要分布在哈萨克斯坦的南部和东南部。乌兹别克族在哈萨克斯坦的历史可以追溯到 16 世纪，当时乌兹别克汗国的建立使得部分乌兹别克人迁移到哈萨克斯坦境内。后来，随着历史的变迁和民族的融合，乌兹别克族逐渐在哈萨克斯坦形成并发展起来。乌兹别克族与哈萨克族有着密切的历史联系和文化交往。乌兹别克族主要从事农业和畜牧业，也有部分从事手工业和商业。乌兹别克族有自己的语言乌兹别克语，属于阿尔泰语系突厥语族。乌兹别克族的传统文化丰富多彩，包括音乐、舞蹈、建筑等，对哈萨克斯坦的文化发展产生了积极影响。

5. 其他民族

哈萨克斯坦的其他主要民族有乌克兰族、鞑靼族等。乌克兰族主要在 19 世纪末至 20 世纪苏联时期迁入，部分因垦荒计划定居北部，部分为流放者后代。乌克兰族人分散于北部农业区和城市，如科斯塔奈、巴甫洛达尔，多信仰东正教或天主教，部分保留乌克兰语言与传统节日，但年轻一代多被同化。鞑靼族于 19 世纪中国西北动乱期间迁入，苏联时期形成聚居区，部分为 20 世纪政治难民。鞑靼族主要分布在阿拉木图州、阿拉木图市及靠近中国边境的霍尔果斯口岸，多从事贸易与餐饮业，语言属突厥语系，文化融合伊斯兰传统与中国西北习俗。

三、经济概况

（一）经济发展历程

1. 苏联时期的经济定位（1922—1991 年）

在苏联时期，哈萨克斯坦被纳入苏联整体经济体系，成为重要的原材料供应基地。在广袤的土地上，大规模的农业生产得以开展，大量的小麦、棉花等农作物产出，为苏联提供了坚实的粮食与工业原料支持，农业在经济中占据重要地位。工业领域则主要集中于能源和矿产资源的开采，如石油、天然气以及铜、铅、锌等有色金属的开采，初步建立起以资源开发为主的工业基础。然而，这种经济模式使得哈萨克斯坦的经济结构高度单一，严重依赖苏联的经济分工与调配，自身缺乏完整的工业体系和创新能力，经济发展自主性较弱。

2. 独立初期的经济转型困境（1991—2000 年）

独立后，哈萨克斯坦开始向市场经济转型，迅速推行大规模的国有资产私有化进程。但由于缺乏成熟的市场机制和经验，经济遭受重创。通货膨胀率急剧飙升，物价失控飞涨，货币大幅贬值，企业经营陷入困境，大量工厂停产倒闭，失业率居高不下。同时，对外贸易也受到冲击，经济陷入严重衰退，人民生活水平急剧下降，这一时期是哈萨克斯坦经济发展最为艰难的阶段，面临着重建经济体系和稳定社会的巨大挑战。但同时，政府实施了一系列经济政策，例如，私有化市场改革等，促进了产业结构的调整和经济的多元化发展，为新世纪的经济增长奠定了一定的制度基础。

3. 新世纪以来的复苏与发展（2001 年至今）

进入 21 世纪以来，哈萨克斯坦经济经历了从复苏到转型的发展历程。通过实施经济改革政策、加大基建投入、优化营商环境等举措，该国成功吸引大量外资，形成以能源产业为支柱、多元经济协同发展的格局。2000—2007 年期间，凭借国际能源市场的繁荣，哈萨克斯坦 GDP 年均增速达 10%，经济总量扩张近 5 倍，外贸规模增长 6 倍，占中亚五国经济总量的 2/3，成为区域经济增长的引擎。

然而，资源依赖型经济结构的脆弱性在 2008 年全球金融危机中凸显：国际能源价格暴跌导致 GDP 增速骤降至 3. 2%，2009 年进一步滑落至 1. 2%。尽管通过实施反周期财政政策实现短期企稳，但经济韧性不足的问题仍未根本解决。2010—2012 年的短暂复苏主要得益于石油出口量价齐升，但 2013 年后全球经济增长放缓叠加乌克兰危机引发的地缘政治风险，致使能源需求疲软，2014 年 GDP 增速仅为 4. 3%，低于政府设定的 6%增长目标。

近年来，哈萨克斯坦通过推进“光明之路”新经济政策、数字转型战略等结构性改革，逐步降低对资源产业的依赖。2020 年新冠疫情冲击下，经济虽出现短暂下滑（GDP 下降 2. 6%），但通过实施 7. 3 万亿坚戈的经济刺激计划，2021 年即实现 4%的正增长。2022 年以来，受益于能源价格回升和非资源领域改革深化，经济保持稳定增长态势，2023 年 GDP 同比增长 4. 5%，人均 GDP 突破 9000 美元，在中亚地区率先进入中等收入国家行列。这种周期性波动与结构性调整交织的发展轨迹，既反映了资源型经济体的共性特征，也体现了哈萨克斯坦在复杂国际环境中的战略调整能力。

（二）主要经济指标

1. 国内生产总值

哈萨克斯坦自1991年独立以来，其GDP变化情况呈现出较为明显的阶段性特征。①

（1）独立初期（1991—1995年）：经济衰退与动荡

1991年哈萨克斯坦GDP为249.23亿美元，1992年下降至249.17亿美元，1993年进一步降至234.09亿美元，1994年略有回升至212.51亿美元，1995年为203.74亿美元。这一时期哈萨克斯坦经济陷入衰退，主要是由于苏联解体后，原有的计划经济体制崩溃，新的市场经济体制尚未建立，导致经济秩序混乱，工业生产大幅下降。经济衰退引发了社会动荡，失业率上升，居民生活水平下降，社会矛盾加剧。

（2）经济转型期（1996—2000年）：经济逐步复苏

1996年哈萨克斯坦GDP为210.35亿美元，1997年增长至221.66亿美元，1998年达到221.35亿美元，1999年略有下降至168.71亿美元，2000年增长至182.92亿美元。这一时期哈萨克斯坦开始进行经济体制改革，逐步向市场经济过渡，经济开始复苏。政府实施了一系列经济政策，如私有化、市场化改革等，促进了产业结构调整和经济多元化发展。

（3）经济快速增长期（2001—2013年）：资源驱动型增长

2001年哈萨克斯坦GDP为221.53亿美元，2002年增长至246.37亿美元，2003年达到308.34亿美元，2004年为431.52亿美元，2005年为571.24亿美元，2006年为810.04亿美元，2007年为1048.5亿美元，2008年达到1334.42亿美元，2009年受全球金融危机影响下降至1153.09亿美元，2010年恢复增长至1480.47亿美元，2011年为1926.27亿美元，2012年达到2079.99亿美元，2013年为2366.35亿美元。这一时期哈萨克斯坦经济快速增长，主要得益于石油、天然气等资源的价格大幅上涨，资源出口成为哈萨克斯坦经济增长的主要动力。在基础设施建设方面，政府加大了对基础设施建设的投入，如交通、能源等领域，进一步便捷了资源的生产、运输、储存，

① 本小节GDP的相关数据来源世界银行集团官网。参见世界银行集团哈萨克斯坦GDP数据，载DataBank，https://data.worldbank.org.cn/indicator/NY.GDP.MKTP.CD?locations=KZ，2025年3月30日访问。

促进了经济的快速发展。

（4）经济稳定发展期（2014年至今）：多元化发展与结构调整

2014年哈萨克斯坦GDP为2214.16亿美元，2015年为1843.88亿美元，2016年下降至1372.78亿美元，2017年为1668.06亿美元，2018年达到1793.4亿美元，2019年为1816.67亿美元，2020年受疫情影响下降至1710.82亿美元，2021年恢复增长至1908.14亿美元。这一时期哈萨克斯坦经济在资源出口的基础上，逐步向多元化发展，服务业、制造业等领域的发展对经济增长的贡献逐渐增加。政府继续推动经济结构调整，加强基础设施建设，提高教育和科技水平，促进经济的可持续发展。

从哈萨克斯坦国内的主要行业对GDP的贡献情况来看，在农业方面，2001年农业增加值占GDP的比重为11.2%，2023年下降至4.28%，这表明哈萨克斯坦的农业在经济中的相对重要性有所下降，但仍是经济的重要组成部分。在工业方面，2001年工业增加值占GDP的比重为35.6%，2023年为32.05%。其中，制造业增加值占GDP的比重从2001年的11.3%上升到2023年的12.3%，显示出制造业在工业中的比重有所增加，工业结构有所优化。在服务业方面，2001年服务业增加值占GDP的比重为42.1%，2023年上升至53.67%。服务业已成为哈萨克斯坦经济中比重最大的产业，对GDP的贡献显著增加，反映了经济结构的多元化和现代化。

2. 经济增长率

哈萨克斯坦自1991年独立以来，其经济增长率变化情况呈现出较为明显的阶段性特征，反映了经济从衰退到复苏，再到快速增长和稳定发展的过程。以下是对其近三十年经济增长率变化情况的分析介绍：

（1）独立初期（1991—1995年）：经济衰退与增长率下降

1991年哈萨克斯坦经济增长率为11.0%，1992年为5.3%，1993年为9.2%，1994年为12.6%，1995年为8.2%。这一时期哈萨克斯坦经济陷入衰退，主要是由于苏联解体后，原有的计划经济体制崩溃，新的市场经济体制尚未建立，导致经济秩序混乱，工业生产大幅下降，进而导致经济增长率的下降。经济衰退引发了社会动荡，失业率上升，居民生活水平下降，社会矛盾加剧，进一步影响了经济的稳定和发展，对经济增长率产生了负面影响。

（2）经济转型期（1996—2000年）：经济复苏与增长率回升

1996年哈萨克斯坦经济增长率为0.5%，1997年为1.7%，1998年为1.9%，1999年为2.7%，2000年为9.8%。这一时期哈萨克斯坦开始进行经济体制改革，逐步向市场经济过渡，经济开始复苏，带动了经济增长率的回升。政府推行了一系列经济政策，如私有化、市场化改革等，促进了产业结构调整和经济多元化发展，为经济增长率的提升创造了有利条件。

（3）经济快速增长期（2001—2013 年）：资源驱动型增长与增长率快速提升

2001 年哈萨克斯坦经济增长率为 13.5%，2002 年为 9.8%，2003 年为 9.2%，2004 年为 9.4%，2005 年为 7.3%，2006 年为 10.7%，2007 年为 8.9%，2008 年为 3.3%，2009 年为 1.2%，2010 年为 7.3%，2011 年为 7.4%，2012 年为 4.8%，2013 年为 6.0%。这一时期哈萨克斯坦经济快速增长，主要是由于石油、天然气等资源价格大幅上涨，资源出口成为经济增长的主要动力，带动了经济增长率的快速提升。政府加大了对基础设施建设的投入，如交通、能源等领域，促进了经济的快速发展，也为经济增长率的提升提供了支撑。

（4）经济稳定发展与多元化（2014 年至今）：多元化发展与增长率的波动增长

2014 年哈萨克斯坦经济增长率为 4.2%，2015 年为 1.2%，2016 年为 1.1%，2017 年为 4.1%，2018 年为 4.1%，2019 年为 1.3%，2020 年为 5.8%，2021 年为 11.5%，2022 年为 7.5%，2023 年为 5.1%，2024 年预计为 5.3%。这一时期哈萨克斯坦经济在资源出口的基础上，逐步向多元化发展，服务业、制造业等领域的发展对经济增长的贡献逐渐增加，带动了经济增长率的波动增长。哈萨克斯坦政府的营商环境优化政策吸引了大量外资流入，促进了经济的快速发展，对经济增长率产生了积极影响。

3. *劳动力市场*

就工资而言，工资水平有所提升：2022 年，哈萨克斯坦中位数工资是普通工资水平的 4.5 倍。2023 年底，哈萨克斯坦职工月平均工资约为 695 美元。同时，工资增长差异较大：不同地区和行业的工资水平存在较大差异，例如，2023 年阿斯塔纳员工收入水平通常为 29.75 万坚戈，而在阿克莫拉州则为 8.21 万坚戈。

就业结构也在不断变化，农业就业人口减少：过去 5 年，农业就业人口减少 19.5 万人。

服务业就业持续增长，服务业在 GDP 中的比重逐年上升，从 2021 年的 53.8%增长至 2024 年的 58.3%，吸纳了大量劳动力。

政府部门就业稳定，政府部门对就业的贡献持续增长，政府管理、国防、教育、医疗和社会保障等公共部门占全国新增就业的 36%。

4. *贸易额*

哈萨克斯坦的对外贸易额在过去三十年间呈现明显增长趋势。1995 年，哈萨克斯坦的对外贸易额为45，163百万美元，到2024年，这一数字增长至1160亿美元。在增长过程中，贸易额也经历了波动。例如，2009年受全球金融危机影响，贸易额出现下降，而2010年又恢复增长。

就出口情况而言，哈萨克斯坦的出口额在过去三十年间持续增长。2024年前10个月，出口额同比增长5.1%，达685亿美元。哈萨克斯坦的主要出口商品包括石油、天然气、矿产等原材料及未加工食品。例如，2024年前10个月，石油出口同比增长6.5%，达372亿美元。哈萨克斯坦的主要出口目的地包括中国、意大利、俄罗斯等国家。

就进口情况而言，哈萨克斯坦的进口额在过去三十年间也有所增长，但波动较大。2024年前10个月，进口额同比下降3.3%，达484亿美元。哈萨克斯坦的主要进口商品包括机械设备、食品、化工产品等。例如，2024年前10个月，机械设备进口额同比下降8.7%，而食品进口增长7.3%，化工产品进口额同比增长2.4%。哈萨克斯坦的主要进口来源地包括俄罗斯、中国、韩国等国家。

在贸易顺差与逆差问题上，哈萨克斯坦在过去三十年间大部分时间保持贸易顺差，且顺差额在逐步扩大。2024年前10个月，贸易顺差达201亿美元，为4年来贸易顺差额之最。在某些年份，哈萨克斯坦也会出现贸易逆差，例如，2020年，由于疫情等因素影响，贸易顺差同比大幅缩减。

哈萨克斯坦的贸易结构也在不断变化，哈萨克斯坦的贸易结构以原材料出口为主，占出口额比重约80%。近年来，哈萨克斯坦政府正加大对非原材料出口特别是科技产品出口的政策性支持，以减少对全球大宗商品价格的依赖。

5. 税种及税率

企业所得税：自2005年至2025年，哈萨克斯坦的企业所得税税率平均为21.90%，2006年达到30.00%的历史最高点，2009年降至20.00%的历史最低点。目前，企业所得税的标准税率为20%①。对于农业、社会基础设施项目等特定行业，以及经济特区的企业，哈萨克斯坦提供了免税或减半征收等优惠政策。中小企业可以选择按销售额3%的简易税率。

个人所得税：自2006年至2025年，哈萨克斯坦的个人所得税率平均为10.50%，2006年达到历史最高的20.00%，2007年达到历史最低的10.00%。

---

① 参见《世界主要国家（地区）企业所得税税率一览》，载国家税务总局吉林省税务局国际税收管理处网，http：//jilin. chinatax. gov. cn/art/2024/4/29/art_ 27052_ 772985. html，2025年3月30日访问。

目前，个人所得税的税率为10%，而来源于哈萨克斯坦境外的红利收入则按照5%的税率征税。对于月收入不超过一定标准的个人，其收入是免税的，例如，2023年的免征额为月收入≤100670坚戈。

增值税：2023年，政府曾提出将增值税税率提高至16%，但未获批准。2025年提议的税改方案中，增值税税率的调整是重要内容之一。目前，增值税的税率为12%。

社会税：自2018年1月1日起，社会税按9.5%的税率计算。自2025年1月1日起，社会税按11%的税率计算。雇用残疾人企业计算社会税的税率是4.5%。

其他税种：消费税的课税商品包括酒精和含酒精产品、烟草制品、汽车、汽油等，税率根据具体商品有所不同；农业用地税率根据土地品质分级纳税；工业用地根据品质确定税费，税率从0.1%—0.5%不等。

财产税：按照财产和固定资产的平均价值缴纳，法人的财产税税率为1.5%。

（三）主要产业结构

1. 石油和天然气产业

石油和天然气产业是哈萨克斯坦经济的核心，贡献了超过60%的出口收入，对国家的财政和经济发展起着举足轻重的作用。

哈萨克斯坦属里海地区是其石油开采量增长潜力最大的地区，石油探明储量80亿吨，其中最大的卡沙干油田石油可采储量达10亿吨，天然气可采储量超过1万亿立方米。里海盆地是当今世界油气储量最丰富的地区之一，据专家估算，该地区石油总储量可达900亿—2000亿桶，天然气储量约为458.8万亿立方米，分别占世界石油和天然气总量的17.2%和7.5%，因此里海被称为“第二个中东”。里海周边共有5个国家，即哈萨克斯坦、阿塞拜疆、土库曼斯坦、俄罗斯和伊朗。根据美国能源部能源信息署公布的材料，哈萨克斯坦属里海的石油总储量1010亿—1096亿桶，约占整个里海地区储量的一半，天然气总储量为153.3万亿立方米，约占整个里海地区总储量的1/3。[①]

石油和天然气产业在哈萨克斯坦形成了完整的产业链，涵盖开采、加工

---

① 参见商务部对外投资和经济合作司等编：《对外投资合作国别（地区）指南：哈萨克斯坦》（2024年版），载商务部“走出去”公共服务平台，http：//fec.mafcom.gov.cn/article/gbdqzn/，2025年3月25日访问。

和运输等多个环节。例如，哈萨克斯坦的炼油企业包括齐姆肯特炼厂、阿特劳炼厂等，这些企业生产各种石油产品，满足国内需求并出口创汇。

哈萨克斯坦在石油和天然气领域积极开展国际合作，吸引了多家国际知名能源企业参与开发，如美国的雪佛龙公司等。这种合作不仅带来了先进的技术和管理经验，还提升了哈萨克斯坦在国际能源市场的影响力。

2. 矿产开发产业

矿业是哈萨克斯坦经济的支柱产业之一，铀矿产量位居世界前列，为国家经济发展提供了坚实的资源基础。

哈萨克斯坦的矿业部门注册企业众多，包括国有企业、合资企业和外国企业。主要矿业和冶金企业有欧亚资源集团、哈萨克斯坦铜业公司等，这些企业在矿产开采和加工方面具有重要影响力。

哈萨克斯坦的矿产资源种类繁多，分布广泛。除了铀矿，该国还拥有丰富的铜、锌、铅、金等矿产资源，主要分布在哈萨克斯坦的中部和东部地区。

矿业产品是哈萨克斯坦重要的出口物资，远销世界各地。矿产资源的出口不仅为国家带来了可观的外汇收入，还促进了相关产业的发展，如矿业设备制造、物流运输等。

3. 农业种植业

哈萨克斯坦是世界上主要的小麦出口国之一，农业在国家经济中占据重要地位，对保障粮食安全和促进就业发挥着关键作用。其农业包括种植业、畜牧业、林业和渔业等多个领域，其中种植业和畜牧业是最主要的两大部门。种植业以生产粮食、棉花和油料作物为主，而畜牧业则以牛、羊等家畜养殖为主。

哈萨克斯坦的农业机械化程度较高，拥有先进的农业机械和设备，这使其农业生产效率得到了显著提升。该国的小麦产量稳定，质量优良，是国际市场上的重要供应商。政府出台了一系列有利于推动农业发展的政策，包括给农民发放农业补贴、加快农村基础设施建设、推广高新农业技术等，切实提高农业生产水平和农民收入。

4. 制造业

哈萨克斯坦制造业是哈萨克斯坦经济的重要组成部分，近年来呈现出良好的发展态势，增长率稳定在约5%，显示出产业实力的逐步增强。

制造业涵盖多个领域，包括机械制造、化工、冶金、食品加工和纺织服装等。其中，机械制造和冶金行业具有较强的竞争力，生产各类机械设备、金属制品等产品。在哈萨克斯坦的中东部和东南部区域较为发达。中东部区域以重型机械制造、有色金属和黑色金属、电力能源以及煤炭开采为主，而东南部区域则在小麦生产、轻工业、制药业及机械制造业等领域表现出色。

哈萨克斯坦政府积极改善投资环境，为制造业的发展提供了有力支持。该国的政策稳定、法律体系健全，为国内外投资者提供了良好的投资条件，吸引了众多企业前来投资建厂。

5. 服务业

服务业在哈萨克斯坦经济中的比重逐年上升，展现出多元化的发展趋势。金融、物流、旅游和信息技术服务等行业是服务业的主要组成部分，为国家经济增长注入了新的动力。

哈萨克斯坦的金融服务业发展较为成熟，拥有完善的金融机构和金融产品体系。该国的银行、证券、保险等行业不断发展壮大，为企业的融资和居民的理财提供了多样化的选择。

哈萨克斯坦的地理位置优越，是连接亚洲和欧洲的重要交通枢纽。物流业在哈萨克斯坦得到了快速发展，物流基础设施不断完善，运输效率和服务质量显著提高。

哈萨克斯坦拥有丰富的自然景观和历史文化遗迹，旅游资源独具特色。近年来，政府加大了对旅游业的投入，改善旅游设施，推广旅游品牌，吸引了越来越多的国内外游客前来观光旅游。

随着信息技术的快速发展，哈萨克斯坦的信息技术服务行业逐渐兴起。该国在软件开发、互联网应用、电子商务等领域取得了一定的进展，为企业的数字化转型和居民的便捷生活提供了有力支持。

6. 特色产业

哈萨克斯坦正在积极发展新能源产业，包括太阳能、风能和水电等。政府出台了一系列支持政策，推动新能源项目的建设。该国的太阳能发电和风力发电能力正在逐步提升，有助于优化能源结构、减少对传统化石能源的依赖。

哈萨克斯坦的汽车工业也在逐步崛起，政府提供了一系列优惠政策以吸引投资。汽车制造企业不断引入先进的生产技术和管理经验，提高汽车产品的质量和竞争力，满足国内市场需求并逐步拓展海外市场。

（四）基础设施

哈萨克斯坦作为中亚地区的重要交通枢纽，近年来在交通运输领域的发展呈现多维度推进态势，涵盖公路、铁路、物流合作、水运及航空等多个方面。以下结合最新数据及政策规划，对其交通运输情况进行综合分析。

1. 公路运输

在哈萨克斯坦的交通运输体系中，公路运输凭借其灵活性与覆盖范围，成为最主要的交通运输方式。在独联体地区，哈萨克斯坦公路网规模位居第二，仅次于俄罗斯。这一规模庞大的公路网络，有力推动了哈萨克斯坦国内的经济交流，也极大促进了与周边国家的贸易往来。

哈萨克斯坦公路总里程达 94901.9 公里。① 从管理和服务层级来看，国际及国家级公路共计 24916.0 公里，承担着对外连接与国内主干运输的重要任务，是国家交通的“大动脉”；州级公路长 31614.8 公里，在区域运输中发挥关键作用，紧密连接起各个州府；区县级公路则长达 38371.1 公里，深入基层，如同“毛细血管”，打通了区域内部交通的“最后一公里”。

按照公路技术等级分类，一级公路有 3497.0 公里，占比 3.68%，这类公路路况优良，通常是重要的城际快速通道；二级公路长 6586.0 公里，占比 6.94%，主要服务于经济联系紧密的区域之间；三级公路 28088.0 公里，占比 29.60%，承担了较大规模的货物与旅客运输；四级公路 45939.0 公里，占比 48.41%，广泛分布于全国，为居民日常出行和区域经济发展提供支持；五级公路 10291.5 公里，占比 10.84%，满足了特定区域和小众路线的交通需求。这些不同等级的公路相互交织，构建了层次分明、功能齐全的公路网络体系，极大地推动了哈萨克斯坦的社会经济发展。

哈萨克斯坦在公路运输安全管理上，多管齐下构建起全面的管理体系。在法律法规与政策制定方面，出台《道路交通安全法》等法规，明确道路使用者权利义务与违规处罚措施，制定包含提升公路运输安全内容的国家层面的安全政策，如“光明之路”国家规划，设定安全目标并提出具体行动方案。在基础设施建设与维护环节，公路规划设计阶段就依据国际标准合理设置弯道、坡度、视距等，注重与周边环境协调，同时建立定期巡查维护制度，及时修复路面病害，维护交通标志、标线、护栏等附属设施。在车辆管理领域，制定严格车辆技术标准，定期开展安全检测，实行营运车辆准入管理，限制老旧、高污染车辆进入运输市场。在驾驶员管理方面，严格按照规定课程和标准开展包含交通法规、安全驾驶知识、应急处置技能的培训，通过笔试、场地和道路驾驶考试严格考核驾驶员，建立驾驶员资格管理制度并对违法违规行为记录和处罚。在交通执法与监管方面，打造专业交通执法队伍，提升

① 参见商务部对外投资和经济合作司等编：《对外投资合作国别（地区）指南：哈萨克斯坦》（2024 年版），载商务部“走出去”公共服务平台，http：//fec. mafcom. gov. cn/article/gbdqzn/，2025 年 3 月 25 日访问。

执法人员业务素质，配备测速仪、酒精检测仪等先进设备，在主要道路和交通枢纽设检查点，加大对超载、超速等严重违法行为打击力度，构建交通管理部门、运输企业、行业协会多方参与的监管体系，加强对运输企业安全监管。此外，还通过开展交通安全宣传教育和运用智能交通系统实时监控管理，提升公路运输安全性。

2. 铁路运输

哈萨克斯坦，作为全球面积最大的内陆国家，受地理特性制约，铁路交通在其交通运输体系里占据极为关键的地位。在货物运输领域，铁路承担了全国一半的货运量，绝大部分出口货物以及过境运输任务也依赖铁路完成。凭借高效稳定的运输网络，铁路成为推动哈萨克斯坦融入全球经济体系，拓展国际合作的重要力量。

依据哈萨克斯坦统计局发布的数据①，截至 2023 年底，哈萨克斯坦铁路总里程达到 16005.6 公里，这些铁路线路如同脉络般，贯穿全国，连接起各个主要城市和经济区域。2023 年，哈萨克斯坦铁路货运表现突出，货运总量达到 4.15 亿吨，货物周转量攀升至 3287 亿吨公里。与此同时，客运方面同样取得显著成效，客运总量达 2050 万人次，客运周转量达到 165 亿人公里，极大地满足了民众的出行需求，拉近了城市间的距离。

在国际铁路运输合作上，哈萨克斯坦凭借得天独厚的地理位置，与中国、俄罗斯、乌兹别克斯坦、吉尔吉斯斯坦、土库曼斯坦等邻国建立了紧密的铁路运输联系，共设有 31 个铁路口岸。这些口岸成为货物进出口与旅客往来的重要通道，极大地促进了区域贸易的繁荣。目前，哈萨克斯坦境内有 5 条铁路过境运输走廊，分别为哈萨克斯坦与不同邻国之间的重要通道，如中哈铁路走廊凭借高效的运输效率，有力推动了中哈两国以及丝绸之路经济带沿线国家的贸易往来与经济合作。

3. 航运

哈萨克斯坦虽是内陆国家，却凭借里海以及境内河流，积极发展航运业，在区域运输中扮演着重要角色。

阿克套国际商港位于哈萨克斯坦西南部里海东岸，面积约 17 平方公里，是该国重要港口与里海最现代化的过境中转点。通过铁路与国内及邻国相连，设有干货码头、石油灌装码头等，可处理多种货物。包季诺港地处哈属里海北部，是当地唯一不冻港，主要为海上石油作业提供物资设备运输服务，设

① 参见哈萨克斯坦国家统计局、战略规划与改革署网，https://stat.gov.kz/en/industries/business-statistics/stat-transport/dynamic-tables/。

有石油码头与多用途码头。库雷克港位于阿克套南部，水深 23 米，能转运大吨位货物和石油，极具发展潜力。据哈通社及哈萨克斯坦工业和基础设施发展部发布的数据，为扩大货运量，哈方一直在研究开通库雷克港与俄罗斯、伊朗里海港口之间新的轮渡路线，对阿克套港实施现代化改造，并在库雷克港建设普通和散货码头，计划到 2030 年将港口运量提高到 1800 万吨，集装箱运量达到 30 万标箱。

阿克托别港、克孜勒奥尔达港等内河港口分布于额尔齐斯河等河流沿岸，承担内河货物运输任务。据哈萨克斯坦驻华大使馆官微消息，哈交通部部长马拉特·卡拉巴耶夫表示，将在东哈萨克斯坦州塔尔巴哈泰县建设从中国经额尔齐斯河入境哈萨克斯坦的船舶港口，扩大额尔齐斯河跨境河流的过境潜力，并在塞梅市附近建设新航运港口，修建总长达 99 公里的图赫勒—麦卡普恰盖铁路线，运输量预计达 200 万—250 万吨。

4. 航空与其他基础设施

哈萨克斯坦拥有 28 个民用机场，其中 12 个为国际机场，覆盖全国主要经济中心和旅游区。核心航空枢纽包括位于首都阿斯塔纳的努尔苏丹·纳扎尔巴耶夫国际机场（NQZ），阿拉木图国际机场（ALA）以及阿克套国际机场（SCO）。政府计划 2025 年在卡通卡拉盖、扎伊桑等度假区建设新机场，完善区域航空网络，促进旅游业与商贸发展。

截至 2025 年，哈萨克斯坦可以直飞 45 个国家，其中中哈航线占比最高（北京、乌鲁木齐、西安每周超 50 班次）。国内共有 17 个城市通航，阿拉木图—阿斯塔纳为最繁忙航线（日均 20 班次）。

在国际的安全评级中，国际民航组织（ICAO）2024 年审计得分 89. 5 分（全球平均 83 分），达到“高水平安全标准”。在 2025 年，哈萨克斯坦更是全面启用欧洲航空安全局（EASA）标准的自动化导航系统，将航班延误率大幅降低至 8%（2020 年为 15%）。

（五）通信和电力

1. 通信情况

哈萨克斯坦的通信基础设施在中亚地区处于领先地位，拥有较为完善的固定电话和移动电话网络。该国的电话用户数量众多，固定电话用户数为 298 万户，移动电话用户数为 2447 万户，其通信基础设施能够满足国内居民和企业的通信需求。

哈萨克斯坦的互联网普及率高达 99. 3%，显示出该国在互联网接入方面的广泛覆盖。互联网的普及不仅促进了信息的传播和交流，也为电子商务、在线教育、远程医疗等数字化服务的发展提供了坚实基础。

近年来，哈萨克斯坦的移动互联网用户数量持续增长，截至2024年初，有1890万人使用互联网，占全国人口总数的92.3%。其中1400万人积极使用社交网络，同比增加370万人。这种快速增长的态势反映了移动互联网在哈萨克斯坦的广泛应用和重要性。

哈萨克斯坦政府高度重视通信基础设施建设，计划到2027年投入1.5万亿坚戈用于ICT基础设施领域，以实现“普及互联网”国家项目的目标。该项目旨在为居民提供速度至少为100Mbps的宽带互联网，并重点加强农村地区的光纤通信线路网络建设，进一步提升通信服务的质量和覆盖范围。

2. 电力情况

哈萨克斯坦共有各种所有制电站222座。截至2024年1月1日，电站总装机容量为2464.19万千瓦，可用功率2042.84万千瓦。2023年，全国发电量1129亿千瓦时，与上年基本持平；全国用电量1151亿千瓦时，较上年增长1.9%。其中，哈北部地区发电量大，电力主要输往本国中部地区以及向邻国俄罗斯出口；西部和南部地区电力短缺。近年来，哈萨克斯坦正在加速发展可再生能源。截至2024年初，哈全国共有146座可再生能源电站，总装机容量为2883.54兆瓦，其中包括59座风电站，装机容量为1409.55兆瓦；45座太阳能发电站，装机容量为1202.61兆瓦；39座水电站，装机容量为269.605兆瓦；3座生物质能发电站，装机容量为1.77兆瓦。2024年计划投入使用11座可再生能源电站，总装机容量为117.35兆瓦，其中3座风电站（装机容量27.45兆瓦）、2座太阳能发电站（装机容量40兆瓦）和6座水电站（装机容量49.9兆瓦）。哈萨克斯坦计划在2030年前将可再生能源发电比例提高至15%。①

（六）互联网

1. 互联网普及率高

哈萨克斯坦的互联网普及率处于世界领先水平，2024年6—74岁人口互联网普及率达92.9%，2020年为88.2%，五年前仅为78.8%。居民总数大约为2003.38万人，互联网普及率中亚第一，覆盖超过92%的人口。

① 参见商务部对外投资和经济合作司等编：《对外投资合作国别（地区）指南：哈萨克斯坦》（2024年版），载商务部“走出去”公共服务平台，http：//fec.mafcom.gov.cn/article/gbdqzn/，2025年3月25日访问。

2. 互联网基础设施建设

哈萨克斯坦光纤网络覆盖范围正逐步扩大，从 2013 年的 1.05 万公里光纤通信网络增长到 2023 年的 12.7 万公里。移动互联网使用量同步增长，移动互联网服务的使用量较之前翻了一番。同时，网络速度显著提升，与 2020 年相比，国内互联网流量增长了 61.5%，用户数量增长了 12.9%。根据 Ookla Speedtest2024 年 4 月的数据，哈萨克斯坦平均网速为 43.6Mbps，位居全球第 66 位，高于俄罗斯、吉尔吉斯斯坦和乌兹别克斯坦。

3. 农村互联网建设推进

哈萨克斯坦全国共有 6290 个村庄，其中 2606 个村庄已开通光纤宽带。根据国家项目，将通过公私合营机制将光纤线路连接到 3010 个村庄，预计将有 240 万人能够使用互联网，吸引运营商投资超过 3400 亿坚戈。目前，全国共有 4866 个村庄可用移动互联网。2023 年，在税收优惠政策的支持下，有 1161 个村庄开通了 4G 网络，这项工作在剩余 1424 个村庄正在进行中。

4. 电子商务发展

2023 年，哈萨克斯坦的电子商务交易额达到了 54 亿美元（约合 24，390 亿坚戈），与前一年相比增长了 24%，占到了该国零售贸易总额的 12.7%。2024 年前 11 个月，哈萨克斯坦居民在线购物支出已达 3.2 万亿坚戈。

在线市场在零售电子商务领域在电商发展中扮演着重要角色，2023 年，通过电子市场实现的销售额占据了该国零售电子商务总销售额的 89%。Kaspi.kz 是哈萨克斯坦最大的电子商务平台，每月拥有 1350 万活跃用户，2023 财年，该平台的商品交易总额（GMV）达到了 92 亿美元（约 4.2 万亿哈萨克斯坦坚戈），同比增长了 45%。

哈萨克斯坦的电商发展也离不开政府的大力支持。哈萨克斯坦政府已经意识到电子商务对于国家经济增长的重要性，制定了到 2030 年将电子商务占零售额比重提升至 20%的目标，并计划扩大国内商品的在线销售种类，建设必要的仓储和配送中心，完善物流基础设施，并加强消费者权益的保护。

5. 5G 技术部署情况

目前，哈萨克斯坦正加快部署 5G 信号基站，Kcell 和 Tele2 两家运营商将继续扩大 5G 网络在阿斯塔纳、阿拉木图、奇姆肯特和各州首府的覆盖范围。目前，20 个城市已安装了 1144 座基站。到 2025 年底前，哈萨克斯坦的 5G 移动通信建设将完成。到 2027 年底前，移动运营商将向电信行业投资超过 4500 亿坚戈。

支持 5G 设备的用户现在可以体验新技术的优势，平均下载速度为

70.05Mbps，比4G设备快2.48倍。

6. 政策支持与未来规划

“可及互联网”国家项目：哈萨克斯坦政府已批准“可及互联网”国家项目，实施时间跨足2024年至2027年，总计资金超过1.5万亿坚戈，旨在为全国居民提供至少100Mbit/s的宽带接入服务。项目计划通过公私合营机制，在3000多个乡村安装匹配通信线路，使全国40万家庭能够接入高速互联网。此外，还计划在全国各地的高速公路上提供移动互联网建设数字基础设施，包括安装487个天线桅杆，使1.7万公里的汽车公路实现互联网覆盖，并推动5G网络的部署，到2025年底在所有直辖市和州府城市实现5G技术全覆盖。

哈萨克斯坦政府高度重视数字经济的发展，出台了一系列政策措施推动数字经济的快速增长，包括数据规模优势逐渐显现，“实数融合”赋能新质生产力，电子商务、云计算、大数据等新兴产业蓬勃发展。

阿拉木图市政府大楼

独立广场

第二章 哈萨克斯坦法律渊源和主要法律制度

一、法律发展历史

作为横跨欧亚大陆的重要区域，哈萨克斯坦的法律发展历程具有多元文明交汇下的制度演进特征。其法律体系的形成历经游牧传统、宗教影响、殖民统治、社会主义法制及现代国家构建等多个阶段。哈萨克斯坦在最早期是以部落习惯法来维持社会秩序，后面逐渐受到伊斯兰教法的影响。在沙俄殖民时期引入的欧陆法系与本土规范形成二元结构，苏联时期则建立了中央集权的社会主义法律框架。在 1991 年独立后，哈萨克斯坦通过系统性法律改革，逐步构建起以宪法为核心的现代法治体系。

（一）早期法律传统（15 世纪—19 世纪中叶）

1. 游牧社会的习惯法

哈萨克斯坦古代以游牧经济为主，社会结构以部落和氏族为基础。在哈萨克汗国时期，哈萨克草原的社会秩序主要依靠部落习惯法来维持，这些习惯法通过口耳相传的方式代代相传，成为调整部落内部关系的重要规范。在当时，部落首领或德高望重者充当着“法官”的角色，依据习惯法裁决社会生活中的各种纠纷，其裁决不仅具有法律效力，还具有道德约束力。哈萨克汗国时期的习惯法的核心在于氏族和部落的集体责任与调解机制，强调通过协商与赔偿来解决冲突与问题，而非采取惩罚性措施，其内容涵盖财产继承、婚姻、土地分配、部落纠纷等各方面，具有较强的灵活性与适应性。例如，在财产纠纷中，习惯法通常要求侵权方通过赔偿牲畜或其他财产来弥补损失。在婚姻与继承方面，习惯法规定了严格的家族与部落义务，强调血缘关系的重要性，还规定了血亲复仇制度，即家族成员有义务为受害亲属复仇，但这一制度逐渐被赔偿制度所取代，体现了社会秩序的逐步理性化。

2. 伊斯兰教法

7 世纪后，随着丝绸之路的繁荣，伊斯兰教传入中亚。至 13 世纪蒙古帝国时期，伊斯兰教法逐渐渗透哈萨克社会，伊斯兰教法主要影响婚姻、继承、宗教义务等领域，与习惯法形成并存关系。例如，在婚姻方面，伊斯兰教法规定了婚姻的合法性条件、离婚程序以及妇女的财产权利；在继承方面，伊斯兰法规定了遗产分配的详细规则。

然而，伊斯兰教法并未完全取代习惯法，而是与习惯法相互补充。在哈萨克草原，习惯法仍然是解决纠纷的主要依据，而伊斯兰教法则在宗教与家庭事务中发挥重要作用。这种双重法律体系的存在，反映了哈萨克社会在宗教与世俗之间的平衡，也为后来的法律发展奠定了基础。

3. 成吉思汗法典

在蒙古统治时期（13—15世纪），《成吉思汗法典》对哈萨克草原的法律传统产生了一定影响。《成吉思汗法典》是蒙古帝国的成文法典，主要适用于军事与统治阶层，内容涵盖刑法、行政法、军事法等方面。例如，法典规定了严格的军事纪律与对叛变者的严厉惩罚。尽管《成吉思汗法典》在哈萨克草原的适用范围有限，但其对哈萨克习惯法的形成与发展产生了一定影响。例如，蒙古统治时期的中央集权思想与军事化管理模式，在一定程度上影响了哈萨克部落社会的组织结构，为后来的法律体系提供了历史借鉴。

4.《七项律法》（17世纪70年代）

《七项律法》由头克汗主持编撰，是哈萨克汗国第一部成文法典，确立了中世纪哈萨克汗国法律的基本原则和规范，融合了伊斯兰教法和草原传统法，内容涵盖财产、婚姻、犯罪与惩罚等方面，成为游牧社会法律的核心。

（二）沙俄时期（18世纪—1917年）

1. 法律殖民化

18世纪中叶，哈萨克草原逐步被沙俄吞并，成为其殖民地。沙俄的殖民统治不仅改变了哈萨克斯坦的政治和经济结构，也对其法律体系产生了深远影响。1822年，沙俄颁布《草原条例》(或称《西伯利亚吉尔吉斯人条例》)，这是沙俄颁布的首部针对哈萨克草原的法律，也是沙俄吞并哈萨克草原、终结哈萨克汗国独立地位的关键法律文件，其旨在确立行政管理制度，削弱部落权力，该条例的制定与实施标志着沙俄对哈萨克地区的统治从名义上的宗主权转向直接控制。《草原条例》废除可汗制度，将哈萨克草原划分为若干行政区，由沙俄派遣的官员直接管理。后期，沙俄通过法律手段将大量土地收归国有，逐步吞并了哈萨克草原。沙俄还通过设立地方法院与行政机构，引入俄罗斯帝国的行政与司法体系，从而推行俄罗斯法律体系，逐步取代哈萨克习惯法。然而，在农村和游牧地区，习惯法仍然在一定程度上得以保留，形成了法律殖民化与传统法律并存的局面。

2. 双重法律体系

在沙俄殖民时期，哈萨克草原形成了双重法律体系：俄罗斯法律适用于城市与移民社区，而农村和游牧地区则继续沿用习惯法。这种双重法律体系反映了沙俄殖民政策的矛盾性：一方面，沙俄试图通过法律手段实现殖民统治；另一方面，由于资源与能力的限制，沙俄无法完全取代哈萨克社会的传统法律体系。例如，在城市地区，俄罗斯法律规定了土地所有权、商业合同与刑事犯罪的处罚标准；而在农村地区，哈萨克牧民仍然依靠习惯法解决土地纠纷与家庭矛盾。这种双重法律体系的存在，加剧了哈萨克社会的分裂与不平等，也为后来的法律改革埋下了伏笔。

3. 土地法与镇压

沙俄的土地改革政策（如《斯托雷平改革》）对哈萨克草原的法律体系产生了深远影响。这些政策通过法律手段剥夺哈萨克牧民的土地，并将其分配给俄罗斯移民，导致哈萨克社会的经济基础遭到破坏。例如，《斯托雷平改革》规定，哈萨克牧民必须将部分土地转让给俄罗斯移民，否则将面临法律制裁。

此外，沙俄还通过法律手段镇压哈萨克社会的反抗。例如，1916 年的《征兵法》规定，哈萨克牧民必须服兵役，引发了大规模的反抗运动。沙俄通过军事法庭与特别法庭，对反抗者进行严厉惩罚，进一步加剧了哈萨克社会的不满与动荡。

（三）苏联时期的社会主义法律体系（1917—1991 年）

1917 年十月革命后，哈萨克斯坦成为苏联的一部分。苏联政府废除了沙俄时期的法律与哈萨克习惯法，建立了社会主义法律体系，苏联的社会主义法律体系对哈萨克斯坦的法律发展产生了深远影响。苏联社会主义法强调国家所有制、计划经济和无阶级社会，法律成为实现社会主义目标的重要工具。

在苏联成立初期，哈萨克斯坦进行了大规模的法律改革，旨在建立社会主义法律体系。1921 年《土地法令》废除私有制，所有土地归国家所有，哈萨克牧民必须加入集体农庄。1924 年《婚姻家庭法》禁止多妻制，确立男女平等原则；1926 年《刑法典》将部落血亲复仇定为刑事犯罪。这些法律不仅改变了社会结构，也重塑了民众的法律意识——国家取代部落成为权利的唯一来源。此外，哈萨克斯坦还建立了苏维埃法院，以取代传统习惯法和宗教法庭，司法体系高度集中化。

在斯大林时期，苏联法律进一步集权化，哈萨克斯坦的法律体系完全服从于苏联中央法律。在赫鲁晓夫和勃列日涅夫时期，苏联进行了一些法律调整，但法律体系仍以中央集权为主导。20 世纪 80 年代，戈尔巴乔夫的“改革与新思维”政策一定程度上推动了法律开放。戈尔巴乔夫推行“公开性”和“改革”，允许地方立法机构制定部分法律。例如，1986 年的《个体劳动法》允许个人从事小规模商业活动；1989 年的《选举法》引入了多候选人选举制度。然而，这些改革并未突破苏联体制的框架，法律体系仍然受制于中央集权的政治结构。

（四）独立后的法律现代化（1991 年至今）

1991 年 12 月 16 日，《国家独立法》通过并颁布，代表着哈萨克斯坦正式独立。

1. 宪法框架的建立与完善

1991 年独立后，哈萨克斯坦开始建立现代法治国家。1993 年通过的过渡宪法，是哈萨克斯坦首部独立宪法，该部法典保留了苏联时期的议会制，并尝试引入多党制与分权原则，但因为未能解决总统和议会的权力分配问题，因此未能有效实施。1995 年，哈萨克斯坦通过全民公决通过新宪法，标志着法律体系的重大转型。该部法典确立总统制共和国，赋予总统广泛权力，同时规定三权分立与人权保障原则。例如，1995 年《宪法》规定，哈萨克斯坦是一个世俗国家，保障公民的言论、集会、宗教信仰自由。此外，宪法还规定了私有财产保护与市场经济原则，为经济改革提供了法律基础。

2. 法律体系的重构

独立后，哈萨克斯坦对法律体系进行了全面改革。例如，1994 年通过的《民法典》与 2009 年通过的《商法典》推动了私有化与市场经济的发展；1997 年通过的《刑法典》废除了普通犯罪的死刑，体现了对人权的保护。此外，哈萨克斯坦还通过《投资法》与《竞争和限制垄断活动法》（以下简称《反垄断法》）等法规，吸引外资并保护市场竞争。例如，2001 年修订的《反垄断法》借鉴了欧美经验，规制自然垄断与行政垄断行为。

3. 国际法与特殊经济区创新

哈萨克斯坦积极参与国际法律合作，并通过设立特殊经济区推动法律创新。例如，2018 年设立的阿斯塔纳国际金融中心（AIFC）采用英国普通法体系，设立独立法院与仲裁机构，以提升司法公信力与吸引外资。

二、主要法律体系

（一）法律渊源与层级

1. 法律渊源的多元性

哈萨克斯坦的法律体系以成文法为核心，同时融合国际条约、习惯法及司法判例的补充作用，形成多元化的法律渊源结构。

（1）成文法的主导地位

成文法是哈萨克斯坦法律体系的核心渊源，其制定主体与效力层级明确。

宪法：1995 年《宪法》是最高法律渊源，具有直接适用效力。宪法不仅规定了国家的基本制度与公民的基本权利，还明确了法律体系的层级与效力，是最高法律规范，任何法律不得与其相抵触。

宪法修正案：需经全民公决通过，效力等同于宪法。

宪法性法律：如《国家独立法》《选举法》，效力仅次于宪法。

法典：是各部门法的主要渊源。法典化是哈萨克斯坦法律体系的重要特征，旨在通过系统化的法律文本提高法律的确定性与可预见性。各部门法法典化特征显著，法典条文数量庞大，覆盖社会关系的主要领域。

普通法律：由议会通过，普通法律通常针对特定领域或问题制定，具有较强的灵活性与时效性。

总统令：总统在紧急状态或议会休会期间发布具有法律效力的命令。总统令通常用于应对突发事件或填补法律空白，但其效力低于宪法与法典。

政府法令：内阁制定的行政法规。政府法令主要用于执行法律或规范具体行政行为，其效力低于普通法律。

地方性法规：地方议会制定的区域性规范。地方性法规通常用于调整地方性事务，其效力限于特定区域。

（2）国际条约的优先效力

根据《宪法》第 4 条，哈萨克斯坦批准的国际条约自动成为国内法的一部分，且效力高于普通法律。

（3）习惯法的补充功能

尽管成文法占据主导地位，但在农村地区，习惯法在如土地纠纷调解、婚姻等方面仍发挥补充作用，但需与成文法保持一致。习惯法的存在反映了哈萨克斯坦法律传统的延续性与社会文化的多样性。

（4）司法判例的指导性作用

最高法院的判决对下级法院具有指导意义，但不具有正式的法律渊源地位。司法判例的参考作用有助于统一法律适用标准，但其效力受限于成文法的主导地位。

2. 法律层级的规范性结构

1998年3月24日颁布的哈萨克斯坦《规范法律条文法》中规定，哈萨克斯坦共和国的宪法具有最高法律效力。在宪法的框架之下，其他的规范法律条文按照以下等级排列：（1）修改和补充宪法的法律；（2）哈萨克斯坦共和国宪法法律和具有宪法法律效力的总统令；（3）哈萨克斯坦共和国法典；（4）哈萨克斯坦共和国法律和具有法律效力的总统令；（5）哈萨克斯坦共和国议会和其两院的规范决议；（6）哈萨克斯坦共和国总统的规范法令；（7）哈萨克斯坦共和国政府的规范法令；（8）哈萨克斯坦共和国部长和中央国家机关其他领导的规范法令，哈萨克斯坦共和国中央国家机关和中央选举委员会的规范法律决议；（9）中央国家机关各部门领导的规范法令；（10）下议院（地方代表机关）的规范法律决定，地方政府（地方执行机关）的规范法律决议，地方政府领导的规范法律决定。如果在不同级的标准法律条文中出现矛盾之处，以上一级的条文规范为准；如果在同一级的规范法律条文里出现相抵触条款，则以最新发布的条文为准。哈萨克斯坦共和国宪法委员会和最高法院的规范法令不在以上等级范围之内。哈萨克斯坦共和国宪法委员会的规范法令必须以哈萨克斯坦共和国的宪法为依据，而且任何规范法律条文都不能违背宪法。①

3. 宪法委员会

宪法委员会是维护法律层级秩序的核心机构，通常由总统、参议院、马日利斯各任命3人，任期6年。其职能包括：

（1）法律合宪性审查：宪法委员会有权审查法律、总统令与政府法令的合宪性，确保其符合宪法规定。

（2）宪法解释：宪法委员会负责解释宪法条文，明确其含义与适用范围。

（3）争端解决：宪法委员会有权裁决国家机关之间的权限争议，确保权力运行的合法性。

（二）主要部门法体系

哈萨克斯坦自1991年独立以来，通过法典编纂、国际条约吸纳与本土化

---

① 参见商务部对外投资和经济合作司等编：《对外投资合作国别（地区）指南：哈萨克斯坦》（2024年版），载商务部“走出去”公共服务平台，http：//fec. mafcom. gov. cn/article/gbdqzn/，2025年3月25日访问。

改造，形成了具有大陆法系特征的部门法体系。该体系以宪法为根本遵循，在民事、刑事、行政、经济与社会五大领域构建起层次分明的规范网络，既体现后苏联国家的立法共性，又通过资源主权保护、数字化司法改革等制度凸显国家治理特色。

1. 民事法律体系

民事法律体系是哈萨克斯坦法律体系的重要组成部分，主要调整平等主体之间的财产关系和人身关系。其核心是哈萨克斯坦共和国《民法典》，该法典于 1994 年通过，涵盖物权、合同、婚姻家庭、继承等私法领域，并经过多次修订，逐步完善。

（1）民法的基本原则

哈萨克斯坦的民法遵循以下基本原则：

平等原则：民事主体在法律面前一律平等，无论其身份、地位如何。

意思自治原则：民事主体可以自由决定自己的行为，只要不违反法律和公序良俗。

诚实信用原则：民事主体在行使权利和履行义务时，应当诚实守信。

（2）主要内容

物权法：物权法是民法的重要组成部分，主要规定了对物的占有、使用、收益和处分的权利。哈萨克斯坦的物权法明确了所有权、抵押权、留置权等权利的内容和行使方式。例如，一个人拥有一栋房子，他可以自由买卖、出租或抵押这栋房子，但必须遵守相关法律规定。

合同法：合同是民事活动中最常见的法律行为。哈萨克斯坦的合同法规定了合同的订立、履行、变更和解除等规则。例如，当两个人签订买卖合同时，双方必须按照合同约定的条款履行各自的义务，如果一方违约，另一方可以要求赔偿。

婚姻家庭法：婚姻家庭法调整婚姻关系和家庭关系。哈萨克斯坦的婚姻家庭法规定了结婚、离婚、抚养、继承等内容。例如，夫妻双方在离婚时，必须依法分割共同财产，并确定子女的抚养权。

继承法：继承法规定了自然人死亡后，其财产如何转移给他人。哈萨克斯坦的继承法明确了法定继承和遗嘱继承的规则。例如，如果一个人去世，他的财产首先由其配偶、子女和父母继承。

（3）实施特点

哈萨克斯坦的民事法律体系在实践中注重保护公民的合法权益，特别是在财产权和合同自由方面。然而，由于法律意识和执法水平的限制，民事纠纷的解决效率仍有待提高。

2. 刑事法律体系

哈萨克斯坦刑事法律体系以《刑法典》与《刑事诉讼法典》为支柱，强调罪刑法定与程序正义原则，同时注重打击经济犯罪与维护国家安全，总体呈现“严而不厉”的特征：刑法典罪名数量达 234 项，但死刑适用仅限于恐怖主义等 6 类犯罪。2018 年司法改革后，刑事诉讼程序的人权保障水平显著提升。

（1）刑法的基本原则

哈萨克斯坦的刑法遵循以下基本原则：罪刑法定原则：只有法律明文规定的行为才构成犯罪，且刑罚必须依法确定。

罪责刑相适应原则：刑罚的轻重应当与犯罪的严重程度相适应。

人道主义原则：刑罚的执行应当尊重犯罪人的基本权利。

（2）主要内容

犯罪类型：哈萨克斯坦的刑法将犯罪分为多种类型，包括危害国家安全罪、侵犯人身权利罪、财产犯罪等。例如，故意杀人、盗窃、贪污等行为都属于刑法规定的犯罪。

刑罚种类：刑法规定了多种刑罚，包括有期徒刑、无期徒刑、死刑、罚金等。例如，一个人如果犯有故意杀人罪，可能会被判处有期徒刑或无期徒刑。

刑事责任：刑法还规定了刑事责任的年龄、精神状态等条件。例如，未满 16 周岁的未成年人只有在犯有严重罪行时才承担刑事责任。

近年来，哈萨克斯坦加强了对腐败犯罪的打击力度，2011 年设立反腐败局，要求公职人员申报财产，对受贿、滥用职权等行为实行零容忍政策。2023 年修订案引入“违法所得追缴”制度，允许对未定罪但涉嫌非法所得的财产进行冻结。2022 年《刑事诉讼法典》修订引入 3 项关键制度：

侦查阶段律师在场权：除危害国家安全案件外，讯问过程需有辩护人参与。

辩诉交易制度：对可能判处 10 年以下刑罚的案件，被告人认罪可获 30% 刑期减免。

电子证据区块链存证：要求对手机定位、监控视频等证据进行哈希值固化，2023 年因证据瑕疵被排除的案件量下降 19%。

3. 行政法律体系

行政法体系主要规范政府机关的行为，保障公民的合法权益。哈萨克斯坦的行政法体系以哈萨克斯坦共和国《行政法典》为核心，规定了政府机关的职权、行政程序和行政责任。

(1) 行政法的基本原则

哈萨克斯坦的行政法遵循以下基本原则:

合法性原则:政府机关的行为必须依法进行。

公开透明原则:政府机关的决策和行为应当公开透明。

责任原则:政府机关及其工作人员在行使职权时,如果违法或不当行为给公民造成损害,应当承担法律责任。

(2) 主要内容

行政程序:行政程序是指政府机关在行使职权时必须遵循的程序。例如,当政府机关作出行政处罚决定时,必须告知当事人处罚的理由和依据,并给予当事人申辩的机会。

行政责任:行政责任是指政府机关及其工作人员在行使职权时,如果违法或不当行为给公民造成损害,应当承担的法律责任。例如,如果政府机关在执法过程中侵犯了公民的合法权益,公民可以提起行政诉讼,要求赔偿。

实施特点:哈萨克斯坦的行政法体系在实践中注重规范政府行为,但在行政效率和透明度方面仍有改进空间。近年来,哈萨克斯坦通过电子政务等手段,逐步提高了行政管理的效率。

4. 经济法律体系

哈萨克斯坦的经济法律体系以促进市场化与国际化为主线,涵盖贸易、投资、税收、竞争等领域,其立法动态与欧亚经济联盟(EAEU)规则深度衔接。

(1) 贸易与投资

关税同盟规则:执行《欧亚经济联盟海关法典》,进口关税分配中哈占6.955%,对400种商品设置"过渡期"保护本土产业。

外资限制:银行业外资占比上限25%,农用土地禁止外国人持有,矿产开发需经能源部审批,体现"资源主权优先"政策。

国际仲裁机制:2016年《仲裁法》统一国内与国际仲裁规则,允许临时仲裁与常设仲裁并存,仲裁裁决可通过法院强制执行。阿斯塔纳国际金融中心(AIFC)进一步引入英国普通法制度,仲裁庭可适用国际商事惯例与判例,显著提升争议解决效率。

外资并购规则:外资收购当地企业30%以上股份需提前申报反垄断审查,交易若涉及战略资源(如矿产开发权),国家享有优先回购权,体现对经济主权的保护。

引入信托法律制度,填补了哈萨克斯坦资产证券化的制度空白。

（2）税收制度

增值税率12%，企业所得税率20%。经济特区企业可享受10年免税期，出口企业实行增值税先征后退政策。

（3）反垄断与知识产权

《反垄断法》禁止横向垄断协议与滥用市场支配地位，2023年对跨国科技公司展开数据垄断调查。知识产权保护以《专利法》与《商标法》为基础，2024年加入《海牙协定》。

5. 社会法律体系

社会法律体系聚焦民生保障与可持续发展，涵盖劳动、教育、医疗、环保等领域，政策导向体现“社会公平与风险防控”并重。

（1）劳动与社会保障

2015年《劳动法典》规定最低就业年龄16岁（14岁需监护人同意），带薪年假不少于18天。雇主需缴纳社保（3.5%）、社会税（9.5%）与强制医保（2%）。2025年起推行“统一综合支付制度”，简化非正规就业者缴费流程。

（2）外籍劳务管理

实行配额制与许可费分级制度，工程师等技术岗位许可费为800—1500美元。外籍员工需提供体检证明与劳务合同，工作许可审批周期为20个工作日，地方政府可基于失业率调整配额。

（3）环境与公共健康

《矿产法》要求资源开发企业缴纳生态补偿金，2023年修订案引入“环境损害终身追责”制度。医疗领域对进口药品免征增值税，公共卫生事件应急机制纳入《国家安全法》框架。

（三）哈萨克斯坦法律体系的特点

1. 以总统为核心的宪法制度

哈萨克斯坦1995年《宪法》确立了“总统制单一制共和国”的政体，总统作为国家元首拥有广泛的行政权和立法提案权，例如，对总理、最高法院法官的提名权及议会解散权等。宪法明确国际条约效力优先于国内法，经批准的国际条约可直接适用，这为外商投资保护提供了制度保障。值得注意的是，2017年修宪虽适度下放总统权力，但总统仍主导国家权力的核心架构，这种“强总统制”特征深刻影响着法律体系的运行逻辑。

2. 混合型法律体系

哈萨克斯坦的法律体系脱胎于苏联社会主义法系，但在法典编纂中吸收大陆法系特征，同时通过阿斯塔纳国际金融中心（AIFC）实现普通法移植。AIFC 法院直接适用英国普通法及判例，形成“一国两制”的特殊司法区，仲裁制度融合《纽约公约》与英国仲裁法，采用英语审理案件并建立在线仲裁平台，这种法律移植具有突破性意义。在环境法领域，2007 年颁布的《生态法典》开创全球首部综合性生态法典，采用“总则—分则”的九编结构，整合此前各项单行法，建立包含生态标准、环评、审计等在内的完整制度框架。

3. 灵活调整的立法模式

为适应经济发展需求，哈萨克斯坦立法呈现显著的政策导向性。在投资领域形成以《投资法》为核心，《经济特区法》《反垄断法》等配套的法律体系，但政策调整频繁导致法律稳定性不足，如银行业、电信业的外资准入限制常随国家战略变化而修订。司法改革同样体现渐进性特征，2012 年建立上诉法院层级制度，简化诉讼程序，但法官任命仍由总统主导，司法独立性与腐败问题尚未根本解决。

4. 经济特区的法律试验

AIFC 作为制度创新的试验田，其法律体系具有三大突破：第一，管辖权独立，仅处理民商事案件且排除本国法适用；第二，法官国际化，要求具备普通法地区执业经验并实施英语审判；第三，执行机制创新，区内采用普通法执行程序，区外则衔接本国执行制度。这种“法律飞地”模式既保留了本土法律主权，又为国际商事活动提供制度接口。

5. 环境法律的系统性建设

《生态法典》的编纂体现法典化技术的成熟，通过 418 个条文构建“预防—监管—追责”的全链条机制。其特点包括：建立四级生态监督体系（国家、地方、企业、公众），引入环境影响评估制度，将碳排放纳入法律管控范围之内。

三、主要法律介绍

（一）宪法

1. 哈萨克斯坦 1995 年宪法的历史背景与特点

哈萨克斯坦的宪法发展始于 1990 年 10 月 25 日《哈萨克苏维埃社会主义共和国国家主权宣言》的通过。该宣言确立了民主法治国家的原则，宣告人民是国家政权的唯一源泉，并确认国家领土的不可分割性。然而，该宣言仅具政治意义，不具法律效力，必须通过宪法进一步确立主权国家地位。

1991 年 12 月 16 日，哈萨克斯坦共和国《国家独立法》正式颁布，标志着哈萨克斯坦独立日的诞生。该法明确了哈萨克斯坦为主权国家，拥有独立的经济体系和武装力量，并依据国际法原则建立对外关系。1993 年 1 月 28 日，哈萨克斯坦第一部宪法通过。宪法确立了民主法治国家的原则，但在议会制与总统制之间缺乏明确定位，未能确立国家发展方向。此外，该《宪法》由最高苏维埃制定，被批评为缺乏民意基础，仍然延续苏联时期的权力结构。立法与行政机构之间的权力分配问题突出，成为国家治理的障碍。最终，1993 年宪法被视为过渡时期的产物，难以适应独立后的社会政治发展需求。

2. 1995 年宪法的出台与特点

（1）宪法的制定与意义

1995 年 8 月 30 日，哈萨克斯坦通过全民公决确立了现行宪法，并将该日定为宪法日。新宪法的通过标志着哈萨克斯坦在政治与经济改革上的重要转折点。宪法为经济改革奠定法律基础，确立了两院制议会，取代原来的最高苏维埃，提高立法效率。此外，《宪法》规定了劳动和企业自由、免费医疗与教育、宗教信仰自由等权利，并将其落实到具体法律中，促进了社会民主化与经济发展。

（2）1995 年《宪法》的主要特点

①确立总统制。

1995 年《宪法》明确哈萨克斯坦为总统制单一制共和国，赋予总统最高权力，并确立三权分立原则。总统可随时解散议会，行政权力集中于政府，确保国家治理的稳定性。

②司法改革。

新宪法整合了一般法庭与仲裁法庭，明确法庭和法官的法律地位，并设立宪法委员会，取代原有的宪法法院，加强对司法权的保障。

③政府权力与地方自治。

政府领导执行机关并承担经济和社会事务管理职责，同时新宪法确认了地方自治制度，使地方政府能够独立解决区域性事务。

④语言政策的调整。

《宪法》规定哈萨克语为国语，同时赋予俄语官方语言地位，以维护多民族国家的平衡，并保障各民族语言的发展。

⑤意识形态与政治多元化。

《宪法》首次确立意识形态多元化原则，保障政党和社会团体的自由活动，为公民社会的发展提供法律支持。

⑥财产权保障。

《宪法》规定国有财产与私有财产享有同等保护，确立了市场经济原则，并合理解决了土地问题，允许私人依法拥有土地。

⑦社会保障体系的完善。

《宪法》赋予公民劳动自由、免费医疗、免费中等教育等权利，并制定相关法律以确保其实施。社会保障范围扩大，涵盖老年人、病残人士和失去供养者。

3. 近年来的宪法修订与发展

2007 年，哈萨克斯坦议会通过宪法修正案，推动从总统制向总统议会制过渡，增强议会在国家政治中的作用，并简化议会对政府的不信任案程序。此外，宪法改革促进了司法体系的现代化，并在 2010 年担任欧安组织轮值主席国期间借鉴欧洲经验，进一步完善立法体系。

（二）民事法

1.《民法典》

哈萨克斯坦共和国《民法典》于 1994 年 12 月 27 日由哈萨克斯坦共和国最高委员会颁布，是该国最重要的民事法律之一，调整公民、法人、国家及行政和地方单位之间的民事关系。《民法典》基于平等、财产不可侵犯、契约自由、禁止非法干涉个人事务等原则，旨在保障民事主体的合法权益，规范市场经济活动。

主要内容如下。

①民事立法的基本原则。

该法典强调所有主体在法律面前一律平等，保护公民和法人财产权利，鼓励自由市场经济发展，同时规定不得滥用权利损害他人利益或社会公共利益。

②民事法律的适用范围。

该法典调整与财产相关的民事关系（包括商品、货币关系），以及基于财产关系的非财产性关系。此外，它还可适用于家庭、劳动、自然资源利用和环境保护等领域，但不得干涉基于行政或国家管理权限的关系，如税收关系。

③法律适用与解释。

《民法典》明确了民事立法的适用效力，包括其时间效力、对习惯法的适用，以及法律漏洞时的类推适用。此外，国际条约如果与哈萨克斯坦民法规定不同，以国际条约的规定为准。

④民事权利的行使与保护。

任何公民或法人均有权行使和保护自己的民事权利，包括财产权、合同权、知识产权等。法院、仲裁机构可通过多种方式保护受损害的民事权利，包括恢复原状、赔偿损失、终止违法行为等。

⑤民事主体。

《民法典》确认了公民、法人、国家及行政区域单位为民事主体。公民享有完整的民事权利能力和行为能力，未成年人及无行为能力人受到法律特殊保护。法人可以是营利性或非营利性组织，拥有独立财产并能以自身名义承担责任。

⑥财产权与合同。

该法典对所有权、物权、债权等做出了详细规定，明确了财产交易规则、合同订立与履行原则，强调合同自由及诚信履约。

⑦侵权责任与违约责任。

任何因违法或违反合同义务导致他人损害的行为，都可能引发法律责任。受害人可请求赔偿实际损失及可得利益损失。

⑧企业与市场经济相关规定。

《民法典》保障企业自由经营权，规范企业破产、重组、合并等事务，并对不正当竞争、垄断行为设有专门规定，以维护市场公平竞争秩序。

哈萨克斯坦《民法典》是该国市场经济法律体系的基础之一，为公民、法人及国家的民事活动提供了清晰的法律框架，促进经济发展和社会稳定。同时，该法典吸收了国际民法的先进经验，并结合本国国情加以完善，使其能够适应现代市场经济的需求。

2.《劳动法典》

哈萨克斯坦共和国《劳动法典》共包含 12 章、109 条。其中，第一章概述总体原则，第二章规定个人劳动合同，第三章涉及集体合同，第四章调整特定领域雇员的劳动关系，第五章界定工作时间，第六章规范休息时间，第七章涉及工资及劳动定额，第八章规定雇员的保障与赔偿，第九章明确劳动合同双方的物质责任，第十章设定雇员的奖惩措施，第十一章处理劳动争议，第十二章则对该法的执行监督进行规定。

①基本原则与适用范围。

哈萨克斯坦共和国劳动法以《宪法》为基础，旨在保护劳动关系双方的权益，确保劳动领域的权利和自由。其基本原则包括劳动自由、反歧视、禁止强制劳动、保障最低工资、确保安全工作环境、保障工人休息权等。

该法适用于哈萨克斯坦全境的所有雇主和雇员，包括在哈萨克斯坦境内注册的外国企业分支机构或代表处。若国际协议对劳动法有特殊规定，则国际协议优先适用。

②劳动关系与合同管理。

劳动关系的确立通常基于劳动合同，该合同必须明确双方的权利、义务、工作条件、工资待遇、合同期限等要素。劳动合同可以是固定期限或无固定期限的，合同条款不得低于法律规定的最低标准。

劳动合同的终止可由雇员或雇主提出，若因雇主原因解除劳动合同，雇员有权获得补偿。对于临时性工作、兼职或替代性工作的安排，需明确报酬计算方式，确保雇员权益。

③工作时间与休息制度。

哈萨克斯坦的正常工作时间为每周不超过 40 小时，对未成年工（14—16 岁不超过 24 小时/周，16—18 岁不超过 36 小时/周）和特定行业（如危险作业）有缩短工时的规定。

加班需支付额外报酬，加班费率不得低于正常工资的 150%。夜班和假期工作的补偿标准与加班类似。雇员有权享受带薪年假，最低标准由法律规定。

④工资与社会保障。

哈萨克斯坦《劳动法典》规定了最低工资标准，并要求雇主按月支付工资。工资需以哈萨克斯坦本国货币支付，并提供详细的工资单。雇员享有强制性社会保险，包括医疗保险、工伤保险和养老金等。

此外，对于因履行工作职责导致健康损害的情况，雇员有权获得赔偿，包括医疗费用、康复费用及必要的经济补偿。

⑤劳动保护与安全。

哈萨克斯坦《劳动法典》对工作场所的安全和劳动保护作出严格规定，雇主需为雇员提供符合安全标准的工作环境，并提供必要的劳动保护装备。若工作条件不安全，雇员有权拒绝工作，并可向劳动监察部门举报。

国家劳动监察机构负责监督《劳动法典》的实施，并有权检查企业是否符合安全标准。违反《劳动法典》的雇主可能面临罚款、整改要求，甚至被暂停营业。

⑥劳资争议解决机制。

哈萨克斯坦《劳动法典》允许雇员成立工会，并通过集体谈判维护自身权益。劳资纠纷可通过调解、仲裁或诉讼解决。工人有权通过合法程序进行罢工，但需遵守特定的法律程序。

⑦特殊群体保护。

未成年人、孕妇、哺乳期妇女、残疾人及特殊行业从业者受法律特殊保护。例如，妇女禁止从事高危或繁重工作，未成年人不得从事夜班或加班工作，残疾人有权要求适合其能力的工作安排。

3.《婚姻家庭法》

1998 年 12 月 17 日，哈萨克斯坦颁布了《婚姻家庭法》，该法律共设 7 编、29 章、213 条。当前适用的版本是 2011 年底修订通过的《婚姻和家庭法》。该法律在立法理念、指导原则及具体规定等方面进行了相应调整，与民众的日常生活息息相关，因此受到了广泛关注。

哈萨克斯坦婚姻家庭法的特点：现行《婚姻家庭法》分为两个部分，共计 7 编、33 章、283 条，既包含婚姻家庭的实体法规范，也涉及程序法规范。其中，实体法部分不仅确立了婚姻家庭法的基本原则和一般规定，还涵盖婚姻关系及家庭关系的各项具体内容。而程序法部分则详细规定了婚姻缔结与解除的程序，以及身份关系的确认和变更等登记程序。此外，该法不仅适用于本国公民的婚姻家庭关系，还对外国人及无国籍人士的相关法律适用问题作出了具体规定。

这部法律植根于本国的社会现实并顺应婚姻家庭发展趋势，在多方面体现了创新性。例如，其对婚姻家庭权利的保护与实现给予了特别关注，不仅在第二章“婚姻家庭权利的保护与实现”进行专门规定，还于第六章“配偶的人身权利与义务”、第七章“配偶的财产权利与义务”、第十章“子女权利”、第十一章“父母的权利与义务”以及第十二章“父母权利的剥夺与限制”等章节中，对相关家庭成员的具体权利作了详尽阐述。此外，该法在第九章“代孕生育及辅助生殖技术的应用”中明确赋予代孕合法地位。尽管许多国家将代孕视为非法行为且不保护代孕协议，但哈萨克斯坦基于本国国情，制定了相应的法律条款加以规范。同时，该法还强化了身份关系的契约性与登记要求，详细规定了婚姻合同（第 39 至 43 条），并强调所有身份关系的建立、变更及终止必须依法登记方具法律效力。

4.《民事诉讼法》

哈萨克斯坦《民事诉讼法》颁布于 1999 年 7 月 13 日，共五编、45 章、426 条，规定了民事案件的诉讼程序，以维护公民、法人及国家的合法权益。该法典的核心内容涵盖以下几个方面：

（1）基本原则

①合法性原则：法院审理案件必须遵守宪法及法律，若适用的法律与宪法相冲突，法院可请求宪法委员会审查。

②审判独立原则：法官独立审理案件，不受行政、立法或其他外部干预，确保公正司法。

③司法保护原则：所有公民、法人及国家机关均可向法院提起诉讼，以保护其合法权益。

④平等原则：诉讼参与人无论性别、种族、社会地位等，在法律和法院面前一律平等。

⑤两造辩论原则：当事人享有平等诉讼权利，法院保持中立，确保公平对抗。

⑥公开审理原则：法院审理民事案件原则上公开进行，但涉及隐私、国家安全等特殊案件可不公开。

（2）民事诉讼程序

①一审程序：法院受理案件后，通知被告并安排庭审，依据证据作出判决。

②上诉与判决重审：不服一审判决的当事人可向上级法院上诉，法院可撤销或修改判决。

③执行程序：生效判决必须执行，法院可采取财产查封、银行账户冻结等强制措施。

④涉外诉讼：涉外案件原则上适用哈萨克斯坦法律，亦可依据国际条约处理。

（3）诉讼参与人的权利与义务

①当事人权利：提交诉讼请求、提供证据、申请上诉等。

②当事人义务：如实陈述事实、遵守法院程序、履行生效判决。

哈萨克斯坦民事诉讼法为该国民事司法体系提供了法律框架，确保诉讼的公正性、效率性及合法性。

（三）刑法——《刑法典》

现行的《刑法典》于 1997 年 7 月 16 日正式颁布，并在后续经历了多次修订。该法典共计 16 章，涵盖 393 条条款，对各类刑事犯罪、刑事责任以及相应的处罚措施进行了明确规定。

在商业竞争领域，该法典第 196 条的规制范围不仅限于卡特尔行为，还扩展至所有反竞争协议，涵盖纵向垄断协议及滥用市场优势地位等情形。具体涉及的违法主体包括：（1）价格操控主体：在市场上固定或维持垄断性高价或低价；（2）市场分割与限制主体：依据地理区域、客户群、交易条件、产品数量或价格等因素，限制商品、工程或服务的转售价格，划分市场或消费群体，并限制销售量的垄断或市场优势主体；（3）其他反竞争行为主体：实施严重限制市场竞争、拒不履行反垄断机构设定条件或违反相关决定等行为的市场主体。

依据该规定，上述违法行为将面临 500 至 1000 MCI 的罚款，或可判处 2 年劳动教养、2 年监禁或同等时长的限制自由。

如果行为人属于有组织的犯罪集团，或借助职务便利反复实施反竞争行为，则相应的处罚力度将加重，可能被处以 1000 至 2000MCI 的罚款，或相当于其 5 至 7 个月工资的罚金，抑或被限制自由 5 年，并可能被禁止在特定职位或行业内工作最长 3 年，同时可能面临个人财产的没收。此外，若该行为涉及暴力、威胁使用暴力，或导致第三方财产毁损，但未达到敲诈勒索的标准，则可处以 3 至 7 年限制自由，并可能追加财产没收处罚。

从哈萨克斯坦的法律实践来看，只要某一行为在严重程度上达到了法定标准，无论其具体形式如何，均可能引发刑事责任。这一点与部分国家或地区的反垄断法有所不同，后者通常仅对恶意实施限制竞争的卡特尔行为追究刑责。这一差异主要源于某些反竞争行为的特殊性，例如，纵向限制竞争和滥用市场支配地位在特定情况下可能具有一定的经济合理性。因此，在全球范围内，尽管大多数国家对横向限制竞争均设有刑事责任，但在纵向限制和市场支配行为的规制上，立法实践仍存在一定差异。

在反恐领域，刑法作为国家强制力的重要工具，对恐怖主义犯罪进行了严格规制，并将其列为刑法严禁的核心犯罪类型。哈萨克斯坦《刑法典》第 9 章关于危害公共安全和公共秩序的犯罪，在第 233 条中明确定义恐怖主义行为，包括实施爆炸、纵火或其他导致人员伤亡、重大财产损失或公共安全受损的行为，其目的在于破坏社会稳定、威胁公众，或迫使哈萨克斯坦政府、外国政府及国际组织屈服于其要求。

针对上述犯罪行为，若初次实施，刑罚为 4 至 7 年有期徒刑；若犯罪行为反复发生，并且涉及使用武器，则刑期可提高至 7 至 12 年。此外，该条款还规定，若个人宣扬恐怖主义、煽动公众实施恐怖行动，或传播相关材料，将面临 5 年有期徒刑；若行为人系政府官员或具有领导职务，则最低刑期为 1 年。哈萨克斯坦《刑法典》第 233-2 条进一步明确，组织或参与恐怖主义集团将被判处 8 至 15 年有期徒刑，并附加财产没收处罚。同时，该法典第 242 条规定，若故意散布恐怖主义相关信息，将依据行为人的收入情况被处以 200 至 500 坚戈的罚款，或被判处 1 至 2 年的劳动改造。

（四）行政法

1.《行政法典》

哈萨克斯坦《行政法典》以规范行政权力、保障公民权利为核心，通过严谨的责任体系与动态修订机制，为国家治理现代化提供法治支撑。

（1）法治原则

①合法性原则：行政责任仅由法律明确规定，禁止法外创设处罚。

②平等与无罪推定：任何人未经法定程序不得被认定违法，禁止基于身份或宗教的歧视。

③比例原则：处罚强度应与违法行为危害性相适应，禁止过度处罚。

④人道主义原则：通过特殊豁免条款（如对孕妇、未成年人的保护）体现人文关怀。

（2）行政责任构成要件

第一，责任主体。

①自然人：16周岁以上且精神健全的人，对故意或过失行为担责。

②法人：包括企业、非营利组织等实体，对其代表或雇员的职务行为承担替代责任。

③公务员：因职务不作为或滥用职权需承担加重责任。

第二，免责与减轻情节。

①法定免责：正当防卫、紧急避险、执行合法命令等情形。

②减轻情节：初犯、悔过、未成年人、怀孕妇女等可从轻处罚。

③加重情节：累犯、利用职务犯罪、针对弱势群体等情形。

（3）行政处罚体系与措施

第一，处罚类型。

①财产罚：包括罚款和没收违法所得及工具，罚款的金额与月计算指数挂钩，没收的违法所得及工具强制收归国有。

②资格罚：包括吊销许可证和暂停从业资格。

③行为罚：包括暂停或禁止特定活动、强制拆除违建、驱逐外国人。

④人身罚：包括行政拘留（最长30日），但孕妇、残障人士等群体豁免。

第二，特殊领域规则。

①金融监管：非法银行业务、洗钱、保险违规等行为面临高额罚款（最高违法所得300%）。

②能源与环境：违反矿产开采、生态保护、能效标准等规定需赔偿损失并整改。

③劳动保障：拖欠工资、违反安全规程等行为需支付赔偿金并恢复合规。

（4）重点领域监管框架

第一，经济与税务。

①税收合规：逃税、虚假申报等行为按欠税额比例处罚（最高300%）。

②外汇管制：违反跨境资金流动规则将被追缴并罚款。

③金融安全：强化反洗钱监管，对加密货币等新兴业态增设许可要求。

第二，公共安全与健康。

①交通违法：酒驾、超速等行为适用分级处罚，并在实践中引入了自动化监控设备以提升执法效率。

②药品与食品：违规生产销售将面临吊销执照及高额罚款。

第三，社会治理。

①劳动权益：未缴纳社保、歧视员工等行为需支付补偿金并进行整改。

②未成年人保护：禁止雇佣童工、向未成年人售酒，强化校园欺凌防治。

（5）程序保障与实施机制

第一，执法程序。

①调查期限：一般案件2个月，复杂案件可延长至1年。

②电子政务：部分案件通过在线系统处理，提升了工作的透明度与效率。

第二，争议解决。

①申诉机制：当事人可以对处罚决定提起行政复议或司法审查。

②司法监督：申请法院审查行政行为的合法性，确保程序正当。

2.《哈萨克斯坦许可法》

哈萨克斯坦《许可法》于2014年5月16日正式颁布，其目的是通过分级许可与通知制度规范市场经济活动准入，平衡市场活力与公共安全。该法律以宪法为基础，遵循国际条约优先原则，旨在通过进行严格的资质审查来保障哈萨克斯坦高风险行业（如核能、金融、武器贸易）的安全运营，同时简化低风险领域（如旅游、建筑）的审批流程以促进市场经济效率。该部法律强调消费者权益保护、企业合规经营与国家利益的协调，并通过定期修订来适应数字经济、能源开发等新兴领域的发展需求。

该部法律适用于哈萨克斯坦境内28个行业的特定活动，共分为三类监管：第一类许可（88项高风险活动，如核能开发、金融服务）需严格资质审查；第二类许可（394项中风险活动，如反垄断审查、国际运输）适用简化流程；62项低风险活动（如旅行社开业、建筑工程启动）只需通知备案。该法通过附件列明了各类清单，以此来确定法律监管范围，明确排除了技术法规、外汇管制等特定领域。其主要内容包括：建立国家许可和通知电子登记系统，实现全流程数字化管理；规定许可申请需提交资质证明、费用缴纳等文件，审批周期为15—30个工作日；针对金融、能源等特殊领域设置专项条款，如金融机构需接受国家银行资本金审查，能源开发受外资持股限制；强化监管措施，包括定期合规检查、违规处罚及许可证吊销机制。自2014年颁布以来，该法律经历多次修订（如 2018 年 5 月 24 日第 156-Ⅵ号、2024 年 4 月 6 日第 71-Ⅷ号等），最新修订新增数字资产、加密货币等监管内容，进一步完善了法律框架。

3. 公共服务法

哈萨克斯坦《公共服务法》作为该国公共行政领域的基础性法律，旨在通过法治化框架规范公务员行为，构建专业化、透明化的公共服务体系。该法以宪法为依据，结合国际公共管理原则，确立了公务员制度的核心准则。其立法目的在于通过明确公务员的法律地位、权利义务及职业发展路径，保障公共服务的高效性与公正性；通过建立竞争性选拔、动态考核及廉政监督机制，提升政府治理能力；最终实现国家利益、公民权益与公共服务效能的有机统一。

该法适用于哈萨克斯坦境内所有公务员群体，涵盖政治公务员与行政公务员两大类别。其中，政治公务员指通过选举或任命产生、承担政策决策职能的公职人员；行政公务员则分为"A"类（需特殊资格的高级职位）与"B"类（普通职位），二者均需通过竞争性程序或调任机制进入公共服务体系。法律明确排除国家银行员工、技术人员及特定辅助岗位，确保制度适用的精准性。

（1）公务员分类与准入机制

该法创设了分类管理机制：政治公务员通过选举或任命产生，行政公务员则需通过竞争性考试或调任程序。"A"类职位候选人需通过总统批准的特殊资格审查，而"B"类职位可通过内部调任晋升。准入条件包括国籍要求、年龄限制（18 岁以上）及学历专业匹配度，并实施反腐败专项审计，确保候选人资质符合公共服务要求。

（2）职业发展与考核体系

该法确立了动态考核体系，要求对行政公务员实施年度评估与 3 年期认证。考核结果作为晋升、培训及奖惩的依据，不合格者将面临降职或解聘。同时，"A"类公务员可通过职业规划实现跨部门轮岗，"B"类公务员可通过调任机制在系统内流动，形成人才梯队培养模式。

（3）纪律监督与责任追究

该部法律构建了多层级监督网络，设立纪律委员会这一机构来处理违纪行为。公务员违纪类型涵盖滥用职权、利益冲突、违反保密义务等，处分措施包括警告、降级至开除。对于腐败犯罪，法律规定直接解聘并终身禁止任职。此外，这部法律创设利益冲突申报制度，要求公务员主动报告潜在利益矛盾，并由上级机关采取调任等措施化解风险。

（4）社会保护与激励机制

为保障公务员权益，法律规定30天带薪年假、医疗保障及住房支持（如免费土地分配）。在职业保障方面，裁员时服务满3年的公务员可获4个月工资的遣散费；国家机关改组时，优先为原公务员提供新岗位。薪酬体系实施指数化调整，确保与经济发展同步。

（五）商法（公司法等）

1. 企业公司法

哈萨克斯坦调节企业活动的法规包括：《国有企业法》《股份公司法》《有限责任公司和补充责任公司法》《农业合伙公司及其协会（联合会）法》，这些法规界定了各种形式公司各自的活动领域、成立和解散的程序以及不同的管理方式，同时这些法规也总结了目前哈萨克斯坦主要的公司类型及其特点。

（1）国有企业法

1995年6月颁布的《国有企业法》规定，国有企业有以下特点：

①国有企业有两种：有经营行为权的国有企业和有作业管理权的国有企业。其相同之处为：都由国家投资，拥有的权利基本相同，即企业从国家获得财产，财产为国家所有，企业按照哈萨克斯坦共和国《民法典》及其他有关法律的规定对财产有掌管、使用和支配的权利。

②经营活动领域差异

有经营行为权的国有企业：涉足军事工业、放射性物质产销、药品及生产设备、能源、水利、供暖、交通、通讯、公共设施、居民住宅服务、金融（银行、保险）、公路交通、邮政、电讯、卫生、环保、教育、社会保障、科学、文化、体育、传媒（大众传媒、出版、印刷）等领域。

有作业管理权的国有企业：主要从事紧急矿山与灾害（火灾、水灾）救助、刑事执行、大地测绘、地图印刷、卫生、环保、教育、社会保障、科学、文化、体育、办公楼开发、国家机构保障服务、航道开辟、水力设施开发及其他国家垄断领域。

③资金来源差异

有经营行为权的企业：实行自负盈亏。国家拨款须依法进行，企业有义务向国家财政上缴收入，上缴标准由管理机构会同财政部于每年5月1日前制定。

有作业管理权的企业：主要依靠经主管部门批准的国家采购预算维持运营。超出预算的收入须上缴相关财政。

④以不同的具体所有形式划分，国有企业又可分为共和国所有国有企业和公共所有国有企业。

⑤国有企业创立的子公司为国有子公司。

⑥国有企业中国有银行立法的特殊性和银行的建立、经营许可、活动调节、相关责任、改组条件、消亡等由现行银行法规调节。

⑦国家银行建立的企业为国有企业，这些企业的建立、活动的调节和中止以《国有企业法》为根据，并结合银行法规的特殊性实施。

(2)《股份公司法》

根据2003年5月修订的《股份公司法》，股份公司的定义为：为吸引经营活动所需的资金发行股票的法人组织。定义中明确，股份公司用公司的财产对本公司债务负责，不对属于股东的债务承担负责。如公司的资产大于100万个月核算指标（注：月核算指标在各财政年度哈萨克斯坦国家预算法中规定，目前为872坚戈），股东人数超过500人，则定义为人民股份公司。

根据新《股份公司法》规定，股份公司成立合同应包括：

①公司建立者的基本情况，如是自然人，应有姓名、国籍、居住地、身份证明材料；如是法人，应有名称、居住地、在国家机构注册登记的资料。

②公司成立的纪录，公司的全称、简称，创建的程序。

③创建者支付的注册本金数额，支付的时间、过程。

④在国家机构进行有关登记后，即将在创建者中发行的股份数量、形式、面值。

⑤创建者的权利和义务，成立过程中开支的分配，以及成立过程中其他活动条件。

⑥在创建过程中和在国家机关进行登记时代表企业利益的人选及其授权。

⑦以后召开创建者大会的程序和每个创建者的有效表决数。

⑧公司章程确立的记录。

⑨其他根据创建者的需要和哈萨克斯坦有关法规应包括在成立合同中的内容。

根据法规内容，股份公司的主要特点为：

①股份公司由自然人或法人建立。

②除哈萨克斯坦政府、地方执行机构、国家银行外，国家机关不能成为公司创建者或股东。

③企业最低注册本金应不低于50000个月核算指标。

④公司发行的股票包括普通股、优先股（占比不超过总股份的25%）和金股三种。普通股赋予持有人股东大会参与权、表决权、利润分红权及公司

清算时的法定财产分配权。优先股持有人在利润分配和公司清算财产分配上，享有相对于普通股持有人的优先权。金股需经公司创立大会或股东大会决议方可发行，其存在于注册资本之外，不享有分红权。金股持有人对股东大会、董事会及执行机构涉及公司章程事宜的决议拥有否决权，且该否决权不可转让。

⑤股份公司的治理架构为：最高权力机构是股东大会；管理机构为董事会；执行机构名称由企业章程确定，可由一人或几人组成。

⑥有国家参股的股份公司管理：根据政府和国家银行的决定，国家股可由授权支配的国家机构转交另一国家机构。

⑦财务核算：根据哈萨克斯坦会计结算和财务核算的法规，股份公司的财务核算应包括企业收支状况、支出和收入报告、资金流动报告等内容。

⑧年度财务审核：执行机构应每年向股东全体大会提交上年度的财务报告供大会讨论、通过。

哈萨克斯坦股份公司的特点还包括，按照出售转让对象的不同，股份公司分为开放式股份公司和封闭式股份公司两种，开放式股份公司指股东可以不经其他股东同意将属于自己的股份自行出售转让，如果股份仅在创建者和预先确定的人员范围内发行，则为封闭式股份公司。

（3）有限责任公司和补充责任公司法

《有限责任公司和补充责任公司法》于 1998 年 4 月 22 日颁布。按法规规定，有限责任和补充责任公司的定义有较大区别。

有限责任合伙公司的定义是：由一个或几个创建者成立的合伙公司，其注册资本金按创立文件的规定划分为若干份。有限责任合伙公司的参与者对公司的债务没有责任，而是按照投入的比例对合伙公司的经营亏损风险负责，如哈萨克斯坦《民法典》和本法有特殊规定除外。如果成立文件中没有特殊规定，公司的活动无期限。有限责任合伙公司是法人，公司以自有的财产对公司的债务负责，对参与者的债务没有责任。

补充责任公司是指参与者以自己的投入资金对公司的债务负责，如不够，则用公司额外划拨的等同于其投入资金数量的补充资金对债务负责。其责任的最大限度在章程中确定。

2. 税法

哈萨克斯坦税法是哈萨克斯坦共和国关于税收和其他预算义务的基本法律，规定了税收的征收、管理、计算和缴纳程序。其法律体系主要由《税法典》及相关法律法规构成，以税收义务性、明确性、公平性和公开性为基本原则，确保税收制度的透明性和可执行性。

哈萨克斯坦的税种包括企业所得税、个人所得税、增值税、社会税、财产税、土地税等。其中，企业所得税税率通常为20%，个人所得税税率为10%，增值税的标准税率为12%。此外，还有针对特定行业的特别税收制度，如矿产资源税和环境税。哈萨克斯坦还设有特殊税收政策，例如，针对小型企业的简化税制，以及阿斯塔纳国际金融中心的税收优惠政策，以吸引投资。

在纳税管理方面，纳税人需按时计算、申报并缴纳税款，税务机关则负责监督税收的执行。电子税务系统的普及提高了税务管理的效率，企业和个人可通过线上方式完成申报。税务机关拥有调查和审计权，若发现税收违规行为，可采取罚款、资产冻结等措施，严重者甚至可能面临刑事责任。

哈萨克斯坦在国际税收领域也积极参与合作，签署了多项避免双重征税协议，并遵循经济合作与发展组织（OECD）和欧亚经济联盟（EAEU）的相关政策，以促进跨境投资和税收协调。整体而言，哈萨克斯坦的税收体系在保障财政收入的同时，也为投资者提供了相对稳定的税收环境。

3. 公私伙伴关系法

哈萨克斯坦《公私伙伴关系法》于2015年10月31日颁布，共8章、59条。该法规定公私伙伴关系相关法律条款及其实施方式，并管辖公私伙伴关系项目准备与实施过程中出现的公共关系、公私伙伴关系协议的签订、履行与终止等。

（六）涉外立法

1. 企业法典

2015年10月29日，哈萨克斯坦共和国《企业法典》正式颁布，并废除了2003年1月8日生效的哈萨克斯坦共和国《投资法》。从2016年起，该法典分阶段实施，对以往涉及投资管理的主要法律，如《投资法》《竞争法》等进行了整合。《企业法典》第25章详细规定了国家对投资活动的支持，包括投资关系、投资对象、投资管理机构、投资激励政策及投资纠纷的解决机制。

（1）第273条 投资关系

本法确立了哈萨克斯坦境内的投资法律框架，明确投资促进措施，并规定了解决投资争议的相关程序，以维护投资者的合法权益并提供国家层面的支持。

①以下投资类别不在本法管辖范围内：由国家财政预算支持的投资；以教育、慈善、科研或宗教活动为目的的非营利性投资。

②适用于投资活动的相关法律条款，包括本法与其他哈萨克斯坦法律在

不冲突的前提下共同适用。

③外籍劳动者的雇佣应遵循《就业法》的相关规定。

（2）第 274 条　投资、投资者、主要投资者及投资活动的定义

①投资指的是除个人消费品外的各类资产，包括融资租赁资产及其衍生权益、对法人资本的投入、固定资产投资，以及公私合作项目（如特许经营项目）中的资金投入。

②投资者包括在哈萨克斯坦境内进行投资的个人或法人。

③投资活动涵盖个人或法人在企业设立、资本注入、固定资产投资及公私合营项目中的资金运作。

④主要投资者是指每月至少投资 200 万坚戈的自然人或法人。

（3）第 275 条　投资对象

①投资者可以投资于任何行业或项目，但必须符合哈萨克斯坦法律的相关规定。法律可能对某些行业或区域的投资设限。

②出于国家安全考量，哈萨克斯坦法律可对特定行业或区域的投资活动作出限制或禁止。

（4）第 276 条　对投资者的法律保护

①本法及《宪法》、相关法律及国际公约共同保障投资者的合法权益。

②若政府机构或官员因违法行为或渎职导致投资者损失，投资者可依据《民法典》申请赔偿。

③政府确保已签订的投资合同稳定，但在特殊情况下，如因法律变更涉及进口、生产、税收政策调整或国家安全、公共秩序、公共健康等因素，本法条款可能发生修改。

（5）第 277 条　投资收益的使用

投资者享有以下权利：

①在依法纳税及履行必要的财政义务后，可自主支配其投资收益。

②根据哈萨克斯坦的货币管理法规，投资者可以在境内银行开设账户，使用本币或外币进行交易。

（6）第 278 条　国家机构信息透明度及投资者知情权

①国家立法应明确投资相关政府部门的信息公开方式，以确保投资者的知情权。

②投资者，包括持股比例低于 10%的小股东，可免费获取公司注册信息、章程、房地产交易许可证登记信息及其他不属于商业机密或法律保密范围的相关资料。

2. 其他涉外立法

哈萨克斯坦的投资相关法律涵盖多个领域，主要包括：《工商登记法》《劳动法典》《税法典》《外汇管理法》《许可证法》《补贴与反补贴法》《反倾销法》《保障措施法》《专利法》《商标及原产地名称法》《反不正当竞争法》《银行法》《融资租赁法》《金融市场及金融机构监管法》《建筑法》《电信法》《谷物法》《交通法》《海关事务法》《反垄断与价格法》等。

此外，涉及投资的法律还体现在诸多总统令中，例如，《关于经济特区的总统令》《关于哈萨克斯坦经济特区若干问题的总统命令》《哈萨克斯坦共和国海关事务总统令》《放宽外资准入规定的总统令》《关于外国人法律地位的命令》等。

四、立法、执法与司法体系

（一）立法体系

根据哈萨克斯坦共和国《宪法》规定，哈萨克斯坦共和国议会是共和国行使立法职能的最高代表机关。议会由上院参议院和下院马日利斯组成，它们为常设机构。议会任期为 4 年，其权力、组织和活动及议员的法律地位都由宪法规定。参议院由每个州、共和国直辖市和首都各出两名代表组成。这些代表须在相应州、共和国直辖市和首都全体代表机构代表联席会议上选举产生。共和国总统任命 7 名参议院议员，其任期与议会相同。马日利斯由 67 名代表组成，根据共和国行政区划和选民人数大体相等的原则成立选区，每个选区选举 1 人。议员都由秘密投票选举。

议会需要根据哈萨克斯坦共和国总统的建议，对宪法进行修改和补充。在共和国总统对法律或法律条文提出异议后的 1 个月内，应对其进行复议和表决。超过该期限，则意味总统的反对意见已被接受。如果议会以各院议员总数 2/3 以上的多数票再次肯定业已通过的决定，总统应在 7 日内签署法律。如果总统的反对意见未被推翻，法律即被认定为未获通过或以总统提出的方案通过。此外，在总统提议并经各院议员总数 2/3 以上多数票数通过时，可授予总统不超过 1 年期限的立法权。

议会需要按照先在马日利斯后在参议院的顺序，分别在两院会议上审议通过法律。参议院享有选举和任命最高法院院长、共和国最高法院审判庭庭长和最高法院法官以及选举和任命共和国总检察长、国家安全委员会的专属管辖权。马日利斯对批准审议和审议法律草案、就哈萨克斯坦共和国总统驳回议会通过的法律准备建议、选举共和国中央选举委员会主甲席、副主甲席、秘书和委员享有专属管辖权。

立法动议权属于哈萨克斯坦共和国议员、共和国政府，并只在马日利斯中实施这种动议权。共和国总统有权决定审议法律草案的优先顺序，并有权宣布对法律草案进行紧急审议，这意味着，议会应在该草案提交之后的一个月内加以审议。如果议会未按此要求办理，则共和国总统有权颁布具有法律效力的法令，直到议会按宪法规定的程序通过新的法律。议会有权颁布调整最重要的社会关系的法律，包括自然人和法人的法律主体地位、公民的权利和自甲由、法人和自然人的义务和责任；所有制和其他产权；国家机关和地方自治机关、公务和兵役的组织与活动的原则；征税以及确定规费和其他必须交纳的款项；共和国预算；法院设置和诉讼程序问题；教育、卫生和社会保障；企业及其资产的私有化；环境保护；共和国的行政区划；国防和国家安全的保障。所有其他关系由法令调节。

经马日利斯多数议员审议和通过的法律草案转交参议院须在 60 天内审议。经参议院多数议员通过的草案即为法律，并在 10 天内提交总统签署。被参议院多数议员驳回的草案退回马日利斯。如果马日利斯以议员总数 2/3 多数票再次通过草案，则转交参议院复议和表决。被再次否决的法律草案在该例会期间不得再次提交审议。参议院经多数议员通过对法律草案做出修改和补充后，转交马日利斯审议。如果马日利斯以多数票通过参议院提出的修改和补充，则认为法律已被通过。如果马日利斯同样以多数票反对参议院提出的修改和补充，两院之间的意见分歧通过调节方式解决。

有关减少国家收入或增加国家支出的法律草案仅在共和国政府同意时方可提出。如果政府提交的法律草案未被通过，总理有权在议会两院联席会议上提出关于对政府的信任问题。对该问题的表决应在提出信任问题 48 小时之后进行。如果提出不信任案的建议未获得《宪法》规定的票数，则法律草案无须表决即已通过。但政府使用这种权利，在 1 年之中不得超过两次。

议会以哈萨克斯坦共和国法律、议会决议以及参议院和马日利斯决议的形式通过的法令，在共和国全境必须执行。共和国的法律在共和国总统签署之后生效。

此外，要对宪法进行修改和补充，需要经各院 3/4 以上的议员赞同方可进行，经 2/3 以上议员赞同才可通过修改的宪法。对有关修改和补充宪法、通过宪法法令或对其进行修改和补充的问题，必须经过二读以上通过。

关于规范性法律文件的制定由《法律行为法》规定，规范性法律文件的制定应当在立法计划中，立法工作概念计划由哈萨克斯坦共和国司法部制定，由哈萨克斯坦共和国政府提交哈萨克斯坦共和国议会各议院主席批准，并经哈萨克斯坦共和国总统批准。哈萨克斯坦共和国政府目前的立法工作计划应包括以下内容：法律草案的名称，预计明年将制定该草案，反映其级别、形式和监管对象；法律草案的制定条款及其提交给哈萨克斯坦共和国议会；负责制定法律草案的机构、组织和官员。规范性法律文件草案的制定者可以是根据总统指示的代表、议会代表、中央行政机关，除非法律有特别规定，中央行政机关可以委托其下属单位负责规范性法律文件的草案起草。此外，可以视情况在法律规定的地点等范围内在起草前进行试点工作。各个知识领域的专家、科研机构和其他组织、研究人员、非营利组织和其他组织的代表可以参与哈萨克斯坦共和国总统监管法令草案、哈萨克斯坦共和国政府监管法律决议和其他授权机构监管法律草案的起草。

（二）执法体系

哈萨克斯坦《执法服务法》规定执法机构包括检察官办公室、内务部、国家反消防局、反腐败局和经济调查局等机构，这些机构根据哈萨克斯坦共和国的立法法案开展活动。执法机构应按照哈萨克斯坦共和国公共服务原则和执法服务的特殊原则开展活动，执法服务的特殊原则应为保护人类和公民的权利和自由、公共和国家利益免受刑事和其他非法侵入的义务；与民间社会机构合作；在执法机构中组织执法服务的方法；个人责任和从属关系（依赖）；独立于政党和其他公共协会的活动。

哈萨克斯坦共和国警察、监狱系统、军事调查机构和国民警卫队组成单一的内务机构系统。警察由刑事警察、行政警察调查分局、调查分局和其他分局组成。

刑事警察由打击有组织犯罪、极端主义，非法贩运麻醉药品、精神药物的分局以及开展业务调查活动的其他分局组成。行政警察由地方警察局、管制民用和军用武器流通的部门、移民警察、护送服务、特殊机构和其他维护公共秩序的部门组成。内务机构由哈萨克斯坦共和国内务部（以下简称内务部）、各部门、地方警察机构以及内务部下属组织组成。境内警察机构是指各州、共和国重要城市、首都、交通枢纽、城市、区、城市中的区的警察局（内务部）、直线警察机构（内务机构）、军事调查机构。监狱系统由部门、其属地机构、缓刑部门和执行惩罚的机构、其他下属组织组成。国民警卫队的组成和活动组织由哈萨克斯坦共和国《国民警卫队法》确定。哈萨克斯坦共和国内务部部长负责内务部下属机构、部门、地区机构和组织的建立、重组和清理。

哈萨克斯坦内务机构是旨在保护生命、健康、人和公民的权利和自由、社区和国家利益免受安全事件影响、保护公共秩序和提供公共安全的执法机构。内务机构的目标为预防违规行为；保护公共秩序；预防犯罪；执行刑事处罚、其他刑事法律措施和行政处罚。内务机构的职责主要为执行一整套措施，以发现、研究和消除助长违法行为的原因和条件；执行一系列保护公共秩序的措施；对道路交通及其安全实施国家管制；对民用和军用武器弹药的流通实行国家管制；在安全活动范围内实施国家管制；保护受国家保护的个人和物体；对易受恐怖主义影响的目标进行反恐保护状态控制；在公民身份和人口迁移领域执行国家政策；确保履行哈萨克斯坦共和国批准的关于重新接纳的国际条约规定的义务；在职权范围内对人口迁移进行国家控制；制作身份证件并保存国家唯一身份证号码登记册；开展许可证和执照活动；对行政违规案件进行诉讼；侦查和调查刑事犯罪；开展调查活动和秘密调查行动；开展调查；进行搜查；在麻醉药品、精神药物、前体的交易范围内执行国家政策，并对其非法交易和滥用行为采取对策；对参与刑事诉讼的人员实施国家保护；在刑事活动范围内执行国家政策，在内务机关的特殊机构中执行人员拘留；提供国家服务。

根据法院判决书进行的强制执行措施应由法警负责，在哈萨克斯坦共和国法律规定的情况下，使用强制执行措施执行强制执行文件时，应得到内务机关工作人员、私人法警助理和其他国家机关的协助。

（三）司法体系

1. 法院（审判）制度

为维护公民和组织的权利、自由及合法利益，确保宪法、法律及国际条约的实施，哈萨克斯坦宪法明确了司法权专属于法院，禁止设立特殊或特别法庭，由法官独立行使审判权，任何干预司法活动的行为都是违法。

哈萨克斯坦形成了由基层法院、中级法院和最高法院构成的金字塔型法院层级结构。其核心层级划分如下：基层法院，包括区法院、市法院、卫戍部队军事法院、区际经济法院和行政法院。主要管辖轻微刑事案件（如扒窃、破坏行为）、民事纠纷及行政诉讼，承担司法体系的基础审判职能。中级法院，由州法院、阿斯塔纳市法院、阿拉木图市法院及军事法院组成。负责审理重大刑事犯罪（如抢劫、有组织犯罪）、复杂经济案件及跨区域纠纷，并受理对基层法院判决的上诉，兼具事实审与法律审职能。最高法院，作为最高司法机关，由共和国最高法院与宪法委员会共同构成，最高法院内部有 44 名法官，宪法委员会有 7 名委员。其职能涵盖：终审裁判权，负责审理谋杀、叛国等重大刑事案件及涉及宪法解释的民事案件；司法监督权，通过全体会议统一司法实践标准，对下级法院进行业务指导；宪法审查权，宪法委员会负责违宪审查，但决定需经总统签署生效，公民无上诉权。最高法院机构包括院长秘书处、最高法院机构和最高法院附属机构，其中最高法院机构包括全体会议、监督机构、民庭、刑庭，最高法院附属机构包括国家纪检、评定庭、科学咨询委员会。

哈萨克斯坦法院体系通过层级化的职能分工、法官独立保障及宪法审查制度，构建了兼具效率与公正性的司法体系，既符合大陆法系传统，又体现了其独特的宪政设计。

2. 侦查制度

根据哈萨克斯坦法律体系，侦查活动以《宪法》第76条为基础，其目标具有多元性和层级性，具体表现为权利保障功能，通过制止非法侵犯行为，保护公民生命、健康、财产及其他合法权益；国家安全维护功能，防范外国情报活动、颠覆行为及跨界犯罪，强化国家经济与社会安全；犯罪控制职能，涵盖犯罪侦查、预防、制止与揭露，对身份不明尸体进行刑事技术调查；特别保护职责，包括总统安全保卫、国界管控及国家机密保护，体现侦查权对宪政秩序的直接支撑。

哈萨克斯坦实行多机构协作的侦查体制，法定侦查机关包括内政机关，负责常规刑事案件侦查；国家安全机构与对外情报部门，专司危害国家安全犯罪及跨境情报活动；国防部军事情报机构，处理军事领域犯罪；金融管理机构与海关部门，查处经济犯罪及走私案件。

3. 检察制度

根据哈萨克斯坦共和国《宪法》及相关法律，检察机关作为独立的国家机构，其核心职能主要是代表国家在法律规定的范围和形式内，对国内守法情况进行最高监督和刑事起诉；独立公开透明行使权力，只对总统负责。行使职权不受干涉并无权干涉企业实体、组织和国家机关的活动，无权法外活动。其组织与活动原则体现为：垂直领导体制，下级检察机关向同级检察长及上级检察机关负责；绝对独立性，独立于其他国家机关、政党及社会组织，仅对总统负责；强制执行力，监督行为对所有主体具有法定约束力。

哈萨克斯坦检察院层级设置为最高层级即共和国总检察院；地方层级：各州、市及共和国城市检察机关；特殊领域：军事检察院、经济检察院等。最高层级由总检察长领导，总检察长由总统提名、参议院批准任命，任期5年。非经参议院同意不得被拘留或行政处罚，直接向总统汇报工作，拥有对下级检察长的任免建议权。其主要职责为对共和国境内的总统法令和其他监管法律的适用情况进行监督，管理下属检察院的活动；对违反宪法和共和国法律的法律和其他法律行为提出异议；担任哈萨克斯坦共和国协调委员会主席。检察官的职能是在其职权范围内核查合法性遵守情况，反腐行为，对限制行为及无行为能力的人因全部或部分非法行为进行保护等，行使法定的其他权力。

检察机关依法享有职权是检察制度的核心。哈萨克斯坦共和国在《宪法》中较详尽规定了关于检察院和检察官的法律制度，包括检察职能方面的监督权限等 30 个方面、义务等 11 个方面。实体和程序上的规定则更加具体和精细，涉及监督国家官员、行政机关、组织的活动，以及他们的行为和决定；行政、刑事、民事司法行为监督和反间谍活动等。从哈萨克斯坦共和国检察法律的有关规定中不难发现，其条文不多，规定的权限较为具体，检察机关拥有较大的职权和更多的资源。

第三章　哈萨克斯坦营商环境法律规制现状及评述（上）

一、企业准入

（一）监管框架

1. 外商投资促进与保护

哈萨克斯坦自独立以来，坚持奉行积极吸引外资政策，营商环境不断改善。根据世界银行发布的《营商环境报告》（2020年），哈萨克斯坦在190个经济体中排名第25位。哈萨克斯坦成为许多国家企业对外投资的重要目的国，哈萨克斯坦以《投资法》《民法典》《企业法典》为核心，对股份公司、有限责任公司等企业形式做了明确规定，且在近年来通过《数字经济法》推动电子化注册，对外资准入采用“负面清单”模式，除限制能源、国防等领域外，其他行业基本开放，经济特区（如阿斯塔纳国际金融中心，AIFC）允许100%外资控股，此外哈萨克斯坦还对外资提供税收减免和土地优惠以及哈萨克斯坦投资局对外商提供免费咨询服务，政策对外资总体向好，鼓励外国投资。

2. 商业实体类型

根据哈萨克斯坦共和国《企业法典》，商业实体按照规模可以分为以下几类：小型、中型或大型企业，其中小型企业包括微型企业。

表3—1　哈萨克斯坦商业实体分类对照

类别	每年员工人数	设立公司	平均年收入［基于2024年的月度评估指数（MCI）为3692坚戈］
微型企业	少于15人	×	110760000坚戈（30000MCI）
小型企业	少于100人	×	1107600000坚戈（300000MCI）
中型企业	100—250人	√	110760000—11076000000坚戈（300000-3000000MCI）

（续表）

类别	每年员工人数	设立公司	平均年收入［基于2024年的月度评估指数（MCI）为3692坚戈］
大型企业	超过250人	√	超过11076000000坚戈

注：数据资料来源于哈萨克斯坦投资局（invest. gov. kz）。

3. 外商投资企业组织形式

（1）股份公司

股份公司是哈萨克斯坦重要的商业组织形式之一，《民法典》规定其作为法人实体存在①，享有民事能力并承担民事义务，其法律行为能力始于成立，并在其清算完成时终止。某些需要许可证领域内，法人自获得许可证时拥有行为能力，并在其撤销、有效期到期或无效时终止。

此外，《股份公司法》对股份公司做出定义，规定股份公司是通过发行股票以筹集资金开展活动的法人②，股份公司与其股东财产相互独立，股东只以其所持股份的出资额为限对公司承担有限责任。具体而言，股份公司拥有独立财产，不对股东的债务负责，股份公司以其资产对其义务承担责任。股东不对公司债务负责，仅以其持有股份的价值为限承担与公司活动相关的损失风险，但法律另有规定的情形除外。

根据《民法典》和《股份公司法》设立股份公司需要遵守以下规定：

①名称。

《股份公司法》规定企业名称中必须列明“股份有限公司”字样（Акционерлік қоғам，缩写为AO），允许使用公司名称简称，并在公司名称前使用缩写“JSC”（Joint Stock Company），名称应在基金文件中注明，并进行登记。

公司禁止使用以下名称：违反法律和道德的名称；自然人姓名，使用发起人姓名除外；与哈萨克斯坦国内法人名称部分或完全重复；国家机构名称。

公司名称具有专有权，非法使用他人企业名称的人必须根据企业名称权

---

① 《民法典》第33条关于法人实体的定义：以获利为主要目的的商业组织或未以获利为目的的且不在各方之间分配利润的非营利性组织视为法人实体。第34条第2款，商业组织法人以国有企业、商业合伙、股份公司或生产合作社的形式创建。

② 《股份公司法》第3条第1款：股份公司（以下简称公司）是通过发行股票以筹集资金开展活动的法人。公司拥有独立于股东财产的资产，不对股东的债务负责。公司应以其资产对其义务承担责任，但国家公司“公民的政府”除外。

第2款：股东不对公司债务负责，仅以其持有股份的价值为限承担与公司活动相关的损失风险，但法律另有规定的情形除外。

利人的要求终止使用并赔偿由此造成的损失。①

②住所。

股份公司的常设运营机构所在地应被视为公司所在地，具体地址应在设立协议中注明，并进行登记。

实际地址与国家商业登记册中输入的地址不一致，第三方有权按照登记簿中载明的地址和实际地址向公司发送邮件和其他信件。②

③发起人与创立大会。

股份公司可由一位或多位创始人发起，包括自然人和法人实体。哈萨克斯坦国家机关和国家机构不得作为公司的发起人或股东，但法律另有规定除外。

公司发起人对与公司设立有关的支出以及在公司注册前产生的支出承担连带责任，公司成立后可由股东大会批准，由公司报销。③

股份公司由创立大会决定设立，如果公司由一个发起人设立，设立公司的决定应由该人单独做出。在股份发行前，可以召开多次发起人会议，但只有当所有设立协议的当事人均参加该会议时，才能修改创立大会做出的决议。

在股份公司首次创立大会上，发起人以人头数进行表决，每个发起人拥有一票表决权，在后续的创立大会上每个发起人仍拥有一票表决权，除非设立协议另有规定。创立大会（唯一发起人）的决定应以议事录（决议）的形式记录，并由公司所有的发起人（唯一发起人）签署。

在首次创立大会上，发起人需承担以下义务：做出设立股份有限公司的决定，并确定共同创立股份有限公司的程序；签订公司章程大纲；确定发起人股份的预付款金额；确定授权股份数量，包括由发起人缴付的股份；确定公司证券转换为公司股份的条件和程序；批准公司依本法确定回购股份价格的方法；做出发行授权股份的决定；选举有权代表公司签署国家注册文件的人员；根据哈萨克斯坦共和国法律确定评估公司发起人出资到授权资本中的财产的人员；选举在公司机构成立前，有权进行公司财务操作并代表公司利益与第三方交涉的人员；批准公司章程④。

④设立协议。

设立协议（唯一发起人的决定）应包括以下内容：股份有限公司发起人（唯一发起人）的信息，包括：个人的姓名、国籍、居住地及身份证件的详细

---

① 参见《民法典》第 38 条。

② 参见《民法典》第 39 条。

③ 参见《股份公司法》第 5 条。

④ 参见《股份公司法》第 6 条。

信息；法人实体的名称、所在地及国家登记信息；关于设立股份有限公司的记录，包括公司的全称和简称，以及设立方式；发起人的股份预付金额及其缴付的时间和方式；在股票进行国家登记后，分配给发起人（唯一发起人购买）的股票数量、种类和票面价值；发起人的权利和义务，以及与公司设立相关的支出分担，以及发起人为设立公司而开展活动的其他条款和条件；授权给一个人在公司设立和国家登记期间代表公司利益；召集和召开公司后续发起人会议的程序，以及每个发起人在后续发起人大会上的表决权数；关于批准公司章程的记录；根据发起人的决定或哈萨克斯坦共和国法律的规定，其他需要包括的条件。

在设立协议（唯一发起人的决定）有效期内，协议各方（唯一发起人）有权在所有发起人参加创立大会时对其进行修改。设立协议（唯一发起人的决定）中包含的信息为商业机密，除非协议（唯一发起人的决定）另有规定或公司决定，否则无须交予国家机关和第三方。①

设立协议的失效：设立协议（唯一发起人的决定）自授权股进行国家登记之日起失效。

⑤公司章程。

章程作为股份公司核心文件之一，由发起人（唯一发起人）或其代表签署，但根据哈萨克斯坦共和国法律规定的程序登记的章程修正案（包括新版章程中规定的修正案）由股东大会授权的人员签署，公司章程及其所有修正案应进行公证。

公司章程应包含以下事项：公司名称的全称和简称；公司执行机构所在地；股东权利，包括公司优先股权利范围；规定“特权优先股”所有人享有否决权的事项（如有），以及“特权优先股”所有人的名字、中间名和父称（如有）；股份有限公司各机构的设立程序及职权；公司各机构活动的组织程序，包括股东大会及公司集体机构会议的召集、筹备和召开程序；公司各机构的决策程序，包括须以特定多数表决通过的事项清单；向公司股东提供公司活动信息的程序；公司股东和高级管理人员披露其关联方信息的程序；股份有限公司终止活动的条件；其他。（可参考哈萨克斯坦司法部的章程范本）

除根据哈萨克斯坦共和国关于会计和财务报表的法律规定的财务报表存储库网站（以下简称财务报表存储库）外，其他可用的发布公司活动信息的大众媒体应由公司章程确定。②

---

① 参见《股份公司法》第7条。

② 参见《股份公司法》第9条。

⑥机构。

股份公司机构有作为最高权力机构的股东大会（如果全部有表决股份属于一名股东，则该股东为最高机构），管理机构董事会，以及履行执行职能的执行机构或个人，其名称由公司章程规定。

⑦授权资本。

《股份公司法》规定公司最低授权资本为相关财政年度哈萨克斯坦共和国国家预算法规定的月计算指数的50，000倍，但不适用于已从事投资私有化基金和商品交易所业务的公司。

公司授权资本应通过发行未发行股份增加。

公司授权资本由发起人（唯一发起人）以票面价值认购股份和投资者以股票发行价格认购股份形成，票面价值与发行价格应符合规定，并以哈萨克斯坦共和国国家货币计价。发起人预付股款不得低于公司最低授权资本，并应在公司在国家依法登记为法人之日起30日内，由发起人全额缴纳。

⑧股票。

股份公司有权发行普通股或优先股，但以股份有限公司形式设立的非营利组织不得发行优先股，且公司已发行的优先股不得超过其全部已发行股份总数的25%。

股份公司的股票具有不可分割性，如股票归多人共同所有，则所有人应视为一名股东，通过共同代表行使股票所赋予的权利。

股份公司股票除另有规定外，实行同股同权，同一类型股票的每个持有人（股东）具有相同的权利。在此基础上，普通股股东有参加股东大会的权利，享有表决权，公司盈利时有获得股息的权利，以及在公司清算时按照法律规定的程序有获得部分公司财产的权利。而优先股股东则优先于普通股股东获得公司章程所担保的预定利率的股息，以及在公司清算时依据《股份公司法》规定的程序获得公司部分财产的权利。相应地，优先股股东没有公司管理权，但一些情况除外，例如，公司股东大会需要对可能限制优先股股东权利的决议进行表决。

（2）有限责任公司

有限责任公司也是哈萨克斯坦法人实体之一，根据《有限责任公司和补充责任公司法》对有限责任公司的定义，有限责任公司是由一人或数人设立的公司，有限责任公司以其所有资产承担债务责任，其发起人以其认缴的出资额为限对公司承担责任。

有限责任公司享有民事能力并承担民事义务，其法律行为能力始于成立，并在其清算完成时终止。有限责任公司在注册登记完成时成立。

在哈萨克斯坦设立有限责任公司应遵守以下规定。

①名称。

有限责任公司的公司名称须包含公司的名称以及“有限责任公司”字样或缩写“LLP”的字样。（Товарищество с ограниченной ответственностью，TOO）

公司名称禁用事项同股份公司，需要注意的是与外籍参股人设立的有限责任公司的名称还应包含其创建者所属的国家。①

②地址。

有限责任公司以其常设经营机构的所在地作为地址，若地址变动，则应向执行法律实体国家登记的机构声明其实际地址，并在国家商业识别号登记册中作出相应改动。有限责任公司若根据《民法典》（总则）的规定在其公司地址以外的地方设立分公司和设立办事处，应向国家登记机构通报其分公司和办事处的设立以及地址。②

③设立协议。

设立协议是发起人设立有限责任公司基础文件，应包含以下内容：设立公司的决定，公司名称和地址；公司创建者名单，若为法人实体，包括其名称、地址、银行要件，若为个人，则包括姓名、居住地址、身份证件；设立公司的程序；创建者的义务及其为设立公司而参与活动的其他条件；创建者的决定权以及在公司建立或登记时被委托代表公司利益的其他人员的权利；公司的注册资本数额；各创建者对公司注册资本投资的构成、数额和时间期限，或以金融评估或产权评估的方式进行投资的信息；对公司注册资本补充出资的程序，和对公司注册资本出资逾期付款的结果；决定创建者在公司财产中的股份；公司参股人转让股份的程序；对公司章程的批准；公司的收入分配程序；其他不违反法律的条件。③

订立设立协议的形式与程序：设立协议须以书面形式由全体创立者或其委托代表签署，未签署协议的人不得被列入创建者名单，签署协议时不得带有附加条款。④

④章程。

章程是有限责任公司基础法律文件之一，由股东大会全体创建者或授权代表一致批准。

---

① 参见《有限责任公司和补充责任公司法》第4条。

② 参见《有限责任公司和补充责任公司法》第5条、第7条。

③ 参见《有限责任公司和补充责任公司法》第14条。

④ 参见《有限责任公司和补充责任公司法》第15条。

有限责任公司章程须包含以下内容：公司的名称、所在地和地址；公司的参股人名单（由登记官对参股人进行登记的公司除外）须指明其姓名、地址、银行细节记录（若为法人实体）或姓名、居住地址、身份证件（若为个人）；注册资本数额的信息；公司机构的运行程序和权限；公司改组和终止所需要的条件；登记的公司中的收入分配程序；向参股人或购买股票的股东提供公司活动信息的程序；公开公司经营活动信息所用的大众媒体名称；公司成员的权利和义务；其他符合法律的条件。

公司章程还可规定其经营活动项目和活动目的，由个人创建的公司，其章程也须对其财产构成和收入分配程序作出规定。[①]

⑤一人公司。

设立独个参股人有限责任公司须由独个参股人个人决定，无须起草设立协议，公司章程也由发起人个人批准。一人公司的注册登记须遵守有限责任公司登记的一般程序。若独个参股人有限责任公司中重新加入了新的参股人以增加部分投资或增加注册资本，则新参股人须根据《有限责任公司和补充责任公司法》第 15 条的规定签署公司章程。[②]

⑥股东。

有限责任公司的参股人为其股东，在公司所有者允许的情况下，机关可成为有限责任公司的股东，法律另有规定的除外。

一人有限责任公司特殊规定：有限责任公司不得以由单个参股人组成的公司作为其参股人，在由单个参股人组成的有限责任公司中，属于参股人股东大会权限的决议由单个参股人以书面形式决定。

⑦注册资本。

有限责任公司的注册资本由创立者（股东）的出资构成，注册资本的最初数额应与创建者出资额相同，且不少于公司自国家登记之日起月计算指标的 100 倍，最小资本为零的小型有限责任公司以及伊斯兰国家特殊财政公司除外。

股东须在股东大会决定的期限内完成出资，且在公司登记成立的 1 年内。出资方式有货币、有价证券、实物、产权，包括土地使用权和知识产权以及其他财产。但根据《财政与证券法》建立的特别财政公司和根据《证券市场法》建立的伊斯兰特别财政公司除外，上述两类公司须以货币进行出资。

股东在注册资本中的出资或产权资本，由所有创建者在设立协议中约定

---

① 参见《有限责任公司和补充责任公司法》第 17 条。

② 参见《有限责任公司和补充责任公司法》第 16 条。

或根据公司股东大会决定，以货币形式进行评估。若因对公司的出资而使财产使用权被转移，则根据设立协议中约定的使用时长对该项出资数额进行计算并付款。但未经股东大会批准提前撤资，则不得行使其对公司注册资本出资财产的使用权。因公司财产使用权转移的意外风险而造成的损失或损害由公司的创建者承担，设立协议另有规定的除外。

每个参股人在注册资本总额中出资的比例即其在注册资本中的股份，公司章程中另有规定的除外。公司注册资本数额的变动，包括新的参股人的加入或现有参股人的退出，都须对参股人在注册资本中的股份进行重新计算。

股东未在出资期限内完成出资义务，公司须对其注册资本（净资产）中该参股人未投资的份额进行支付，或在注册资本中减少其投资额。未及时完成股份投资的股东须对公司的损失承担赔偿责任，且须根据《民法典》的规定支付罚金，公司章程或组织文件另有规定的除外。①

⑧机构。

有限责任公司的机构包括股东大会和执行机构。股东大会由全体股东构成，公司可根据章程规定，设立一个监事会和（或）审计委员会（审计员）。若公司章程未对公司集体执行机构（董事会、委员会等）的组成作出规定，则由单独执行机构（董事、经理等）对目前的公司活动和事务进行管理。

（3）商业合伙

商业合伙企业被《民法典》定义为法人实体的一种，章程和合伙协议组成合伙企业的基础法律文件。

合伙有两种组织形式，即普通合伙和有限合伙，区别在于普通合伙人对合伙企业承担无限责任，有限合伙人仅以其出资为限对合伙企业承担责任，因此，合伙企业的合伙人至少有一名普通合伙人构成，且普通合伙人只能是自然人，一名自然人只能作为一个普通合伙的合伙人。

①合伙协议。

合伙人须以书面形式订立合伙协议，协议内容明确合伙人类型、出资方式、出资比例、利润分配、决策管理机制、退出条件等条款，并经公证。

②名称。

名称须包含“Полное товарищество”（普通合伙）或“Коммандитное товарищество”（有限合伙）字样，禁止事项参考股份公司名称。

③地址。

合伙企业常设运营机构所在地应被视为合伙企业所在地。

---

① 参见《有限责任公司和补充责任公司法》第23条。

④出资。

合伙人以货币、证券、实物、财产权（包括知识产权）和其他财产进行出资，但根据哈萨克斯坦共和国关于项目融资和证券化的法律设立的特殊金融公司、根据哈萨克斯坦共和国关于小额信贷活动的法律设立的小额信贷组织除外。

合伙人以实物或财产权形式出资的，由所有创始人同意或由合伙企业股东大会决定以货币估价，如果该出资价值超过相当于 2 万个月度计算指标的金额，则其评估应由估价师确认。合伙人应在估价之日起 5 年内，在出资不实的金额范围内，对合伙企业的债权人承担连带责任。

⑤管理机构。

合伙人会议是合伙最高权力机构，此外还可设董事会与监事会，由合伙人会议（单个合伙人）决定。合伙企业设立的执行机构，负责其日常事务管理，对合伙人会议负责，执行机构可以是个人也可以是集体，但个人执行机构不得由合伙人担任。商业合伙企业也可聘请一名专业审计师，但该审计师与合伙企业或其参与者无利害关系（独立审计）。

⑥普通合伙。

普通合伙是指全体合伙人共同出资、共同管理，在合伙企业财产不足以清偿债务时，合伙人以其全部财产对合伙企业承担无限连带责任的合伙组织形式。

合伙协议可以规定多数票通过决定的情况，普通合伙企业的每个合伙人都应有一票表决权，除非合伙协议规定了确定其参与者票数的其他方式，如合伙协议可以规定，合伙人以其出资比例享有票决权。

份额转让与继承。合伙人可将其份额转让给其他合伙人或第三方，但须经所有合伙人同意。合伙人死亡的，其继承人可以在其他所有合伙人同意时加入合伙。

⑦有限合伙。

有限合伙企业可由一人或数人设立，合伙人仅以其出资为限对合伙企业承担责任。仅由一人组成的合伙企业不得作为有限合伙的合伙人。

有限合伙人可自由转让其份额，也可转让给第三方，除非合伙协议另有约定。

（4）生产合作社

生产合作社是一种基于成员共同劳动和民主管理的经济组织形式，成员通过共同劳动参与经济活动，按贡献分配收益，适用于农业、手工业、工业等领域。根据《民法典》的定义，公民自愿结社，以个人劳动参与和成员对财产贡献的合作为基础，参加联合创业活动，应被承认为生产合作社。[①]

合作社的成员不得少于两人，对生产合作社承担补充责任（限于章程规定的额度）。

①章程。

生产合作社的章程必须包含下列内容：名称；地址；成立程序及其机构的权限、重组和终止。有关合作社成员单位份额大小的规定；关于合作社成员的组成和出资程序，以及他们违反与出资相关的义务的责任；关于其成员参与合作社活动的性质和程序，以及他们违反个人劳动参与义务的责任；关于合作社净收入的分配程序；关于合作社理事机构的成员资格和权力以及程序，特别是关于一致或以有条件的多数票通过决定的问题；其他不违反法律的内容。[②]

②管理机构。

生产合作社的最高机构是其社员大会。此外，生产合作社可以设立监事会，监督合作社执行机构的活动，监事会成员无权代表生产合作社行事。

合作社的执行机构是合作社的董事会或主席，执行机构对合作社进行现行管理，并对监事会和合作社社员大会负责。生产合作社的监事会和管理委员会的成员只能是合作社的成员，合作社的成员不得同时担任监事会成员和董事会成员（合作社主席）[③]。

（5）分支机构或代表处

哈萨克斯坦境内的分支机构和代表处是法人实体的结构性分支机构，是执行法人实体全部或部分职能的单独机构（如分公司），负责保护法人实体的利益，并代表法人实体进行交易和其他法律行为。

分支机构和代表处不是法人实体，其财产来源于创建他们的法人实体，并根据法人实体批准的规定进行活动。

4. 外商投资准入限制

哈萨克斯坦对外资准入的限制主要规制在《企业法典》《许可证法》《投资法》中，其一方面是通过负面清单模式来对部分行业进行限制，另一方面体现在注册程序对外资的额外要求上。

（1）负面清单模式下的限制

哈萨克斯坦对外商采用负面清单模式，在行业准入方面主要存在以下

---

① 参见《民法典》第96条。
② 参见《民法典》第97条。
③ 参见《民法典》第99条。

限制。

①战略资源与能源。

在矿产开发领域，外资参与铀矿、石油、天然气等战略资源开发需政府审批，部分项目需与国有公司（如 KazMunayGas）合作，外资持股比例受限（通常不超过 50%），此外涉及战略资源的企业并购需通过国家安全审查。

②通信与媒体。

在通信服务行业，外资控股通信公司（如电信运营商）需政府批准，且外资持股比例通常不超过 49%，需通过本地法人实体运营，核心设备须符合国家标准。对于大众媒体，外资持股上限为 20%，且禁止外国人担任媒体主编。

③农业与土地。

禁止外国自然人及企业拥有农业用地所有权，土地使用权租赁期限最长 25 年，且需通过公开招标，部分领域（如粮食出口）需与本地企业合作。

④金融与保险。

外资银行设立分支机构需央行批准，且须满足本地资本充足率要求；保险业外资持股比例限制为 50%，且需至少 1 名本地高管。

⑤航空与运输。

禁止外资控股本地航空公司（持股上限 49%），外资参与铁路基础设施需与国有公司（KTZ）合作。

⑥其他敏感领域。

安保服务：禁止外资经营武装安保业务。

博彩业：仅允许在指定区域（如旅游区）运营，外资需与政府合作。

（2）负面清单模式下的审批与合规要求

涉及负面清单的行业需向哈萨克斯坦经济部或行业监管部门申请准入许可，战略项目需提交国家安全委员会（KNB）审查。部分行业（如采矿、制造）需承诺雇佣一定比例的本地员工，采购本地设备或技术。外资并购本地企业若市场份额超过 35%，需通过反垄断委员会审查。

根据《许可证法》，以下领域的某些活动需获得许可证：工业；使用核能发电；周转有毒物质；运输；周转药物、精神药物、前体；保障信息安全；特殊的用于侦查活动的设备；武器军事装备和某些类型的武器，爆炸性的物质和制品及其使用；使用宇宙空间；信息化和通信；教育；大众媒体；农业；健康服务和法律服务；博彩业；兽医；司法鉴定；文化；金融的领域和活动，关联性的财政资源；城市规划和建设；制造哈萨克斯坦共和国的国家标志；生产和销售乙醇和酒精产品、烟草产品；出口的和进口商品；商品交易所。

（3）企业注册额外要求

外商企业在哈萨克斯坦注册须遵循本土化要求，即小企业法人实体可以通过提交电子通知表进行注册，该表格可以在政府电子网站上填写。如果企业发起人是外国法人，除非哈萨克斯坦共和国批准的国际条约另有规定，否则拥有外国股权的小企业法人实体在注册时必须额外提交：商业登记簿的合法摘录或其他合法文件的副本，以证明创始人是外国法人实体，属于外国法律规定的法人，并附有经过公证的哈萨克斯坦俄语译文；外国创始人的护照或其他身份证件复印件，以及经过公证的哈萨克语和俄语译本。注册具有外国股权的中型或大型企业实体，申请人还应提交：商业登记簿的合法摘录或其他合法文件的副本，证明创始人是外国法人实体，是外国法律规定的法人实体，并附有经过公证的哈萨克语和俄语译文；外国创始人的护照或其他身份证件复印件，以及经过公证的哈萨克语和俄语译本。如果法人实体的创始人是个人，即外国公民，根据2011年7月22日哈萨克斯坦共和国法律第40条第77-Ⅳ条“关于人口迁移”，外国公民必须获得C5类商业移民签证①，具体见于本章第二部分企业注册程序。

此外，根据《企业法典》对商业实体分类的规定，在哈萨克斯坦开办的小企业实体不能开展以下商业活动，否则，将被默认归类为中型企业，在法律规定的情况下也可以被归类为大型企业实体。

小型企业不得开展下列活动：贩运麻醉药品、精神药物和前体；应缴纳消费税的商品的生产和（或）批发；粮食储存在粮食接收点；进行抽奖；赌博；放射性物质的循环；银行活动（或某些类型的银行业务）和保险市场活动（保险代理人的活动除外）；审计；证券市场的专业活动；征信机构；安全；民用和军用武器弹药的流通；I亚种的数字挖掘活动。

（二）公共服务的可获得性

1. 企业注册主管机构

在哈萨克斯坦，企业注册及相关事务由多个政府机构协同管理，以下是主要的企业注册机构及其职能说明：

（1）核心机构

①哈萨克斯坦共和国司法部（Министерство юстиции / Ministry of Justice）。

哈萨克斯坦共和国司法部，在企业注册方面的职能主要表现为负责企业

---

① 参见参见哈萨克斯坦投资局网，invest. gov. kz。

注册、名称核准及法人信息变更；维护国家统一企业注册簿（Единый государственный реестр，ЕГР）；审核并颁发法人实体注册证书；审核公证公司章程、股东协议等文件。

企业可通过线下方式向各地司法部分支机构提交文件，也可通过线上电子政务平台 eGov. kz（需电子签名）提交文件。

②公民政府注册机构政府服务中心（Центр обслуживания населения，ЦОН）。

公民政府注册机构政府服务中心，在哈萨克斯坦主要城市均设有分支机构，其主要提供企业注册、公证、许可证申请等“一站式”服务，并协助翻译、文件认证等辅助流程。

③国家税务局（Налоговый комитет МФ РК）。

哈萨克斯坦国家税务局支持线上办理业务，可通过 kgd. gov. kz 网站在线提交税务文件。其主要职能是自动分配企业税务识别号（БИН）；监管税务登记、申报及注销。

④统计委员会（Комитет по статистике / Bureau of National Statistics）。

统计委员会（https：//stat. gov. kz/en/）其主要职能是分配企业统计代码（OKED），登记公司经济活动类型。

（2）辅助机构与平台

①公证处（Нотариальные конторы）。

公证处主要负责公证公司章程、股东协议等文件；认证外文材料的俄语翻译件。

②哈萨克斯坦工商会（Торгово-промышленная палата РК）。

哈萨克斯坦工商会（https：//pptk. kz/）其主要负责提供市场调研、法律咨询及商业对接服务；

③哈萨克斯坦中央银行（National Bank of Kazakhstan）。

哈萨克斯坦中央银行主要负责监管企业外汇交易（如注册资本外币兑换）；批准外汇账户开立。

④竞争保护与发展署（Агентство по защите конкуренции）。

竞争保护与发展署主要负责审批涉及垄断或外资并购的准入申请，监管《竞争法》合规性。

⑤国家安全委员会（КНБ）。

国家安全委员会主要负责审查外资进入敏感行业（如国防、通信）的国家安全风险，企业需提交投资计划书及股东背景文件。

⑥行业监管部门。

行业监管部门主要负责特定行业准入审批及许可证颁发，支持企业通过

e-licensing. kz 在线提交申请。如能源部负责审批石油、天然气、矿业等战略行业准入；卫生部负责医疗、药品经营许可；通信部负责电信、互联网服务许可。金融市场监管署（AFSA）负责金融类企业监管；

⑦社保基金（ГФСС）。

社保基金主要负责企业员工社保登记及费用缴纳，具体可见于劳动保障章节。

（3）在线注册与服务平台

①电子政务平台（e-gov. kz）。

电子政务平台是哈萨克斯坦推出的一站式服务平台，支持在线提交注册文件、申请电子签名、下载证书；企业名称核准、税务登记；下载公司章程模板、提交年度报告；进度查询，实时跟踪注册审批状态。其页面以俄语/哈萨克语为主，部分页面提供英文翻译。

②电子许可证系统（e-licensing. kz）

电子许可证系统是专门为企业申请行业许可证（如建筑、餐饮、物流）打造的线上系统，支持远程跟踪审批进度，在线支付政府规费。

（4）专门支持外资机构

①哈萨克斯坦投资合作署（Kazakh Invest）。

哈萨克斯坦投资合作署主要为外资企业提供免费咨询服务（注册、行业政策、投资优惠），协助对接本地合作伙伴及政府审批。

②阿斯塔纳国际金融中心（AIFC）。

阿斯塔纳国际金融中心主要提供国际化企业注册服务（适用普通法体系），支持英文注册文件，简化外资企业流程，其优势在于豁免部分本地法规限制和快速审批制度（最快3—5个工作日）。

2. 企业注册所需文件及主要程序

（1）股份公司

表3—2　外国投资者在哈萨克斯坦当地注册股份公司的基本条件和程序

注册要求	内容
注册法规	《企业法典》 《民法典》 《法人注册、分支机构和代表处登记法》
名称核准	通过司法部网站 eGov. kz 核查名称是否可用
注册机构	司法部 政府服务中心

（续表）

注册要求	内容
所需文件	公证后的公司章程； 股东身份证明（护照/法人文件）； 注册地址证明（租赁合同或产权文件）； 银行验资证明； 申请表（通过 eGov. kz 在线填写或线下提交）
语言要求	所有文件需以俄语或哈萨克语提交，外文材料需经认证翻译。
注册费	约 15 万—30 万坚戈（含公证、司法部注册费）

（2）有限责任公司

表 3—3　外国投资者在哈萨克斯坦当地注册有限责任公司的基本条件和程序

注册要求	内容
注册法规	《有限责任公司即补充责任公司法》 《法人注册、分支机构和代表处登记法》
主管机构	哈萨克斯坦共和国司法部及下属地区机构
所需文件	公司章程（俄语和哈萨克语）； 创建协议（两个或两个以上出资方）； 关于创建公司的决议或全体出资方会议纪要； 关于公司法定地址的证明函
外国法人注册有限责任公司补充文件	经过认证的外国法人创建文件副本； 经过认证的证明创办者外国法人合法身份的工商登记注册或其他文件； 哈萨克斯坦共和国税务机关出具的法人已缴、未缴税费或其他应纳费用情况的证明
外国自然人注册有限责任公司应补充文件	外国自然人护照复印件及经过公证的英语译文的其他能证明其身份的文件
注册费	20 倍“月核算基数”

注：月核算基数：哈萨克斯坦财政部规定的用于税收和其他财政应缴费的核算单位，根据国家财政政策和居民收入水平的变化进行定期调整，并公布在国家预算案中。2024 年 1 月 1 日起，“月核算基数”为 3692 坚戈，约合 8 美元。①

① 参见商务部对外投资和经济合作司等编：《对外投资合作国别（地区）指南：哈萨克斯坦》（2024 年版），载商务部“走出去”公共服务平台，http：//fec. mafcom. gov. cn/article/gbdqzn/，2025 年 3 月 25 日访问。

（3）商业合伙

表 3—4 外国投资者在哈萨克斯坦当地注册商业合伙的基本条件和程序

注册要求	内容
注册法规	《企业法典》 《民法典》 《法人注册、分支机构和代表处登记法》
名称核准	通过司法部网站 eGov. kz 核查名称是否可用
注册机构	司法部
所需文件	公证后的合伙协议； 名称核准证明； 合伙人护照/法人文件（外资需认证翻译件）； 注册资本证明（如有，普通合伙无最低要求，有限合伙需明确有限合伙人出资额）； 合伙人身份证明（外国合伙人需海牙认证+翻译公证）； 注册地址证明（租赁合同或产权文件）； 申请表（通过 eGov. kz 在线填写或线下提交）
外国合伙人	外国合伙人文件需经海牙认证或哈萨克斯坦驻外使领馆认证
语言要求	所有文件需以俄语或哈萨克语提交，外文材料需经认证翻译
注册费用	约 16 万—21 万坚戈

（4）生产合作社

表 3—5 外国投资者在哈萨克斯坦当地注册商业合伙的基本条件和程序

注册要求	内容
注册法规	《企业法典》 《民法典》 《法人注册、分支机构和代表处登记法》
名称核准	通过司法部网站 eGov. kz 核查名称是否可用
注册机构	司法部 政府服务中心
所需文件	公证后的章程； 成员名单及出资证明； 名称核准证明； 首次成员大会决议（选举理事会、批准章程等）
语言要求	所有文件需以俄语或哈萨克语提交，外文材料需经认证翻译
注册费	约 16 万—21 万坚戈

（5）分支机构或代表处

表 3—6　外国投资者在哈萨克斯坦当地注册分支机构和代表处的基本条件和程序

注册要求	内容
注册法规	《民法典》 《法人注册、分支机构和代表处登记法》
主管机构	哈萨克斯坦共和国司法部及下属地区机构
所需文件	按照哈萨克斯坦共和国司法部规定格式填写的申请； 外国法人盖章确认的创建分公司（代表处）的决定； 经外国法人确认的分公司（代表处）章程文本，哈萨克文、俄文各一份； 章程合法副本及法人国家注册的证明； 法人给分公司（代表处）负责人的委托授权书（社会及宗教社团除外）； 法人缴纳国家注册缴费的证明文件； 分公司（代表处）所在地的确认文件
注册费	20 倍“月核算基数”

（三）企业开办效率

表 3—7　在哈萨克斯坦开办企业所需时间一览

步骤	负责机构/平台	所需时间
1. 名称核准	司法部（e-gov. kz）	1—3 天
2. 文件公证	公证处	1—5 天
3. 提交注册	司法部/ЦОН	5—10 天
4. 税务登记	税务局（自动完成）	即时
5. 行业许可	e-licensing. kz	10—30 天（视行业）
6. 银行开户	商业银行（如 Halyk Bank）	3—7 天
7. 社保注册	ГФСС（e-gov. kz）	1—3 天
总体时间	—	本地企业 15—25 天 外资企业 20—40 天

（四）评述

哈萨克斯坦依托欧亚经济联盟枢纽地位，着力打造资源型经济与区域贸易中心，法律设计侧重能源主权保护与跨境投资便利化。哈萨克斯坦成熟的商法律体系为外资进入和企业开办提供了良好的法律环境，和中国相比，两国均通过法典明确企业类型与外资权利，并积极推动数字化改革提升注册效率，不同之处在于哈萨克斯坦更侧重资源与区域枢纽定位，中国则强调技术创新与市场开放。例如，哈萨克斯坦对能源开采、农业用地、国防工业等资源与战略行业进行限制，鼓励油气加工、物流基建、数字经济，而中国则限制新闻出版、核电建设、稀土开采行业，对高新技术、新能源、生物医药等行业的投资进行鼓励。

哈萨克斯坦通过《商业法典》《投资法》等核心法律构建了完善的商法体系，为外资准入提供了明确的制度保障。其法律框架在继承苏联法律传统的基础上，融入国际商事规则，明确划分了有限责任公司、股份公司、合伙企业等企业类型，并设立专项条款保障外资权益。与中国类似，两国均通过法典化立法强化企业治理——中国2020年新版《外商投资法》确立“准入前国民待遇+负面清单”制度，哈萨克斯坦通过《数字经济法》推行电子政务改革，实现企业注册全流程线上化（如e-gov.kz平台支持在线核名、文件提交、证书下载）。

哈萨克斯坦企业注册涉及司法部、税务局、行业监管部门等多机构协作，外资企业需特别注意国家安全审查（КНБ）和外汇备案（国家银行）。利用“单一窗口”在线服务和本地专业代理机构，可显著提高注册效率并降低合规风险。

总体而言，哈萨克斯坦适合资源开发、区域贸易企业，需注重文件本地化与行业限制，在企业注册程序方面，提前准备认证文件，优先建议使用在线平台，节省时间成本，复杂行业（如能源、金融）建议委托本地律所代理注册。

二、企业退出

（一）监管框架

1. 法人实体退出

《民法典》规定了法人的清算理由及程序，《破产法》对法人破产与重整作出具体规定，《股份公司法》《有限责任公司法》分别对股份公司和有限责任公司的退出作出了详细规定，下面将分别展开论述。

（1）退出方式

①自愿退出清算。

根据《民法典》规定，法人实体可经授权的法人机构决定进行清算，但是当法人资不抵债时必须转为破产程序进行清算。

②强制退出清算。

司法判决清算：当法人实体破产、注册无效或者在成立过程中违法且不能补救、法人实体以及创始人不存在或者未在登记所在地运营 1 年，从事严重违反法律或与法人实体目的不符的活动、进行无正当许可的活动，法院可以判决法人解散，并进行清算。

根据法院对法人实体清算的裁决，清算义务人可由下列机构或个人担任：财产的所有者、所有者授权的机构、通过其组成文件授权清算法人实体的机构、启动法人实体强制清算程序的机构（人），或其他机构（人）。①

（2）破产

破产是经法院判决承认的债务人资不抵债，破产可以分为自愿破产和强制破产。自愿破产是指债务人向法院提出破产申请，由法院确定破产。强制破产是指破产申请由债权人或其他法律规定的实体向法院提出确认债务人破产。②

自法院做出宣布债务人破产的决定并开始破产程序之日起，产生如下法律效果：

①禁止破产人的财产所有者（授权机构、创始人、参与者、法人实体）转让财产和清偿债务；

②破产人的所有债务期限视为已届满；

③破产人所有类型债务的罚款和报酬（利息）的累算终止；

④如果对破产参与者的决定尚未生效，则与破产参与者有关的财产性质的争议将被终止；

⑤只能在破产程序中向破产人提出清偿，但实施第三方担保的债权以及在第三方充当担保人的情况下执行抵押品的债权除外；

⑥根据临时破产管理人的申请以及法院宣布债务人破产的决定副本，对破产财产的所有限制和产权负担（金融和政府机构对债务人银行账户的收款令、法警征收财产等）自动视为取消，无需由做出实施这些限制和产权负担的机构决定；

⑦对破产人的财产实施新的扣押和对破产人资产处置的其他限制，应仅允许在适用于破产人的承认交易无效和从非法占有中收回财产的清偿中允许；

---

① 参见《民法典》第 49 条，法人清算理由。

② 参见《民法典》第 52 条、第 53 条。

⑧破产人的财产如果在破产程序开始时未转移给买方，则应包含在破产人的财产中，因未能履行义务而受损的债权人或买方有权在破产程序中向债务人提出赔偿。①

（3）重组

法人授权机构可以决定对法人进行自愿重组（合并、收购、分割、分离、转换），也可以由司法机构强制做出重组决定。在法人实体未在司法机构决定的期限内对法人进行重组，法院应指定管理人进行重组，管理人获得法人业务代表权，编制分割资产负债表，并将其与法人实体重组后产生的法人实体的基础文件一并提交给法院批准。②

（4）终止

法人实体经国家登记机关注销登记后终止。

2. 股份公司退出

（1）股份公司重组

股份公司重组包含公司合并、兼并、新设分立、存续分立和改制。公司通过新设分立或存续分立重组公司时，重组公司的债权人有权要求提前终止相应的义务，重组后的公司为债务人，须承担损害赔偿责任。如果重组导致公司终止经营，则应按照哈萨克斯坦共和国法律规定的程序取消股票的发行。③

如果根据法院判决以新设分立、存续分立进行强制重组的公司机构，未在规定期限内完成重组，法院应任命符合资格条件的管理人，委托其进行新设分立、存续分立的强制重组。自管理人被任命之日起，其应获得董事会和股东大会的权力，以确定重组条款。管理人代表公司应当编制分立资产负债表，并将其连同股东大会在新设分立或存续分立后批准的新公司章程性文件一并提交法院审理，重组后新设的公司的国家登记应当根据法院判决进行。

第一，股份公司的合并。

公司合并，是指在合并协议的基础上，根据两家以上公司的转让行为，将全部财产、权利和义务转让给新公司，并终止原有公司的活动。

合并协议由股东大会决议多数票通过，决议包括以下内容：批准合并协议，载明各重组公司名称、所在地、股票配售顺序及其他关于合并的条款；合并协议应由各重组公司全体股东签署，转让凭证应由各重组公司的执行机

---

① 参见《民法典》第55条。

② 参见《民法典》第45条。

③ 参见《股份公司法》第81条。

构负责人和总会计师签署。重组公司有义务向所有债权人发出关于重组的书面通知，并在财务报表存储网址上以哈萨克语和俄语发布相关公告。合并后新设公司的授权资本，应为重组公司资本之和，但是重组公司对另一重组公司的出资除外。①

新设公司的股份，应按以下顺序在重组公司的股东之间分配：

①分配给每家重组公司股东的重组公司授权股份数量，应按照这些公司股本的比例确定。

②按第1）项确定的分配给每家重组公司股东的股份数量，应按照该重组公司可分配股份的数量与可发行（不含回购）股份数量的比例分配。

③如果母公司与其100%控股的子公司合并，新设公司的股份应全部分配给母公司股东。

重组公司的董事会都应当将以合并的形式进行重组的相关事项、由于合并而产生的新设公司股票发行的国家登记及其配售程序等问题，提交股东大会审议。

第二，股份公司兼并。

公司兼并是指被兼并公司终止经营，依据兼并协议和转让凭证，将其全部财产、权利和义务转移给另一公司。兼并协议必须由重组公司的执行机构负责人签署，转让凭证必须由重组公司的执行机构负责人和总会计师签署。被兼并公司的股东按照被兼并公司股票售价与兼并公司股票发行（售）价的比例，获得兼并公司的股票。当兼并公司收购被兼并公司的全部股票后，被兼并公司的股票应注销。

被兼并公司股票的售价应按被兼并公司股本与其已配售股票数（不含回购股票）的比例确定；兼并公司股票的发行（售）价应按兼并公司股本与其发行在外股票数（不含回购股票）的比例确定。母公司持有子公司全部发行股票的，母公司股东大会（或唯一股东）有权决定兼并子公司，但无须增加授权资本。

被兼并公司董事会应将以兼并方式进行重组、被兼并公司股票的出售价格及其配售期间、程序等，提交股东大会审议。兼并公司董事会应将重组兼并另一公司、所发行（出售）股票的价格及其配售期间、程序等，提交股东大会审议。

兼并决议由兼并公司和被兼并公司的联席股东大会以每家公司有表决权股份总数的合格多数票通过，决议应包括各参与公司的名称、住所、被兼并

---

① 参见《股份公司法》第82条。

公司股票的出售价格、兼并公司股票的发行（出售）价格、兼并的其他条件和程序等。

被兼并公司和兼并公司均应向所有债权人发出兼并重组的书面通知，并在财务报表存储网址上以哈萨克语和俄语发布适当公告。向债权人发出书面通知的要求，不适用于以兼并形式进行重组的银行，但应在财务报表存储库网址上以哈萨克语和俄语，公布重组时间、地点和让债权人查阅转让凭证的程序。

上述关于被兼并公司股票出售价格和兼并公司股票发行（出售）价格的规定（包括确定、审核和批准这些价格的公司机构的相关规定），不适用于自愿以兼并形式进行的银行重组。关于被兼并公司股票出售价格和兼并公司股票发行（出售）价格的规定（包括收购兼并公司股票的规定），也不适用于母公司兼并其全部发行股票的子公司的情况。①

第三，股份公司新设分立。

公司的新设分立是指公司终止经营，将其全部资产、权利和义务转移至新设公司。被分立公司的权利和义务应根据分立资产负债表转移至新设公司。新设的股份公司的授权资本总额应等于重组公司的法定股本的总额。

新设各公司的股东应为重组公司的全体股东，新设公司的股票应按重组公司每个股东持股数与重组公司已配售股票数（不含回购股票）的比例，配售给新设公司的股东。

重组公司董事会应将以分立方式进行重组，公司分立的程序、条件和分立资产负债表批准等事项，提交股东大会审议。重组公司股东大会应就以分立方式进行重组，公司分立的程序和条件，以及批准分立资产负债表等事项做出决议。公司应在股东大会作出分立决议之日起两个月内，向所有债权人发出分立的书面通知，并在财务报表存储库网址上以哈萨克语和俄语发布相关公告。②

第四，股份公司的存续分立。

公司的存续分立是指公司创立一家或数家新公司，按存续分立资产负债表将原公司部分资产、权利和义务转移给新公司，而原公司不终止活动。重组公司应在司法机关或政务服务中心进行存续分立登记。

存续分立时，重组公司的注册资本不得减少。存续分立公司的授权资本等于其按存续分立资产负债表从重组公司取得的资产与负债之差额。

---

① 参见《股份公司法》第 83 条。

② 参见《股份公司法》第 84 条。

重组公司董事会应将以存续分立方式进行重组、存续分立公司股票的发行（出售）价格、存续分立的程序、条件和存续分立资产负债表草案等提交股东大会。

重组公司股东大会应就以存续分立方式进行重组、存续分立公司股票的发行（出售）价格、存续分立的程序、条件和存续分立资产负债表作出决议。公司应在股东大会作出存续分立决议之日起两个月内，向所有债权人发出存续分立重组的书面通知，并在财务报表存储库网址上以哈萨克语和俄语发布相关公告。①

第五，股份公司改制。

公司（除以股份公司形式成立的非营利组织外）有权改制为合伙企业或生产合作社，其全部权利和义务转移至改制后的新组织。

改制公司的董事会应将公司改制的方式、程序和条件、确定合伙企业参与者股份权益或生产合作社社员股份的程序提交股东大会审议。合伙企业参与者的股份权益或生产合作社社员的股份应按改制公司每个成员持股数与改制公司已配售股票数（不含回购股票）的比例确定。

合伙企业或生产合作社的授权资本应等于其从改制公司取得的资产与负债之差额，并应当符合哈萨克斯坦共和国法律的要求。改制公司股东大会应就公司改制的方式、程序和条件、确定合伙企业参与者股份权益或生产合作社社员股份的程序作出决议，并批准其转让。

新成立的法人的参与方应当在联席会议上作出决议，批准其章程性文件，并选举其机构。在中央证券存管机构取消股票发行之日确定的股东名单中的人员，将成为从股份公司改制而来的新法人的参与者。②

（2）股份公司清算

股份公司的清算决议由股东大会做出，并在债权人的监督下进行清算。在法院强制清算的情形下，利害关系人可以向法院提出清算申请。在股东大会作出决议或法院判决清算后，应根据法院判决或股东大会决议成立清算委员会，自愿清算的，清算委员会应包含公司债权人代表、大股东代表以及其他人员，具体由股东大会决定。清算委员会有权在公司清算阶段管理公司业务，并履行职责，公司清算后，应进行注销，公司终止。③

---

① 参见《股份公司法》第85条。

② 参见《股份公司法》第86条。

③ 参见《股份公司法》第88条。

3. 有限责任公司退出

(1) 有限责任公司重组

有限责任公司可由股东大会决议重组，包含兼并、联营、分立、分拆、改制。在法律的规定下，以从一个或数个公司的成员中分立的形式进行的有限责任公司重组，须由经授权的国家机构和法庭裁决实施。以兼并形式进行的有限责任公司重组，须经授权的国家机构批准。重组的公司的财产将转移给其登记时的法律上的继承人，法律和重组决议中另有规定的除外。①

若有限责任公司的执行机构在法院作出强制改组且分立的决定之后未能在法院规定的期限内实现分立，则法院可命令公司财产的受托人，以新建公司的财产为资金对公司进行分立、划分。信托经理自任命时起，享有对有限责任公司的管理权。信托经理代表有限责任公司出席法庭，起草分立资产负债表并将其与公司分立、划分后的组织文件一起提交给法院批准，经法院批准的文件构成新公司登记的基础文件。②

①有限责任公司合并、兼并。

两个或多个有限责任公司通过公司资产的联合实现合并，合并的结果是产生一个新的公司，作为新公司一部分的原公司被撤销。同时，根据转让协议，将各加入公司的权利和义务转移给新形成的公司。

一个或多个有限责任公司通过被兼并公司的财产加入兼并公司的财产中实现兼并。同时，被兼并公司被撤销，且根据转让协议，其权利和义务将转让到加入公司，加入公司的章程可引入有关重组的变化规定。

有限责任公司的执行机构参与合并、收购、准备并购草案、收购协议和向每个公司的股东大会递交关于合并、兼并、合并协议的问题。合并的议定文本和加入协定由法律授权的公司的执行机构签署。合并和兼并协议须包括以下信息：公司的名称、参与公司的所在地和地址、其主要余额，并规定合并和互相联系的程序。

参与合并或兼并的有限公司须在其股东大会达成合并的决定之后两个月内，发送合并决策的书面通知以及联系所有债权人，并在官方报刊上作出适当声明。在收到通知或声明发布的两个月内，公司的债权人有权向公司要求额外保证或提前终止或履行相应的义务和损害赔偿。这些要求须以书面形式递送到公司，且向公司的国家登记机构提交有关复印件。

参与合并和兼并的有限责任公司须在股东大会作出合并和兼并的决定时，

① 参见《有限责任公司和补充责任公司法》第 61 条。

② 参见《有限责任公司和补充责任公司法》第 64 条。

将决定生效之后产生的债务告知债权人。根据公司的合并协议，被合并公司的参股人和合并公司的参股人须在合并公司的创立公司大会上制定和签署公司章程，若合并完成，须签署新的公司章程并对公司的执行机构和其他机构进行选拔。①

②有限责任公司分立。

有限责任公司的分立通过在两个或多个新有限公司中分割公司财产实现。在这种情况下，根据分立资产负债表，被分立公司的权利及义务会被转移至新的公司，从有限责任公司分立出来的公司须在其登记后的1年内对其债务承担连带责任。

从一个有限责任公司中分立一个或多个有限责任公司，通过分配公司部分财产和将财产转移到一个或几个新公司实现。同时，根据分立资产负债表，重组的公司的部分权利及义务，也会转移到新公司中。由重组的有限责任公司的执行机构准备分立和分配计划、起草新公司的公司章程，股东大会须考虑划分事项、公司分立、分立计划的批准、分立、新公司的公司章程、分立资产负债表，以及选出新公司的执行机构和其他机构。

若有限责任公司的公司章程无其他规定，则自分立、分配时起，每个参股人有权在新公司中获得与改组公司注册资本中相同的股份。有限责任公司须在公司股东大会作出分立决定之时，将决定做出后产生的债务告知债权人。有限责任公司，须在其股东大会作出分立、分配决议后的两个月内，发送分立、分配的书面通知，并在官方报刊上作出适当声明。通知（声明）须附上分立资产负债表，以及有关公司名称、新公司的位置、地址信息。重组的有限责任公司的债权人有权在接到通知（声明发布）后的2个月内，向公司要求提前终止或履行相应的义务和损失赔偿，并将这些要求以书面形式递送给公司，且向对公司进行国家登记的机构提交复印件。②

③有限责任公司改制。

有限责任公司有权改制为其他经济公司、股份公司或生产合作社，改制的公司须根据转让协议规定转移权利和义务。由改制的有限责任公司的执行机构起草改制计划，包括改制的程序和条件、新的法人实体章程的起草、改制后公司的股东大会决议、改制计划的批准以及新公司、股份公司或生产合作社的章程和执行机构及其他机构的选拔等问题作出规定。

有限责任公司改制为股份公司，仅可在有限责任公司的参股人中出售公

---

① 参见《有限责任公司和补充责任公司法》第62条。

② 参见《有限责任公司和补充责任公司法》第63条。

司股份。改制的有限责任公司的参股人所得的股份数额，由每个参股人股份的账面价值与改组后的有限责任公司全部股份的比例决定。根据转让协议的规定，股份公司的注册资本与其得到的资产和负债的差额相等。①

（2）有限责任公司的清算

有限责任公司股东大会可以做出清算决议或者由法院做出清算判决，下列情形由法院做出清算判决：

①破产；

②设立公司时违反法律导致公司登记无效；

③在无授权（许可证）时开展经营活动，或开展法律禁止的活动，以及重复违反法律或严重违反法律；

④由法律规定的其他情况。

除破产情况外，若被清算的法人实体为有限责任公司的唯一参股人，则须对此公司进行清算撤销。同时，法院须根据清算公司股东要求来任命清算公司的清算委员会（清算人）。②

利害关系人可向法院申请对公司进行清算，法院做出清算判决。

下列情形导致公司终止：①注册资本减少小于法定注册资本额。②若参股人未在规定的时间期限内筹集到公司的注册资本，若注册资本小于法定额且股东未在法定期限内筹集到公司的注册资金，可在 1 年内为注册资本筹集相应的额外资金。否则，法院将根据利害关系人的申请作出对公司进行清算撤销的决定。③

3. 商业合伙退出

（1）退伙

普通合伙人可以随时退出合伙，但必须在合伙协议约定的期限内通知其他合伙人，合伙企业参与者之间放弃退出合伙企业权利的协议无效。合伙人严重违反义务或无法管理合伙业务时，其他合伙人可一致决定将其除名。④ 普通合伙人退出合伙后，应编制资产负债表，按比例取得其在合伙中的份额，并在其他合伙人同意的情形下取得部分或全部出资，以实物出资的，应退还实物财产。此外，退伙人还应取得该年内应取得合伙企业的收益。⑤

---

① 参见《有限责任公司和补充责任公司法》第 65 条。

② 参见《有限责任公司和补充责任公司法》第 68 条。

③ 参见《有限责任公司和补充责任公司法》第 69 条。

④ 参见《民法典》第 68 条。

⑤ 参见《民法典》第 67 条。

（2）清算

商业合伙经过内部决议可重组为其他合伙，或者合并为股份公司或生产合作社。有限责任合伙企业经其参与者一致同意，可以自愿重组或清算。在法人实体自愿清算和强制清算的基础上，在下列情形下可对普通合伙进行清算：①唯一合伙人在六个月内没有重组合伙企业，也不接受新的合伙人。②一名普通合伙人退伙或死亡，另一位合伙人被宣告失踪、无行为能力、限制行为能力或破产。

4. 生产合作社退出

（1）自愿退出

生产合作社的成员可以自愿退出合作社，并根据章程取得报酬或份额。在退社报告期届满和合作社财务报表获得批准后，生产合作社应退还给退社成员份额或其他财产。

生产合作社成员在章程没有特殊规定的情况下，有权将份额转让给其他合作社成员，或在合作社同意的情况下将份额转让给其他非合作社成员，来退出合作社，但后者生产合作社其他成员享有优先购买权。

（2）社员大会决定退出

生产合作社成员违反法律和章程义务，社员大会可以决定强制其退出，被决定退出的成员有权根据章程取得份额和其他章程规定的福利。

（3）社员死亡

生产合作社成员死亡，其继承人可以加入合作社，除非合作社章程另有规定。如果其继承人拒绝进入合作社，或合作社拒绝接受继承人，则应按原合作社成员的份额比例退回其财产和部分净收入，以及个人劳动参与合作社活动的报酬。

（二）公共服务的可获得性

1. 企业退出主管机构

在哈萨克斯坦，企业清算分为自愿清算（企业自主解散）和强制清算（破产或司法裁决解散），清算退出程序涉及多个机构，如法院、破产管理人、经济部、税务部门等。在破产程序中，法院指定破产管理人，负责资产清算。此外，企业自愿清算时可能需要通过经济部和其他相关部门。

（1）核心机构

①法院（经济法院）。

在企业资不抵债、违法经营或债权人申请破产的情形下，法院的职责是受理强制清算（破产）申请，裁定清算程序启动；指定并监督破产管理人

（Административный управляющий）执行清算；审批清算报告并终结程序。

②国家经济监管部门（经济部）。

经济部主要负责企业注销的最终审批，审核清算报告、股东决议等材料，并核发企业注销证明；监督非破产清算的合规性（如文件真实性核查）。涉及战略行业（如能源、通信）的企业退出需额外提交行业监管部门意见。

③司法部。

司法部为企业退出提供法律框架支持，负责《企业法典》《投资法》等法规的解释与执行；维护破产管理人名册，确保管理人资质合规。根据企业注册地或债务人主要业务所在地确定管辖法院。

④破产管理人（Административный управляющий）。

破产管理人需通过司法部考试并注册，接受定期合规审查，由法院从司法部认证的破产管理人名册中指定，负责接管并评估企业资产，编制债权人清单；组织资产拍卖，按法定顺序清偿债务（优先支付员工工资、税款）；向法院提交清算报告，完成程序终止。

⑤企业自主清算组。

在企业自愿解散时的非破产清算的情形下，企业须成立清算组。清算组由股东或董事会任命，成员通常包括公司高管、律师或会计师。清算组主要负责处理资产变现与债务清偿；向经济部提交清算文件，完成企业注销。

（2）协作机构

①税务部门。

税务部门在企业退出程序中主要负责完成税务清算，核对企业未缴税款、滞纳金及社保费用，出具税务注销证明；外资企业需额外核查外汇利润汇出的完税证明。

②行业监管部门。

行业监管部门在企业退出程序中主要负责特定行业的退出审批，如能源部负责监督能源企业资产清算，确保战略资源处置符合国家安全要求；通信部负责审批通信企业清算，防止外资违规转移核心技术；交通部负责监管铁路、航空企业的退出流程；农业部负责审核农业企业退出，确保土地租赁或使用权转让符合《土地法》规定（如禁止外资拥有农业用地所有权）。

③央行及外汇管理局。

央行负责监管金融机构（银行、保险公司）的破产清算，确保金融系统稳定；监管外资企业利润汇出，确保清算资金流动合规。

④反垄断委员会。

反垄断委员会主要负责企业退出涉及市场份额调整，需通过反垄断审查。

⑤特殊经济区管理机构。

阿斯塔纳国际金融中心（AIFC）为在 AIFC 注册的企业提供简化的退出流程，减少行政审批环节，支持在线提交注销申请。

2. 企业退出程序

（1）企业退出核心程序

表 3—8　企业退出核心程序一览

顺序	核心程序	内容
1	内部决策与决议	企业可通过股东会或董事会决议，明确退出原因及清算方案，决议需全体股东签字或公证； 分公司注销需由总公司签署决定文件，并提交至工商部门
2	税务清算与合规	缴清税款：结清企业所得税、个人所得税、社会保险等费用，补缴滞纳金（如有逾期）； 税务注销：向国税和地税部门提交纳税申报表、财务报表，取得税务清算证明
3	清算程序	成立清算组：处理资产处置、债务清偿及债权申报通知。 公告与债权登记：在官方媒体发布注销公告（公告期通常为 60 天）；通知债权人申报债权。 编制清算报告：详细记录资产、负债处理情况，经股东会确认后提交登记机关备案
4	提交注销申请	准备材料：包括注销申请表、决议书、营业执照、税务登记证明、银行账户明细、缴税证明等。 提交至哈萨克斯坦国家经济监管部门或公司注册处，审核期通常为 3—6 个月
5	关闭账户与销毁印章	注销银行账户并取得证明，公章、财务章等需交回销毁； 分公司需注销组织机构代码证

（2）自愿清算程序

①股东决议。

股东会通过解散决议，明确清算原因及清算组成员（需全体股东签字或公证），决议需提交至哈萨克斯坦经济部备案。

②成立清算组。

清算组由股东或董事会任命，通常包括公司高管、律师或会计师，负责接管资产、通知债权人、清偿债务、编制清算报告。

③公告与债权申报。

在官方媒体（如《哈萨克斯坦真理报》）发布清算公告，通知债权人 60 日内申报债权，书面通知已知债权人。

④资产处置与债务清偿。

按法定顺序清偿：第一顺位：员工工资、社保费用；第二顺位：税款、环保罚款；第三顺位：抵押债权；第四顺位：普通无担保债权；剩余资产按股东出资比例分配。

⑤提交清算报告。

清算组编制报告，经股东会确认后提交至经济部及税务部门。

⑥企业注销。

完成税务注销、银行账户关闭、公章销毁等手续，取得企业注销证明。

3. 强制清算程序

哈萨克斯坦强制清算包括破产和法院裁决解散，本部分以破产程序为例进行论述。

（1）破产程序的启动

①触发条件。

资不抵债：企业无法清偿到期债务，且总债务超过资产价值。

②申请主体：债务人（企业）、债权人、政府机构（如税务部门或行业监管部门发现企业严重违规）。

（2）破产程序的核心阶段

①破产申请与受理。

提交材料：破产申请书、财务报表、债务清单、资产清单等。

法院审查：法院应自收到申请之日起 5 个工作日内作出立案裁定，并将法院立案裁决的副本送交债务人、申请人、授权机构、其他国家机构，以及进行财产权登记的政府服务中心、地区私人法院法警分庭和债务人所在地的地区司法机构。

公告：法院通过官方媒体公示破产程序启动。

审理：重整或破产案件应在立案后两个月内开庭审理。

②临时管理期。

指定临时管理人：法院从司法部认证的破产管理人名册中指定临时管理人。

资产接管：管理人接管企业资产，编制资产负债表和债权人清单。

破产人在法院判决宣布债务人破产后 3 个工作日内将组成文件、印章（如有）、印章移交给临时管理人，在 10 个工作日内将会计文件、破产人财产所有权文件移交给临时管理人，在 20 个工作日内将属于破产人的财产和其他贵重物品移交给临时管理人。

暂停债务追偿：所有针对债务人的诉讼和执行程序暂停。

③债权人会议。

召集会议：管理人通知所有已知债权人，第一次债权人会议应由临时管理人在宣布债务人破产之日起 20 个工作日内召开。

表决事项：选择继续清算或债务重组（重整）。

确认债务清偿顺序（优先支付员工工资、税款）：第一顺位：员工工资、社保费用；第二顺位：税款、环保罚款；第三顺位：抵押债权；第四顺位：普通无担保债权。批准管理人提出的资产处置方案。

（3）清算或重整

清算程序：拍卖非现金资产，按法定顺序清偿债务；剩余资产不足时，按债权比例分配；法院裁定终止程序，企业注销。

重整程序：制定重整计划，需获债权人会议和法院批准。债务人应与债权人和重整管理人在适用重整程序的判决生效后 3 个月内制定重整计划，实施重整计划不得超过 5 年。通过债务延期、债转股、引入新投资者等方式恢复经营能力。

（4）程序终止

清算完成：资产分配完毕，法院出具破产终结裁定。

企业注销：向经济部提交法院裁定书，完成税务和工商注销。

（5）和解协议

①和解协议的签订。

债务人和债权人有权在破产程序的任何阶段签订和解协议，就债权人而言，订立和解协议的决定由债权人会议做出。破产人签订和解协议的决定由个体企业家、财产所有者（被授权机构）、法人实体的创始人（参与者）——破产人和破产管理人做出。第三方可以签订和解协议，签订后和解协议对第三方生效。

和解协议应由法院确认，确认和解协议后，法院对和解协议作出裁定，规定破产程序终止，债务人启动的破产程序不再执行。

和解协议自法院对其确认的裁决生效之日起生效，对其债务人、债权人和第三方具有约束力，禁止单方拒绝执行和解协议。

和解协议签署：由个体企业家（破产人）、财产所有者（被授权人）、法人实体的创始人（参与者）和破产管理人签署和解协议。和解协议也可由债权人会议主席代表债权人签署，如果和解协议有第三方，则由本人或其授权代表签署。

国家机构签订和解协议：如果在和解协议签订时，债权人之一应为国家机构，则可以就分期偿还债务的计划达成和解，以偿还该国家机构的债务，期限自和解协议批准之日起不超过 3 年。

②和解协议的内容。

和解协议包括以下内容：延迟及（或）延长破产人的责任期限；破产人的债权转让；第三方履行破产人的义务；债务转让；根据哈萨克斯坦共和国法律规定的限制，以债权人对破产人股份、法定资本中的参与权益进行债权交换；以不违反哈萨克斯坦共和国法律的其他方式清偿债权人的要求。

和解协议应包含有关破产人履行义务和（或）终止其义务的金额、程序和截止日期的信息、有关债务人履行对债权人义务的程序和截止日期。

③法院确认和解协议。

只有在优先债权人偿还债务后，法院才能确认和解协议。破产管理人应在债权人会议决定订立和解协议之日起 5 个工作日内，向法院请求确认和解协议。

确认和解协议的申请书应与以下文件一起提交：签署的和解协议书；决定签订和解协议的债权人会议记录；债权人名单，说明其居住地或所在地，以及拖欠金额；确认优先债权人债权偿还债务的文件；投票反对达成和解协议的债权人的书面反对意见。

法院裁定确认和解协议的裁决可以根据《民事诉讼法》规定的程序提出上诉。

④确认和解协议的后果。

确认和解协议是终止破产程序的理由，宣布债务人破产，清算债务人以及启动破产程序的决定不再具有执行力，破产管理人的权力自法院裁定确认和解协议之日起终止。

4. 附加程序

外资企业外汇利润汇出需提交完税证明，并遵守央行申报要求，涉及负面清单行业（如通信、媒体）的清算需行业监管部门批准。还有特殊行业，如能源与矿产资源企业清算需能源部审批，涉及战略资源（如铀矿）的资产处置需优先出售给国有企业。金融行业（银行、保险）需哈萨克斯坦央行参与清算，确保储户或投保人权益优先受偿。

（三）企业退出效率

哈萨克斯坦企业退出需经过经济部、税务部门、行业监管部门（如能源部、通信部）等多层审批，强制清算还需法院介入，整体流程耗时约 3—6 个月。但是哈萨克斯坦近年推行数字化服务，支持在线提交清算申请和资产拍卖，年营收低于 30 亿坚戈（约 600 万美元）的中小企业可免部分债权人会议流程，采用简易清算程序，缩短退出时间至2—3个月，但战略行业仍需线下审批。

（四）评述

哈萨克斯坦近年大力推行数字化管理，从企业注册到企业注销都支持线上办理业务，这大大提高了效率，但在具体实践中，需注意以下内容。

做出清算决定后，法人实体或机构的财产所有者有义务立即以书面形式，或通过互联网通知司法机构或政府服务中心注册机构，并任命清算委员会，根据规定确定清算程序和日期。清算委员会从被任命时起获得管理财产和法人实体业务相关的权力，并代表被清算的法人实体出庭，清算委员会在哈萨克斯坦共和国全境发行的期刊上公布法人实体清算的信息以及债权人申报债权的程序和截止日期。申报债权的期限不得少于自清算公告公布之日起两个月，破产情况除外。破产时，债权人向破产人提出的债权应在不迟于《债权人债权申请程序公告》公布之日起1个月内申报。清算委员会应采取措施确定债权人，并应向债权人发出有关法人实体清算的书面通知。债权人申报债权的期限届满后，清算委员会应编制资产负债表，其中应包含有关被清算法人财产构成的信息、债权人提交的债权清单以及有关债权审查结果的信息，资产负债表应由法人实体财产的所有者或决定清算该法人实体的机构批准。如果被清算的法人（国有机构除外）缺乏资金来清偿债权人的债权，清算委员会应按照执行程序以公开拍卖方式出售法人实体的资产。债务清偿后，法人实体在注册机构注销相关信息后停止其活动。

三、经营场所的获得

（一）监管框架

1. 不动产的物权变动

（1）法律法规

哈萨克斯坦关于不动产的法律体系是以《宪法》为基础，以《民法典》《土地法典》《不动产权利的国家登记》等法律为核心，辅以《建筑与城市规划法》《生态法典》等法律法规，共同构成的一个较为全面的法律框架，对不动产的开发、利用和交易进行了详细规范。

哈萨克斯坦《宪法》明确规定在哈萨克斯坦国有财产和私有财产得到同等的承认和保护，私有财产权非经法院判决不得剥夺，为不动产法律体系奠定了基础，确保了不动产所有者的合法权益在法律框架内会得到平等保护。①

《民法典》为不动产所有权的确认和保护提供了基本准则。该部法典对不动产的定义、不动产权利类型、物权登记制度以及与不动产交易和使用密切相关的买卖、租赁、继承等方面进行了详细的规定，强调“房地一体”原则。《不动产权利的国家登记》《土地法典》《建筑与城市规划法》等法律分别对不动产登记程序与效力、土地的所有权和使用权以及不动产开发许可、建设标准及用途管制等方面进行了规定。

（2）不动产的定义

《民法典》对不动产的定义进行了介绍。在哈萨克斯坦，不动产主要包括以下内容。②

①地块、建筑物、构筑物、多年生植物和其他与其物理位置密切相关的财产，即不可能运输而不会对其造成不成比例损害的实体。

②公寓和其他住所以及作为公寓一部分的非住宅场所，如果属于个人财产，则应被视为独立的不动产对象。

③航空和海运船舶、国内水上航行的船舶、河流和海上航行的船舶以及宇宙设施，应等同于需要国家登记的不动产。

④任何其他资产均可通过立法行为认定为不动产。

（3）不动产权利类型

①所有权。所有权是指个人依法对其所拥有的财产享有的占有、使用和处分的权利，受法律的承认和保护。在哈萨克斯坦，所有权分为私有、国有和市政所有。其中，私有不动产主要包括住宅、商业地产、工业设施等，但土地所有权仅限于哈萨克斯坦公民及本土企业。国有与市政不动产主要包括政府持有的战略性资产（如能源设施、基础设施）及公共用途地产（学校、医院等）。

②使用权。使用权是指依法从资产中提取有用自然属性并从中获取利益的可能性。利益可以是收入、收益、成果或其他形式。在哈萨克斯坦，使用权分为永久使用权和临时使用权。

其中，永久使用权的适用范围为国有或市政土地，常见于公共设施和历史遗留项目，需通过政府审批获得，其特点为无限期使用，并且可以进行转让、继承，但不能出售土地本身。临时使用权的适用范围为临时建筑或活动场地等短期项目，可以进行续期，往往通过租赁合同获得。

---

① 参见《宪法》第6条和第26条。

② 参见《民法典》第117条。

③抵押权。抵押权是指债权人（抵押权人）为担保债务履行，对债务人或第三方提供的特定财产（抵押物）享有的有限受偿权。在哈萨克斯坦，企业、建筑物、构筑物、设施、公寓楼、交通运输工具、太空物体、流通中的商品以及其他不排除民事流通的财产，都可以设定抵押。

（4）不动产的物权变动形式

同中国法律相同，哈萨克斯坦法律对不动产的物权变动也采取登记生效主义，即不动产物权的设立、变更、转让或者消灭，以登记为生效要件。未经国家登记机构登记，不动产的物权变动不产生法律效力。

第一，取得时效。

《民法典》对取得时效进行了规定，即公民或法人不是特定财产的所有人，但是，以诚实、公开的方式连续占有该不动产15年，或者连续占有其他财产5年以上，即取得该不动产的所有权。不动产和其他须经国家登记的财产的所有权，自登记之日起，由根据取得时效取得该财产的人享有。①

第二，买卖与租赁。

①企业活动过程中的交易必须采取书面形式。《民法典》规定，在企业活动过程中进行的交易，除非是通过执行本身完成的交易或是法律对个人交易另有规定，或是源于商业惯例的习惯，否则必须采取书面形式。并且，以书面形式执行的交易必须由当事人或其代表签字，除非通常的商业惯例另有规定。②

②书面交易必须经过公证。《民法典》规定，在哈萨克斯坦共和国法律规定或双方协议规定的情况下，书面交易只有在经过公证后才视为生效。

③需要向国家登记机关申请所有权转移登记。《民法典》规定，依照法律规定须进行国家登记或其他登记的交易，除非法律另有规定，在登记后视为已经成立。③

④房屋租赁。《民法典》对房屋租赁合同进行了详细的规定，除了以上三点，还需注意，在订立的无固定期限不动产租赁合同中，任何一方如果想要解除或者续订合同，必须提前3个月通知另一方。此外，在出租房产时，必须连同房产的所有附属物及相关文件（证明房产完整性、安全性、质量、运营程序等的文件）一起出租，除非合同另有规定。如果因为上述附件和文件未转让，造成承租人不能按照其用途使用，或者承租人根据合同有权期望获得的权益被严重剥夺，承租人可以要求出租人提供上述附件和文件，或者解

---

① 参见《民法典》第240条第1款。

② 参见《民法典》第152条。

③ 参见《民法典》第154条。

除合同。同时，承租人需按合同或财产用途使用租赁物，未经出租人同意不得转租或转让权利。合同期满后，租赁合同可因承租人继续使用且出租人不反对而自动续期，并且承租人享有优先续租权，若出租人拒绝续租但在 1 年内与他人签约，承租人可要求赔偿。租赁财产所有权的变更不影响合同效力，承租人死亡后其权利和义务可由继承人继承。此外，租赁合同可约定租赁物最终归承租人所有，但需符合法定条件。

第三，赠与。

《民法典》第 27 章对赠与作出了详细规定，其中并未规定不动产不可以成为赠与的对象，因此在哈萨克斯坦的法律中赠与的对象应当包括不动产。根据法律要求，不动产赠与必须采用书面合同形式，口头赠与无效，且需在法定地籍登记机构完成产权过户登记，否则所有权不发生转移。如果赠与合同以书面形式订立，则拒绝接受赠与必须以书面形式作出。如果赠与合同已经登记，则拒绝接受赠与也必须进行国家登记。其次，法律对赠与对象设有限制，禁止向未成年人、无行为能力人的法定代理人、医务人员、教育机构工作人员及其亲属、公务员及其家庭成员等特定对象赠与不动产，但价值不超过“月度计算指标”10 倍的日常礼物除外。此外，赠与人享有特定条件下的撤销权，如受赠人严重侵害赠与人或其亲属的生命健康，或赠与人经济状况显著恶化影响其生活时，可依法撤销赠与。公益捐赠则需明确用途并接受监管，若受赠方未按指定用途使用，赠与人或其继承人可要求撤销。[①]

第四，继承。

继承是公民死亡后（立遗嘱人）将其财产转移给另一个有继承权的人（即继承人）。依据《民法典》规定，继承分为遗嘱继承和法定继承。在遗嘱继承中，遗嘱必须以书面形式立，经过公证，并注明立遗嘱的地点和时间。同时，不动产的继承权应根据不动产所在国的法律和根据哈萨克斯坦共和国法律在哈萨克斯坦共和国登记在国家登记册的财产确定。

第五，征用。

《民法典》规定，在发生自然灾害、事故、动物流行病以及其他特殊情况时，国家机关可以根据立法规定的程序和条件，通过决议向所有者征用财产，以维护社会利益，并向所有者支付财产的价值。业主有权通过司法程序对被征用财产价值的评估结果提出异议。财产被征用的人，在引起征用的情况终止后，有权通过法院要求返还其剩余财产。[②]

---

① 参见《民法典》第 27 章。

② 参见《民法典》第 253 条。

第六，没收。

《民法典》规定，在哈萨克斯坦共和国立法规定的情况下，可以通过司法程序以行政或刑事犯罪的制裁形式没收财产，且不向所有者提供补偿。[①]

（5）不动产的登记程序

①提交申请。

不动产登记的申请人可以是权利人、交易当事人和国家机关或其授权代表。

其所提交的文件应当包括身份证明文件、权利声明文件（如所有权证明、土地使用权证明等）、国家登记付款确认书（如适用）和其他相关文件（如法人需提交会议记录、外国法人需提交商业登记簿摘录等）。如果申请电子登记，申请人应通过法定地籍信息系统提交经电子数字签名认证的电子文件。

②文件核查。

登记机关对收到的申请文件进行核查，核查内容包括文件的合法性和完整性、不动产的技术特征和识别特征（从国家信息系统中获取）以及法律关系的主体和客体、不动产权利或产权负担的类型、其产生、变更和终止的理由是否符合立法要求。核查通过的话，将进入登记程序；如果文件不完整或存在疑问时，登记机关会中止登记并要求补充材料；当文件不符合要求或存在法律障碍时，登记机关会拒绝登记。

③登记或拒绝登记。

登记机关在核查通过后，将在法定地籍信息系统中记录权利的产生、变更或终止，并在权利声明文件上注明登记，签发登记证书或通知（如适用）。

登记机关在拒绝登记后，应当书面通知申请人并说明拒绝理由，申请人收到通知后可依法上诉或补充材料后重新申请。

④电子登记的特殊程序。

已经经过公证的交易进行登记时，公证员通过单一公证信息系统发送经电子数字签名认证的权利声明文件电子附件，登记机关在核实付款后，即可通过信息系统确认登记。

对于未经过公证的交易，申请人可以通过“电子政府”支付网关支付登记费用，登记机关核实后完成登记。

⑤特殊情况。

中止登记：因文件不完整、法院诉讼、技术问题等，登记机关可中止登记。中止期限一般不超过 1 个月，逾期未解决的，登记机关可拒绝登记。

---

① 参见《民法典》第 254 条。

更正错误：登记机关可主动或经利害关系人申请更正登记错误，涉及权利性质或内容的更正需通知利害关系人并获得同意。

注销登记：根据法院判决或权利人申请，登记机关可注销登记事项。

⑥系统登记（针对先前积累的权利）。

系统登记适用于1996年3月1日之前积累的不动产权利。其登记程序较为简单，权利人可自行提交申请，登记机关也可从其他信息系统获取数据。在登记机关核实后，即可在法定地籍中进行备案登记，并无需支付费用。

（6）对外资企业和外国人的特殊规定

①外国人、无国籍人、外国法人、外国参与的哈萨克斯坦共和国法人不可以拥有用于农业生产和造林的土地。

②外国人、无国籍人、与外国人或无国籍人结婚（为其配偶）的哈萨克斯坦共和国公民以及外国法人或有外国参股的哈萨克斯坦共和国法人不能拥有位于哈萨克斯坦共和国国界边境区的地块。

③永久土地使用权不得属于外国土地使用者。

④截至2016年7月1日，以租赁方式授予外国人、无国籍人、外国法人、外国参与的哈萨克斯坦法人、国际组织、国际参与的科学中心以及kandas的农业用地块临时使用权，有效期至租赁协议到期，不得续签和延长。

2. 不动产的担保

（1）法律法规

哈萨克斯坦关于不动产担保的法律规定主要集中在《民法典》中，依据《民法典》的规定，哈萨克斯坦常见的担保方式有抵押、抵押、保证，而不动产只能是抵押的标的物。

依《民法典》规定，抵押是担保债务履行的一种方式，债务人不履行抵押担保的债务时，债权人（抵押权人）有权优先于抵押财产所有者（抵押人）的其他债权人，就抵押财产的价值获得清偿。

《民法典》对再抵押进行了规定，即除非先前的抵押协议对再次抵押进行了禁止规定外，抵押物可以重新抵押。抵押财产被其他债权人以其他方式抵押（转抵）的，在前抵押权人的债权受偿后，应以抵押物价值为限，向后抵押权人的债权人清偿。抵押人有义务向以后各抵押人告知该财产的所有现有抵押情况，并应对因未履行该义务而给抵押人造成的损失承担赔偿责任。①

（2）对外资企业和外国人的特殊规定

哈萨克斯坦法律对外国贷款人从哈萨克斯坦借款人住所取得的担保利益

① 参见《民法典》第311条。

一般没有限制，不需要特别的政府审批，但对于某些特殊财产抵押仍然存在一些限制。该限制主要体现在土地抵押和地下资源抵押上。

根据哈萨克斯坦相关法律规定，在哈萨克斯坦的外国法律实体不得持有：用于商业性农业和植树造林的土地和位于边境区域的土地的所有权以及永久的土地使用权。在执行担保时，由于外国法律实体被禁止持有特定土地的所有权和永久的土地使用权，无论以公开拍卖、协议出售或其他任何方式，外国贷款人都无法获得或持有相关的土地所有权和土地使用权。

（3）担保程序

第一，不动产抵押的设立。

①抵押合同形式。

《民法典》规定，抵押协议必须以书面形式订立，在抵押协议中，应当明确抵押标的、抵押物、抵押金额或最高金额、抵押期限以及被抵押不动产的评估价值等内容。①

②抵押标的物范围。

根据《民法典》规定，企业、建筑物、建筑物、设施、公寓楼、交通运输工具、太空物体、流通中的商品以及其他不排除民事流通的财产，可以设定抵押。②

③登记要求。

根据《民法典》规定，抵押权的生效以在国家不动产登记处完成登记为前提。未经登记，抵押权不得对抗第三人。③

④共有财产的抵押。

根据《民法典》规定，如果质押财产为多人共有，质押必须得到全体共有人的同意。共有人可以将其在共有财产中的份额权单独作为质押标的。④

⑤抵押权的实现。

根据《民法典》规定，债务人未按约定履行债务时，抵押权人可通过司法或非司法程序实现抵押权。司法程序是指向法院申请拍卖抵押物。非司法程序需在合同中明确约定，具体是指通过协议将抵押物所有权直接转移给抵押权人，或委托第三方拍卖。⑤

⑥抵押权的终止。

根据《民法典》规定，担保权在债务履行、担保财产灭失或担保权实现

① 参见《民法典》第307条。
② 参见《民法典》第303条。
③ 参见《民法典》第310条。
④ 参见《民法典》第304条。
⑤ 参见《民法典》第318、319、320条。

等情况下终止。同时，必须在登记抵押协议的登记簿上注明抵押终止的情况。①

第二，不动产抵押的登记程序。

①提交申请。

抵押人（债务人）或抵押权人（债权人）均可以提出申请。若抵押协议需公证认证，由公证员协助提交电子申请。所提交的文件应包括抵押协议（需公证认证）、抵押标的的身份证明文件（如地块地籍编号、建筑物技术特征）、抵押证书（如适用）和其他文件（如法人决议、身份证明等）。

②文件核查。

核查内容包括抵押协议的合法性（如主体资格、标的物范围）、抵押标的的识别特征（如地籍编号、技术数据）以及是否存在冲突的优先权或负担（如其他已登记的抵押权）。

③登记或拒绝登记。

若通过核查，则应予以登记，登记内容包含在法定地籍中记录质押权的产生、变更或终止，如有需要可以在抵押证书上注明质押登记。但如果存在质押标的权属不明确、质押协议违反法律规定（如标的物不可质押）、存在冲突的优先权（如已登记的更高优先级担保）等情况，登记机构将拒绝登记。

④质押变更或终止。

变更登记的情形包括质押标的范围、债务金额、期限等发生变更，需提交变更协议或相关法律文件。

终止登记的情形包括因债务履行、质押标的灭失或司法判决质押终止，需提交债务清偿证明、标的灭失证明或法院文书。

⑤电子登记。

电子登记是指通过哈萨克斯坦法定地籍信息系统提交经电子数字签名认证的质押协议副本，登记机关核实后发送电子登记通知。

3. 生态许可

(1) 法律法规

哈萨克斯坦对环境保护持积极态度，当地政府高度重视生态环境保护工作，通过立法、政策引导、国际合作等多种手段，致力于解决环境问题，推动可持续发展。1997 年之前，哈萨克斯坦有关环境保护方面的立法多为零散性和区域性的，1997 年颁布了《生态评估法》和《环境保护法》，标志着哈萨克斯坦的生态立法逐步向综合性、系统性立法发展。之后，哈萨克斯坦又

---

① 参见《民法典》第 322 条。

陆续颁布了《大气保护法》《土地法》《森林法》《水法》等法律法规，对大气问题以及合理利用和保护国家土地资源、森林资源和水资源进行了系统性规制。2007年，《生态法典》出台，该部法典是全球首部生态法典，哈萨克斯坦成为独联体国家中首个制定生态法典的国家，该部法典整合了之前分散的环保法规，形成了有关环境保护的统一法律体系。2021年，最新版《生态法典》颁布，强化了“谁污染谁治理”原则。作为一部综合性的生态法典，该部法典共计十三章、418条，内容囊括了环境影响评估、环境许可、环境监测、土地利用的环境要求、土壤利用的环境要求、水资源利用的环境要求、生态侵害责任和生态纠纷解决等多方面的内容，进一步完善了生态立法。①

（2）对外资企业和外国人的特殊规定

在哈萨克斯坦的环保法律体系中，本国企业本国人和外资企业外国人承担同样的环保义务，法律并没有为外资企业和外国人设置特殊规定和要求，而是更注重对可能会造成环境负面影响的物体、设施、建设活动等进行分类规制，以达到更好的环境保护效果。

（3）生态许可程序

第一，环境影响评估制度（EIA）。

环境影响评估，是指在相关研究的基础上，对个人和法人为建设和进一步运营生产设施和其他设施而进行的计划活动实施过程中可能对环境产生的重大影响进行识别、研究、描述和评估的过程。评估内容包括大气环境、水资源、土壤、植被、动物、社会经济环境影响等十多项内容。外资企业开展投资和承包工程如产生废水、废气、废渣等固体废物，涉及对土壤、植被、动物等可能带来影响的，均要进行环保评估。其中，炼油厂、火电厂、核燃料加工企业、钢铁厂等一般须经过全面评估。②

哈萨克斯坦的EIA程序以“筛查—范围界定—报告—审查—结论—后评估”为主线，嵌入公众参与（听证会）、科学审查（专家委员会）及动态监督（项目后分析）机制。其特点包括：强制性分级管理（附录1阈值）、透明度要求（全过程信息公开）、责任追溯（报告编制者连带责任）及灵活性例外（紧急状态豁免）。这一框架既符合国际EIA标准，又融入了中亚区域环境治理的本土实践。

①环境影响评估的强制性。

在哈萨克斯坦，根据《环境影响评价法》规定，必须强制性进行环境影

① 参见《生态法典》（2021年修订）。

② 深圳市前海深港现代服务业合作区管理局编：《“一带一路”法治地图：哈萨克斯坦》（上），法律出版社2017年版，第105—106页。

响评估（EIA）的活动主要包括3类，另外还有豁免情形。[①]

直接强制类：附录1第1节列明的高风险活动（如核设施、大型矿山、炼油厂、跨境工程项目等），无论规模均需EIA。

筛查后强制类：附录1第2节的中等风险活动（如区域性基础设施、制造业、农业开发等），需通过22个工作日的初步筛查，若判定可能产生重大环境影响（基于产能、区域敏感性、跨界性等标准）则必须进行EIA。

重大变更类：已批准项目若发生产能扩张、资源类型变更、土地干扰扩大或技术升级导致污染加剧的，需重新评估。

豁免情形：紧急状态、国防或国家安全相关项目可免于EIA。该制度通过分级管控和动态调整，确保高环境风险活动受严格监管，同时兼顾灵活性与公共利益。

②环境影响评估的程序。

计划活动申请与提交：申请人需通过电子平台提交包含活动类型、拟实施地点、技术特征、资源需求及预期环境影响等15项核心信息的申请文件。申请需特别说明是否存在生产量扩大、资源类型变更等“重大变化”。上述申请必须在计划活动实施前完成，以确保后续程序的合法性。

初步筛查与必要性判定：环境保护授权机构在收到申请后，需在22个工作日内完成初步筛查。筛查依据附录1中的活动类型清单及定量阈值（如产能、用地规模等），判断是否需强制进行环境影响评价。若活动属于附录1第2节的“潜在重大影响”类别，还需进一步评估其影响是否达到“重大”标准。筛查结论将明确是否进入全面EIA阶段，或允许直接实施活动。

评估范围界定与公众参与：若筛查结果显示需进行EIA，环境保护授权机构将在22个工作日内确定评估范围。此阶段需整合公众意见（接收期为申请公开后的15个工作日）及科学数据，明确研究重点、方法及信息类型（如生态系统服务、跨界影响等）。范围界定结论将作为编制影响报告的指导框架，并公开接受监督。

可能影响报告的编制与听证：发起人需委托持证机构在3年内完成可能影响报告草案。报告需涵盖直接、间接、累积影响、替代方案、减缓措施等内容，并附非技术摘要供公众理解。草案完成后，发起人需与地方执行机构合作，在报告发布30个日历日后举办公众听证会。听证会公告需提前20个工作日发布，听证会持续不超过5个工作日，会议记录需在2个工作日内公开。听证结果将直接影响报告修订。

---

① 参见《环境影响评价法》第65条及附录1。

报告技术审查与修改：环境保护授权机构在收到报告草案后，需在 17 个工作日内提出修改意见，发起人须在 5 个工作日内完成修订）。若存在争议，可成立专家委员会审议。此阶段强调报告的“信息质量要求”（可靠性、完整性），修订后的报告需回应所有公众意见与技术质疑，确保科学与民主平衡。

环境影响评价结论的出具：环境保护授权机构在申请登记后 30 个工作日内发布最终 EIA 结论。结论需在 2 个工作日内公开，并作为其他行政许可（如环境许可证）的前置条件。结论需明确是否批准活动，并附带实施条件（如排放限值、监测要求）。批准结论的有效期为 3 年，逾期未实施需重新申请。环境影响评估结果的结论有效期为无限期，但如果 EIA 结论发布之日起三年内，发起人或其法定继承人没有开始开展相关计划活动，包括涉及建筑和安装工程的活动，那么 EIA 结论失效，发起人需重新申请。

项目实施后的影响验证：设施投入运营后 12 至 18 个月内，运营者需委托专业机构开展项目后分析。分析需对比实际影响与预测结果，验证减缓措施的有效性。报告结论需在完成后 2 个工作日内提交并公开。若发现重大偏差，环境保护机构可要求整改或重启 EIA 程序，形成“预测—实施—验证”的闭环管理。

跨界影响的特殊程序：若计划活动可能对邻国环境造成影响（如跨境河流开发），哈萨克斯坦需按国际条约启动跨界评估。程序包括向受影响国通报信息、协商评估范围、共享报告草案等。此阶段无固定时限，但需在 EIA 结论出具前完成，体现国际合作义务。

第二，环境许可证制度。

哈萨克斯坦的环境许可证制度旨在规范和管理对环境产生负面影响的活动，确保这些活动在符合环境保护要求的前提下进行。该制度适用于个体工商户和法人，要求他们在进行可能对环境产生负面影响的活动前，必须获得相应的环境许可证。该制度将设施分为四类（Ⅰ-Ⅳ类），Ⅰ类（对环境有重大负面影响）和Ⅱ类（对环境造成中度负面影响）设施需强制申领环境许可证，Ⅲ类设施（对环境产生较小负面影响）仅需提交环境影响声明（特殊情形除外）。环境许可证分为两类：综合环境许可证（针对Ⅰ类）和环境影响许可证（针对Ⅱ类），其核心内容包括对设施建设和运营的环境条件、排放标准、废物管理、工业环境控制等方面的要求。

①综合环境许可证（Ⅰ类设施）。

综合环境许可证适用于高风险设施（如核电站、大型矿山、炼油厂、跨境工程等），由国家级环境保护机构颁发，有效期为无限期，但需定期审查技术标准。其核心要求包括强制采用政府批准的“最佳可行技术（BAT）手册”

中的技术标准，明确排放限值、废物管理计划、工业环境控制等强制性条件；对于现有未达标的设施，还需制定分阶段实施的环境效率改进计划。

申请提交：综合环境许可证的申请由I类设施的运营者发起，需以电子形式向国家级环境保护机构提交。申请材料包括设施名称、位置、活动类型及产能的详细说明，技术描述［需论证与政府批准的“最佳可行技术（BAT）手册”的匹配性］，项目文件、环境影响评估结论或筛查结果，以及废物管理计划、工业环境控制计划草案。若现有设施未达标，还需附加分阶段实施的环境效率改进计划。所有材料需确保完整性和技术合规性，为后续审查奠定基础。

申请审查：国家环境保护机构在收到申请后，需在5个工作日内完成初步形式审查，重点核查材料的完整性和基本合规性。若材料缺失或存在明显错误（如技术描述不充分、未附环境影响评估结论），机构将退回申请并书面说明原因；若材料齐全，则进入国家环境专家委员会主导的深度审查阶段。

国家环境审查：在申请材料齐全后，国家环境保护机构需在5个工作日内将申请送交相关国家机构进行审议。相关国家机构需在25个工作日内提交对环境条件的意见和建议。审查内容包括项目文件、环境影响评估结果、技术标准等。如果审查过程中有意见，主管部门会将意见发送给申请人，要求其进行修改或补充。

意见处理：如果审查过程中有意见，申请人需在收到意见后10个工作日内消除意见。如果未能在规定时间内消除意见，国家环境保护机构将拒绝颁发许可证。

许可证草案制定与反馈：在收到相关国家机构的结论后，国家环境保护机构需在10个工作日内制定综合环境许可证草案，并发送给申请人。申请人需在5个工作日内对草案提出意见。如果申请人同意草案，主管部门将进入颁发阶段；如果有分歧，双方可通过专家委员会解决。

许可证颁发：若申请人同意草案，国家环境保护机构需在收到反馈后5个工作日内颁发综合环境许可证。许可证的有效期为无限期，但若最佳可用技术更新导致环境条件变化，许可证可能需要进行修订。颁发后，许可证副本会在主管部门的官方网站上公布。

许可证修订：在设施运营者进行重大变更或最佳可用技术更新时，需提交综合环境许可证修订申请。运营者需在计划变更前6个月提交修订申请，或因最佳可用技术更新在批准新结论后3个月内提交修订申请。修订程序与初次申请类似，需经过审查和批准。

②环境影响许可证（Ⅱ类设施）。

环境影响许可证则针对Ⅱ类设施（如区域性基础设施、制造业、农业开发等），由地方执行机构颁发，有效期最长 10 年，需明确排放标准、废物积累、处置限制及工业监测计划，并要求运营者制定环境保护行动计划并定期报告实施情况。

申请提交：申请人需在计划活动开始前，以电子方式向国家环境保护机构或地方执行机构提交环境影响许可证申请。申请内容包括设施的基本信息、活动类型、环境影响评估结果等。此外，还需附上项目文件、环境影响评估结论、排放标准草案、废物管理计划草案等文件。

申请审查：国家环境保护机构或地方执行机构在收到申请后，需在 5 个工作日内（主管部门）或 3 个工作日内（地方执行机构）检查申请材料的完整性和合规性。如果材料不完整或不符合要求，相关部门会退回申请并说明原因。如果材料齐全，相关部门将进入审查阶段。

许可证审查与意见处理：国家环境保护机构需在申请材料齐全后 45 个工作日内完成审查并决定是否颁发许可证；地方执行机构需在 30 个工作日内完成审查。审查过程中，若有意见，相关部门需在 25 个工作日内（Ⅰ类设施）或 15 个工作日内（Ⅱ类设施）发送意见。申请人需在 10 个工作日内（Ⅰ类设施）或 5 个工作日内（Ⅱ类设施）消除意见。

许可证颁发：若申请符合要求，相关部门在消除意见后立即颁发环境影响许可证。许可证的有效期至技术变更需要改变环境条件为止，但最长不超过 10 年。颁发后，许可证副本会在相关部门官方网站上公布。

许可证修订：在设施运营者进行重大变更或技术更新时，需提交环境影响许可证修订申请。修订程序与初次申请类似，需经过审查和批准。

③环境影响声明（Ⅲ）

声明提交：在Ⅲ类设施上开展活动的人员需向地方执行机构提交环境影响声明。声明内容包括法人的基本信息、设施描述、活动类型、污染物排放量、废物管理计划等。声明需在计划活动开始前提交，或在活动开始后发生重大变化时，在变化发生之日起 3 个月内提交新的声明。

声明审查：地方执行机构在收到声明后，需尽快进行审查，确保其符合环境保护要求。如果声明不符合要求，地方执行机构将要求申请人进行修改或补充。这一步骤没有具体的时间限制，但地方执行机构需高效处理以确保活动合规。

声明更新：若技术流程、污染物排放或废物管理发生重大变化，申报人需在变化发生之日起 3 个月内提交新的环境影响声明。更新程序与初次提交类似，需经过审查和批准。

（4）法律责任

哈萨克斯坦的环境保护法律责任体系较为严格，违反环保法规的法律责任形式多样，涵盖行政、民事和刑事责任。具体责任的判定取决于违法行为的性质、规模和后果。另外，在哈萨克斯坦追究行政或刑事责任并不免除违法者消除其违反环境法规行为的义务。这意味着即使违法者已经受到行政或刑事处罚，他们仍然需要采取措施纠正其违法行为，消除对环境的不良影响。

①行政责任。

行政责任是哈萨克斯坦环保执法中最常见的责任形式，适用于轻微或中度的环境违法行为。具体措施包括：

罚款：根据违法行为的严重程度，环境保护部门可以对个人、企业或组织处以罚款。罚款金额通常与违法行为的性质、持续时间以及对环境的破坏程度相关。罚款金额根据违法行为的性质、规模和后果而定。例如，未经许可排放污染物、非法砍伐森林或破坏自然保护区等行为，都会受到不同程度的罚款。对于企业，罚款金额可能高达数百万坚戈，具体数额由环保部门或法院裁定。对于个人，罚款金额相对较低，但仍可能对个人经济造成显著影响。

责令整改：违法行为可能导致责令停止生产、关闭设施或限期整改，直至符合环保标准。

暂停或吊销许可证：对于严重违规的企业，环保部门有权暂停或吊销其环境许可证、经营许可证或其他相关许可。

行政处罚记录：违法者的行政处罚记录会被纳入国家环保数据库，可能影响其未来的经营活动或信用评级。

②民事责任。

民事责任主要涉及对环境破坏造成的损害进行赔偿或修复。具体包括以下 3 种。

环境修复责任：违法者需承担环境修复费用，包括清理污染、恢复生态等。如果企业无力承担，政府可能先行修复并向责任方追偿。

损害赔偿：如果违法行为对他人（如居民、其他企业）造成财产损失或健康损害，责任方需依法赔偿。

公益诉讼：哈萨克斯坦允许环保组织或公众对污染企业提起公益诉讼，要求其承担民事责任。

③刑事责任。

对于严重违反环保法规的行为，哈萨克斯坦法律规定了刑事责任，通常涉及以下情形：

个人责任：企业高管或直接责任人可能因严重违法行为（如大规模污染、造成重大生态灾难）被追究刑事责任，面临监禁或高额罚款。

单位犯罪：企业作为法人也可能被追究刑事责任，例如被处以高额罚金、没收违法所得、限制经营活动等。

加重情节：如果违法行为导致人员伤亡、重大生态破坏或涉及危险物质，刑罚可能会加重。

④其他责任。

信息公开与公众监督：违法者可能被要求公开环境信息，接受公众和媒体的监督。

社会责任：企业可能被要求承担额外的社会责任，例如，资助环保项目、支持社区发展或参与生态修复工作。

⑤国际合作与责任。

如果违法行为涉及跨境污染（如河流、空气污染影响邻国），哈萨克斯坦可能需承担国际环境法规定的责任，并与相关国家合作解决环境问题。

4. 城市规划和建设许可

（1）法律法规

在哈萨克斯坦，城市规划许可和建设许可涉及多部法典和法律法规，比如《哈萨克斯坦共和国建筑、城市规划和建设活动法》《土地法》和《生态法典》等。其中最核心的法律是《哈萨克斯坦共和国建筑、城市规划和建设活动法》，该部法律明确了建筑项目的设计、施工、验收和运营各阶段的法律要求。该法律规定了国家建筑规范（SNiP）的适用、设计文件的编制与审批程序、综合外部评估的实施，以及城市规划许可和建设许可的颁发条件。同时，它强调了城市规划的基本原则，确保项目符合区域总体规划、详细规划和环境保护要求，为哈萨克斯坦的建筑和城市规划提供了全面的法律框架。

（2）对外资企业和外国人的特殊规定

外国法人和个人专家在哈萨克斯坦境内开发土地或建设项目时，其编制的预设计和设计（含估算）文件必须符合哈萨克斯坦国家标准（包括消防、工业安全等强制性要求），且需按法定条件和阶段完成设计任务，除非哈萨克斯坦参与的国际条约另有规定。例外情况包括两类：

①国际展览或经济、工业特区项目：可豁免部分标准，但需通过综合外部评估确认符合安全、可靠性和劳动保护要求，并向当地供应商提供必要信息。

②工业化布局设施：纳入统一工业化布局的建设项目可豁免，无须完全遵循上述规则。

除上述外，哈萨克斯坦的法律并未在城市规划和建设许可方面设置特殊规定。无国籍人、外国自然人和法人，可以按照哈萨克斯坦立法规定，在哈萨克斯坦从事与建筑设计、城市建设和建筑活动有关的服务（工作）。外国自然人和法人一样，有权从哈萨克斯坦建筑设计、城市建设的机构或者有关国企获取拟建设工程的信息和文件等。外国自然人和法人一样应按照法律法规的规定从事相应活动，保障施工对居民的安全等。

(3) 城市规划和建设许可程序

第一，城市规划许可。

哈萨克斯坦城市规划许可是建设项目启动前必须取得的官方审批文件，由地方执行机构、颁发，用以确认项目的选址、用途、规模及设计符合区域总体规划、详细规划及环境保护要求，确保土地利用和空间布局的合理性。其适用范围涵盖所有新建、改建及特殊用途项目（如工业厂房、商业设施、危险品生产设施等），涉及工业、商业、住宅及生态敏感区（如自然保护区）等各类土地。豁免情况包括小型临时建筑或不改变土地用途的维修工程。未取得许可擅自建设将面临停工、罚款甚至土地收回等法律后果。

①前期准备。

在申请城市规划许可前，需完成可行性研究并获取土地。可行性研究报告需包含市场分析、技术方案、经济评估及环境影响评估（EIA），重点论证项目对区域规划和环境的影响。

②提交申请。

向项目所在地的区、市政府规划部门递交申请，提交材料应包括：可行性研究报告、土地使用权证明、初步设计方案、基础设施连接方案（水、电、燃气等技术条件）。若文件不完整，地方政府将在10个工作日内通知补正。

③规划审查。

审查分为形式审查和技术审查两部分。形式审查确保文件齐全，技术审查重点验证项目是否符合：区域总体规划的土地利用和空间布局要求、详细规划的建筑密度、高度等指标以及生态与文化遗产保护规定。大型项目（如工业园区）需进行30天公示及公众听证会，吸纳社区意见。

④审批结果。

审查通过后，地方政府在1—3个月内颁发城市规划许可，明确项目用地范围、容积率、环保要求等参数。若被拒绝，企业可修改方案重新申请，或向州政府等上级机关提出申诉。

第二，建设许可。

哈萨克斯坦的建设许可是项目动工前必须依法取得的官方批准文件，由地方建筑监督机构颁发，核心目的是确认项目设计、施工及运营全流程符合国家建筑技术规范、消防安全标准、环保法规及工业安全要求，确保工程合法性和安全性。其适用范围覆盖所有新建、改建、扩建的建设项目，包括工业厂房、住宅楼宇、商业综合体、公共设施（如医院、学校）以及危险品生产设施（如化工厂、油气储运站）等。若未获许可擅自施工，将面临项目停工、高额罚款甚至刑事责任。

①前期准备。

在申请建设许可前，需确保已取得城市规划许可，并委托持证设计机构编制完整的设计和估算文件，包括建筑设计图纸（含结构、水电、消防系统）、工程勘察报告（地质、水文数据）及环境影响评估（EIA）补充文件（若适用）。

②提交申请与综合外部评估。

向地方建筑控制机构提交申请材料，包括城市规划许可副本、全套设计文件、建筑规划任务书、土地使用权证明及承包商资质文件。随后由哈萨克斯坦认可的专家组织进行综合外部评估，审查技术合规性、消防安全、环保措施及工业安全。

③审批与许可颁发。

地方建筑控制机构在15—30个工作日内完成技术审查，核实设计与规划许可的一致性及施工方案安全性。通过后颁发施工许可证（适用于大型、复杂项目）或接受施工通知（适用于小型项目）。许可证有效期通常为2年，需在此期限内开工。

④施工监管与竣工验收。

开工前需提交施工计划并接受现场检查，施工期间定期接受安全检查并提交进度报告，重大设计变更需重新审批。竣工后由地方建筑控制机构联合消防、环保部门验收，核验是否符合设计文件及安全标准，通过后颁发竣工验收合格证书，作为项目合法运营的依据。

（4）法律责任

①行政责任。

行政责任是哈萨克斯坦城市规划和建设许可违规中最常见的处罚形式，适用于未取得许可、设计违规等行为。具体措施包括：

罚款：个人和企业都适用。

责令整改：违规项目需在规定期限内调整设计或施工方案，逾期未改按每日最高100倍月核算基数（约220美元/天）累计处罚。

暂停或吊销许可证：严重违规（如超规划施工、使用劣质材料）直接吊销许可；

承包商资质限制：无证施工或屡次违规企业，资质暂停1—3年或永久禁入市场。

②刑事责任。

刑事责任适用于造成重大社会危害或故意违法行为，处罚严厉且具有强制性。具体措施包括：

监禁：施工导致人员伤亡。

罚金：如使用劣质材料导致事故。

职业禁止：涉事人员终身禁止从事建筑行业。

③民事与其他法律后果。

民事与行政、刑事责任并行，涉及经济赔偿和长期经营限制。

项目终止与土地收回：严重违规项目被强制终止，土地无偿收回。

合同无效：违规施工合同被判无效，企业需赔偿承包商损失。

（二）公共服务

1. 监管部门

（1）不动产的监管部门

哈萨克斯坦的不动产监管体系由多个政府部门协同管理，涵盖登记、权属确认、土地管理及法律合规等环节，主要涉及以下核心部门及职能：

①工业和基础设施发展部。

作为核心监管部门，负责制定全国性不动产政策，主导住房建设计划及基础设施项目规划。其下属的“公民政府”服务公司（State Corporation“Government for Citizens”）及电子政府门户（e-gov. kz）直接执行不动产登记，包括所有权、抵押权、地役权等权利的登记与管理。所有不动产交易或权利变更需经此流程完成法律确认，确保交易的合法性与透明性。

②生态、地质和自然资源部。

负责土地资源管理，包括土地分类、用途规划及地籍系统的维护。每块土地分配唯一的地籍号（cadastral number），记录土地用途、所有权及限制条件，为不动产抵押或转让提供基础数据支持。该部门还监管土地使用的合规性，确保不动产开发符合环境保护要求。

③地方不动产登记机构。

根据哈萨克斯坦法律，不动产登记由不动产所在地的县级政府机构具体办理，直辖市或设区的市可指定统一登记机构。跨区域不动产需由所涉地区协商或上级指定机构处理。

（2）生态许可的监管部门

2019 年 6 月政府机构重组后，哈萨克斯坦环保领域主管部门是生态、地质和自然资源部，负责全国范围内的环境保护和自然资源管理工作。其下属的环境监管委员会等授权机构则负责具体的环境监管和执法工作。

①主要职责。

制定和实施国家环保政策；监督和管理自然资源的合理利用；监测环境质量，包括空气、水、土壤等；负责环境保护领域的国际合作；对违反环保法规的行为进行调查和处罚；管理自然保护区、国家公园等生态保护区域。

②下属机构。

环境监管与执法机构——环境监管委员会，该委员会是生态、地质和自然资源部的下属机构，负责环境法规的执行和监督，包括对污染排放、废物处理等活动的监管。

自然资源管理机构——水资源委员会、林业和野生动物委员会、地方环保机构。

水资源委员会：负责水资源的保护、分配和利用。

林业和野生动物委员会：负责森林资源、野生动物及其栖息地的保护和管理。

地方环保机构：在各州和直辖市设立的地方环保部门，负责本地区的环境保护和监管工作。

（3）城市规划和建设许可的监管部门

哈萨克斯坦城市规划许可的监管由地方执行机构（区、市政府规划部门）和中央层面的工业和基础设施发展部共同承担。地方机构直接负责审批许可，核验项目是否符合区域总体规划、详细规划及土地利用分类要求，同时协调基础设施规划；而工业和基础设施发展部作为中央主管部门，统筹制定全国性城市规划政策与技术规范，监督地方执法一致性，并协调跨区域或国家级重大项目的规划衔接，形成“地方审批执行、中央政策统筹”的双层监管架构。

哈萨克斯坦建设许可的监管由地方建筑控制机构和中央层面的工业和基础设施发展部共同承担。地方机构直接负责审批建设许可，核验设计文件是否符合国家建筑规范及城市规划要求，并全程监督施工安全与质量，组织竣工验收；而工业和基础设施发展部作为中央主管部门，统筹制定全国性建筑技术标准，监督地方执法一致性，并管理跨区域或国家级重大建设项目，形成“地方执行审批与监督、中央统筹标准与协调”的双层监管体系。

2. 审批流程优化

（1）在线服务平台

①“电子政府”门户（e-gov. kz）。

“电子政府”门户（e-gov. kz）是哈萨克斯坦政府推动数字化转型的核心平台，旨在通过在线方式提供高效、便捷的公共服务。该平台自2006年启动，经过多年发展，现已成为覆盖个人、企业和政府机构的综合性服务平台，提供超过800项在线服务。个人用户可通过平台办理身份证、护照、不动产登记、税务申报、社保申请以及教育和医疗预约等服务；企业用户可在线注册公司、申报税务、申请许可证以及办理海关手续；政府机构则利用平台进行公共采购、法律文件公证和交通管理。平台支持电子数字签名（EDS）和区块链技术，确保文件签署和数据存储的安全性与不可篡改性。

该平台的核心功能包括在线申请与登记、电子签名与认证、信息查询与下载以及移动端支持。用户可通过电子签名完成文件签署，查询不动产、税务和社保信息，并下载电子版证件和合同。此外，平台还提供移动应用程序（iOS 和 Android），方便用户随时随地访问服务。

②电子登记平台（e-notary）。

哈萨克斯坦的电子登记平台（e-notary）是其数字化转型的重要组成部分，旨在通过在线方式提供高效、安全的公证服务。该平台依托“电子政府”门户和电子数字签名（EDS）技术，支持电子文件认证、远程公证和文件存档查询等功能。用户可通过电子签名对合同、授权书、遗嘱等法律文件进行签署，并在线获取带有电子签章和时间戳的公证文件，确保其与传统纸质文件具有同等法律效力。

该平台适用于多种场景，包括不动产交易（如电子合同签署与登记）、企业服务（如商业合同认证和企业注册文件公证）以及个人法律文件（如授权书、遗嘱认证）。此外，它还支持跨境服务，如国际商业合同的电子签署与认证。通过区块链技术记录公证过程，平台确保数据不可篡改，增强了透明度和安全性。

（2）一站式服务窗口

“政府为公民”国家公司（State Corporation“Government for Citizens”）成立于2014年，是哈萨克斯坦的一个重要的公共服务机构，旨在为公民和企业提供高效、便捷的“一站式”政府服务，是政府推动行政服务改革和数字化转型的重要举措。该机构整合了多个政府部门的服务职能，通过线上和线下相结合的方式，为公民和企业提供全面的“一站式”公共服务。线上服务依托“电子政府”门户（e-gov. kz），线下则通过全国范围内的公共服务中心（PSC）提供面对面服务，确保覆盖所有用户群体。

该机构的核心服务涵盖个人、企业和政府三大领域。个人用户可办理身份证、护照、不动产登记、税务申报、社保申请以及教育和医疗预约等服务；

企业用户可在线注册公司、申报税务、申请许可证以及办理海关手续；政府机构则利用平台进行公共采购、法律文件公证和交通管理。平台支持电子数字签名（EDS）和区块链技术，确保文件签署和数据存储的安全性与不可篡改性。

"电子政府"门户（e-gov. kz）上文已经做了介绍，公共服务中心（PSC）是为公众提供政府和非政府服务的集中式设施，旨在简化流程、提高效率。其主要功能包括一站式服务（如证件办理、缴费、咨询等）、信息咨询、投诉建议接收以及便民服务（如复印、打印等）。常见服务涵盖政府事务（身份证、社保等）、公共服务（水电费缴纳、交通罚款等）以及商业服务（营业执照、商标注册等）。通过集中化和标准化，PSC为公众提供了高效、透明、便捷的服务体验。

（3）信息透明度

①不动产方面。

在哈萨克斯坦，获取不动产信息的主要渠道包括国家不动产登记机构、电子政务平台、地方政府机构、公证处、房地产中介机构、土地资源管理机构、公开数据库和地图服务以及法院和仲裁机构。国家不动产登记机构（隶属于哈萨克斯坦司法部）是官方的不动产信息登记和管理机构，提供不动产权属、抵押和限制性权利等信息的查询服务，可通过在线平台（如e-gov. kz）或线下办公室进行查询。电子政务平台提供便捷的在线服务，包括查询权属信息、申请登记证书等。地方政府机构也可提供土地和不动产相关信息。公证处在不动产交易中提供权属查询和文件公证服务，而房地产中介机构则能提供市场信息和快速查询服务。土地资源管理机构负责土地权属和规划信息的查询。此外，公开数据库和地图服务可提供不动产的地理位置和边界信息，而法院和仲裁机构则用于查询不动产是否存在法律纠纷。

②环境保护方面。

外资企业可以通过多种渠道了解哈萨克斯坦的环境保护和生态许可信息。首先，哈萨克斯坦生态、地质和自然资源部是核心信息来源，提供环境保护法规、生态许可流程和环境影响评估指南。其次，地方环境保护部门可提供地方政策和具体要求。哈萨克斯坦投资与发展部和外商投资协会（FIC）则提供外商投资相关的环境合规支持和政策解读。此外，哈萨克斯坦国家商会（Atameken）为企业提供生态许可申请协助，而政府统一服务门户（eGov）支持在线申请和法规查询。国际组织如联合国开发计划署（UNDP）和世界银行，以及本地咨询机构，也可提供专业支持。通过这些渠道，外资企业可以全面掌握哈萨克斯坦的环境保护要求和生态许可流程，确保合规运营。

③城市规划和建设方面。

外资企业获取哈萨克斯坦城市规划与建设信息的核心渠道包括政府官方平台（如工业和基础设施发展部官网、总统令政务公开系统）发布的政策文件和地方政府的区域建设目标；哈通社等官方媒体提供权威政策解读与项目动态；中哈合作项目可通过中国媒体及国际展会获取细节；法律修订和行业报告则补充技术标准与投资趋势。

（三）效率

1. 时间效率

（1）不动产登记效率

哈萨克斯坦的不动产登记和抵押登记效率较高，在保证申请材料的完整性和正确性的前提下，普通登记通常在 3 个工作日内完成，快速登记和电子登记可在 1 个工作日内完成。通过电子化登记、简化程序和信息公开等措施，登记效率显著提升。

（2）生态许可效率

①环境影响评估。

表 3—9 环境影响评估程序

程序	时间要求	备注
提交计划活动申请	无具体时间限制，但需在项目启动前完成	发起人需准备完整的申请材料
申请审议与筛选	22 个工作日	环境保护机构需在 22 个工作日内完成申请审议并出具筛选结果
确定 EIA 范围	22 个工作日	从申请登记之日起 22 个工作日内完成
编写可能影响报告草案	3 年	发起人需在确定 EIA 范围结论后 3 年内提交报告草案
公众听证会	公告发布后至少 30 个日历日供公众审查报告草案。 听证会时间不超过 5 个工作日	听证会需在报告草案提交后组织，确保公众参与
环境影响报告质量评估	17 个工作日	环境保护机构需在 17 个工作日内提出修改意见
环境影响评估结果结论	30 个工作日	从申请登记之日起 30 个工作日内出具结论

（续表）

程序	时间要求	备注
项目后分析	设施投入运营后12至18个月内完成。 结论签署后2个工作日内提交	项目后分析需在设施运营后及时进行，确保实际影响得到评估
跨界影响评估（如适用）	15个日历日（回应）+180个日历日（磋商）	仅在涉及跨界影响时适用

综上可以得出，如果不考虑发起人编写报告的时间，那么常规的环境影响评估大概需约4—6个月，含跨界影响评估的环境影响评估约7—9个月，项目后分析是一个独立阶段，在设施运营后12—18个月内完成。

②环境许可证制度。

表3—10 综合环境许可证、环境影响许可证、环境影响声明办理程序一览

程序	综合环境许可证	环境影响许可证	环境影响声明
申请提交	无明确时间限制，但需在计划活动开始前提交	无明确时间限制，但需在计划活动开始前提交	计划活动开始前或重大变化后3个月内提交
形式审查	5个工作日内完成材料完整性检查	地方执行机构：3个工作日内完成初审；国家机构：5个工作日内完成初审	地方执行机构需尽快审查，无具体时间限制
技术审查	25个工作日内完成国家环境审查（项目文件审查）	地方执行机构：30个工作日内完成技术审查；国家机构：45个工作日内完成	无技术审查环节，仅需地方执行机构快速审查
意见反馈与整改	25个工作日内相关机构反馈意见；申请人需在10个工作日内整改	地方机构：15个工作日内通知整改；国家机构：25个工作日内通知整改	无意见反馈与整改环节
公众参与（跨境项目）	若涉及跨境影响，审查流程暂停，直至与受影响国完成磋商	无跨境磋商环节	无跨境磋商环节
许可证草案协商	10个工作日内制定草案并与申请人协商	无草案协商环节	无草案协商环节

(续表)

程序	综合环境许可证	环境影响许可证	环境影响声明
最终决定与公示	5个工作日内颁发许可证并公示	整改完成后立即发证并公示	地方执行机构审查通过后立即生效
修订申请	重大变更前6个月或BAT更新后3个月内提交修订申请	技术变更或排放标准更新前提交修订申请	重大变化后3个月内提交新的声明
年度报告与监督	每年提交环境效率计划实施报告；地方机构定期检查排放与废物管理合规性	每年提交环境保护行动计划实施报告；地方机构定期检查排放与废物管理合规性	无年度报告要求，但需按季度向环境保护主管部门提交汇总数据
总耗时	约70个工作日	地方机构：约33个工作日国家机构：约50个工作日	无具体时间限制

(3) 城市规划和建设许可效率

①城市规划许可。

表3—11　城市规划许可办理程序一览

程序	时间要求	备注
提交申请与文件预审	1—2个月（常规项目） 2—3个月（复杂项目）	需提交可行性研究报告、土地使用权证明、初步设计方案等文件，地方规划部门核查文件完整性
规划合规审查	1—2个月（常规项目） 2—3个月（复杂项目）	核查是否符合区域总体规划和详细规划
公众听证（仅复杂项目）	0.5—1个月（公告与听证）	仅适用于大型或敏感项目（如涉及社区利益或文化遗产），需30天公示及5个工作日内完成听证
最终审批决定	0.5—1个月（常规项目） 1—2个月（复杂项目）	地方规划部门签发许可
总审批时间	常规项目：1.5—3个月 复杂项目：3.5—6个月	—

②建设许可。

表 3—12 建设许可办理程序一览

程序	时间要求	备注
提交申请与文件预审	1—2 个月（常规项目） 1—2 个月（复杂项目）	需提交设计文件（建筑、结构、消防图纸）、综合外部评估结论（哈萨克语/俄语），地方建筑监督局核查文件完整性
技术规范审查	1—2 个月（常规项目） 2—3 个月（复杂项目）	核查是否符合国家建筑规范，复杂项目需额外工业安全审查（如危险品设施）
综合外部评估	1 个月（常规项目） 2—3 个月（复杂项目）	政府认可专家组织审查技术可行性及消防合规性，报告需整合公众听证意见（如适用）
消防与安全审查	无（常规项目） 2—3 个月（复杂项目）	仅危险品或高层建筑项目需消防部门审查疏散通道、防火材料
竣工验收	0.5 个月（常规项目） 1 个月（复杂项目）	地方建筑监督局联合消防、环保部门验收
总审批时间	常规项目：2.5—3.5 个月 复杂项目：7—10 个月	—

表格说明：上述两个表格中的常规项目是指中小型厂房、普通商业设施；复杂项目是指高层建筑、危险品设施、文化遗产区工程。

时间范围为政府机构内部处理时间，不含企业补正文件或设计调整。

2. 生态许可成本

（1）环境影响评估

在哈萨克斯坦，环境影响评价（EIA）的成本主要分布在多个阶段。首先，EIA 报告编制阶段需要支付费用用于数据收集、现场调查和实验室分析，以评估项目的潜在环境影响。其次，公众听证会和咨询阶段涉及组织听证会、翻译、宣传和场地租赁等费用，以确保公众参与和意见收集。再次，专家咨询和审查阶段需要支付专家费用，用于对报告进行专业审查和技术支持。政府费用则涵盖申请、行政处理和监测等环节。如果项目涉及跨界影响评估，还需支付国际磋商、翻译和额外研究的费用。最后，项目后分析阶段包括监测设备安装、数据分析和报告编制等费用，以评估实际环境影响。

（2）环境许可证

①综合环境许可证。

综合环境许可证的成本涵盖环境影响评估（EIA）报告的完整编制，包括数据收集、现场调查和实验室分析等科学研究的费用；支付环境专家对报告的技术审查费用以确保合规性；政府收取的申请费、行政审查费及许可证发放费；组织公众听证会的成本，如场地租赁、多语言翻译和宣传材料制作。此外，若项目涉及跨境影响，还需承担国际磋商、数据共享和跨境协调的额外支出。

②环境影响许可证。

环境影响许可证的成本主要包括简化版 EIA 报告的编制费用，侧重于关键数据和主要影响分析；专家对报告的必要技术审查费用；政府申请和审查阶段的行政费用；可能的小型听证会或书面咨询的公众参与成本。其流程较综合许可证更简化，费用更低。

③环境影响声明。

环境影响声明的成本涉及基础版报告的编制，仅需简要数据支持和环境影响说明；政府收取的基本申请和备案费用；通过官方渠道公示声明内容的公众通知成本，通常无须组织听证会。这类声明流程简单、成本最低。

（四）评述

近年来，哈萨克斯坦在不动产、环境保护和城市规划建设领域取得了显著进展，展现了其独特的制度优势和发展潜力，为改善营商环境奠定了坚实基础。在不动产权属管理方面，哈萨克斯坦实行土地私有化与资源国家所有的双重制度，既保障了国家对战略性资源的有效控制，又为私人投资提供了清晰的法律框架和稳定的发展空间。通过严格的审批程序和完善的登记机制，哈萨克斯坦有效维护了不动产市场的秩序，同时积极推动电子政务平台（如 e-gov. kz）建设，逐步提升信息透明度和管理效率。尽管在数据共享和跨部门协同方面仍有优化空间，但其在不动产权属管理方面的制度设计为投资者提供了可靠保障，增强了市场信心。

在环境保护领域，哈萨克斯坦通过《〈哈萨克斯坦—2050〉战略》明确了绿色发展的方向，积极推动可再生能源（如风能、太阳能）的开发利用，并在国际合作中取得了显著成果。例如，与中国合作的光伏项目不仅为哈萨克斯坦能源转型注入了新动力，也为区域生态治理提供了宝贵经验。尽管面临咸海危机等历史遗留问题，但哈萨克斯坦通过国际合作和技术引进，逐步提升了环境治理能力，展现了其应对生态挑战的决心和行动力。这些努力不仅改善了生态环境，也为绿色投资创造了更多机遇，进一步优化了营商环境。

在城市规划建设方面，哈萨克斯坦以中央和地方政府为主导，形成了高效简化的规划审批流程，为城市发展提供了有力支持。近年来，哈萨克斯坦在城市基础设施建设和现代化改造方面取得了显著成效，特别是在首都努尔苏丹等城市的规划中，体现了对现代化与传统文化保护的平衡。尽管在多层次规划体系和历史文化遗产保护机制方面仍有完善空间，但其在城市更新和智慧城市建设方面的积极探索，为投资者提供了更多发展机会，提升了城市的吸引力和竞争力。

总体而言，哈萨克斯坦在不动产、环境保护和城市规划建设领域展现了显著的发展成就和制度创新，为改善营商环境作出了重要贡献。通过进一步优化制度设计、加强技术应用和深化国际合作，哈萨克斯坦有望在相关领域实现更大突破，为投资者提供更加透明、高效和可持续的发展环境，进一步巩固其作为区域投资枢纽的地位。

四、公共服务获得便利程度

哈萨克斯坦各类资源丰富，位于欧亚大陆的中心地带，战略位置重要，吸收了不少来自中国的企业进行投资，该国近年来也积极吸引外商投资，推动本国经济发展。世界银行《营商环境报告》和商务部对哈萨克斯坦的指南显示，该国拥有丰富的石油、天然气和各类稀有矿产资源，同时其农业、制造业和服务业也较为发达。政府为了促进外商投资，近年来实施了一系列的营商环境改革措施，包括简化流程、减免税制和推动私有化等活动。

想要在哈萨克斯坦投资或开设企业，当地的土地、地下资源、建筑和规划许可、生态、能源设施和互联网等市政、公共服务等基础设施的相关政策和规制就必须十分熟悉，才能避免在开设企业过程中出现不必要的损失。下面分别从监管框架，公共服务的部门和效率三个角度对企业在哈萨克斯坦进入时的市政、公共服务和基础设施等内容进行叙述。

（一）监管框架

1. 土地法

（1）土地法基本情况介绍

哈萨克斯坦《土地法》的目标是确定土地所有权和土地使用权产生、变更和终止的理由、条件和限制，确定土地所有者和土地使用者行使权利和义务的程序；规范土地关系，以合理利用和保护土地，恢复土壤肥力，保护和改善自然环境；适应气候变化；为各种经营形式的平等发展创造条件；保护个人、法人和国家的土地权；建立和发展房地产市场；加强土地关系领域的法制化。其立法以《宪法》为基础，由土地法和根据土地法制定的哈萨克斯坦共和国规范性法律文件组成。

《土地法》第6条中规定外国人、无国籍人和外国法人在土地法律关系中享有与哈萨克斯坦共和国公民和法人平等的权利和承担义务，除非《土地法》或其他立法另有规定。因此，对于中国商人或企业前往哈萨克斯坦进行投资时，可以与该国本国公民和法人享有平等权利和义务。①

（2）土地产权

第一，土地产权主体。

哈萨克斯坦《土地法》第20条规定，哈萨克斯坦共和国承认并保护国家和私人土地所有权。共和国境内土地国家所有权的主体为哈萨克斯坦共和国；享有土地私有权的主体是公民和非国家法人。在此，公民是指哈萨克斯坦共和国公民、外国人和无国籍人，除非《土地法》另有规定。②

土地所有权由国家代表哈萨克斯坦人民行使，但是，土地也可以在土地法规定的依据、条件和范围内归私人所有，这是哈萨克斯坦共和国2022年11月法律修订后新加入的内容，一定程度上推动了土地私有化。

第二，土地产权的转让。

一方面，土地法确立了国有土地有偿出售规则。州、直辖市、首都、区、州辖市地方执行机构有权决定国有土地有偿出售方式（一次性或分期付款）。另一方面，土地法规定了私有土地产权的交易自由。土地所有权人有权就土地实施任何法律未禁止的交易行为，但不得变更土地用途。

哈萨克斯坦《土地法》第23条具体规定了国有土地产权转让规则及限制。国有土地可以转让给公民和非国家法人私有。但土地法对于边境地带的土地产权有特殊规定，即人民可以使用位于哈萨克斯坦共和国国界边境地区的农业用地来放牧自有农场的农场牲畜和制作干草，但无权建造任何建筑物（建筑物、构筑物），也不得私有化或临时使用。③

在土地产权方面，对于外国人、无国籍人、外国法人（非国有）的限制一方面体现在其不可拥有用于农业生产和造林的土地，另一方面体现在边境地带禁止性规定。《土地法》规定位于哈萨克斯坦共和国国界边境区的区域不得由外国人、无国籍人、与外国人或无国籍人结婚（为其配偶）的哈萨克斯坦共和国公民，以及外国法人或有外国参股的哈萨克斯坦共和国法人所有。基于此，当出现下述情况时相关主体应当履行权利变更义务：①哈萨克斯坦公民与外国人/无国籍人通婚后，其边境地带及边境区土地所有权须在3个月

---

① 参见《土地法》第6条。

② 参见《土地法》第20条。

③ 参见《土地法》第23条。

内重新登记或转让；②法人新增外国人/无国籍人股东或成员时，其边境地带及边境区土地所有权须在3个月内重新登记或转让。

（3）土地使用权

土地使用权的流转主要包括出让以及转让两种形式。

第一，土地使用权出让。

哈萨克斯坦《土地法》第32条规定，土地使用权出让，是指国家直接授予土地使用权。

出让土地使用权可以分为出让永久土地使用权以及临时土地使用权。永久土地使用权不得属于外国土地使用者；临时土地使用权可以有偿（租赁）、无偿两种方式出让。向公民和法人授予土地使用权，由州、共和国直辖市、首都、区、州下属市地方行政机关依权限作出的决定进行，并且应根据有关决定与土地使用者签订土地租赁协议或临时无偿使用土地协议。临时无偿土地使用权授予期限一般不得超过5年；临时有偿使用土地（租赁）权的期限，根据承租人基于地块用途特殊性提出的申请，结合《土地法》规定的临时土地使用时限确定。

需要注意，一般情况下，土地用途涉及需取得许可、地下资源利用许可证或签订地下资源合同的活动时，应先行取得相关许可或签订合同后方可授予使用权。但上述规则不适用于依《住房共建参与法》获得授权的开发商及/或公司。

此外，《土地法》第9条中规定了投资项目土地划拨规则。哈萨克斯坦法人实施投资项目时，可获国家以土地划拨形式支持；由地方执行机构根据投资主管机关决议，在其权限内作出划拨决定。①

第二，土地使用权转让。

《土地法》第33条规定，土地使用权转让应当通过民事交易（买卖、赠予、转让等）进行，并且应当签订租赁协议或者临时无偿使用土地协议。土地使用权转让、交易时，土地使用者无权单独改变区域用途。

一般仅取得临时有偿土地使用权（租赁）者得实施土地交易或让渡，但下列情形无须赎回租赁权：①设定抵押权及实现抵押权时，包括质权人（二级银行）在出质人违约时实现抵押权；破产或重整程序中处分租赁权；作为出资注入商业合伙、股份公司或生产合作社；②涉及可转让建筑物（构筑物）占用土地及其附属用地的情形；③管理公司依法实施次级用地转租，包括特别经济区/工业区成员向管理公司让渡国有土地及附属设施、管理公司向公私

---

① 参见《土地法》第32条。

合营项目私营方转让土地（项目建成后归国家所有）；④依据《地下资源法》转移地下资源使用权，应当注意农业用地使用权需租赁期满5年后方可通过民事交易转让；⑤建筑物（构筑物）无偿转为国家/市政所有时；⑥建筑物（构筑物）纳入信托管理时；⑦住房共建开发者向授权公司转移短期租赁权以获取统一住房建设运营商担保。①

土地所有者或土地使用者在进行环境排放时，须依哈萨克斯坦共和国《环境法典》取得环境许可。

2. 水资源法

（1）水资源法基本情况介绍

哈萨克斯坦共和国水资源立法的目标是实现和维持环境安全和经济最优的用水水平，保护水资源、供水和废水处理，从而保护和改善人民的生活条件和环境。哈萨克斯坦共和国的水体具体包括：海洋、河流、运河、湖泊、冰川和其他地表和地下水体。哈萨克斯坦共和国水资源包括地表水和地下水储量，水资源所有权专属于国家，政府代表国家行使对水基金的占有权、使用权和处分权。

水关系的客体主要包括：水体、水设施和水基金土地。

（2）水体用益物权

水资源法主要从使用权以及地役权两方面规定了水体用益物权。

个人和法人有权按照哈萨克斯坦共和国水资源立法规定的特殊使用、单独使用或联合使用方式使用水体；使用可以分为短期使用与长期使用两种，短期使用权最长期限为5年，长期使用权期限为5至49年。取得水体的个人和法人，不得处置水体的使用权。

水体的地役权有公共水役权形式和私人水役权形式。公共水役权指全体公众可自由使用公共水体的权利。对于非公共水体，公共水役权可基于法律、地方执行机构决定或使用权人声明产生。私人水役权是指长期或短期水体使用权可因其他利害关系人权益需要而受限制。行使水体的地役权，不需要办理特殊用水许可证。

（3）水利设施的所有权

水利设施既可能属于国家财产，也可能属于私人财产。

国家所有的水利设施由水利管理机构管理，可以进行出租、信托管理和私有化。地方所有的水利设施应当划归公用事业企业管理，可以提供租赁、信托管理、免费使用。具有特殊战略意义的水利设施虽属于国家财产，但不

① 参见《土地法》第33条。

得租赁、信托管理或转让（除为城市供水的取水设施、泵站、水处理设施可租赁和信托管理）。上述水利设施具体名单均由政府确定。

饮用水供水系统、为农业用水者提供服务的水利设施可归国家或私人所有。需要注意，水利设施权利必须进行强制性国家登记。

3. 电力法

(1) 电力法基本情况介绍

哈萨克斯坦共和国有关电力工业的立法以哈萨克斯坦共和国《宪法》为基础，由哈萨克斯坦共和国电力和其他规范性法律文件组成。其目标是最大限度地满足能源消费者的需求，保护电力市场参与者的权益；确保哈萨克斯坦共和国电力能源综合体安全、可靠、稳定运行和统一管理哈萨克斯坦共和国电力能源综合体，作为国家经济和社会综合体特别重要的生命支持系统。

国家监督机构应当以不定期检查、预防性控制和访问电力工业领域的受监管主体的形式对使用能源设备的个人或法人、能源生产组织（利用可再生能源的能源生产组织除外）、能源传输组织和系统运营商进行监督。

国家电网监管有两个特点。一方面，国家公司不得将国家电网转让给个人和（或）法人，也不得将其权利转让给第三方；另一方面，禁止国家控股公司转让国家公司的股份，导致国家控股公司拥有该国家公司不到85%的有表决权的股份。

(2) 电力行业许可

电力行业某些类型的活动须按照哈萨克斯坦共和国关于许可证和通知的立法规定获得许可。用于能源供应目的的电力，应当向取得能源供应许可的能源供应机构购买。

《电力法》规定对符合下列资质要求的单位，颁发能源采购活动许可证：①拥有至少四个电压等级（220、110、35、20、10、6、0.4 千伏）的电网（电缆或架空电力线），并与国家电网直接技术连接；②至少有 3 万名直接接入电力的消费者，包括通过社区网络接入的消费者。

(3) 电力市场

哈萨克斯坦共和国的能源供应是在电力市场运作的条件下进行的，电力市场包括两个层次：批发电力市场和零售电力市场。

批发电力市场是指基于电力购销合同，在批发电力市场主体之间进行计划电量交易的关系体系，包括以下部分：①计划电量批发市场：基于系统运营商批准的日发电与用电计划，交易计划内电量的市场；②实时平衡电力市场：用于对实际发电/用电量与日计划间的小时级偏差进行物理和财务结算；③系统及辅助服务市场：向市场主体采购辅助服务；系统运营商提供系统服务，确保国家统一电力系统可靠性及电能质量符合国家标准。④电力容量市场：交易发电容量的市场，主要作用是吸引对哈萨克斯坦共和国统一电力系统现有电力容量维护和新电力容量投入的投资，满足对电力容量的需求。

零售电力市场是指由系统运营商认定的批发电力市场主体中的能源供应组织与零售电力市场主体（消费者及未列入批发市场的输电组织）之间基于供电合同形成的交易关系体系。

系统运营商、区域电网公司和其他拥有电网的组织按照国家机构在自然垄断领域实施管理的方式，向所有市场参与者提供自由进入电力市场的权限。

4. 通信法

（1）通信法基本情况介绍

哈萨克斯坦《通信法》是国家对通信领域活动进行管理和监督，依据法律规定、对各类活动进行许可、监督遵守哈萨克斯坦共和国通信领域的法律法规。哈萨克斯坦共和国总统、哈萨克斯坦共和国政府和授权机构负责通信领域的国家管理。国家对哈萨克斯坦共和国通信领域法律的遵守情况的监督由授权机构及其地方分支机构、地方执行机构行使。

（2）通信领域的国家垄断

《通信法》第9条规定了哈萨克斯坦在通信和信息安全领域实行国家垄断，相关活动由特定机构负责。①

在通信领域，国家无线电频率服务机构负责多项任务，包括测量通信服务质量参数、监测无线电频谱、提供技术支持以维护相关数据库、计算电磁兼容性、协助国际协调、管理数据库访问、协调频率计划等。该机构生产和（或）销售的商品（工程、服务）的价格，由授权机构会同反垄断机构制定。

在信息安全保障领域，国家技术服务机构负责支持电信网络集中管理系统、组织互联网流量交换点、运行信息安全认证中心等任务。国家技术服务机构生产和/或销售的商品（工程、服务）的价格由哈萨克斯坦共和国国家安全委员会与反垄断机构协商确定。

这些规定体现了哈萨克斯坦对关键领域的严格管控，旨在保障国家通信和信息安全，同时通过明确的机构职责和价格监管机制，确保相关服务的规范性和合理性。

（3）普通通信服务

普遍通信服务指在电信与邮政领域内，必须向民众提供且由授权机构设定服务质量标准的通信服务。服务提供标准主要包括：①地域覆盖，根据居

---

① 参见《通信法》第9条。

民点类别和人口规模确定服务可达性；②时效保障，在指定期限内满足用户安装个人电话或公共电话线路的申请。

提供长途/国际电话及蜂窝通信服务的运营商，需按哈萨克斯坦共和国《税法典》规定向国家预算缴纳特许权费。

普遍通信服务由普遍服务运营商提供，运营商可提供一项或多项清单内服务。运营商数量根据潜在用户全覆盖需求确定，并通过通信运营商公开招标授予普遍服务提供权。若招标无响应或无法确定中标者，授权机构可指定当地市场份额最大的运营商承担服务义务，且该运营商不得拒绝。

《通信法》还规定了通信服务补贴机制以平衡运营商经济利益与公共服务义务。按照规定，补贴范围仅包括农村地区普遍通信服务，补贴金额不超过国家预算年度拨款，按亏损服务成本与实际收入差额确定。此外，为农业和工业设施引入数字技术提供的通信服务，可按授权机构规定程序申请补贴。

（二）市政、公共服务获得便利程度

1. 土地取得相关公共服务

（1）土地法审批监管机构

根据《土地法》第13条，哈萨克斯坦共和国政府在土地管理职权主要包括战略规划、土地权属调整、行政区划管理、跨区域协调四方面。具体而言，①战略规划，包括制定国家土地基金利用与保护政策重点；审批国家级自然保护区土地划归程序（依据《特别自然保护区法》）。②土地权属调整，包括为国家级自然保护区建设、国际义务履行等目的，从所有土地类别中划拨或征用土地；根据授权机构建议，批准特别自然保护区与储备土地之间的相互转化；根据原子能机构建议，将储备土地转为核安全区土地。③行政区划管理，包括设立和变更共和国级城市及首都的边界；协调州级城市边界调整及郊区范围界定。④跨区域协调，主要指调节跨州土地长期使用关系（如一州土地划拨给其他州或共和国级城市）。[①]

土地关系授权机构是指州级执行机构、区级执行机构、州辖市执行机构等地方执行机构的下设机构，属于地方政府的组成部分，负责落实中央土地政策并协调地方土地管理实践。其职能贯穿土地全生命周期管理（从划拨到流转、监督），在土地关系调节领域行使土地划拨、权属登记、用途监管等法定职能。

中央授权机构的职权主要包括立法与政策执行、技术规范制定、监督与

---

① 参见《土地法》第13条。

执法、市场机制建设四方面。具体而言，①立法与政策执行，包括总结土地法实施经验并提出改进方案；制定土地关系调节领域的法律草案并提交政府批准。②技术规范制定，包括制定农业用地合理使用规则、土地储备规则；批准土地委员会章程、土地租赁/买卖合同范本；开发地籍管理技术标准（如电子地籍图制作方法、土壤调查规范）。③监督与执法，包括组织国家土地地籍登记和土地平衡表编制；开展土地保护利用的国家检查；处理土地违法行为案件，建立土地征用者登记册。④市场机制建设，包括制定电子竞拍土地规则、工业激励计划；批准沿海土地人工设施建设规则。

州授权机关的职权主要包括土地规划与分配、土地权属管理两方面。具体而言，①土地规划与分配，包括为矿产开发、油气管道建设、可再生能源项目等准备土地划拨方案；组织土地市场（招标、拍卖）及土地分区规划。②土地权属管理，包括确定土地可分割性，审批地块形成方案；签订土地买卖/租赁协议并监督履行。

区、州下属市授权机关的职权包括基层土地管理、文件管理。具体而言，①基层土地管理，包括发现并登记无主土地，准备土地征用提案；组织村级土地经济规划，监测违规用地。②文件管理，包括核发农业用地证书，审批地籍计划。

（2）政府部门概述

①农业部。

农业部包括土地资源管理委员会和土地改革委员会。土地资源管理委员会作为中央直属机构，负责全国土地资源管理、地籍登记、土地流转监管及农业用地开发政策制定。根据2020年政策，该委员会已将部分职能移交地方政府，但保留对全国土地使用的监督检查权。土地改革委员会则是在2020年成立，由农业部牵头，负责制定土地资源利用政策建议，推动土地数字化管理（如卫星遥感监控试点项目）。

②生态、地质和自然资源部。

生态、地质和自然资源部的职能涉及土地使用中的环境保护与污染防治。其下设林业与野生动物委员会和环境监管与控制委员会，在整合原能源部、农业部和工业部的部分职能基础上，负责在以下领域开展领导工作：制定和实施国家政策、发展“绿色经济”、废物管理、自然资源的合理利用和保护、监督和监管、国家地质勘探、矿产资源的利用和保护、水资源基金的利用和保护、供水、污水处理、林业、野生动物的保护、繁殖和利用，以及特别保护的自然区域。

2. 水利公共服务部门

（1）供水组织

哈萨克斯坦供水组织主要包括国家供水机构、公共供水组织、非国有供水组织。

第一，国家供水机构①。

国家供水机构由哈萨克斯坦共和国政府设立，其职责包括：①水体状态监测；②编制国家水利地籍图；③发展和改进水体状况监测；④发展和改进用水技术，提高各经济部门的用水效率；⑤制定水管理法规；⑥共和国财产内的水利系统和设施的维护、运行和安全；⑦及时、不间断地向共和国境内的跨境、跨州、跨地区水体和水利设施的用水者供水；⑧与邻近各州共同参与州际水体的修复。

第二，公共供水组织②。

公共供水组织由各州（共和制城市、首都）地方执行权力机关设立，以开展以下活动：①公共供水设施的维护、运行和安全；②及时、不间断地从水体向用水者供水；③废水、污水和排水的收集、处理和排放。

第三，非国有供水组织③。

非国有供水组织由自然人和法人（包括外国法人）建立，提供供水服务，维护水利设施，从事利用和保护水资源、供水和废水处理方面的企业活动。国家对水资源利用和保护、供水和废水处理领域的企业的支持按照哈萨克斯坦共和国的法律规定进行。

（2）流域理事会

流域理事会是哈萨克斯坦境内各流域设立的咨询机构，不属于正式的政府部门。其角色更接近于政府主导的跨部门协作平台。

流域理事会由相关流域监察局局长领导，由各地区（共和国重要城市、首都）地方代表和执行机构负责人、国家机构地方机构负责人和用水者代表组成。流域理事会还可以包括社会团体及其协会的代表。流域理事会的工作组织由流域监察局负责。

流域理事会审议当前关于水资源利用与保护、供水和废水处理等方面的问题，并向流域协议参与方提出建议和推荐。

（3）政府部门概述

① 参见《水资源法》第77条。

② 参见《水资源法》第78条。

③ 参见《水资源法》第79条。

①生态、地质和自然资源部。

2019年机构改革后，生态、地质和自然资源部整合了原农业部的水资源管理、给排水、流域规划职能，以及原能源部的环境保护职责，成为全国水利监管的核心部门。主要职权是制定国家水资源政策与战略（如《2020—2030年水利行业改革规划》）；统筹全国水资源分配、流域管理及跨境河流协调（如额尔齐斯河、伊犁河等）；监管水资源保护、污染防治及节水技术推广；审批重大水利项目（如水库、灌溉系统）的环境影响评估。

②水利资源和灌溉部。

根据2024年修订的《水资源法》，哈萨克斯坦水资源和灌溉部负责具体实施水权分配、用水许可审批、节水技术推广及水价制定。同时推动水用户协会（URA）建设，促进公众参与水资源管理。

哈萨克斯坦水资源和灌溉部自成立后起草了《2024—2030年水资源管理体系发展构想》，计划在2030年前新建42座水库，改造30座水库以及14450千米的灌渠，可使输送中的水损失减少25%，灌溉土地面积增加40多万公顷。此外，该部门与农业部合作，将安装节水系统的补贴从50%提高到80%。

③国家水文地质局。

2024年哈萨克斯坦水文地质局正式成立，该机构将承担全面盘点地下水矿床、地下水勘探区块和取水水文地质钻井的责任，并建立涵盖4300多个已探明地下水矿床和区块的综合数据库，其中包括其可采储量。此外，国家水文地质局还将致力于水文地质行业的全面数字化，并引入地下水自动监测系统。该机构另一项重点工作是开展水资源勘探，以增加哈萨克斯坦缺水地区地下水资源储量。同时，将持续为居民和经济部门提供地下水，包括用于灌溉。

④地方执行机构。

地方执行机构包括州/市水务局、流域管理处和水用户协会（URA）。州/市水务局主要负责地方水资源分配、用水许可发放及违规查处。与地方社区协作，解决用水纠纷（如农业灌溉与工业用水冲突）。流域管理处划分为8大流域管理处（如伊犁—巴尔喀什流域、乌拉尔—里海流域），负责跨区域水资源协调与监测，并依据《水法》，流域管理处有权要求企业调整用水计划，确保生态流量。水用户协会（URA）为非政府组织，由农业生产者、企业等用水户组成，协助地方政府分配农业灌溉用水，监督用水效率。参与制定流域用水规划，推动节水技术落地（如滴灌系统推广）。

3. 电力公共服务部门

（1）电力系统运营商

电力系统运营商通过国家电网提供电能传输系统服务，并提供技术调度控制系统服务，按照合同对哈萨克斯坦共和国单一电力系统运行制度进行集中运行调度管理的国家公司。

系统运营商对哈萨克斯坦共和国单一电力系统进行集中运行调度管理，主要包括以下内容：①哈萨克斯坦共和国单一电力系统的电能生产、传输和消费管理制度，实现买卖协议条件，传输电能，调节发电量和电能生产与消费的平衡；②州际电力转移管理制度；③确保防止、定位和消除哈萨克斯坦共和国单一电力系统的中断；④哈萨克斯坦共和国单一电力系统的电力储备运行管理；⑤确定保护设备、自动和性能保护装置的结构、原理、位置、容量和系统设置，确保哈萨克斯坦共和国单一电力系统的可靠和稳定运行；⑥制定和确认哈萨克斯坦共和国单一电力系统的电力生产和消费每日计划；⑦编制电力批发市场实际电力生产与消费平衡表。

（2）电力市场委员会

电力市场委员会是负责监督电力能源和容量市场的运行的非商业组织，其决定是建议性的。

市场委员会的职责包括：①监督电力能源和容量市场的运行；②按照授权机关制定的命令，审议能源生产组织的现代化、扩建、重建和（或）更新的投资计划，向权力机构提交未来 7 年电力能量和容量预测平衡草案的专家意见；③向权力机构提出完善哈萨克斯坦共和国电力工业立法的建议；④履行授权机构确定的其他职能。

（3）政府部门概述

①中央监管部门。

哈萨克斯坦电力监管机构的中央政府部门有工业与新技术部和国家福利基金“萨姆鲁克-卡泽纳”。

工业与新技术部作为电力行业的最高政策制定机构，负责能源战略规划、技术创新、可再生能源推广及矿产资源管理。下设电力与煤炭工业发展司、国家电力监管委员会、能源监管委员会。分别负责统筹电力基础设施建设、火电与煤炭项目审批；监管电力市场准入、电价制定及企业合规性和负责电力与热力生产、传输、消费的安全标准及系统稳定性（如冬季供暖保障）。

国家福利基金“萨姆鲁克-卡泽纳”通过控股国有企业（如国家电网公司、萨姆鲁克能源公司）间接参与电力行业管理，确保国有资产保值增值。其涵盖全国约 80%的电力生产与输配业务，包括埃基巴斯图兹火电站、舒里宾水电站等核心资产。

②市场运营与技术支持机构。

哈萨克斯坦市场运营与技术支持机构分为哈萨克斯坦电力交易市场

（RE）和能源研究所（以乔金命名）。

哈萨克斯坦电力交易市场（RE）负责电力批发市场交易，采用“提前一天市场清算电价”模式，年交易量占全国35%以上。主要以会员单位组成，会员单位包括发电企业、电网公司及大型工业用户，推动市场化竞争。

能源研究所（以乔金命名）专注能源技术研发、节能方案及可再生能源应用，为政策制定提供数据支持。

③地方执行机构。

哈萨克斯坦政府通过工业与新技术部制定规则，国有企业负责执行，形成“监管—运营”分离机制。例如，国家电网公司负责输配网络建设，而能源监管委员会独立审批电价。

哈萨克斯坦电力输配与供应主要由国家电网公司及地方电网企业主导，全国划分为9大地方电网公司，负责区域电力输配与供应。此外，每个区域会设置区域电力监管办公室，负责协调地方电力供需矛盾，处理用户投诉，并监督企业落实能效标准。

哈萨克斯坦国家电网管理股份公司（KEGOC）是国家电网的唯一运营商，负责全国主干电网（220kV及以上电压等级）的运营和维护，并管理跨国电力贸易。拥有2.7万公里输电线路、81座变电站，总变压器容量达38，746MVA。KEGOC垄断了哈萨克斯坦的输电环节，协调电力批发市场交易，2022年市值4840亿坚戈（约排全国第七）。

萨姆鲁克能源公司（JSC“Samruk-Energy”），隶属于国家主权财富基金“萨姆鲁克-卡泽纳”，是哈萨克斯坦最大的能源控股集团之一，主要业务涵盖发电、输电及能源投资，参与多个国家级电站的运营，如埃基巴斯图兹1号和2号热电站。

区域配电公司（Regional Distribution Companies），哈萨克斯坦电力系统改革后，区域配电由约20家地方公司负责，主要公司包括阿拉木图电网公司（Almaty Power Networks）、卡拉干达电网公司（Karaganda Power Grid）和南哈萨克斯坦电网公司（South Kazakhstan Power Grid）等公司。

4. 通信公共服务部门

（1）电信服务公司

哈萨克斯坦的电信服务公司包括哈萨克电信公司、Kcell公司、Beeline Kazakhstan公司、MTS公司和ALTEL公司。

哈萨克电信公司（哈萨克语：Казактелеком，英语：Kazakhtelecom）是哈萨克斯坦规模最大的国有通信企业，在该国通信行业占据主导地位。其股权结构多元，财政部持有50%的股份，中亚工业投资公司持股30.1%，纽约银行持有6.1%的普通股和10%的优先股，剩余13%由其他公司和自然人持有。公司业务范围广泛，涵盖固网、移动、数据等全业务领域，并且在哈萨克证券交易所上市。在固网业务方面，哈萨克电信大力推进网络数字化改造，采用美国思科公司的设备，积极拓展农村地区的服务，为用户提供本地电话、长途通讯、国际长话、互联网（最高2Mbps带宽）、智能网、会议电视、VPDN等丰富服务。

Kcell通信公司成立于1998年，最初由斯堪的纳维亚电信公司控股，后成为哈萨克电信旗下的重要子公司。公司主要面向B2B和B2C市场，提供4G和5G服务。截至2015年，用户数量超过1000万，是哈萨克斯坦主要的移动运营商之一。Kcell推出了一系列创新服务，如“activ卡”，用户可以将通话和短信转换为流量，10分钟通话或50条短信可转换为1GB流量；还开展“走路赚流量”活动，用户一天走超过5000步就能获得500MB流量。此外，该卡还具备交通卡充值功能，可支持阿拉木图的“ONAY实体交通卡”和阿斯塔纳的“Avtobys数位交通卡”充值。

Beeline Kazakhstan通信公司是唯一一家非国有控股的大型移动运营商，隶属于俄罗斯VEON集团，是该集团在哈萨克斯坦的分支。该公司以低价上网服务为主要特色，支持3G/4G网络，并提供Wi-Fi服务。拨打中国长途电话的费用较低，适合有国际通话需求的用户。

MTS通信公司，原为Tele2-Altel通信公司，该公司最初是Tele2与哈萨克电信的合资企业，2019年哈萨克电信收购其控股权。2024年，卡塔尔PIH集团签署初步协议，2025年1月正式完成收购，获得其全部股份并更名为MTS。MTS旗下拥有Altel和Tele2两个品牌，提供5G服务，覆盖用户超过700万，是哈萨克斯坦领先的5G供应商之一。公司拥有约2000名员工，经营着140多家零售店，提供全方位的电讯和数码服务。

（2）电信监管机构

哈萨克斯坦《通信法》第8条、第10条规定，国家对哈萨克斯坦共和国通信领域法律的遵守情况的监督由授权机构及其地方分支机构、地方执行机构行使。

第一，授权机构。

授权机构是哈萨克斯坦共和国政府确定的中央执行机构，负责制定和实施通信领域的国家政策、监管法律法规，协调和管理实施通信领域活动的许可，对通信领域服务的提供者和使用者的活动进行国家控制等。

此外，哈萨克斯坦共和国国防部和授权机构一起组成无线电频率管理机构，其根据国家频段划分表，对民用无线电电子设备共用频段的无线电频谱的划分和使用进行必要的审批，确保对无线电频谱和相应无线电电子设备的使用进行规范，满足国防和国家安全的需要。

第二，地方执行权力机关。

州（共和国重要城市、首都）市长应当：①与哈萨克斯坦共和国军事管理、国家安全和内务的授权机关及其地方分支机构和授权机关的地方分局一起，制定和批准在相关行政区域单位内开展活动的通信结构、通信线路和其他工程基础设施的建设计划，但政府和总统通信部门的网络除外；②与通信提供商共同列出具有社会意义的实体清单，以便向用户提供免费连接，并按照哈萨克斯坦共和国立法规定的方式向通信提供商补偿相关费用；③按照哈萨克斯坦共和国法律规定，为邮政运营商的生产对象分配非生活场所，并协助邮政运营商在其领土内安置生产对象；④履行哈萨克斯坦共和国法律赋予地方行政机关的有关地方国家管理的其他职权。

州（共和国首都）区、区级城市、村庄、农村居住区、农村地区州的州长应向州（共和国首都）州长提出组织在相关行政区域内提供通信服务的建议，以纳入州（共和国首都）发展计划。

（三）接入市政公共服务的成本

1. 企业获批土地的成本

（1）国有土地使用权取得程序

《土地法》规定国有土地出让给有权取得私有土地权的公民和非国有法人时，应当有偿进行，土地价格依其位置和用途有较大差别。在法律规定的特殊情形下，可无偿划拨国有土地给公民和非国有法人。

意向购地者需向土地所在地的地方执行机构提交申请。若自然人/非国有法人拟购买其已取得使用权的土地，需向土地所在地的地方执行机构提交申请，并附以下文件：土地权属证明文件或公证副本；税务登记证副本；不动产中心出具的无产权负担证明；法人国家登记（重新登记）证明。地方执行机构应在地籍资料中确认土地信息，并拟定私有化划拨决定草案。若涉及国家级/州级工业区管理公司出售部分土地给工业区参与者，需按法典规定分割待售地块。

土地法规定，经济特区/工业区通过临时有偿使用的方式划拨给管理公司。管理公司再将土地分配给特殊经济区/工业区参与者。如果经济特区或工业区的参与者或在经济特区范围内开展支持活动的个人有意购买分配给自己的地块，可以向经济特区或工业特区的管理公司提出申请。

私有化划拨决定应在申请人提交书面申请后5个工作日内作出。地方执行机构与申请人共同签署土地买卖合同。

若买方未按合同约定期限支付土地价款，卖方有权要求支付或收回土地；买方逾期付款的，需按哈萨克斯坦国家银行基准利率支付违约金（自应付日至实付日计算），合同另有约定的除外。

（2）国有土地使用权出让的付款规则

国有土地采用分期出让的方式，出让期限为10年，买方以书面形式申请，签订买卖协议。

买方必须在签订买卖协议之日起10个工作日内预付不少于土地价格5%的款项。买方应按付款进度表每月支付土地款项。

买方拖欠土地月供的，每拖欠1天，应当向出卖人支付未结清土地赎回价款0.1%的违约金；如果客户连续3个月没有支付地块的款项，或者连续两年没有支付农业用地块的款项，且买方支付总额未超过土地赎回价格50%的，卖方有权解除买卖协议并要求退还已售出的地块。

在分期出售土地地块的赎回价格全额付清前，禁止完成相关交易，抵押情形除外。当买方支付分期土地地块不低于50%的赎回价格时，允许对该地块设立抵押。此时仅能以已支付赎回价的部分土地作为抵押标的。

2. 接入水利公共服务的成本

（1）水费

哈萨克斯坦共和国境内一般用水免费，特殊用水需依照税法规定缴纳费用。

一般用水应满足公众需求，不对特定个人或法人分配水体，且不使用任何可能影响水体状况的设施。特殊用水包括直接从水体中取用地表水和地下水，无论是否抽离，以满足人口的饮用和经济需求和农业、工业、能源、渔业和运输的用水需求，以及利用影响水域状况的技术设备排放工业、经济生活、排水及其他废液。特殊用水应当根据许可进行，并且只能用于许可规定的用途。

此外，向用水户供水、供排水服务，修复改造工程及其他水利活动应实行有偿服务。服务收费标准依照哈萨克斯坦共和国自然垄断领域法律确定。水服务收费的程序和条件由双方协议约定。

（2）商业用水计量装置的安装要求

水计量装置是指用于测量水量（饮用水、工业水、废水和其他类型的水）的技术设备，具有标准化的计量特性，可在一定时间内重现和存储物理量单位。

根据《水资源法》第92条，在多户住宅（住宅楼）的新建、改建、技术改造、现代化和大修工程中，必须强制安装一般住户和个人（公寓）用水计量装置，组织商业用水计量。

在新投入使用的设施中，应安装具有高计量等级、低灵敏度阈值和远程数据传输功能的水计量装置。此要求也适用于更换无法使用或已达到固定使用寿命的普通家用水计量装置的情况。

更换已失效或达到使用寿命的个人（公寓）水计量装置时，应安装计量等级高、灵敏度阈值低、并配备可进行远程数据传输的装置的水计量装置。①

与居住区供水管网和（或）排水管网相连的、没有水计量装置的设施，不予验收运行。

3. 接入电力公共服务的成本

（1）电价

哈萨克斯坦的发电成本高于电价，为了招商引资，政府实行低电价政策。

据 GlobalPetrolPrices. com 统计，2024 年 6 月，哈萨克斯坦家庭用电价格为每千瓦时 0. 056 美元；商业用电价格为每千瓦时 0. 079 美元，均远低于全球平均价格。

2023 年，哈萨克斯坦阿拉木图、卡拉干达、阿特劳等多个城市频发大规模停电。经过事后调查，事故原因都涉及电力设施老化、损坏。“电荒”问题涉及电力结构、能源分布、电网系统建设等多方面。目前，哈萨克斯坦计划对电力产能与现有电站进行升级，以确保工业经济发展。同时，依赖于本国良好的太阳能、风能条件，着力提升电力系统的产能。

（2）电力零售市场合同

零售市场上的电力买卖应当按照消费者与能源供应机构签订的公共能源供应合同进行。能源供应机构既无权拒绝向消费者按照个人用电量差别电价出售电能，也无权因用户拖欠热能费用而停止供电。

电价由供能企业与消费者协商确定，并参考区域输电机构的核定电价，不超过其电力边际价格乘以授权机构确定的相应小时费率所计算出的价格。电费依据实际电表读数结算，无表或表计故障时按估算值计费（自动化商业计量系统应用情形除外）。

通过区域电网输电需签订标准格式输电服务合同，合同由供能企业或消费者与区域电网公司订立，格式由授权机构制定。

4. 接入通信公共服务的成本

通信服务费率由通信提供商根据确凿的费用独立制定，除非哈萨克斯坦

---

① 参见《水资源法》第 92 条。

共和国法律另有规定。

授权机构应当规范：①交通运输领域自然垄断领域的服务资费以及交通运输领域国家垄断主体生产和实现的服务价格；②农村地区补贴普遍通信服务的边际价格水平。③用于安放通信设施的场所的物业租赁（租用）的边际电价，以及用于安装光纤通信线路的架空输电线的支架的边际电价。

通信运营商按照通信服务规则规定的顺序，保证按照哈萨克斯坦共和国政府确定的名单，向每个通信服务用户全天候提供免费的紧急呼叫系统、紧急医疗、执法、消防、应急和其他服务。

（四）评述

哈萨克斯坦在水、电力和通信公共服务接入领域的政策制定呈现系统性规划与挑战并存的特征，通过多维度战略推动服务覆盖与质量提升，同时面临执行效率与资源分配难题。

在供水领域，哈萨克斯坦政府长期致力于扩大城乡供水覆盖，通过“努尔利·热尔”计划（2020—2025 年）投入 1115 亿坚戈，目标到 2025 年实现全国 100%人口安全饮水。截至 2024 年，城市供水覆盖率已达 98.9%，农村地区提升至 96.6%，但仍有 1543 个村庄存在水质不达标或管道老化问题。农村集中供水依赖苏联时期基础设施，部分管道超 50 年未更新，导致冬季冻管、限时供水等现象。科斯塔奈州、东哈州等地覆盖率不足 85%，需依赖地下水或高价瓶装水。政府计划通过公私合营模式改造 2000 公里输水管网，优先解决偏远地区供水，但资金使用效率和地方执行能力仍是挑战。

电力方面，哈萨克斯坦的电力服务由国家电网公司（KEGOC）垄断主干电网运营，并通过约 20 家区域配电公司覆盖地方需求。政府通过《至 2025 年的国家发展计划》推动电网现代化，例如引入新能源项目（如中哈合作的札纳塔斯风电场）以缓解南部电力短缺问题。然而，70%的电网设施建于苏联时期，设备老化导致频繁停电，为此政府正通过 PPP 模式吸引外资参与升级，例如中国铁建与阿拉木图市在轨道交通和能源领域的合作。此外，政府通过“数字阿拉木图”等智慧城市项目优化电力分配效率，并通过电价补贴政策减轻贫困家庭负担。截至 2022 年，中企参与建设的可再生能源项目总装机超 1000 兆瓦，包括札纳塔斯风电场、图尔古孙水电站等标志性项目，显著缓解了东部地区电力短缺问题。例如，卡普恰盖 100 兆瓦光伏电站的建成使当地新能源发电实现零的突破。然而，全国仍有部分农村地区依赖柴油发电机，电力稳定性不足。2020 年修订《电力法》，延长可再生能源购电协议至 20 年，并引入“支持使用可再生能源附加费”机制，计划 2030 年可再生能源占比达30%，但需解决电网老化、储能技术滞后等问题。

通信领域依托《通信法》《数字哈萨克斯坦》，2024年互联网普及率达84.2%，农村光纤和4G覆盖加速推进。政府计划2027年实现居民点100%网络覆盖，5G覆盖75%城市。当前已在20个城市部署1144座5G基站，并通过公私合营机制为3000个村庄接通光纤。但城市“信号盲区”和农村网络延迟问题仍存在，需结合卫星通信提升偏远地区服务质量。此外，《数字主权计划》要求优先采购国产设备，减少技术依赖。

尽管哈萨克斯坦在公共服务接入上取得显著进展，但城乡差距、基础设施老化和地方执行效率仍是主要障碍。未来需加强跨部门协作，优化资金分配，推动5G与卫星通信融合，并通过技术创新（如智能灌溉、能源数据平台）提升服务可持续性。同时，需平衡能源转型与传统产业需求，确保政策连贯性，以实现包容性发展目标。

第四章　哈萨克斯坦营商环境法律规制现状及评述（下）

一、劳动者保护

劳动者保护是一个国家法律体系的重要组成部分，旨在保障劳动者的基本权利、生命安全以及工作环境的公平性。在哈萨克斯坦，劳动法的制定和执行不仅关系到劳动者的利益，也对国家的经济发展、社会稳定以及法治建设具有重要意义。近年来，随着社会经济的快速发展以及劳动关系的日益复杂化，劳动者保护问题逐渐成为哈萨克斯坦法律和社会关注的核心议题之一。

在哈萨克斯坦法律体系中，劳动者保护涵盖了多方面的内容，包括劳动合同的签订与履行、工作环境的安全卫生标准、工资支付的规范以及休假和劳动争议的解决等。此外，劳动法还特别关注弱势群体的权益保护，例如，未成年人、老年人以及无民事行为能力人和限制民事行为能力人的劳动权利问题。根据哈萨克斯坦《民法典》及相关法规的规定，无民事行为能力人通常指未满 14 周岁的未成年人，他们因年龄原因无法独立进行合法行为；而限制民事行为能力人则主要指 14 至 18 周岁的未成年人以及因健康原因被法院限制行为能力的成年人。这些群体在法律上被定义为需要监护人或法定代理人协助的对象。特别是对于未成年人，《劳动法典》规定了严格的年龄限制：只有年满 16 周岁的公民才可以参加劳动，但在某些情况下，允许年满 14 周岁的未成年人在监护人同意下从事轻微劳动，前提是这类劳动不会对其健康、教育和发展造成影响。

针对这些特殊群体，哈萨克斯坦劳动法明确禁止从事危险、繁重或有害的工作，同时要求用人单位履行特殊的保护义务，以确保其基本权益不受侵害。本文将围绕哈萨克斯坦劳动者保护制度展开研究，对哈萨克斯坦现行劳动者保护政策的深入探讨。

（一）监管框架

1. 劳动者雇佣

劳动者的雇佣制度是现代劳动法的重要组成部分，关系到雇主与劳动者之间的权利与义务。《劳动法典》对劳动者的雇佣做出了明确的法律规定，涵盖雇佣的法律依据、雇佣资格与条件、劳动合同的订立及履行与变更等内容。这些法律条款的设立，既保障了劳动者的合法权益，也为企业的用工管理提供了规范依据，以确保劳动关系的稳定与和谐。

（1）劳动者雇佣的法律依据

劳动关系的建立是劳动者雇佣的基础，通常以雇佣合同为核心。根据《劳动法典》第 21 条，劳动关系的确立主要依赖于劳动合同的签订，这是雇主与劳动者之间最重要的法律文件。在正常情况下，劳动者的雇佣必须经过合法程序，通过劳动合同明确双方的责任、权利和义务。然而，在某些特殊情境下，例如，劳动者通过竞聘获得岗位、以竞争方式填补空缺职位、经任命或法律授权安排工作，或者依据法院判决确立劳动关系的情况下，劳动关系亦可在未正式签订劳动合同的情况下建立。这种灵活性的安排既满足了市场经济对劳动用工的需求，也确保了劳动者的基本权益不受侵害。

与此同时，《劳动法典》第 4 条确立了劳动关系的基本原则，其中最核心的原则包括劳动自由、禁止强迫劳动、平等就业及国家对劳动者社会保障的承诺。劳动自由意味着任何劳动者都有权自由选择工作，雇主不得以任何方式强迫劳动者从事某项工作。此外，法律明确规定任何基于性别、年龄、民族、宗教等因素的就业歧视均属违法行为，旨在确保每位劳动者都能在公平的环境下获得平等的就业机会。

（2）雇佣资格与条件

劳动者的雇佣资格受到多方面因素的制约，包括年龄、健康状况、职业资质以及法律所规定的特定职业要求。在年龄限制方面，《劳动法典》第 31 条规定，法定就业年龄为 16 岁，但在一定条件下，15 岁及以上的未成年人可在家长或监护人同意的情况下受雇。对于 14 岁以下的未成年人，法律仅允许其在不影响健康及道德发展的前提下，从事剧院、电影、马戏团等文化艺术类工作。这一规定既确保了未成年人能够在安全的环境下获得适当的工作机会，也防止了童工现象的发生。在健康状况方面，《劳动法典》第 26 条规定，某些职业对劳动者的健康有特殊要求。例如，从事高危、繁重或有害工作的劳动者必须提供健康证明，以确保其身体条件符合工作要求。此外，法律明确禁止未成年人和女性从事某些对健康有潜在危害的工作，如矿业、建筑和化学品处理等。在职业资质方面，《劳动法典》第 32 条规定，某些专业和技术类岗位要求劳动者具备特定的学历、职业资格证书或专业技能。例如，医疗、法律、工程等领域的职位必须由持有相关职业资格证书的劳动者担任。此外，某些岗位可能要求劳动者通过背景审查，以确保其符合行业监管要求。同时，《劳动法典》第 26 条还规定了禁止雇佣的情形，具体包括以下两类。

①不允许缔结劳动合同的情形：根据健康状况证明书，该公民的健康状况不允许从事此项工作；未满 18 周岁的公民不得从事艰苦的工作、在有害和（或）危险的工作条件下的工作、规定雇员负全责的工作和职位，因为未成年公民无法确保财产安全和雇主的其他有价资产，以及在工作方面，执行此类工作可能对其健康和道德发展产生不利影响（赌博、夜间娱乐场所工作、生产、运输和销售酒精类饮料、烟草、药物、精神类物质和毒品）；根据法律生效的判决，剥夺了其从事某些特定工作或开展某些活动的公民不得从事相应工作；暂时居住在哈萨克斯坦共和国领土内的外国人员和无国籍人员，在雇主从当地执行机关获得可招聘外国劳动力或外国雇员的许可证之前，在其自身根据哈萨克斯坦共和国政府设立的程序获得工作许可证之前，或者在获得由内部事务管理机构根据哈萨克斯坦共和国内政部制定的程序签发的劳动移民许可证之前，抑或不符合哈萨克斯坦共和国法律规定的限制或豁免条件，均不可签署劳动合同；暂时居住在哈萨克斯坦共和国领土内的外国学生和学员，未向教育部门提交表明其训练形式或提供职业培训和（或）实习主办方的证明材料的及未提交教育许可证的，均不可签署劳动合同；暂时居住在哈萨克斯坦共和国领土内的外国人员和无国籍人员，未曾获得以家庭团聚为目的进入并停留在哈萨克斯坦共和国的许可证的，也未根据哈萨克斯坦共和国立法获得证明其与哈萨克斯坦共和国公民存在婚姻的文件的，均不可签署劳动合同；一个需要在家完成工作（提供服务）的雇主——一个个体不可同时与 5 个劳动移民签署劳动合同。

②下述人员不允许就业：在除国有组织和国家占有其授权资本超过 50%的组织外的商业组织（包括国家是其股东的国家管股公司、国家控股公司、国有企业、国家发展机构）中，不足 1 年就将结束其公职任期之人不得就业于上述商业组织中。该类公司子公司超过 50%的表决股份（参与股份）属于该公司及其法人，超过 50%的表决股份（房地产股份）属于这些子公司。若上述之人公职任期结束前的 1 年刚好处于政府执行期间，该人通过其官方权力直接对商业组织以监察形式实施控制或该商业组织的活动与该人职能直接相关；在国有企业的经济管理部门、国家管股公司、国家发展机构、国家控股公司和国有企业及其子公司中，与管理职能相关的职务不得由曾犯贪腐罪

之人担任；曾经被定罪或被起诉的人不得在有未成年人参与的和涉及教育、培养和发展、休闲娱乐、体育文化和运动、医疗服务、社会服务、文化和艺术等领域的组织内任职；根据禁止雇用妇女的工作清单，妇女严禁在繁重的工作、工作条件有害和（或）危险的工作中任职；18 周岁以下的人员和在繁重的工作、工作条件有害和（或）危险的工作中任职的工人严禁再次参加兼职，医务人员除外。

（3）劳动合同的订立

劳动合同是劳动关系的法律基础，确保双方的权利和义务清晰明确。根据《劳动法典》第 28 条，劳动合同必须以书面形式订立，并包含以下基本内容：雇主和雇员的个人信息、工作内容、工作地点、合同期限、工资标准及支付方式、工作时间及休息时间、劳动保护条款及合同终止的条件等。

在合同期限方面，《劳动法典》第 30 条规定，劳动合同可以分为以下几类：①无固定期限合同：适用于长期雇佣关系，不规定合同终止日期。②固定期限合同：一般不少于 1 年，最多可续签两次，之后自动转为无固定期限合同。③短期合同：适用于临时性工作，如季节性劳工或特定项目工作。此外，某些劳动合同可能包含竞业限制协议，即劳动者在离职后的特定时间内不得在同一行业或竞争企业就业。根据《劳动法典》第 29 条，竞业限制必须有明确的时间、地域和行业范围，并且雇主需要提供相应的经济补偿，否则限制无效。

（4）劳动合同的履行与变更

劳动合同的履行需要双方严格遵守合同约定的内容，并履行各自的义务。《劳动法典》第 44 条规定，劳动者必须按照合同要求履行工作职责，遵守企业规章制度，并维护雇主的商业秘密和安全生产规定。雇主则必须提供符合合同规定的工作岗位和环境，按时支付工资，确保劳动安全，并提供必要的职业培训。在合同变更方面，《劳动法典》第 46 条规定，雇主如需调整劳动者的岗位、工作地点或其他工作条件，必须取得劳动者的书面同意。若劳动者不同意变更，雇主不得单方面更改合同条款，但若因经济或技术变革导致工作条件发生变化，雇主应提前通知员工，并提供合理的过渡安排。

总之，《劳动法典》对劳动者的雇佣提供了全面的法律框架，涵盖劳动合同的订立、履行及变更等方面。这些法律规定不仅保障了劳动者的基本权益，还确保了企业在合法合规的基础上进行用工管理。劳动合同的签订和执行，是构建稳定劳资关系的重要保障，也是推动国家劳动制度现代化的关键环节。

2. 劳动者工作条件

劳动者的工作条件是衡量劳动关系公平性和可持续性的关键因素，直接影响劳动者的职业发展、生活质量以及企业的运营效率。《劳动法典》对劳动者的薪资、工作时间和休假制度作出了明确规定，以平衡企业用工需求和劳动者的合法权益，确保劳资关系的稳定发展。

（1）劳动者薪资规定

薪资是劳动关系中最核心的要素之一，直接影响劳动者的经济安全和生活质量。《劳动法典》明确规定，劳动者的薪资水平不得低于国家设定的最低工资标准，确保每位劳动者都能获得足以维持基本生活的收入。为了体现劳动的公平性，法律要求工资的制定需考虑工作内容、劳动强度、责任大小以及劳动者的资质与经验。特别是在高危、有害或繁重行业中，雇主必须为劳动者提供额外的薪资补偿，以弥补其在工作过程中可能面临的健康风险。在薪资支付方面，法律规定工资必须按月或按合同约定的周期支付，雇主不得无故拖欠或克扣工资。此外，如果雇主因资金问题无法按时支付工资，劳动者有权要求额外补偿，以防止工资拖欠对劳动者生计造成影响。

（2）劳动者工作时间

合理的工作时间安排是维护劳动者健康、提升工作效率的重要保障。《劳动法典》规定，标准工作时间为每周 40 小时，每天不得超过 8 小时，以确保劳动者拥有充足的休息和生活时间。然而，在实际生产过程中，企业可能需要安排加班。法律对此进行了严格限制，要求每日加班时间不得超过 2 小时，每月不得超过 12 小时，每年不得超过 120 小时。同时，加班必须获得劳动者的书面同意，并提供相应的加班补偿，以保障劳动者的权益。

对于夜班和轮班工作，法律要求雇主提供额外补偿，以弥补劳动者因工作时间特殊性带来的生理和心理负担。此外，轮班制度需确保每班次的工时符合法定标准，并安排合理的休息时间，以减少长时间轮班工作对劳动者健康的影响。

（3）劳动者休假制度

休假制度是劳动者工作条件的重要组成部分，关系到劳动者的身心健康和生活质量。《劳动法典》规定，劳动者在工作满 1 年后，享有至少 24 个工作日的带薪年假，年假可拆分使用，但至少有一次休假不得少于两周。此外，劳动者在因健康原因无法工作时，有权申请病假，并根据合同或集体协议获得相应的薪资保障。雇主不得因劳动者请病假而解除劳动合同，以确保劳动者在患病期间不会失去工作和经济来源。

对于育龄女性劳动者，法律提供了完善的产假和育儿假保障。女性劳动者在分娩前 70 天和分娩后 56 天内享有法定产假，特殊情况下，如难产或多胞胎生育，产假可延长至 70 天。此外，父母双方均可申请育儿假，最长可至子女满3岁，雇主不得以此为由终止劳动合同。为了鼓励劳动者提升自身技能，法律还规定了进修休假制度。劳动者因学业或职业培训需求，可申请进修休假，并在一定条件下获得薪资保障。这一制度既促进了劳动者的职业发展，也有助于提升企业的竞争力和创新能力。

综上，《劳动法典》对劳动者的薪资、工作时间和休假制度进行了系统性的规定，确保劳动者能够在公平合理的条件下工作，并享有充足的经济保障和休息时间。这些法律条款不仅保障了劳动者的基本权益，也为企业提供了明确的用工规范，有助于构建和谐稳定的劳动关系。在法律的保障下，劳动者能够在合理的条件下工作，而企业也能够在合规管理的基础上实现长期发展，从而推动整个社会的进步与繁荣。

3. 劳动者社会保险

（1）劳动法典中的社会保险规定

社会保险制度是现代劳动法律体系的重要组成部分，旨在为劳动者提供经济保障，降低因疾病、工伤、失业或退休带来的生活风险。《劳动法典》对社会保险的内容作出了明确规定，包括医疗保险、工伤保险、失业保险和养老保险等方面，以确保劳动者的基本权益得到有效保护。

①社会保险的构成。

哈萨克斯坦的社会保险体系主要由四部分组成，每一部分都针对不同的社会风险提供相应保障。第一部分是医疗保险，雇主需按国家标准为劳动者缴纳医疗保险费用，确保劳动者在生病或受伤时能够享受基本医疗服务，包括门诊治疗、住院治疗及必要的康复服务。① 第二部分是工伤保险，工伤保险覆盖因工作原因导致的伤害或职业病。雇主需为员工提供工伤保险，并承担医疗费用及康复支出。此外，若劳动者因工伤丧失部分或全部劳动能力，雇主需按照法律规定支付相应的赔偿金。② 第三部分是失业保险，当劳动者因企业裁员或其他非个人过失原因失去工作时，失业保险可提供短期经济补助。根据规定，雇主应支付劳动者至少两个月工资的经济补偿，而劳动者可向国家失业保险基金申请进一步的援助③。第四部分是养老保险，雇主和劳动者需共同缴纳养老保险费用，以确保劳动者在退休后获得稳定的收入。法律还允许雇主为员工提供额外的补充养老保险，以增加退休福利。④

---

① 参见《劳动法典》第133条。
② 参见《劳动法典》第122条。
③ 参见《劳动法典》第131条。
④ 参见《劳动法典》第157条。

②雇主与劳动者的责任。

社会保险制度的有效运行需要雇主和劳动者共同承担责任。法律要求雇主按时缴纳社会保险费用，确保劳动者享有基本保障。此外，雇主需向员工提供必要的保险信息，避免因信息不透明而引发劳动纠纷。劳动者需按照规定缴纳部分社会保险费用，特别是在养老保险方面，其缴费比例由政府制定，并由雇主代扣代缴。

③社会保险制度的挑战。

尽管哈萨克斯坦的社会保险制度在法律层面上相对完善，但在实际执行过程中仍面临一定挑战。例如，一些中小企业可能因经济压力而未能按时缴纳社会保险费用，导致部分劳动者未能享受应有的保障。此外，部分劳动者对社会保险政策了解不足，未能主动维护自身权益，影响了社会保险制度的实际覆盖率。此外，随着社会经济的发展，劳动市场正在发生变化，特别是短期合同工、自由职业者和非正式就业人员的比例增加。这些群体通常无法享受传统社会保险体系的全部福利，因此如何调整政策，使社会保险制度更具包容性，是哈萨克斯坦未来需要解决的问题之一。

综上，《劳动法典》对社会保险制度进行了详细规定，确保劳动者在失业、工伤、疾病和退休后能够维持基本生活水平。尽管该制度在实际执行中仍存在一定的改进空间，但其在保障劳动者权益、维护社会稳定方面发挥了重要作用。未来，随着经济发展和劳动市场的变化，政府和企业应共同努力，进一步完善社会保险体系，使其更加公平、高效和可持续。

（2）就业法中的社会保险规定

第一，社会保险的基本概念。

根据《就业法》，社会保险主要体现在失业救济（第 26 条）、社会保障措施（第 17 条）以及职业培训（第 19 条）等方面。法律强调国家应通过社会保险体系保障劳动者在失业、职业转换和创业过程中的基本权益，同时推动劳动力市场的稳定与发展。

第二，失业救济与社会保险。

《就业法》第 26 条规定，凡是依法参加强制性社会保险制度并被认定为失业者的人员，均有权从国家社会保险基金获得失业救济金（第 26 条第 1 款）。此外，如果失业者被安排参加职业培训、社会工作或公共工程，其社会保险权益仍然保留（第 26 条第 2 款）。这确保了失业者在寻找新工作的过程中，能够继续享受社会保险待遇，减少经济压力。

就业中心在失业者被移除登记册后的两个工作日内，应向国家社会保险基金提供相关数据，以便基金停止社会保险金的发放（第 26 条第 3 款）。此外，法律要求就业中心对个人工作卡进行相应变更，以记录失业者的社会保险状态（第26条第4款）。

第三，社会保障措施。

为了减少失业风险，法律规定了社会保障措施，主要包括以下四个方面。①社会职业指导：向求职者提供就业市场信息，帮助其选择合适的职业，提高就业能力（第17条第1款第1项）。②劳动调解：通过就业中心或私人就业机构，帮助失业者与雇主进行匹配，提供就业机会（第17条第1款第2项）。③促进就业的积极措施：包括职业培训、创业支持、青年实习、社会工作岗位及公共工程等（第17条第2款）。④社会援助：针对失业人员提供失业救济金，并按照《国家针对性社会援助法》提供经济支持（第17条第3款）。此外，政府规定对特定群体设立就业配额，如残疾人、孤儿、刑满释放人员等，以确保弱势群体能够获得稳定的工作（第17条第4款）。

第四，职业培训与社会保险。

《就业法》第19条强调职业培训在社会保险体系中的重要性。政府提供免费的职业培训，帮助失业人员重新进入劳动力市场（第19条第3款）。其中，残疾人、长期失业者、无业青年以及刑满释放人员享有优先培训权利（第19条第4款）。此外，法律规定，凡是参加职业培训的人员，必须与就业中心、培训机构及雇主签订社会契约，明确培训期间的社会保险待遇（第19条第6款）。若学员无正当理由中途退出培训，则3年内不得再次申请（第19条第7款）。这一制度确保了培训资源的有效利用，同时增强了失业者的再就业能力。

4. 劳动者解雇

在哈萨克斯坦共和国的劳动法律体系中，劳动者解雇涉及多种情况，包括劳动合同的正常终止以及因经济原因导致的裁员。根据《劳动法典》，劳动者解雇的程序和条件受严格的法律规定约束，以保障雇员的基本权益，同时平衡雇主的经济需求。

（1）劳动合同的终止

劳动合同的终止依据可分为以下几类：①合同期限届满。当劳动合同的有效期限到期，若双方无续约意愿，合同自然终止。若合同涉及临时岗位，如替代暂时缺勤人员的情况，则该人员返回岗位时合同自动终止。②双方协议终止。雇主和雇员可通过双方协议终止合同。此类终止需双方同意，并可在协议中明确终止时间及可能的补偿条款。③单方解除合同。雇员可通过书面通知雇主，提前1个月提出辞职。若雇员违反合同条款或工作纪律，例如，连续无故旷工超过1个月、严重违反安全规定或在工作期间处于醉酒状态，雇主有权终止劳动合同。④不可抗力或法律要求终止。

合同还可能因不可抗力或法律规定的原因终止，例如：雇员因健康状况不适合继续从事该职位工作；法院判决雇员犯罪且无法继续履行职务；雇主因破产或解散而终止所有劳动合同。

（2）经济裁员

经济裁员通常发生在企业经营困难、生产需求减少或结构调整等情况下。哈萨克斯坦共和国《劳动法典》对经济裁员的程序、补偿和雇员的再就业保障作出了规定，以确保雇员在失业情况下的基本权利。

①裁员的合法依据。雇主可以基于以下经济因素裁员（第 52 条第 2 款）：生产量减少、经营困难导致企业经济状况恶化；结构调整或部门合并导致职位被取消；企业破产或清算。

②裁员的程序要求。根据法律规定，雇主在实施裁员前须提前书面通知雇员，并履行相应程序：雇主须至少提前 15 天（或按照集体合同规定的更长期限）向雇员发出裁员通知，并明确裁员理由；若企业有工会组织或员工代表，雇主应在裁员前与其协商；若企业内部有空缺职位，雇主应优先考虑将被裁员工调岗，而非直接解雇。[①]

③裁员补偿。

根据《劳动法典》，被裁员工通常可获得经济补偿，其标准如下。两个月平均工资的补偿金：若因生产经营困难或结构调整裁员，雇主须支付至少相当于两个月工资的经济补偿；更高赔偿可能性：若集体协议或劳动合同中规定更高的补偿金额，雇主需按更有利的条件支付补偿。[②]

④特殊人群保护。

在裁员过程中，某些群体受到特别保护，例如，怀孕女性及哺乳期母亲，不得因经济裁员被解雇；即将退休的雇员，距离法定退休年龄不足两年的员工，不得因经济裁员被解雇；单亲家长或需要抚养残疾子女的员工，在同等条件下，雇主应优先保留其职位。

综上，《劳动法典》对劳动合同的终止和经济裁员作出了详细规定，以确保劳动者的合法权益，同时赋予雇主一定的灵活性。合同终止可因多种情况发生，包括合同期限届满、双方协议或不可抗力等；经济裁员则需严格遵循法律程序，并提供相应的经济补偿。通过这些规定，法律在保护劳动者权益与维护企业经营稳定之间实现了平衡。

---

① 参见《劳动法典》第 52 条。

② 参见《劳动法典》第 131 条。

（二）公共服务

1. 劳工就业服务的政府部门体系

（1）中央机构

哈萨克斯坦共和国政府作为国家劳工就业的最高决策机构，负责制定国家就业政策的主要方向，并组织实施相关措施①。哈萨克斯坦政府具体负责劳动就业服务的中央机构是哈萨克斯坦劳动和社会保障部。其主要职责包括：制定国家就业政策，确保充分、自由和高效的劳动力就业；确定吸引外国劳动者的配额，并批准外国劳动力在哈萨克斯坦境内的分配方案，以保护本国劳动力市场；协调地方政府和相关机构的就业政策，确保国家层面的就业措施在各地区有效实施；组织国际合作，促进哈萨克斯坦公民在国外的就业，并管理在哈萨克斯坦境内的外国劳动者。此外，授权机构是政府在就业事务上的执行部门，负责具体实施国家就业政策。其主要职能包括：分析和预测劳动力市场，制定国家劳动力供需预测方案，并向政府提交劳动力市场报告；制定和审批就业促进计划，如职业培训、青年实习、社会工作场所等；建立统一的信息管理系统，整合就业数据，确保各级政府部门的信息共享；监督就业服务机构，确保各类就业促进措施的合规实施。

（2）地方机构

地方行政机关在国家就业政策框架内，负责本行政区域的就业管理和执行工作。② 在哈萨克斯坦负责劳动和就业服务的地方政府机构通常是各地区的就业和社会保障部门。其主要职责包括：制定并落实地方就业促进措施，如发展创业、提供失业救济、组织职业培训等；协调本地区就业服务机构，包括监督地方就业中心的运作，确保其有效提供就业服务；设立特定群体的就业配额，如残疾人、释放人员、孤儿等，以促进社会公平就业；审批雇主招聘外国劳动力的许可，并管理外国劳动力的区域分配。

当地就业机构则是地方行政机关下属的具体执行单位，其主要职能包括：监测和分析本地区劳动力市场，向地方政府和中央机构提交劳动力需求报告；管理就业信息系统，收集和提供本地就业岗位、职业培训和劳动力流动情况的数据；组织失业人员的职业培训，促进其再就业，并协调社会救助措施。

（3）相关辅助机构

除政府部门外，哈萨克斯坦的就业体系还包括多个辅助机构，如人力资

---

① 参见《就业法》第6条。

② 参见《就业法》第9、27、33条。

源开发中心、就业中心和私营就业机构，它们在就业促进和劳动力市场调节中发挥着重要作用。人力资源开发中心负责国家就业政策的信息分析与研究，为政府提供就业市场预测；维护和运营全国劳动力市场的统一信息系统，确保数据共享和政策评估。就业中心直接服务失业者，为求职者提供职业指导和劳动调解服务；组织社会工作场所和青年实习，帮助特定群体就业；负责登记失业人员，并提供相关的社会保障服务。私营就业机构在政府许可下，提供就业中介和职业培训服务；参与国际劳动力招聘，与外国雇主合作，促进哈萨克斯坦公民的海外就业；维护求职者和雇主信息，并协助劳动力市场的匹配工作。

综上，哈萨克斯坦的劳工就业服务体系由中央政府、地方政府及各类就业辅助机构共同构成，通过政策制定、市场监管和就业服务等方式，推动劳动力市场的健康发展。

2. 劳动法律监督的国家机关

在哈萨克斯坦共和国，劳动法律的执行与监督由国家劳动监察机构负责。该机构的主要任务是确保国家对劳动法律的监督，维护劳动者的合法权益，并保障雇主在法律框架内的合理管理权限。国家劳动监察局及其监察员在劳动法的实施中发挥了核心作用。

（1）劳动监察局的介绍

国家劳动监察局是哈萨克斯坦共和国负责劳动法律监督的主要机构。根据《劳动法典》第192条，国家劳动监察局的主要任务包括：确保劳动法律的执行，监督企业和组织是否遵守劳动法规，以保障劳动者的合法权益；维护和保护劳动者权利，包括保障安全的工作环境；受理劳动争议，处理劳动者和雇主之间关于劳动法律的投诉和申诉。国家劳动监察局的运作原则基于合法性、独立性、客观性和透明性，以确保劳动法律的实施公正有效。

（2）劳动监察员的职责

劳动监察员是执行劳动法律监督的核心人员，其职责由《劳动法典》第193条和第194条规定，主要包括以下5个方面。①监督劳动法律的执行：监察员有权进入任何企业或组织，对劳动法律的执行情况进行检查，并确保雇主遵守相关法规。②调查劳动争议：审查雇员和雇主关于劳动法律的投诉，调查劳资纠纷，并提出解决方案。③处理工伤事故：监察员需参与调查工作事故，并监督雇主是否履行职业安全和健康责任。④执行行政处罚：当雇主违反劳动法律时，监察员可以对其作出行政处罚决定，并有权向法院提起诉讼。⑤宣传劳动法律：向雇主和雇员解释劳动法律的适用情况，提高社会对劳动法规的认知度。

此外，国家劳动监察员的行为受到法律保护，任何阻碍监察员执行职务的行为都可能受到法律追究。国家劳动监察局及其监察员在哈萨克斯坦共和国劳动法律体系中起着至关重要的作用。他们不仅负责监督劳动法律的执行，还在劳动争议调解、职业安全保障和法律宣传等方面发挥积极作用。通过严格的法律监督机制，哈萨克斯坦确保劳动者的权利得到有效保护，同时也维护了雇主的合法权益。

（三）劳动纠纷解决效率

劳动纠纷的高效解决对保障劳动者权益、维护社会稳定和促进经济发展具有重要意义。哈萨克斯坦共和国的劳动争议解决机制主要包括调解委员会、劳动仲裁和法院裁决，而我国的劳动争议处理制度也形成了较为完善的多层次解决体系。本部分将对哈萨克斯坦的劳动纠纷解决机构和程序进行分析，并与我国的相关制度进行对比，以探讨劳动争议解决效率的提升方向。

1. 劳动纠纷解决机构

（1）劳动纠纷解决机构介绍

根据《劳动法典》，劳动争议的解决机构主要包括：调解委员会：调解委员会是处理个别和集体劳动争议的初级机构，由雇主和雇员代表共同组成，负责审查劳动争议并通过协商调解促成和解。劳动仲裁：如果调解委员会无法达成协议，争议可提交劳动仲裁。劳动仲裁是一个临时设立的机构，由双方共同选定的仲裁员组成，其裁决对双方具有约束力。法院：如果劳动仲裁的裁决未能得到执行或当事人对裁决不服，则可向法院提起诉讼。法院在处理劳动争议时，通常会审查调解委员会和劳动仲裁的先前裁定，并根据法律做出最终判决。

（2）劳动纠纷解决机构国际对比

与哈萨克斯坦相比，我国的劳动争议解决机制涵盖了劳动争议调解委员会、劳动仲裁委员会和人民法院，并且在程序上更加分层和细化。我国的劳动争议解决机构主要包括：企业内部调解组织：我国的企业内部通常设有劳动争议调解委员会，由职工代表、工会和企业管理人员组成，负责在企业内部解决劳动争议。劳动仲裁委员会：我国的劳动仲裁委员会属于专门的争议解决机构，仲裁裁决通常为最终裁决，部分案件可向法院上诉。人民法院：我国法院在处理劳动争议时，适用民事诉讼法相关规定，确保争议的公正裁决。相比之下，哈萨克斯坦的劳动争议处理机制更依赖调解委员会和仲裁，而我国的法院在劳动争议解决中的作用更为显著。

2. 劳动纠纷解决程序

（1）劳动纠纷解决具体流程

①哈萨克斯坦劳动争议解决流程为：提交申请：当事人向调解委员会提交劳动争议申请，委员会需在 15 个工作日内审查并作出决定。调解委员会审理：调解委员会成员须在 7 个工作日内讨论争议并达成决定。若双方同意该决定，则争议解决。劳动仲裁：若调解未能达成一致，争议将在 5 个工作日内提交劳动仲裁，仲裁委员会需在 7 个工作日内做出裁决。法院裁决：若仲裁裁决未得到执行或当事人不服裁决，则可向法院提起诉讼。①

②中国劳动争议解决流程为：劳动争议调解：当事人可通过企业内部调解委员会进行调解，调解期限一般为 30 日。劳动仲裁：如果调解失败，争议当事人可在 1 年内向劳动仲裁委员会申请仲裁。仲裁一般在 45 日内完成，特殊情况下可延长至 60 日。法院诉讼：若对仲裁结果不服，劳动者可在收到裁决书 15 日内向人民法院起诉。

③对比分析。

就调解机制而言，我国的调解程序相对灵活，哈萨克斯坦则要求调解委员会在 15 个工作日内作出决定。就仲裁时效而言，我国劳动仲裁的处理时间更长（最长 60 日），但其裁决更具法律效力。哈萨克斯坦的仲裁周期较短（7 个工作日），但执行力较弱。就法院诉讼而言，我国法院对劳动争议案件的处理时间相对较短，而哈萨克斯坦的法院诉讼程序较为复杂。

（2）劳动纠纷解决效率评述

哈萨克斯坦的劳动争议解决机制具有以下 3 个特点。①多层次争议解决机制：哈萨克斯坦的争议解决机制涵盖调解、仲裁和法院裁决，确保劳动争议在不同阶段都能得到处理。②程序较为简化：相比我国的劳动争议处理流程，哈萨克斯坦的劳动仲裁周期较短，通常在 7 个工作日内完成。③执行力存在挑战：尽管劳动仲裁裁决具有法律约束力，但部分企业可能未能及时执行裁决，导致劳动者仍需通过法院诉讼维护权益。

与我国相比，哈萨克斯坦的劳动争议解决机制在程序简化方面具有优势，但我国的劳动仲裁委员会和法院体系提供了更为完善的法律保障。在提高争议解决效率方面，哈萨克斯坦可以借鉴我国的经验，例如，加强劳动仲裁机构的执行力、完善劳动争议调解机制，并通过法律强化裁决的执行力度。哈萨克斯坦的劳动争议解决机制通过调解、仲裁和法院裁决等多层次方式，确保劳动者的权益得到保护。相比之下，我国的劳动争议解决体系更为完善，

---

① 参见《劳动法典》第 159—166 条。

并在执行力和法律保障方面具有一定优势。为提高劳动争议解决效率，哈萨克斯坦可以借鉴我国的经验，加强调解与仲裁的执行力，从而进一步优化劳动争议的解决机制。

（四）评述

哈萨克斯坦的劳工保护体系在法律框架层面较为完善，涵盖劳动合同、工资标准、职业安全、社会保险等多个方面，形成了较为完整的法律体系，以保障劳动者的基本权益。然而，在法律执行、社会保障体系的覆盖面、政策适应性等方面，仍然存在值得改进之处。

哈萨克斯坦的劳动法确立了劳动者的基本权益，如最低工资标准、工作时间限制、职业安全与健康保护等，并建立了劳动争议解决机制，确保雇主与雇员的权益能够得到法律保障。此外，社会保险体系也包括养老保险、医疗保险、失业救济等内容，为劳动者提供了一定的经济保障。

尽管法律框架较为完整，但在以下几个方面仍然存在不足：①法律执行力度的差异——虽然哈萨克斯坦劳动法对雇主的法律责任作出了明确规定，但由于执法力度在不同地区可能存在差异，部分企业可能会通过规避或延迟执行相关法规来降低成本，影响劳动者的实际权益。②社会保障体系的可持续性——虽然哈萨克斯坦已建立基本的社会保障制度，但养老金、医疗保险等方面的资金可持续性仍面临一定挑战，尤其是在经济下行压力下，如何确保社会保险基金的稳定性是一个重要议题。③对新型就业形态的适应性——随着经济发展，灵活就业、平台经济等新型就业模式逐渐增多，而现行法律对于这些群体的劳动权益保护仍有待完善。例如，如何确保平台经济从业者的社会保险权益，如何界定他们的劳动关系。这些问题都需要进一步的法律调整。

与中国相比，哈萨克斯坦的劳工保护体系在法律框架上已具备较为完善的基础，但在法律执行力度、社会保障的广度与深度、新型就业形态的适应性等方面仍存在一定差距。首先，中国在劳动法执行方面相对较为严格，尤其是在劳动监察、企业合规监管等方面建立了较为完善的机制，而哈萨克斯坦在法律执行的稳定性和地区间的一致性方面仍需加强。其次，中国的社保体系覆盖面较广，并不断扩展至农村和灵活就业群体，而哈萨克斯坦的社会保障覆盖范围仍需扩大，特别是在非正式就业群体的保障方面有待提高。近年来，中国已针对平台经济、灵活就业等新型就业形态出台了相关政策，如鼓励外卖骑手、网约车司机等群体参与社保，并规定企业需承担相应责任。而哈萨克斯坦在此方面仍处于探索阶段，需要在立法和政策支持上进一步推进。

总体而言，哈萨克斯坦的劳工保护体系已在法律层面形成了一定的保障机制，但在法律执行、社会保障的可持续性、新型就业形态的适应性等方面仍有较大提升空间。中国的经验表明，加强法律执行、扩大社会保障覆盖面、优化政策以适应经济发展趋势，能够有效提升劳工保护的整体水平。哈萨克斯坦可以结合本国经济发展情况，借鉴中国的相关经验，进一步完善劳工保护体系，为劳动者提供更全面的保障，同时促进经济的健康发展。

二、金融服务

（一）监管框架

1. 融资渠道

（1）银行融资

在哈萨克斯坦正式登记注册的外资企业可在当地银行办理抵押贷款，享受国民待遇，与当地企业没有区别。融资的基本条件是提供抵押，可以是不动产，也可以是其他实物。贷款金额一般为抵押物价值的50%—60%。除“抵押”这一首要条件外，银行还要求借款人提供税务局出具的纳税证明、其他银行出具的信用证明（曾和其他银行有过业务往来的）等。银行还需调查企业的资金来源、产品销路等经营情况，进行融资风险评估。总之，在履行完银行要求的必要手续后，企业一般都可以正常获得银行贷款。该融资方式一般适用于已经投产经营的企业，现金流及抵押物能够满足银行的要求。

（2）股权融资

外资企业可以在哈萨克斯坦证券交易所上市，以此获得融资。根据哈萨克斯坦证券交易所公示信息，从启动上市程序到完成股票发售需约20—24周的时间。

在哈萨克斯坦上市程序：选择和任命财务及法律顾问、对上市条款、公司情况和目标市场进行分析；根据上市要求对公司进行合规整改；准备上市所需材料，包括3年经审计的财务报表、公司执照、章程等；确定股票发售总量，包括新股和置换股等；筹建上市委员会，递交上市申请，对上市流程进行监督。

（3）债券融资

企业债券，也称公司债券，是企业依照法定程序发行、约定在一定期限内还本付息的有价证券，表示发债企业和投资人之间是一种债权债务关系。债券持有人不参与企业的经营管理，但有权按期收回约定的本息。在企业破产清算时，债权人优先于股东享有对企业剩余财产的索取权。企业债券与股票一样，同属有价证券，可以自由转让。[①] 外资企业可通过经哈萨克斯坦国家银行许可的金融机构（主要为证券公司）发行债券，需满足以下条件并提供相应材料：至少提供一年根据 IFRS 或 GAAP 原则编制的经审计财务报表；合规的公司管理制度；发债说明书（不得限制债券转让或对债券转让产生不利影响）。

（4）国际市场融资

亚洲基础设施投资银行、欧洲复兴开发银行、国际金融公司等国际多边金融机构，在其业务涵盖的地区和领域往往具有明显优势和先进经验。对于符合其融资条件的项目和企业，这些机构以贷款、股权投资等方式提供融资支持，具有融资期限较长、利率相对较低、性价比较高的特点。

（5）亚洲基础设施投资银行

亚洲基础设施投资银行（Asian Infrastructure Investment Bank，AIIB，简称亚投行）是一个政府间性质的亚洲区域多边开发机构，重点支持亚太地区国家基础设施建设。[②] 亚投行是首个由中国倡议设立的多边金融机构，总部设立于北京，法定资本为 1000 亿美元，2016 年 1 月开始运营后，目前已在全球范围内拥有 103 个成员。亚投行利用贷款、股权投资及提供担保等融资方式支持亚洲各国交通、能源、电信、农业和城市发展等多方面的基础设施建设，促进亚洲区域的建设互联互通和经济一体化进程，加强中国及其他亚洲国家和地区的合作。

（6）欧洲复兴开发银行

欧洲复兴开发银行（European Bank for Reconstruction and Development，EBRD）成立于 1991 年，总部设在伦敦，是欧洲地区最重要的开发性金融机构之一。目前业务范围已覆盖中东欧、地中海东部和南部及中亚等地区，为这些地区的经济转型与发展提供投融资支持。[③] 欧洲复兴开发银行可依据特定项目需求弹性地设计各种融资工具，包括贷款、股本投资及担保，提供的贷款额度从 300 万欧元到 2.5 亿欧元不等，平均金额为 2500 万欧元。2016 年 1 月，中国正式成为欧洲复兴开发银行的第 67 位股东。截至 2018 年 12 月，中国对欧洲复兴开发银行的投资为 19.2 亿欧元。欧洲复兴开发银行覆盖中东欧、中亚、中东等地区，与“一带一路”经济带范围高度契合。中资企业可

---

① 参见彭明旭、赵欢、李海鸥：《经典投融资案例分析》，中国社会科学出版社 2021 年版。

② 参见高洋：《中国对哈萨克斯坦基础设施建设的投融资研究》，载《新疆财经》2017 年第 4 期。

③ 参见《人民银行：中国加入欧洲复兴开发银行相关问答》，载中国政府网，https://www.gov.cn/xinwen/2015-12/15/content_5023969.htm，2025 年 3 月 20 日访问。

在上述地区与欧洲复兴开发银行开展项目和融资合作。

（7）国际金融公司

国际金融公司（International Finance Corporation，IFC）是世界银行集团成员，也是专注于发展中国家私营部门发展的全球最大发展机构，重视那些既有助于发展中国家发展经济，又能帮助当地人民脱贫致富的行业投融资，例如，金融、基础设施、信息技术、卫生、教育以及中小企业等，但对环境保护与社会责任等标准要求较高。IFC 资助的项目需符合以下标准：①位于 IFC 成员国的发展中国家；②来自私营企业；③技术上有合理性；④有良好的盈利前景；⑤能使当地经济受益；⑥能做到对环境和社会无害，满足 IFC 以及所在国家的环境和社会标准。

（8）多双边合作基金

为推进“一带一路”建设、企业“走出去”和国际产能合作，中国发起设立了多支多双边合作基金，如丝路基金、中国—东盟投资合作基金、中国—欧亚经济合作基金、中非发展基金、中非产能合作基金、中拉合作基金、中哈产能合作专项基金等。[①] 多双边合作基金主要以股权类投资为主，可在不增加企业债务负担的情况下，为项目建设提供长期、可靠的资金支持，契合大型项目建设周期长、资金需求量大的特点，是对信贷融资、债券融资等融资方式的有益补充。中国企业可根据项目特点及所在地区，多与对应的多双边合作基金进行对接，获得融资支持。

（9）丝路基金

丝路基金是由中国外汇储备、中国投资有限责任公司、中国进出口银行和国家开发银行共同出资，依照《中华人民共和国公司法》，按照市场化、国际化、专业化原则设立的中长期开发投资基金，重点是在“一带一路”发展进程中寻找投资机会并提供相应的投融资服务。[②] 丝路基金于 2014 年 12 月 29 日在北京注册成立，资金规模为 400 亿美元和 1000 亿元人民币，由中国外汇储备、中国投资有限责任公司、国家开发银行、中国进出口银行共同出资，丝路基金致力于为“一带一路”框架内的经贸合作和双边多边互联互通提供投融资支持。

从业务模式上看，丝路基金可以运用股权、债权、基金、贷款等方式提供投融资服务，也可与国际开发机构、境内外金融机构等发起设立共同投资

① 参见《国家开发银行：深化多双边金融合作 凝聚服务共建“一带一路”金融合力》，载中国一带一路网，https://www.yidaiyilu.gov.cn/p/0CIA97SA.html，2025 年 3 月 20 日访问。

② 参见《央行：丝路基金起步运行 外储、中投等共同出资》，载环球网，https://finance.huanqiu.com/article/9CaKrnJHWKE，2025 年 3 月 20 日访问。

基金，进行资产受托管理、对外委托投资等；从业务范围上看，丝路基金投资主要支持“一带一路”框架下的合作项目，支持各类优质产能“走出去”和技术合作；从资金投向上看，丝路基金重点支持实体经济发展，支持投资所在国工业化、城镇化进程和提升经济可持续发展能力。投资覆盖俄、蒙、中亚、南亚、东南亚、西亚、北非及欧洲等地区的基础设施、资源开发、产业合作、金融合作等领域。①

2015 年 12 月 14 日，丝路基金称，已与哈萨克斯坦出口投资署签署框架协议，并出资 20 亿美元建立中国—哈萨克斯坦产能合作专项基金，这是丝路基金成立以来设立的首个专项基金。② 2016 年 2 月，哈 Kaznex Invest 股份公司董事会主席让古拉佐夫称，Kaznex Invest 股份公司和丝路基金的联合基金将对矿山冶金、化工、农业领域的项目进行融资，总市值将达 20 亿美元。该基金将认真研究需要注资的项目，进入项目的公司的投资最高可达 70%，该基金还将提供债务融资。他表示，该基金的全部资本由中方丝路基金提供，融资的最终方案也将由中方决定。③ 2017 年 5 月 14 日，中国国家主席习近平在“一带一路”国际合作高峰论坛开幕式上宣布，中国将加大对“一带一路”建设资金支持，向丝路基金新增资金 1000 亿元。

(10) 中哈产能合作专项基金

2015 年 12 月 14 日，在时任中国国务院总理李克强和哈萨克斯坦总理马西莫夫德共同见证下，丝路基金与哈萨克斯坦出口投资署（KAZNEX INVEST JSC）在北京签署了《关于设立中哈产能合作专项基金的框架协议》，由丝路基金出资 20 亿美元，建立中哈产能合作专项基金，重点支持中哈产能合作及相关领域的项目投资。④ 中哈产能合作专项基金是丝路基金成立以来设立的首个专项基金。专项基金支持的投资项目将由双方共同推荐，哈方负责落实其本国的相关优惠政策，并协调各相关方解决合作中出现的问题，确保项目落实。

(11) 中国—欧亚经济合作基金

中国—欧亚经济合作基金（以下简称欧亚基金）由习近平主席于 2014 年

---

① 参见《构建“一带一路”投融资体系：市场化、多元、开放、绿色》，载中国金融新闻网，https://www.financialnews.com.cn/gc/gz/202311/t20231102_281527.html，2025 年 3 月 20 日访问。

② 参见《丝路基金出资 20 亿美元建立中哈产能合作专项基金》，载央广网，https://news.cnr.cn/native/gd/20151214/t20151214_520794277.shtml，2025 年 3 月 23 日访问。

③ 参见《丝路基金将融资哈萨克斯坦投资方案》，载中国网财经，https://finance.china.com.cn/roll/20160219/3591806.shtml，2025 年 3 月 23 日访问。

④ 参见《中哈产能合作专项基金设立》，载新浪财经，https://finance.sina.com.cn/roll/2015-12-16/doc-ifxmttcq1659382.shtml，2025 年 3 月 23 日访问。

9月在上合组织杜尚别元首峰会期间宣布成立，是促进“一带一路”共建国家发展合作的重要股权投资平台。欧亚基金主要投资于上海合作组织成员国、观察员国和对话伙伴国，未来将逐步扩展到丝绸之路经济带域内国家。基金首期规模为10亿美元，总规模为50亿美元，主要投资于能源资源及其加工、农业开发、物流、基础设施建设、信息技术、制造业等欧亚地区优先发展产业。①

2. 金融科技

哈萨克斯坦在中亚地区拥有最高的互联网普及率，拥有超过1800万的用户，覆盖超过92%的人口。政府加大了对数字经济的支持力度，推动了移动支付、电子商务、云计算等领域的创新和发展。其中，互联网用户主要集中在年轻人群体，他们更愿意尝试新事物，为数字经济的进一步发展提供了动力。

（1）移动支付

哈萨克斯坦的移动支付市场发展迅速，尤其在2021年，移动互联网覆盖率达到96%，6岁以上网民人数占国家总人口数的85.3%。这种高度的网络覆盖和网民普及率为移动支付的普及提供了良好的基础。此外，哈萨克斯坦政府支持本国支付业的发展，已经制定了“数字哈萨克斯坦”国家规划，旨在通过数字化转型培育新的经济增长点。

哈萨克斯坦的移动支付市场包括多种系统，如MyPay、HandyPay、KZM、Qiwi、Ikassa. kz、QuickPay、M´Pay、Kiberplat、Taulink、Kaspi和Yandex Money等。当地最习惯的是使用Kaspi来支付。Kaspi. kz是一个集支付、市场和金融科技为一体的“超级应用程序”，这个应用的业务，覆盖了包括电子商务、杂货配送、旅行预订、账单支付、基于二维码的支付和各种政府服务等。无论是业务覆盖领域，还是国民度，Kaspi. kz都和阿里巴巴有很多的相似之处。这些支付系统不仅满足了公众的需求，还促进了数字经济的进一步发展。

（2）在线支付

哈萨克斯坦在线支付占比达到83%。所有提供银行卡支付服务的银行目前都已加入银行间支付卡系统，并保证其业务向银行间支付卡系统的转移。2020年哈银行间清算系统成为哈最主要的支付系统，承担了市场63%的支付量（不含银行间转账）。其中，Visa和万事达卡（Mastercard）两家国际信用卡系统也进入哈萨克斯坦主要支付系统之列。

---

① 参见《中国欧亚进合基金有限公司成立》，载金胶州，http://jzrm.jiaozhou.gov.cn/html/2025-04/29/content_73209_18483920.htm，2025年3月25日访问。

银联通过与哈萨克斯坦国民储蓄银行（Halyk Bank）、中央信贷银行（Bank CenterCredit）、阿尔金银行（Alytn Bank）等多家主流银行合作，累计发行银联卡约400万张。当地居民持本地银联卡，除可在中国境内所有银联受理商户直接支付外，还可将卡片绑至第三方支付机构钱包进行消费。针对来华哈萨克斯坦商旅人士，银联与哈萨克斯坦国民储蓄银行合作，在横跨两国边境的中哈霍尔果斯国际边境合作中心提供银行卡“即办即用”服务。用户在合作中心内就能现场申请并领取银联卡，可享受银联境内、境外双重用卡优惠。

作为丝绸之路经济带的首倡之地，哈萨克斯坦始终是银联重点关注的境外市场之一。银联自2006年10月在哈首次开通业务以来，经过近20年的不断发展，目前已有超90%的商户支持银联卡，广泛覆盖“吃住行游购娱”等高频消费场景。银联用户在当地知名酒店，琼布拉科滑雪场（Shymbulak Ski Resort）、科克托别山（Kok Tobe）等热门旅游景点，以及Yandex Go打车软件、市内公共交通、阿斯塔纳航空等本地和跨境高频出行场景，均可使用银联支付。目前在哈萨克斯坦等“一带一路”共建国家和地区中，近90%已可使用银联卡，受理网络覆盖机场、百货、超市、餐饮、加油站等各类商家。

（3）数字货币

在数字经济领域，哈萨克斯坦选择了一条独特的突围路径。阿斯塔纳国际金融中心推出的“数字坚戈”试点项目，已处理超过2万笔跨境结算，交易成本降低至传统系统的1/30。与阿里巴巴合作的“数字口岸”项目，通过区块链技术将清关时间压缩至3小时，货物追踪透明度提升90%。更值得关注的是，该国正借力俄罗斯IT人才外流机遇，2023年吸引2000名数字游民，催生金融科技初创企业数量同比增长80%。麦肯锡全球研究院认为，这种“技术移民+监管沙盒”模式，使哈萨克斯坦有望在5年内成为欧亚数字金融枢纽。

3. 金融风险

（1）外汇管制

哈萨克斯坦经常项目和资本项目均实行有条件的可自由兑换。具体来说，经常项目下的交易应在180天完成，如到期不能完成，还可延期。资本项目下，只要双方有协议，在办理一定手续后，资本即可自由进出。从2007年7月1日起，哈萨克斯坦外汇管理制度执行欧洲国家标准，取消外汇业务许可制度，实行通报制度。企业在交纳了各项应缴税费后，可以自由汇出利润，除银行收取的必要汇费外，无须交纳其他费用。个人和法人均可通过银行向境外汇出其合法的外汇收入，但必须提供以下证明：个人——兑换水单、收入来源证明、从境外接受馈赠或遗产证明、外汇带入报关单。法人——贸易合同、缴纳有关税收的证明。个人和法人在银行开设账户、办理存款、汇款等业务必须有税务登记号。①

2010年3月9日，哈萨克斯坦开始实施《反洗钱法》，加强了对银行外汇流动的监管。凡超过1万美元的金融业务都将进行监管，包括个人在外币兑换点兑换外币的业务。另外，还要求各银行完善客户资料，加强外汇汇出的申报，一个账户7个工作日内汇出外汇超过700万坚戈（约5万美元）的，银行必须向金融监管委员会报告。2012年1月，哈萨克斯坦总统纳扎尔巴耶夫签发了《外汇监管问题若干法令修订法》。其中规定，关税同盟成员国自然人出入哈萨克斯坦，携带总额超过1万美元的外汇及（或）本国货币现钞(贵金属硬币除外)，包括旅行支票无须向海关申报。而其他国家自然人在此情况下则必须进行全额申报，还须说明来源及用途。此外，任何国家自然人出入哈萨克斯坦，携带总额等值或不超过1万美元的外汇及（或）本币现钞(贵金属硬币除外)，包括旅行支票无须向海关申报，此前该限额为3000美元。② 哈萨克斯坦国家银行规定自2016年2月1日起，在相关银行和机构授权的各换汇点进行坚戈买进卖出外汇业务的，差价区间提高为美元6坚戈，欧元7坚戈。

哈萨克斯坦外汇管制制度属于独联体国家范围内最严格的制度之一，大额资金兑换速度很慢。若公司将资金从国外转账到哈，或者从哈转账到国外，需要向国家央行负责部门提供前述的诸多证明（偶尔境内的资金转账也需要这种证明)。所有的大额转账行为必须经过哈萨克斯坦央行的批准才能进行。此外，2016年2月29日哈央行批准《关于对哈萨克斯坦境内进行外汇现金交易的准则进行补充和修改的决定》。根据决定内容可知，哈境内的外币兑换点需和授权银行达成外汇交易及提供货币的协议，并且协议需在该决定正式颁布后1个月内完成。此外，境内外币兑换点营业时间不再受哈萨克斯坦证券交易所约束。另外，个人在外币兑换点兑换100万坚戈以上的货币需出示有效身份证明。③

自2025年3月14日起，哈萨克斯坦正式实施新的外汇交易规定。根据新

---

① 参见《哈萨克斯坦外汇》，载俄罗斯东欧中亚研究所，http://euroasia.cssn.cn/xszl/xszl_zywg/zywg_hskst/201005/t20100511_1787342.shtml，2025年3月28日访问。

② 参见《涉外法言丨哈萨克斯坦货币监管规则》，载京师西安律师事务所，https://mp.weixin.qq.com/s/k5jvkiR8-laUJCZAAqDWkw，2025年28日访问。

③ 参见深圳市前海深港现代服务业合作区管理局编：《“一带一路”法治地图：哈萨克斯坦》(下)，法律出版社2017年版。

规，如果非居民（包括外国公司或个人）在哈萨克斯坦银行单日购买超过5万美元的外汇，银行可能会将其视为规避外汇法规的可疑交易。唯一的例外是，这笔坚戈资金来自商品、服务、资产销售、股息收益、退税或其他合法来源。另外，欧亚银行宣布自3月14日起实施以下新规：禁止外国公司通过"Smart Business"应用程序使用坚戈购买美元。若需购汇，必须联系银行客户经理办理；外国人在银行柜台进行无现金坚戈兑换外币交易时，无论金额大小，均须提供资金来源证明文件。RBK银行也宣布加强对非居民使用坚戈购汇的监管。银行将要求提供额外文件以证明资金来源，并警告称，由于需要进行更详细的审核，兑换申请的处理时间可能会延长。

很明显，哈萨克斯坦外汇管制将不会放松，反而会进一步严格。复杂的收发汇手续、过多的政策干预和官僚主义、银行对贷款的发放审核过严等因素，是外国投资者面临的外部风险和障碍。①

（2）汇率波动

哈萨克斯坦货币总共经历过四次大规模的贬值，分别在1999年、2009年、2014年和2015年。2014年2月，坚戈兑美元的汇率下降20%（从150坚戈下跌至180坚戈），此次贬值主要受到俄罗斯卢布贬值、美元升值的影响。新的汇率由央行在179—185坚戈范围内进行控制。2015年8月20日在欧亚经济联盟成员国（俄罗斯、白俄罗斯、亚美尼亚和吉尔吉斯斯坦）货币大幅贬值的背景下，为了确保国民经济正常运行，哈萨克斯坦政府开始实行自由浮动汇率制度。尽管当时个别专家认为汇率不会因这个政策发生很大的波动，但是从2015年9月到12月，坚戈对美元贬值达到了30%以上，还是给对外贸易行业造成了较大的打击。②

（二）公共服务

1. 金融市场

（1）银行市场

哈萨克斯坦采用两级银行体系，哈萨克斯坦国家银行是其中央银行，属一级银行，本土银行、外资银行、合资银行等其他性质的银行为二级银行（商业银行）。近年来，哈萨克斯坦通过银行合并来减少银行数量，呈现出银行整合的趋势。

---

① 参见深圳市前海深港现代服务业合作区管理局编：《"一带一路"法治地图：哈萨克斯坦》（下），法律出版社2017年版。

② 参见深圳市前海深港现代服务业合作区管理局编：《"一带一路"法治地图：哈萨克斯坦》（下），法律出版社2017年版。

哈萨克斯坦的银行体系特点在于银行服务仅由私人银行提供，哈萨克斯坦发展银行和住房建设储蓄银行（Otbas Bank）是根据政府授权成立的特殊机构，在金融领域执行特定功能。

①中央银行。

哈萨克斯坦国家银行（National Bank of Kazakhstan）是哈萨克斯坦的中央银行，实行集中统一、自上而下的垂直领导机制，最高执行机构为管理委员会，最高管理机构为董事会。哈萨克斯坦国家银行负责制定和实施国家货币政策、管理支付系统、执行货币调控和汇率控制、确保国家金融安全、提供政府统计数据，并监督金融市场和相关组织，以确保其符合哈萨克斯坦的金融法律法规。其主要目标是确保国内价格稳定，具体职能包括：制定并实施国家货币政策；确保支付系统正常运行；实施货币调控和汇率控制；促进金融系统的稳定；提供银行、货币、金融市场和外部经济的统计数据。

②本土银行。

哈萨克斯坦本土银行主要有哈萨克斯坦人民银行、里海银行、Forte 银行、中央信贷银行、家庭银行和第一哈德兰艾草银行等。

哈萨克斯坦人民银行成立于 1923 年，总部位于阿拉木图，是哈萨克斯坦最大的商业银行。2012 年，加入中国银联，成为银联国际代表中东欧、独联体和中亚国家的咨询委员会成员。2018 年，与哈萨克斯坦商业银行合并。

里海银行成立于 1991 年，总部位于阿拉木图，最大股东为哈萨克斯坦金融控股集团 Kaspi. kz，持股比例 94. 4%。[①] 除传统金融服务外，里海银行的业务还涉及零售金融服务、电子支付和交易等。

Forte 银行成立于 2015 年，总部位于首都阿斯塔纳，由 Forte Bank、Alliance Bank 和 Temir Bank 合并而成，目前在全国设有 20 个分支机构、100 个办事处、近 900 台自助取款机。[②]

中央信贷银行成立于 1988 年，是哈萨克斯坦最早的商业银行之一，目前拥有 40 家境外代理行、300 多万个人客户和 14 万多法人客户，19 家分行和 160 多家支行。2023 年，中央信贷银行在中哈霍尔果斯国际边境合作中心设立分支机构，成为自该合作中心成立以来首家入驻的哈方银行[③]。

③外资银行。

目前，在哈萨克斯坦的外资银行主要包括：俄罗斯储蓄银行哈萨克斯坦

① 参见里海银行简介，https：//kaspi. kz，2025 年 3 月 13 日访问。

② 参见 Forte 银行简介，https：//forte. kz，2025 年 3 月 13 日访问。

③ 参见《首家哈方银行进驻中哈霍尔果斯国际边境合作中心》，载新疆维吾尔自治区分行网，http：//wulumuqi. pbc. gov. cn/wulumuqi/2927324/5136437/index. html，2025 年 3 月 13 日访问。

子行、巴基斯坦国民银行哈萨克斯坦子行、哈萨克斯坦新韩银行等。

俄罗斯储蓄银行哈萨克斯坦子行（Sberbank of Russia Kazakhstan）。2006年，由俄罗斯储蓄银行收购 Texaka Bank 99.99%的股份成立，总部设在阿拉木图。

巴基斯坦国民银行哈萨克斯坦子行（National Bank of Pakistan in Kazakhstan）。1996年，由巴基斯坦国民银行在阿拉木图设立，可为个人和法人实体提供全面的银行服务。

哈萨克斯坦新韩银行（Shinhan Bank Kazakhstan）。2008年，由新韩银行在阿拉木图设立，是哈萨克斯坦第一家韩国银行，可为个人和法人实体提供较为全面的金融服务，主要客户为中小企业。

④中资银行。

目前，中国银行、中国工商银行、中国建设银行等已在哈萨克斯坦设立了分支机构。

中国工商银行（阿拉木图）股份公司［Industrial & Commercial Bank of China（Almaty）JSC］。成立于1993年，是第一家进入哈萨克斯坦市场的中资银行，也是中国工商银行第一家海外营业性机构，拥有经营全部银行业务的许可证，可办理存款、贷款、汇款、外币兑换、国际结算、信用证、担保、网上银行、银行卡等业务。

哈萨克斯坦中国银行（Bank of China Kazakhstan）。成立于1993年，总部位于阿拉木图，在阿克托比、阿斯塔纳设有分行，业务范围覆盖哈萨克斯坦南部、西部、北部，可为个人和法人实体提供各类金融服务。

中国建设银行阿斯塔纳分行（China Construction Bank Astana Branch）。于2019年9月开业，系首家在阿斯塔纳国际金融中心注册的中资商业银行，主要为企业提供流动资金贷款、项目融资、贸易融资和融资租赁等金融产品，致力于为哈萨克斯坦及中亚地区的中资和本地优质客户提供信贷服务，积极参与“一带一路”建设，协助与中国有经贸往来的企业发展业务。

⑤合资银行。

哈萨克斯坦还设有一些合资银行，如欧亚开发银行、阿尔金银行等。

欧亚开发银行。2006年，由俄罗斯和哈萨克斯坦政府合资成立，总注册资本为15亿美元，其中哈萨克斯坦占股33%，俄罗斯占股67%，旨在促进双方经济增长、扩大贸易和经济联系。该行总部位于阿拉木图，在圣彼得堡设有分行，在阿斯塔纳、比什凯克、杜尚别、明斯克、莫斯科和埃里温设有代表处。

阿尔金银行（Altyn Bank）。前身为汇丰银行哈萨克斯坦分支机构，于

1998年在哈创立，2014年11月由哈萨克斯坦人民银行全资持有。2018年，中信银行和双维投资（中国烟草全资子公司）联合收购了哈萨克斯坦人民银行所持有的阿尔金银行60%的股权，分别占阿尔金银行股权的50.1%和9.9%。在并购交易完成后，阿尔金银行将致力于打造特色业务优势，提升在对公和零售、贸易融资、金融市场、人民币清结算等方面的业务水平，为在哈的中国企业提供全方位优质服务。

（2）证券市场

根据哈萨克斯坦《有价证券市场法》，符合以下条件的外国法人可以参与哈萨克斯坦证券交易：一是加入国际证券交易所联合会的证交所的成员；二是拥有哈全权机关颁发的从事经纪业务的相关许可证。只有在两国负责经纪业务监管的全权机关签署了合作与信息交流国际协议，相互承认经纪业务许可的情况下，外国法人才可进行证券交易。①

①哈萨克斯坦证券交易所（KASE）。

哈萨克斯坦证券交易所是紧随1993年11月15日发行本国货币坚戈之后成立的。1993年11月17日，哈萨克斯坦中央银行与三家大银行在阿拉木图共同创建了哈萨克斯坦银行间货币交易所。2003年7月2日，哈萨克斯坦颁布了《有价证券市场法》。目前，哈萨克斯坦证券交易所由4个部分构成：外汇市场、国家有价证券市场（包括国际有价证券）、债券市场和衍生金融工具市场，但交易规模总体较小。② 哈萨克斯坦证券交易所指数主要有GB_KZMS、KZAP、KCEL、KASE、KEGC、CCBN等。

②）阿斯塔纳国际交易所（AIX）。

为吸引更多的海外资金，2017年，作为阿斯塔纳国际金融中心（AIFC）的组成部分，阿斯塔纳国际交易所（AIX）在阿斯塔纳成立并启动运营，为国有资产私有化、“一带一路”项目融资、债券发行等业务提供平台。2019年下半年，AIX推出“一带一路”版，助力“一带一路”项目吸引更多投资。企业可在AIX“一带一路”版实施IPO或发行债券。AIX主要由哈萨克斯坦国家银行持股，上海证券交易所和丝路基金持有阿斯塔纳国际交易所部分股权。

2. 监管体系

金融市场是现代经济的核心，其稳定与否直接关系到一国经济的繁荣与

① 参见《外资公司参与哈萨克斯坦证券交易有何规定?》，载环俄网，https://www.huanenet.com/hskst/1593.html，2025年3月28日访问。

② 参见《哈萨克斯坦证券市场的发展情况》，载环俄网，https://www.huanenet.com/hskst/1578.html，2025年6月3日访问。

社会的稳定。金融监管通过制定和执行一系列规章制度，确保金融机构的稳健运营，防范和化解金融风险，从而维护整个金融体系的稳定与安全。在金融市场中，投资者往往处于信息不对称的劣势地位。在全球化的背景下，一个稳定、规范、透明的金融市场是吸引国际投资者的关键因素之一。通过加强金融监管，可以提升哈萨克斯坦金融市场的国际竞争力，增强国际投资者对哈萨克斯坦金融市场的信心，为营商环境的优化提供国际支持。

（1）金融监管机构

2019 年 11 月 11 日，哈萨克斯坦总统发布了《进一步完善哈萨克斯坦共和国公共管理系统》203 号法令，设立了“哈萨克斯坦金融市场监管和发展机构”。该机构旨在保护金融服务消费者的合法权益、确保金融系统稳定和促进金融市场的发展，并负责金融市场和组织的监管、监督和监控。该机构直接向总统报告，职责与国家银行类似。

哈萨克斯坦金融市场监管和发展署为哈萨克斯坦的金融监管机构。2020 年，根据《关于对哈萨克斯坦金融市场、小额信贷和税收活动监管与发展的若干法律进行修订补充的法案》，哈萨克斯坦金融市场监管和发展署成立，取代哈萨克国家银行行使相应职能，直接向总统报告。该机构旨在保护金融服务消费者的合法权益、确保金融系统稳定和促进金融市场的发展，并负责金融市场和组织的监管、监督和监控。

该机构的主要目标包括：监管和发展金融市场，监督非居民银行、非居民保险/再保险公司分支机构和非居民保险经纪人分支机构的活动，维护金融系统的可持续性；监督金融市场及金融机构；将监管资源集中于金融市场最脆弱的部门，以确保金融稳定；为金融服务消费者提供充分保护，并提供透明、易获取的金融机构信息；防止侵犯金融服务消费者的合法权益；为各类金融机构的平等运作创造公平竞争环境；改善金融机构的监管和监督标准，确保其履行法定义务。

为了对金融机构进行有效的监管和监督，机构拥有以下职能：发布或撤销金融机构的设立或注册许可；发布金融操作和相关操作的许可证，以集中金融资源；通过强制性法规确保金融机构合规；采纳监管标准和比率，确保金融市场健康运行；监督金融机构遵守既定的限额和比率；对金融机构进行现场和非现场检查；针对金融机构、哈萨克斯坦非居民银行分支机构、非居民保险/再保险公司分支机构和非居民保险经纪人分支机构实施监管法规，包括在合并基础上进行的标准及比率的确定；适用有限的纠正管理和监督措施。

（2）监管法规与政策

第一，金融市场监管法规。

在哈萨克斯坦，银行业监管法规是确保银行业稳健运营、保护存款人利益、维护金融市场稳定的重要法律基础。《哈萨克斯坦共和国银行及银行业务法》是哈萨克斯坦针对银行业出台的法律，旨在明确银行的种类、法律地位、开业手续、职能和停业手续等，规范银行业的运营活动，保护存款人的利益，维护金融市场的稳定。该法明确了银行的定义，即根据总统令有权作为商业组织经营银行业务的法人。同时，将银行分为中央银行和其他二级银行；规定了银行开业的审批程序、注册资本要求、董事会和高级管理人员的任职资格等。同时，要求银行必须向国家银行申请并获得银行业务营业执照，方可开展银行业务；明确了银行的业务范围，包括吸收存款、发放贷款、办理结算等，并规定了国家银行对银行业务的监管职责和权限。该法通过规范银行业的运营活动，提高了银行业的透明度和公正性，降低了企业的融资成本，促进了公平竞争的市场环境的形成。

《国家银行法》是关于哈萨克斯坦国家银行的法律，旨在明确国家银行的地位、职责和权限，确保其履行货币政策制定与执行、金融稳定维护等核心职能。该法明确了国家银行作为中央银行的地位，规定了其负责制定和执行货币政策、管理支付系统、执行货币调控和汇率控制、促进金融系统的稳定等职责；规定了国家银行的组织结构、人员编制和薪酬制度，以及行长和副行长的任免程序；明确了国家银行对银行业的监管职责和权限，包括银行设立审批、业务监管、风险处置等。该法通过明确国家银行的地位、职责和权限，确保了中央银行在金融市场中的核心地位和作用。通过加强监管，防范了金融风险，维护了金融市场的稳定。同时，国家银行通过制定和执行货币政策，促进了经济的稳定增长，为营商环境的优化提供了有力支持。

《关于金融市场和金融组织的政府监管、监督法》法律确立了金融市场和金融组织的监管原则，旨在加强对金融市场和金融组织的监管和监督，保护投资者的利益，防止金融欺诈和滥用市场行为，确保金融市场的稳定和健康发展。本部法律确立了政府监管和金融组织自律相结合的原则。强调监管的透明性、公正性和有效性，确保监管措施符合国际标准和最佳实践。

该法律适用于哈萨克斯坦境内的所有金融市场和金融组织，包括银行、证券公司、保险公司、投资基金等。监管机构可以采取多种监管措施，如现场检查、非现场监管、信息披露要求等。它们可以对金融组织进行定期或不定期的检查，确保其业务活动的合规性。监管机构可以运用法律手段、行政手段和经济手段进行监管。法律手段包括制定和执行法律法规，对违规行为进行处罚。行政手段包括颁发营业执照、审批业务申请等。经济手段包括调整利率、存款准备金率等货币政策工具，影响金融市场的供求关系。哈萨克斯坦政府积极与国际金融机构和其他国家的金融监管机构开展合作，共同维护金融市场的稳定和安全。它参与国际金融监管标准的制定和实施，推动金融市场的国际化和一体化。此外，哈萨克斯坦政府还建立了跨部门协调机制，确保金融监管机构之间的信息共享和协作。这有助于提高监管效率，避免监管重叠和监管空白。

《投资法》是哈萨克斯坦吸引外资、促进投资的重要法律，旨在为投资者提供稳定、透明和可预测的投资环境。它明确了投资的定义、投资者的权利和保护措施，以及国家对投资的鼓励和支持政策。该法律详细规定了投资合同的签订和执行程序，为投资者提供了法律保障。同时，它还规定了国家对投资的优惠待遇，如税收减免、关税免除等，以鼓励投资者在哈萨克斯坦进行投资。

此外，该法律还规定了投资争议的解决机制，包括协商、调解、仲裁和诉讼等方式，为投资者提供了多元化的争议解决途径。通过这部法律的实施，哈萨克斯坦成功吸引了大量外资，促进了经济的快速增长。

《外汇管理和外汇管制法》是哈萨克斯坦外汇管理的基础性法律，旨在确保外汇市场的稳定、透明和公平。它明确了外汇市场的参与者、外汇交易的种类和方式，以及外汇管理的职责和权限。该法律详细规定了外汇交易的审批流程、外汇收支的申报和登记制度，以及外汇市场的监管措施和处罚机制。同时，它还强调了外汇市场的风险管理和内部控制的重要性，要求金融机构和个人建立有效的风险管理和内部控制体系，以确保外汇交易的安全和合规。

此外，该法律还规定了外汇市场的开放程度和资本流动的限制措施，以维护国家的经济安全和金融稳定。通过这部法律的实施，哈萨克斯坦加强了对外汇市场的监管，提高了外汇市场的透明度和稳定性，为经济的国际化发展提供了有力保障。

《货币法》是哈萨克斯坦货币管理的基础性法律，旨在确保货币的稳定和流通。它明确了法定货币的种类、发行和流通方式，以及货币管理的职责和权限。详细规定了货币的发行程序、货币的防伪措施和货币的回收制度，以确保货币的质量和流通。同时，它还规定了货币的汇率制度和外汇市场的管理措施，以维护货币的稳定和外汇市场的秩序。此外，该法律还规定了货币违法行为的处罚机制，对伪造、变造货币等违法行为进行严厉打击，以维护货币的权威性和信誉。通过这部法律的实施，哈萨克斯坦加强了对货币的管理，确保了货币的稳定和流通，为经济的健康发展提供了有力保障。

第二，金融市场监管政策。

取消存款最高利率限制：随着哈萨克斯坦金融市场的不断深化，金融机构之间的竞争日益激烈。取消存款最高利率限制，有助于激发金融机构的创新活力，推动金融产品和服务的多样化。利率市场化是金融市场改革的重要方向之一，取消存款最高利率限制，是哈萨克斯坦推进利率市场化改革的重要举措，有助于形成更加市场化、透明化的利率形成机制，有助于降低企业的融资成本，提高资金使用效率。

银行自主设定存款利率虽然带来了市场竞争和产品创新的好处，但也存在一定的风险和挑战。银行自主设定存款利率后，利率波动可能会更加频繁和剧烈。这将对银行的资产负债管理和风险管理提出更高要求。银行需要建立更加完善的风险管理体系，以应对利率波动带来的风险。随着存款利率的市场化，储户的行为也可能会发生变化。储户可能会更加关注市场动态和利率变化，从而更加频繁地调整自己的存款组合。这将增加银行的管理成本和操作风险。

第三，外汇管理政策。

经常项目外汇管理政策：哈萨克斯坦的经常项目外汇管理政策是金融市场开放与稳定的重要环节。该政策旨在确保国际贸易和服务的顺利进行，同时维护国家经济的安全。根据哈萨克斯坦的相关法律法规，经常项目下的外汇交易实行有条件可自由兑换。

具体来说，居民和非居民在进行货物贸易、服务贸易、收益及经常转移等交易时，其外汇收支原则上可以自由进行。然而，为了确保外汇市场的秩序和防止非法资金流动，哈萨克斯坦对外汇交易实施了一定的监管措施。例如，对于自然人外汇汇出和携出，哈萨克斯坦设定了一定的限额，并要求提供相关的交易证明文件。此外，进口付汇业务也需要向授权银行出示相关合同和交易许可证，以确保交易的合法性和真实性。

第四，资本和金融项目外汇管理政策。

该政策对资本项目下的外汇交易进行了规范，包括直接投资、证券投资、贷款等。在资本流入方面，哈萨克斯坦鼓励外资进入，为投资者提供了一系列优惠政策，如税收减免、土地优惠等。同时，为了确保外资的合法性和安全性，哈萨克斯坦对外资的进入进行了严格的审批和监管。在资本流出方面，哈萨克斯坦实施了一定的限制措施，以防止资本非法外流和金融风险。例如，对于境外投资、贷款等资本流出行为，需要经过相关部门的审批，并提供详细的投资计划和风险评估报告。

第五，个人外汇管理政策。

哈萨克斯坦的个人外汇管理政策主要关注居民和非居民个人的外汇收支行为。哈萨克斯坦居民自然人和非居民自然人可以在银行和有经营许可证的外币兑换所进行外币兑换业务。然而，为了防止资本非法外流和洗钱行为，哈萨克斯坦对个人外汇汇出和携出设定了一定的限额，并要求提供相关的证明文件。同时，哈萨克斯坦还加强了对个人外汇交易的监测和分析，及时发现和防范潜在的金融风险。

第六，反洗钱与反恐融资。

哈萨克斯坦高度重视反洗钱工作，制定了《反洗钱法》等相关法律法规，并建立了完善的反洗钱监管体系。该法律的实施有助于打击洗钱犯罪，维护金融秩序和社会稳定。根据《反洗钱法》的规定，金融机构在办理业务时，需要履行客户身份识别、交易记录保存、可疑交易报告等义务。同时，哈萨克斯坦还加强了对金融机构的反洗钱监管和检查，确保其严格遵守相关法律法规。具体来说，金融机构在为客户办理业务时，需要对客户的身份进行核实和确认，确保客户的合法性和真实性。同时，金融机构还需要保存客户的交易记录，以便在必要时进行查询和分析。此外，对于可疑交易行为，金融机构需要及时向相关部门报告，并协助相关部门进行调查和处理。

第七，支付卡与金融服务监管。

随着科技的不断发展和支付方式的不断创新，支付卡已经成为人们日常生活中不可或缺的支付工具。为了规范支付卡的发行和使用行为，哈萨克斯坦制定了相关的新规。新规对支付卡的发行、使用、管理等方面进行了详细规定。例如，对于支付卡的发行机构，新规要求其必须具备相应的资质和条件，并严格遵守相关法律法规。对于支付卡的使用者，新规要求其必须妥善保管支付卡和密码，不得将支付卡转借或转让给他人使用。此外，新规还加强了对支付卡交易的监管和风险防范。金融机构在办理支付卡业务时，需要严格遵守相关法律法规，确保交易的合法性和安全性。同时，哈萨克斯坦还加强了对支付卡交易的监测和分析，及时发现和防范其潜在的金融风险。

3. 特色金融平台建设

（1）阿斯塔纳国际金融中心

①设立概况。

哈萨克斯坦阿斯塔纳国际金融中心（AIFC）最初由纳扎尔巴耶夫总统2015年“百步计划”战略中提出。作为当时的五项改革制度之一，该金融中心计划的目标是在首都努尔苏丹世博园地区划出一片区域，在哈萨克斯坦宪法框架下建立一个以英美法律体系为基础，集金融、债券、资产管理、伊斯兰金融和金融科技发展等功能为一体的国际金融中心。“百步计划”提出的前一天（2015年5月19日），时任哈萨克斯坦总统纳扎尔巴耶夫签署了建设阿斯塔纳国际金融中心的总统令。

AIFC 的建章立制工作紧随其后。2015 年 12 月 7 日，哈萨克斯坦通过了哈萨克斯坦共和国《关于阿斯塔纳国际金融中心的宪法规定》（*The Constitutional Law of the Republic of Kazakhstan On Astana International Financial Center*，简称《AIFC 宪法法规》），以宪法的形式确立了 AIFC 的定位、规划和职能等。2015 年 12 月 28 日，AIFC 管理局（AIFC Authority）宣布成立。2017 年 1 月 28 日，阿斯塔纳金融服务管理局（Astana Financial Services Authority，以下简称金管局）宣布成立。同年 2 月，AIFC 成立了职业发展局（Bureau for Continuing Professional Development）和外籍雇员中心（Expat Center）。2017 年 12 月，AIFC 法院（AIFC Court）和国际仲裁中心（AIFC International Arbitration Center）宣布成立。2018 年 7 月 5 日，在阿斯塔纳迁都 20 周年时点上，AIFC 宣布开业。同时开业的还有 AIFC 所属机构阿斯塔纳国际交易所（Astana International Exchange，以下简称交易所）。

AIFC 的国家定位极高，其发展的重点是国际化和金融服务，并承担着吸引国际资本发展本国经济的重任。《AIFC 宪法法规》规定 AIFC 是首任哈萨克斯坦总统明确的在阿斯塔纳城市内部有准确边界的领土，准许在其范围内实行特殊的法律体制。其总体目标是建立成为领先的国际金融服务中心，具体包含五个方面。第一，通过为投资金融服务创造有利条件促进对哈萨克斯坦共和国经济的投资。第二，发展哈萨克斯坦证券市场确保与国际接轨。第三，发展哈萨克斯坦保险、金融、伊斯兰金融、金融科技、电子商务和项目创新市场。第四，基于国际化的实践发展专业化金融性服务。第五，成为国际认可的金融中心。短期内 AIFC 将在三方面起到重要作用：其一，为哈萨克斯坦的自然资源开发项目提供融资大门，这些资本部分来自中国和俄罗斯；其二，对接“一带一路”倡议；其三，借助交易所推进国有企业的私有化。

②组织架构。

AIFC 的最高权力机关是 AIFC 管理理事会（AIFC Management Council，以下简称理事会），理事会主席由哈萨克斯坦现任总统担任，成员由总统任命。理事会中既有政府部门人员，还有一些由外国金融和商界精英组成的成员。理事会的核心目标是制定 AIFC 的发展战略以及为 AIFC 创造建立国际领先金融服务中心的适当条件。理事会具体拥有以下各项职权：决定 AIFC 发展战略；批准 AIFC 年报；《AIFC 宪法法规》授权范围内批准与 AIFC 职能相关的法规；决定中心机构的架构；任命金管局的管理层、决定 AIFC 实体的设立、成立、范围和功能、废止或者重组；理事会章程（Regulations of Council）所规定的其他事宜。理事会章程由总统批准。理事会的经费来源主要包括政府根据哈萨克斯坦《预算法》进行的财政定向转移、AIFC 入驻单位缴纳的费用和付款以及《AIFC 宪法法规》未禁止的其他来源。

从组织架构来看，AIFC 由总裁（Governor）和各类机构组成。理事会下设 AIFC 总裁，其职责是监督 AIFC 各机构及机构官员之间的协调，以确保实现 AIFC 发展目标。AIFC 总裁由哈萨克斯坦总统任命，理事会赋予其具体权力。首任总裁克利姆别托夫为哈国经济领域核心技术官僚。选定克氏出任 AIFC 总裁也反映了哈国高层对该中心的高度重视。AIFC 各类机构可以分为职能机构和业务机构两大类，其中职能机构包括管理局、金管局、AIFC 法院和 AIFC 国际仲裁中心。业务机构包括交易所、外籍雇员管理中心、职业发展部、金融科技港、绿色金融中心和直接投资基金等。

总体而言，AIFC 是一个围绕总统权力设计的金融特区。总统通过对理事会和总裁任命以及理事会章程的审批来实现对 AIFC 的直接掌控。从理事会非哈萨克斯坦成员的组成上可以看出其希望吸引欧美、俄罗斯和伊斯兰世界经济金融资源的初衷。

③AIFC 管理局与金管局。

AIFC（阿斯塔纳国际金融中心）管理局（AIFC Authority）是 AIFC 负责除金融监管的日常运营项目的管理性机构。AIFC 管理局系由哈萨克斯坦国家银行作为单一股东发起设立的股份有限公司。AIFC 管理局的治理结构包含股东大会（单一股东）、董事会（Board of Directors）和管委会（Management Board）三个主体，理事会决定三个主体各自的权力。同时，理事会还负责规定 AIFC 管理局董事会和管委会成员的数目、选举程序和成员任期，以及董事会和管委会的薪酬制定程序。根据《AIFC 宪法法规》，AIFC 管理局的经费由理事会拨付，可以投资长期资产以保证中心机构和所属单位的运行。董事会是管理局的管理机构，主席则是 AIFC 总裁。

AIFC 管理局主要职责是为 AIFC 其他机构及其所属单位、入驻单位以及雇员活动提供条件，并且在其职能范围内代表他们的利益。根据《AIFC 宪法法规》，这些职责具体包括：与金管局协商一致，向理事会提议 AIFC 除金融监管以外的发展策略；向理事会汇报发展战略执行情况，并向理事会提交 AIFC 年度报告供其批准；以理事会允许的理由和方式对 AIFC 入驻单位采取相应措施；起草理事会决议草案，将草案与金管局协调一致，并提交公开辩论，同时提交理事会申请通过；以监管规定的形式对金融服务和相关活动监管之外的问题采取措施；编制和批准中心的年度和中期预算；向理事会提出关于设立中心目标所需的附属机构和其他机构，包括废除或重组的建议；出于形成协议和合同的目的，在其他中心机构相关权力范围以外，以协议形式建立并确保发展与其他国际和区域金融中心、发展机构和其他组织的关系以实现中心目标；向 AIFC 入驻单位或机构的员工提供签证支持以吸引劳动力；理事会决定的其他权力。

金管局是 AIFC 进行金融服务和相关活动监管的法律实体，负责 AIFC 中所有金融与非金融服务的参与企业的注册工作。金管局的监管覆盖到金融服务的基础领域，包括资本市场、银行业和保险业、伊斯兰金融、金融科技、资产管理和私人银行。金管局的预算独立，主要由国家财政转移拨付给理事会，再由理事会拨付金管局。其日常管理由董事会负责。董事会一共有 10 名成员，其中包括 1 名董事会主席、1 名首席执行官、1 名副主席以及七名非执行董事。

金管局的首要任务是通过制定必要的金融监管制度规定，提供合适且鼓励创新的营商环境。其具体职责包括：起草 AIFC 机构有关的金融服务和相关活动的监管草案，提请公共辩论和相关权力机构通过；以法案的形式批准与 AIFC 金融服务和相关活动的监管规定；负责 AIFC 入驻单位的注册、认证和许可；维护 AIFC 入驻单位的注册工作；对 AIFC 入驻单位的运作进行控制和监督，并采取相应措施；拥有理事会决议规定的其他权力。

④AIFC 法律体系独特。

AIFC 实行与哈萨克斯坦其他地区所不同的英国普通法体系（Common Law），因此 AIFC 单独设立有独立于哈萨克斯坦司法体系之外的法院。AIFC 的法律体系以英国普通法为基础，为投资者提供了一个稳定、透明且可预测的法律环境。这种法律体系在国际上享有很高的声誉，被认为是保护投资者权益、促进公平交易和解决商业纠纷的有效工具，同时，司法系统的独立性有助于增强国际投资者对阿斯塔纳国际金融中心的信心。

AIFC 法院由 1 名大法官和 8 名法官组成，由哈萨克斯坦共和国总统根据中心总裁的建议任命或者解雇。法官的任职要求和相关程序、法院的运营等相关问题需满足理事会《关于阿斯塔纳国际金融中心法院的决议》。从组成上看，AIFC 法院包括初审法院和上诉法院两个部分，上诉法院的裁决应被视为终局，不可上诉的，并对所有自然人和法人具有约束力。

根据《AIFC 宪法法规》，AIFC 法院不受理刑事和行政诉讼，但享有三方面问题的专属管辖权：第一，AIFC 入驻单位、中心机构和（或）其外籍员工之间产生的争议；第二，在 AIFC 运营中产生并受 AIFC 法律约束的争议问题；第三，双方通过协议将争议约定交由中心法院审理。AIFC 法院应适用 AIFC 现行法律，并考虑法院关于已生效的具体裁判及其他普通法司法管辖区的法院裁判。AIFC 法院的裁决在哈萨克斯坦共和国应同哈萨克斯坦共和国法院裁决的方式和条件一致，但应按照《AIFC 宪法法规》规定的程序翻译成哈萨克语或俄语。相应地，哈萨克斯坦法院的裁决应当根据哈萨克斯坦共和国法律在 AIFC 辖区内执行。此外，AIFC 享有解释 AIFC 行为规则的专属权限。

整体而言，哈萨克斯坦赋予了 AIFC 法院对 AIFC 运营中所产生的民事争议的司法管辖权，这一权力依照英美普通法的相关原则运行，审判结果在其他地区具有法律效力。但是，哈萨克斯坦法院体系仍然保留了对 AIFC 范围内刑事案件和行政诉讼案件的司法管辖权。①

除法院之外，AIFC 还设立了国际仲裁中心，其旨在依据双方之间的仲裁协议对纠纷进行仲裁。与 AIFC 法院类似，国际仲裁中心的设立和运作应符合理事会《关于国际仲裁中心的决议》等相关条例。目前该中心设有一名主席和一名执行官兼登记员。根据《AIFC 宪法法规》，哈萨克斯坦共和国的国际仲裁中心的裁决应按照受哈萨克斯坦共和国仲裁员承认并符合仲裁裁决程序和条款。将国际仲裁中心的裁决翻译成哈萨克语或俄语时应按照 AIFC 规定的方式进行。仲裁裁决应根据哈萨克斯坦共和国法律在中心辖区内予以承认和执行。

值得注意的是，AIFC 法院和仲裁中心以英文作为工作语言，有助于消除语言障碍，提高沟通效率，普遍使用英文使得该中心能够与国际金融市场无缝对接，这有助于吸引全球投资者和金融机构入驻，促进资本流动和金融创新。

⑤税收和签证政策优惠。

根据哈萨克斯坦共和国《AIFC 宪法法规》，在 2066 年 1 月 1 日以前，哈萨克斯坦免除提供以下四方面服务的入驻企业的所得税，包括：伊斯兰银行服务、再保险和保险经纪服务、投资基金资产管理服务、会计、存储和保证投资基金证券的发行、配售、流通、回购和赎回相关事项，经纪和（或）做市和承保业务；由中心法规规定的其他金融服务。此外，对从事相关服务的员工免征个人所得税，对于在阿斯塔纳国际金融中心获得的包括股票投资、股权转让和股息在内的资本利得免征个人所得税。对于入驻企业免征财产税和土地税。对于其他行业的入驻企业需要依据具体情况进行分析，比如外国矿业投资者在分红时可免征企业和个人应缴纳的税收。②

作为 AIFC 入驻单位或机构雇员的外国人和无国籍人士及其家属（配偶和未满 18 岁的子女）可以获得有效期最长为 5 年的入境签证。同时，如果 AIFC 管理局提出请求，AIFC 相关工作人员及配偶可以在哈萨克斯坦境内办理签证

---

① 参见杨陶、李庭均：《阿斯塔纳国际金融中心法院司法制度探析》，载《伊犁师范大学学报》2024 年第 3 期。

② 参见《AIFC 宪法法规》第 6 条。

延期手续。OECD 国家、阿拉伯联合酋长国、马来西亚、新加坡共和国和摩纳哥公国以及由哈萨克斯坦共和国政府确定的国家公民，有权获得自哈萨克斯坦共和国入境之日起最多 30 日内免签入境。入驻金融中心的企业有招聘尚未持有哈国境内相应行业执照的外籍和无国籍雇员的权利，且此类雇员无须在哈境内申请相应行业的执照。但招聘此类人员的入驻企业需向中心报备证明雇员专业资质的文件并存档备查。确认外国人和无国籍人士专业资质材料清单由金融中心金管局制定。

⑥致力职业发展。

职业发展部（Bureau for Continuing Professional Development）是 AIFC 下属专门培养金融人才的部门，旨在通过利用国内和国际高等院校和培训机构的教育资源，以金融中心为平台，为哈国培养财会、金融、法律、人力资源、信息技术、工商管理等领域人才。职业发展部旨在通过不同的社区（如大学及学院、专家、学者、商业中心、政府或半官方机构），为哈萨克斯坦培养超过 5000 名未来领袖。目前该部下设有三个中心，包括培训中心、中介中心以及职业中心。培训中心设有 200 余门课程，主要通过与相关国际协会合作开设，如英国特许证券与投资协会（CISI）、特许金融分析师协会（Chartered Financial Analyst Institute）、美国项目管理协会（Project Management Institute）、人力资源认证协会（HR Certification Institute）等。

⑦阿斯塔纳国际交易所支持“一带一路”。

阿斯塔纳国际交易所（Astana International Exchange，AIX）是依照股份公司制运作的法律实体，旨在为 AIFC 提供金融工具交易支持。交易所的成立旨在使国有企业公众化并给予公众投资机会。股东包括高盛、上海证交所、丝路基金和纳斯达克。其中纳斯达克为其提供股票交易的技术支持。

目前，该交易所的主要功能是承销哈国国债和为哈国国企私有化提供平台。2018 年 11 月，交易所上市了其成立以来的第一支股票——哈萨克斯坦国家原子能工业公司（Kazatomprom）。哈萨克斯坦有着丰富的铀储量，开采量居世界第一，占全球铀市场 20%的份额。目前在该交易所发行股票的还有欧亚资源集团旗下的哈萨克斯坦铬业公司（KazChrome）和舒巴尔阔勒煤炭公司（Shubarkol Komir JSC）等 6 家哈国和国际企业。此外，大部分企业选择在此发行债券，包括哈萨克斯坦电信公司（KazakhTelecom）、哈萨克斯坦铁路公司（Kazakhstan Temir Zholy）、玛依纳水电站（Moynak Hydropower Plant）、哈人民储蓄银行（Halyk Savings Bank of Kazakhstan）、阿特劳炼油厂（Atyrau Refinery）等。哈萨克斯坦财政部的外币债券（Eurobonds）也被列入阿斯塔纳国际交易所的上市名单。另有几家公司已在交易所发行非公开配售债券。交易所中央证券存托所（AIX CSD）有两家托管银行成员，它们在存托所（AIX CSD）开设了超过6万个投资者账户。

AIFC愿意为进一步加强“一带一路”投资发挥重要作用，AIX专门设立“一带一路”板（BRI Board），便于企业在“一带一路”框架下进行项目融资，致力成为“一带一路”倡议下项目融资解决方案的有益补充，即AIX推出“一带一路”板并不旨在取代“一带一路”倡议下项目的现有融资来源，而是为该倡议下项目的融资作有益补充。目前，阿斯塔纳国际交易所正在致力于开发“一带一路”证券，如债券、资产支持证券、股票和存托凭证。广泛的产品确保满足不同发行人和投资者的需求，并具有针对性。引入这些证券产品也为不同的金融中介机构参与“一带一路”市场及其产品基地的发展创造了广阔的机会。在经过阿斯塔纳国际交易所批准后，“一带一路”证券将以人民币、哈萨克斯坦坚戈、美元、欧元、俄罗斯卢比或其他货币计价发行。①

中国建设银行阿斯塔纳分行发行的离岸人民币债券“雄鹰债”在阿斯塔纳国际交易所和香港交易所正式挂牌，这是中亚地区首只离岸人民币债券，债券募集到的资金将用于支持“一带一路”相关项目建设。该债券的发行是阿斯塔纳国际金融中心“一带一路”框架下中哈金融合作的重要成果。2025年1月22日，厦门国贸集团在上交所成功发行了期限为5+N年的10亿元人民币“一带一路”可续期公司债券，该债券由中非发展基金全额认购，部分资金用于发行人非洲共建“一带一路”国家（地区）矿产品供应链业务。虽然该债券是在上交所发行，但体现了中国企业通过资本市场为“一带一路”倡议下的项目融资的趋势，而阿斯塔纳国际金融中心也积极推动类似的项目融资活动。

2024年哈萨克斯坦通过阿斯塔纳国际金融中心（AIFC）吸引投资31亿美元，其中21亿美元为在阿斯塔纳国际交易所（AIX）的证券投资，10亿美元为在AIFC注册企业的投资。阿斯塔纳国际金融中心自成立以来，累计吸引投资140亿美元，其中67亿美元为证券投资，73亿美元为阿斯塔纳国际金融中心注册企业的投资。2024年，有1100多家企业在阿斯塔纳国际金融中心注册，2023年为600多家。阿斯塔纳国际金融中心注册企业总数超过3500家，这些企业来自美国、英国、中国、土耳其、新加坡等85个国家。

⑧总结。

AIFC国际化的发展理念和大胆尝试确实体现了哈萨克斯坦成为中亚地区

① 参见《阿斯塔纳国际交易所：期待今年底推出“一带一路”板》，载中国一带一路网，https://www.yidaiyilu.gov.cn/p/92150.html，2025年4月3日访问。

金融中心的决心。作为中亚五国中政治最为稳定、经济最为发达的国家，哈萨克斯坦确实有着建立区域金融中心的条件和优势。哈萨克斯坦也给予了AIFC强有力的优惠政策，较之于中国改革开放之初的经济特区政策更为前卫和大胆，并希望通过强有力的税收优惠、签证优惠和国际化的法律体系快速聚集起人气和资本。

目前，AIFC已经搭建起了初步的法律制度，但是仍存在与其他地方法律衔接的问题，在现行框架下，还需要进一步完善AIFC相关法律。在项目上，AIFC希望将其国有机构通过交易所进行私有化，国有企业是短期内交易所挂牌企业的来源。由于市场活跃度不高，长期来看，国际交易所要想吸引他国的项目赴哈上市尚有很大难度。受限于地理位置和气候，资金也是较难实现突破的一点。目前，AIX希望引入各国券商以活跃市场。各方面的困难使得AIFC发展存在许多不确定性。

在中企“走出去”上，中国作为“一带一路”倡议的发起国，在哈项目投融资上可以借助AIFC优势，包括信息优势、法律优势、税收和签证优势。一方面可以利用AIFC语言和人才优势，完善项目评估，管理项目风险；另一方面，税收上的优惠也能增加金融机构在哈投资积极性。另外，在金融监管和合作上，中国应该以AIFC为立足点，加强中哈之间的金融监管合作，参与AIFC的改革和建设，推动中国金融监管制度的国际化。

（三）评述

自俄乌冲突后俄罗斯受到西方制裁，大量西方企业撤离俄罗斯市场，哈萨克斯坦成为这些企业的潜在落脚点。在金融领域，哈萨克斯坦也抓住了俄罗斯受制裁带来的机遇。由于西方国家对俄罗斯实施了金融制裁，限制了俄罗斯银行和企业进入美元市场，哈萨克斯坦的银行则成为西方银行和企业进入俄罗斯市场的中间人，从中赚取了手续费和利润。哈萨克斯坦对于外国企业来说既有机遇也有挑战，企业需要充分了解当地法律法规，制定合理的策略和措施，在跨境投资的风险可控的前提下抓住机遇。

此外，中国企业投资哈萨克斯坦之前建议详细了解阿斯塔纳国际金融中心提供的税收优惠和其他政策，其作为哈萨克斯坦的特殊金融区，拥有独特的法律制度和监管体系，基于英国普通法原则，并提供税收优惠和独立的金融法庭，而这些优惠政策通常只针对在阿斯塔纳国际金融中心内注册和运营的公司。

通过合理的股权架构设计，哈萨克斯坦境外的法律实体可以在一定程度上享受阿斯塔纳国际金融中心的税收优惠和其他政策。例如，在该国际金融中心新设一个控股公司，该控股公司可以持有哈萨克斯坦境内外其他法律实体的股权。通过这种方式，控股公司可以享受国际金融中心的税收优惠，并覆盖到其下属子公司。但需要注意，税收优惠的传递可能受到哈萨克斯坦税法和其他相关法规的限制；或者根据企业需要在国际金融中心设立特殊目的实体（SPE），用于特定的投资或融资活动。该特殊目的实体（SPE）可以灵活地利用阿斯塔纳国际金融中心的相关优惠政策以实现税收优惠和资金运作的高效性。同样需要遵守哈萨克斯坦的法规和相关政策，特别是《税法典》《公司法》《外汇管理法》等，避免触发不必要的法律风险和金融风险，做好合规建设工作。

三、税收法律及政策

（一）监管框架

随着“一带一路”建设的逐渐展开，中国企业“走出去”到哈萨克斯坦的未来不容忽视，哈萨克斯坦作为中亚经济核心国家，其税收制度对吸引外资、促进经济发展具有关键作用。在风险与机遇并存的哈萨克斯坦投资市场，中国企业必须遵循市场规律和国际通行规则，准确把握哈萨克斯坦投资政策与国家税收制度，依法合规经营。哈萨克斯坦共和国税收法规以哈萨克斯坦共和国宪法为根据，由《税法典》和按照其指定的规范性法律文件组成。

1. 税收法律体系

（1）哈萨克斯坦《税法典》

作为中亚经济核心国家，哈萨克斯坦近年来通过简化税制、优化税率吸引外资。其税收体系以“低税率、广税基”为特色，涵盖企业、个人及跨境交易。现行《税法典》于 2018 年 1 月 1 日生效，整合了原有的分散的税收法规。哈萨克斯坦《税法典》体系庞大，内容全面，共 780 条条文。《税法典》主要分为三部分，分别为总则、分则和税收征管。总则主要规定了哈萨克斯坦税法的调整范围、效力、税法原则、基本概念、纳税人的权利义务等。分则主要对哈萨克斯坦的税种和规费进行规定，包括对纳税人、征税对象、计费方法、税率、核算和缴纳办法的具体规定。税收征管部分主要规定了税务登记、税务审核、税务监督以及对税务检查结果或税务机关公职人员的申诉。哈萨克斯坦如当代大多数国家一样实行复税制，在哈萨克斯坦境内征收的税种有 13 个，包括企业所得税、个人所得税、增值税、消费税、出口地租税、地下资源使用税和专项收费、社会税、运输工具税、土地税、财产税、博彩税、定额税。下文将有针对性地介绍各个税种的税费及征税范围等。

（2）国际税收协定

税收协定具有消除双重征税、打击跨国偷漏税行为、解决税收争议等多方面的积极作用，世界各国普遍通过签订税收协定来处理国家之间的税收问题。国际上流通着两个通用的税收协定范本，分别是《经济合作与发展组织关于对所得和财产避免双重征税的协定范本》（OECD 范本）和《联合国税收协定范本》（UN 范本），在此基础上中哈两国在 2001 年 9 月 21 日签订了《中华人民共和国政府和哈萨克斯坦共和国政府关于所得避免双重征税和防止偷漏税协定》（以下简称中哈税收协定），协定中规定了常设机构等定义以及股息、利息、特许权使用费征税权的划分，以及关于消除国际重复征税、相互协商程序等相关条款。

由于中哈两国的税收制度并不完全相同，所以中哈税收协定对一些基本定义进行了解释，其中重点解释了居民和常设机构。协定明确了确认居民身份的具体规则：第一，永久性住所标准，即以其永久性住所所在地确定居民所属国；第二，重要利益中心标准，即当该个人在缔约国双方同时拥有永久性住所的，则应认定其与哪国经济关系更密切，则为该缔约国居民；第三，习惯性居住地标准，如上述仍无法确定则认定其为惯常居所国居民；第四，国民身份标准，上述仍无法确定则认定其为国民身份所属缔约国居民；第五，协商，如果该人同时是缔约国双方国民或不是任一方国民则有缔约国双方主管当局协商确定其居民身份。常设机构与居民的概念类似，一般而言，常设机构是企业进行全部或部分营业的固定营业场所，一般包括管理场所、分支机构、办事处、工厂、作业场所、矿场、油井或其他开采自然资源的场所。我国对哈投资主要是油气行业和基础设施建设，其中关于油气井、建筑工地等常设机构认定比较常见，中哈税收协定中规定的时限为连续 12 个月以上才可认定为常设机构。

征税权的分配也是中哈税收协定的主要内容之一，中哈两国政府通过协商各自放弃对部分所得的征税权，以消除可能出现的双重征税。对于不动产所得，不动产所在国享有对不动产所得的征税权。对于营业利润，缔约国一方企业获得的利润仅在该缔约国征税，但如果在缔约国另一方设有常设机构的，对归属于该常设机构的利润缔约国另一方享有征税权。对于股息、利息、特许权使用费，双方缔约国都享有征税权。如果股息、利息、特许权使用费的收取人即受益人，则来源国的征税额度不得超过股息、利息、特许权使用费总额的 10%。此外，在以下两种情况下利息取得国具有征税独占权，第一种情况是在利息来源国发生的利息归于缔约国另一方的政府、中央银行或者完全为其政府所有的金融机构；第二种情况是在利息来源国发生的利息，虽然为该缔约国另一方居民取得，但其债权是由缔约国另一方政府、中央银行或者完全为其政府所有的金融机构间接提供资金的。转让在缔约国另一方的不动产、常设机构财产，则仅在缔约国另一方征税，其他转让财产所得仅在转让者为其居民的缔约国征税。缔约国一方的独立个人劳务，仅在该缔约国征税，但若在缔约国另一方为从事上述活动设有固定基地，缔约国另一方有权就该基地所得征税。此外，在一年中在缔约国另一方停留连续或累计达到或超过 183 天，缔约国另一方可以对其在该国活动征税。对于薪金、工资应仅在缔约国一方征税，但在缔约国另一方从事受雇的报酬应由缔约国另一方征税。

根据中哈税收协定规定，为消除双重征税，中国采用了抵免法，哈萨克斯坦采用免税法。对于中国居民从哈萨克斯坦取得的所得，已经在哈萨克斯坦缴纳的税额，中国税务机关对该项收入进行征收时，应从按照中国税法计算的税额中抵免，抵免额不得超过对该项按中国税法计算的税收数额。对于哈萨克斯坦居民从中国取得的所得，可以在中国纳税的，哈萨克斯坦将从对该居民所得征收的税收中扣除相当于在中国缴纳的所得税，但不应超过按照哈萨克斯坦税法对该所得征收的税额。①

此外，中哈税收协定规定了相互协商程序，当纳税人认为缔约国一方或双方的税收相关行为不符合税收协定规定时，可以不采取所在国国内规定的补救方式，而将案情上报其居民国一方的主管当局。上述主管税务机关收到案件后，若认为纳税人意见合理，却不能单方解决时，可以进行相互协商程序，与缔约国另一方税务机关进行协调，避免纳税人所反映的涉税行为不符合本协定的规定。②

2. 税收种类

（1）企业所得税

《税法典》规定，企业所得税的纳税人是指哈萨克斯坦的居民法人，以及在哈萨克斯坦境内通过常设机构从事经营活动的非居民法人或收入来源于哈国的非居民法人，但哈国国家机关除外。可见哈萨克斯坦在企业所得税的管辖权上，同时实行属人主义和属地主义。③

哈萨克斯坦的应税收入=调整后的年度总收入-法律规定的扣除款。居民法人的年度总收入包括在哈萨克斯坦境内和境外取得的全部收入，在哈萨克

① 参见《中哈税收协定》第 23 条。
② 参见《中哈税收协定》第 25 条。
③ 参见《税法典》第 81 条。

斯坦境内通过常设机构从事经营活动的非居民法人的年度总收入，包括该非居民法人通过在哈萨克斯坦的常设机构从事经营活动所取得的境内和境外全部收入。纳税人的税前扣除的项目必须与纳税人取得的应税收入相关，按照规定的标准扣除且需要以相关的文件证明，在相应的纳税期限内申报扣除。《税法典》专门规定了几项常见的扣除项目，包括出差补助、招待费用、报酬、已支付的呆滞债务、呆滞债权、准备金、研发费用等。此外，《税法典》还规定了一些允许税前扣除的固定资产，固定资产主要指企业为生产产品、提供劳务、出租或经营管理而持有的，使用时间超过 12 个月的非货币性资产。哈萨克斯坦《税法典》将固定资产分为四类，第一类为建筑物和构筑物，第二类为机器和设备，第三类为计算机、软件和信息处理设备，第四类为未列入其他组的固定资产，包括油井、天然气井、输送装置、石油和天然气开采设备。允许税前扣除的固定资产主要出售、无偿转让、损失、毁坏等从固定资产中清除的资产。《税法典》对几种特殊类型的纳税人规定了免税政策，包括非营利组织、社会活动机构、独立教育机构、由哈国国家银行全资设立的专门从事改善二级银行信贷存量质量的机构。

根据《税法典》规定，哈萨克斯坦现行企业所得税基本税率为 20%；从事农产品、水产品、蜂产品加工销售企业销售上述产品的税率为 10%；实行源泉扣缴征税的企业所得税税率为 15%，非居民法人在哈国的收入除外；与其常设机构无关的非居民法人在哈国收入的税率为 20%；从事风险保险合同保险理赔收入的税率为 15%；风险再保险合同保险理赔收入的税率为 5%；提供国际运输服务收入的税率为 5%；增值收益、红利、利息、特许权使用费所得的税率为 15%；在哈国通过常设机构从事经营活动的非居民法人的净收入的税率为 15%。

(2) 个人所得税

根据《税法典》规定，纳税人分为居民纳税人和非居民纳税人，居民纳税人承担无限税收义务（承担境内和境外所得的纳税义务），非居民纳税人承担有限纳税义务（承担境内所得的纳税义务）。

哈萨克斯坦税法对不视为自然人的收入和免税收入做了具体规定。不视为自然人的收入包括财政资金出资支付的专用社会救济金、资助金和补偿金；给予工作人员公务外出有关的补偿金；因健康受损获得的补偿金；公务出差补助、补偿费；工作调动补偿费；从事非营利性经营业务的雇主从经营活动中获取的不分配给雇员的费用；交通费；野外津贴；轮班工作人员的伙食费、住宿费；保险费；营养费；物质损失补偿金；养老金及退休养老合同赎金；获得人道主义救助的财产价值；销售所有权登记达到或超过一年的机械运输工具、挂车、住宅、别墅、私人附属财产的增值额；自由交易高于市场价格所得的金额。免税收入包括抚养费和赡养费、存款利息、债务证券利息、有价证券和代办债券利息、证券交易的红利和酬金、哈国总统专项奖学金、社会保险基金的社会费、慈善援助和赞助所得的财产价值等多达47项。

《税法典》规定了个人所得税的免征额，对纳税人年度收入未超过最低工资标准12倍的部分不予征税，超过最低工资标准12倍才达到起征点。该法第158条规定了除对哈萨克斯坦境外所得的股息红利收入按5%的税率征收，其余税率都按照10%征收。哈萨克斯坦税款征收采用纳税申报和源泉扣缴两种方式。源泉扣缴的收入包括工作人员的收入、自然人从扣缴义务人处获得的收入、从养老公积金中发放的养老金、分红、奖金、彩金、应纳税的奖学金、养老保险合同收入。采用纳税申报的主要是财产收益，个体经营者的收益，私人公证员、私人法院执行员和律师的收入，其他收入。财产收益主要为登记不满1年的别墅住宅、投资黄金、土地或土地份额等。其他收入主要是仲裁收入；哈萨克斯坦人员根据合同从外国领事机构、外国代办处获得的收入、根据集资建房合同转让住宅获得的收入等。①

（3）增值税

根据《税法典》规定，增值税的纳税人包括两类，一类是在哈萨克斯坦境内进行增值税注册登记的人，另一类是按照海关法律规定进口货物到哈国境内的人。哈萨克斯坦增值税登记分为强制注册登记和自愿登记，强制登记的包括个体经营者；居民法人，但国家机构除外；信托管理人；通过分支机构、办事处在哈萨克斯坦境内从事经营活动的非居民法人。采用自愿登记的是把货物进口到哈萨克斯坦境内的人。②

增值税的征税对象为在国内进行商品销售与劳务提供的应纳税营业额和通过海关进口商品的应纳税进口额两大类。《税法典》对免征增值税做了具体规定，对在哈萨克斯坦境内销售国家发行的邮票、防伪标识、国家主管机关执行的需要征收国家规费的服务、按照法律规定赎买国家所需的财产、根据国家规定无偿交给国家的资产、殡仪服务、彩票、核算参与者之间的信息和技术共享服务、与国际运输和关税同盟内的国际运输相关的工程服务、住房基金的管理金额和使用方面的服务、本国纸币和硬币、残疾人人数超过51%，残疾人工资不低于51%的社会团体组织的商品或服务、保修期内免费维修或技术维护的服务和工作、利用自产原料生产的精炼黄金和铂金、博彩税和定

① 参见《税法典》第157条、158条。

② 参见《税法典》第228条。

额税的纳税人提供的相应种类的经营服务、公证和律师业务、国家控股持有全部表决权的法人的收费和返款、海关免税商品、非居民提供的捐助资金、有色金属和黑色金属的废料和废屑。此外，土地和住宅相关的营业额、部分金融业务、财产租赁收入、非商业机构提供服务收入、文化科学和教育服务和工程收入、医疗和兽医商品服务、进口商品免征增值税。

《税法典》还规定了零税率制度，零税率即纳税人不但不需要纳税，而且还需要把在购入商品、工程或服务时已支付的进项税额退回，如此以避免出口商品的重复征税。对于适用零税率的应纳税营业额，主要包括对商品出口的征税、国际运输的征税、外国航班在哈萨克斯坦机场加油时征收机场燃油销售税、在经济特区内销售商品的征税、高纯金的征税、地下资源对其自产商品产生的营业额。对于适用零税率的应纳税营业额，需要提供相关文件进行确定。比如对于适用零税率的出口商品，需提供商品出口合同、货物报关单、随货文件复印件等。

哈萨克斯坦增值税的税率为12%，每一季度为一个纳税期。

(4) 消费税

消费税的纳税人是指依据法律规定从事消费税应税商品生产、销售和进口，并依法向国家缴纳消费税的组织和人员。根据《税法典》规定，包括法人和自然人，也包括非居民法人及其分支机构。

消费税的征税对象为所有类型的酒精；酒类产品；烟草制品；汽油、柴油；乘用车，包括10座以上且发动机排量3000立方厘米以上的机动车（不含面包车、大客车和无轨电车）、发动机排量3000立方厘米以上的乘用轿车等；原油、凝析油；依照哈国法律作为药物注册的含酒精的医用产品。

哈萨克斯坦选择了单一的定额税率对应税产品进行征税，根据不同的征税对象设定了不同的税率。

对于出口消费税应税商品免税时，纳税人应在交易完成之日起的60个工作日内向税务机关提供出口合同、报关单，随货文件复印件、付款凭证和银行对账单。向关税同盟成员国出口消费税应税商品的，免征出口消费税。

对于进口下列应税商品免征消费税：从事国际运输的车辆在途中和经停地点运行所需的应税商品；通过关税同盟关境前已损坏的应税商品；用于外国外交代表处和类似的外交代表处使用，以及外交人员和行政技术人员及其家庭成员使用的进口的应税商品；通过手续免税的应税商品；依据哈国法律注册的含酒精医用产品。

(5) 其他税种

地下资源使用税。根据《税法典》规定，在哈萨克斯坦，地下矿藏使用者凡是按照哈国法律规定签订矿藏利用合同、开展矿藏利用业务的，都应该支付法律规定的所有税款和专项费用。其中，专项费用包括签约酬金、商业发现红利和历史性支出补偿费用等3项。

土地税。土地税的征税对象为土地，包括农业用地；居民点用地；工业用地。纳税人是拥有作为征税对象的土地的所有权、永久使用权或初次临时使用权的自然人和法人。不同用途或性质的土地适用不同的基准税率。

法人和个体企业主财产税。法人和个体企业主财产税的纳税人是拥有征税对象的法人和个体企业主。征税对象为主要不动产或者不动产投资的建构筑物；通过长期租赁合同将其组成部分的赎买权作为长期债权进行转让的建构筑物；根据租让合同转交了所有权和使用权的租让建构筑物。法人和个体企业主财产税不同的纳税主体对应不同的税率。

个人财产税。个人财产税是针对自然人所拥有的财产的征税。征税对象为自其开始居住和使用之日起便拥有所有权的，位于哈国境内的住宅、建筑物、乡村别墅建筑、车库及其他建构筑物、房间以及未完工的建筑。按照个人财产额确定税率。

社会税。纳税人主要是居民法人、个体企业主及个体公证员、个体法院执行员、律师等。对于个体法院执行员、个体企业主、律师、个体公证员社会税的征税对象包括纳税人自身在内的全体员工。对于居民法人社会税的征税对象主要是支付给员工的雇主开支。自2025年1月1日起社会税的基本税率是11%。

运输工具税。运输工具税的征税对象是交通工具，但应当进行国家登记或列在哈萨克斯坦目录的除外。纳税人包括拥有征税对象所有权的自然人；既拥有征税对象所有权又有经济管辖权和经营管理权的法人。根据不同的征税对象，适用不同的税率。

出口地租税。出口地租税是专门针对石油、煤炭等出口而开征的一个专门税种。纳税人是从事原油、天然气凝析油出口的自然人和法人以及从事煤炭出口的自然人和法人。征税对象是出口的原油、天然气凝析油和煤炭。不同价格原油、天然气凝析油的税率不同，煤炭出口地租税的税率为2.1%。

博彩税。博彩税的征税对象为赌桌、老虎机、赌马室、电子赌马室、投注站、电子投注站。纳税人为经营以上业务的个体企业主与法人。博彩税的税率根据预算法规定的纳税期月度核算指标确定。

定额税。定额税的征税对象为无奖励单人多人老虎机、个人游戏电脑、保龄球游戏赛道、卡丁车、台球桌。纳税人是经营上述项目的个体企业主与法人。税率根据预算法规定的纳税期月度核算指标确定。

3. 国际税收管辖权

哈萨克斯坦税收管辖权同时实行居民管辖权和来源地管辖权原则。如上文所述，居民承担无限的纳税义务，非居民承担有限的纳税义务。《税法典》判断居民的标准为固定居所标准和切身利益标准。

《税法典》规定当国际条约与税法不一致时，按照国际条约进行征税，由于我国与哈萨克斯坦签订了中哈税收协定，所以应当按照中哈税收协定确定税收管辖权。上文已经阐明，此处不再赘述。

（二）公共服务

哈萨克斯坦税收征管体系层级分明、权责清晰，其税制涵盖企业所得税、增值税、消费税等主要税种，通过国家收入委员会与地方税务机关协同执行，确保税款征收与财政监督的高效性。纳税人需严格遵循法定申报期限与方式，并接受多维度税务监管，包括纳税评估、稽查及专项检查。同时，税法与《行政违法法典》联动，构建了滞纳金、账户冻结等多样化处罚机制，强化合规约束。这一体系既保障了国家财政收入，又通过优化服务流程，为大企业提供便利，体现了法治与效率并重的治理理念。

1. 税务管理机构

哈萨克斯坦实行中央与地方两级税制，但主要税种由中央统一立法征收（比如企业所得税、增值税），地方税种（如土地税、财产税）则由地方按照中央标准执行。税务部门由国家收入委员会和各地税务机关组成。国家收入委员会主要职责为保证税款上缴与对财政进行指导。各地税务机关需具有哈萨克斯坦政府批准代码，如果建立经济特区，也可以在经济特区内建立税务机关。税务部门受国家收入委员会的领导。①

2. 税收申报

（1）申报期限

企业和个人纳税人都必须在法定期限内提交税务申请书和纳税申报表并缴纳应纳税款。哈萨克斯坦对各税种单独征税，不实行合并报税的做法。

本部分主要介绍哈萨克斯坦主要税种的申报期限。企业所得税实行按月预缴，在每月20日前提交结算表，并在25日前预缴。每一纳税年度结束后要向税务机关报送纳税申报表、报税单等纳税资料进行汇算清缴。律师、私

---

① 参见《中国居民赴哈萨克斯坦投资税收指南》，载国家税务总局，https://www.chinatax.gov.cn/chinatax/c102035/gbtzsszn.html，2025年3月11日访问。

人公证员、私人法院执行员每月应在次月 5 日前总计缴纳税款，其他非源泉扣缴的人员应在次年 3 月 31 日前提交个人所得税申报表并在提交后 10 日缴纳税款。增值税纳税人需要在纳税期后第二个月 15 日前向税务机关提交增值税申报表进行纳税申报，纳税期内的发票汇总表应作为纳税申报表的附件。纳税申报后第二个月 25 日前应缴纳税款。消费税的纳税期限为 1 个月，应税商品的消费税应不迟于纳税申报期结束后的次月 20 日前缴纳入库。那个纳税期结束后，纳税人必须在不迟于纳税申报期次月 15 日之前，向税务机关提交消费税纳税申报表。

（2）申报方式

哈萨克斯坦税务报表和申请的提交方式可以分为 3 种，即当面递交、通过挂号信邮寄和电子申报。其中，如果选择当面递交，申报表提交时间为税务机关或哈萨克斯坦国企“公民政府”收到纳税申报表之日；如果通过挂号信邮寄，如果是税务报表，以邮局打的验收戳记上的日期为准，如果是申请，则以税务机关收到之日为准；如果通过线上电子申报，申报表提交时间为税务机关官网的中心数据处理系统收到申报表之日，如果中心数据处理系统在纳税人线上提交纳税申报表后的次日内没有收到申报表，则申报表提交时间为纳税人线上提交纳税申报表的次日。

3. 税务审计与监管

（1）监管措施

哈萨克斯坦的税务监管措施多样，包括纳税评估、税务稽查、税务监督、一般税务检查等方式。

在提交税务申报表后，税务机关会根据纳税人的资料和单证对报表进行审核检查，这一步就是纳税评估，目的是评估纳税人的税务风险并给纳税人自行整改的机会。

税务稽查是税务机关对哈萨克斯坦税法及其他法律的执行情况进行的国家稽查。税务稽查主要是检查纳税义务、核算、扣款和缴纳养老金等责任履行情况；稽查税控收款机应用规则遵守情况；消费税商品稽查以及航空燃油、生物燃料及重油的稽查；转让定价稽查；国有资产的统计、保存、评估、后续使用及变卖等规定的执行情况；国家机关和地方执行机构履行税法职责的情况；商品随货单办理程序的遵守情况；在权限范围内对货物周转进行标识和可追溯性控制。此外还包括纳税人的注册情况、接收的税务格式文件等稽查内容。

税务监督税务机关可以通过分析纳税人财务经营活动开展税务监督，从而确定实际税基，监控纳税人对哈萨克斯坦税收法规、市场价格的遵守情况，并在转让定价时实施税务监控。税务监督主要是对大企业纳税人的监督和横向监督。大企业纳税人指年度总收入较高资产规模较大（期末资产总额超过年末采用的月核算基数的32.5万倍）、员工人数不少于250人的企业。对大企业纳税人实施监督时，国家收入委员会有权要求接受监督的纳税人提供文件和书面说明，以证明税款计算无误、税款和应缴财政款及时缴纳且财务报表已按时提交。如果大企业纳税人存在违规行为，则需要15日内提交书面说明，如果税务机关不认可该书面说明，有权邀请该纳税人当面讨论。横向监督是指在遵循合作、充分信赖、合法、透明、信息共享等原则的情况下，税务机关与纳税人之间进行的信息和文件交换。横向监督的结果就是签订横向协议，签订横向协议后纳税人就不再属于接受大企业纳税人监督的名单内，享受各种优待。

一般税务检查是指由税务机关实施的、核实是否执行哈萨克斯坦税收法规及其他相关法规规定的检查。一般税务检查包括：综合检查，指税务机关对纳税人纳税情况进行的检查。专项检查，是指税务机关针对纳税人的专项问题开展的调查，如履行某些税种或应缴预算款的纳税义务、履行增值税或从欧亚经济联盟成员国进口到哈萨克斯坦的商品消费税的纳税义务、未按规定开具发票等内容。定向检查，指关联关系业务往来的涉税检查，是综合检查或专项检查的辅助检查。抽查，即税务机关为了查明在抽查时段内纳税人收入和实际相关费用而实施的检查。

（2）处罚机制

哈萨克斯坦税收法律中并未详细规定未按期办理登记、未按期提交申报表及未按期缴纳税款的处罚规则，相关规则由《行政处罚法》予以规定。但税法规定了纳税人未按期履行纳税义务时，税务机关可以采取的强制履行措施。根据税法规定，纳税人未按期履行纳税义务，税务机关可以对其罚款；责令缴纳滞纳金，滞纳金自应缴而未缴税款和应缴财政款期限的次日（含上缴预算之日）起按日计算，每日的滞纳金为所欠缴税款乘以哈萨克斯坦央行规定的基准利率的1.25倍；暂停纳税人银行账户的支出操作（同业往来账户除外）；暂停纳税人的出纳现金支出；限制纳税人对财产的支配。《行政违法法典》对各种具体的违法行为做出了详细规定。

（三）效率

哈萨克斯坦通过税务信息化与争议解决机制优化，显著提升了税收征管效率。电子申报系统的普及使纳税人可在线纳税申报及税款缴纳。在争议解决领域，行政复议程序通过分级审理和二次申诉机制，形成高效闭环；行政诉讼则赋予纳税人直接司法救济权，为复杂争议提供了制度保障。这一体系既依托数字化降低办税成本，又通过程序设计平衡效率与公平，为纳税人提供多元化、时效可控的争议解决路径。

1. 电子纳税时间成本

近年来，哈萨克斯坦积极推进税务信息化建设，让纳税人可以更加便捷地查看税款数据、修改申报信息以及完成税款支付。同时，电子发票和数字化管理系统的推广，也减少了人工处理环节，提高了申报效率。电子申报是哈萨克斯坦纳税人可自主选择的报税途径之一，纳税人需要提交报税单、纳税申请以及税务登记证，电子申报无须进行纸质文件的邮寄或者现场递交，这在一定程度上能够减少文件传递所花费的时间。

2. 税收争议解决成本

（1）行政复议时间成本

为充分保障纳税人的合法权益，对税务机关检查结果不服的，纳税人可以向上级税务机关进行申诉，还可以就税务机关公职人员的行为向上级税务机关进行申诉。《税法典》规定，纳税人在收到税务检查通知书的 30 个工作日内要向上级税务机关提出申诉，如果因正当原因，纳税人错过了法律规定期限，经纳税人申请，受理申诉的上级税务机关可以延长其递交申诉书的期限。如果纳税人未在规定期限内提交申诉书、申诉书的形式和内容不符合法律规定、代替纳税人递交申诉书的人员不是其代理人、已提起行政诉讼的，税务机关可以不受理纳税人的申诉，对于前三项税务机关需要在收到税务书之日起 10 日内书面通知纳税人不受理申诉；对于已向法院提起诉讼的，税务机关需要在收到纳税通知书之日起 30 日内书面通知纳税人。

税务机关受理的申诉，负责审理的税务机关需要在收到申诉书之日起 30 天内作出合理决议，对于重点纳税大户，需要在收到申诉书之日起 5 日内作出决定，但审理机关在审理过程中进行的专项检查、重复专项检查、向企业发函咨询的，不受此期限限制。

纳税人对申诉的审理结果仍然不服的，或者负责审理申诉的税务机关在法定期限内没有作出决定的，纳税人在收到申诉审理结论书之日起 30 个工作日内可向主管机关递交书面申请书，要求主管机关重新审理，主管机关在 30 日内需要进行审理，对于重点纳税大户的申请，应当在 5 日内处理。

（2）行政诉讼时间成本

《税法典》规定，纳税人对税务检查结论不服的，除了可以向上级税务机关或主管税务机关提出申诉外，还可以直接向法院提出申诉。公民、法人或其他组织直接向法院提起行政诉讼的，通常需在知道或应当知道行政行为之日起6个月内提出，审理期限因案而异。

（四）评述

哈萨克斯坦的税收体系相对复杂，在哈萨克斯坦投资可能会产生税务风险，如企业登记风险、调查认定风险、享受税收协定待遇风险等。建议中国投资者增强自身风险识别能力，完善内部风险管理控制体系，全面准确理解中哈税收协定及哈萨克斯坦当地税法的具体规定，妥善防范和避免税收争议风险，必要时申请启动相互协商程序确保税收协定正确和有效适用，切实避免双重征税，消除缔约双方对税收协定的解释或适用产生的分歧。[①]

四、反垄断与反不正当竞争

随着全球经济一体化进程加速，反垄断与反不正当竞争在市场治理中的战略地位持续提升。前者聚焦遏制垄断行为，通过维护公平竞争格局，有效保障消费者权益、释放市场创新动能，为经济高质量发展筑牢根基；后者则着重规制商业欺诈、虚假营销、侵权等破坏市场秩序的行为，全力维护市场交易的公正性与透明度。欧美国家作为该领域的先行者，在长期实践中既形成了可资借鉴的制度经验，也因部分监管举措引发广泛争议，其探索历程为全球竞争政策的完善提供了多维度参考。例如，欧盟和美国通过严格的反垄断法规对谷歌、苹果等科技巨头展开调查和处罚，有效遏制了企业滥用市场支配地位的行为；但同时，这些措施也被批评为有时被用作保护本国企业、限制外国竞争者进入市场的工具。哈萨克斯坦共和国近年来为了促进和维护本国市场经济的健康发展、提高市场效率和促进中小企业的发展，哈萨克斯坦共和国政府通过反垄断机构对关键行业（如能源、交通、通信等）进行监管，防止市场垄断和不正当竞争等行为损害市场主体的合法权益，同时也不断完善哈萨克斯坦共和国的反垄断和反不正当竞争的法律法规，其中部分条款借鉴了欧美国家的立法经验，以应对全球化经济环境下的竞争需求。

（一）监管框架

随着全球经济日益紧密相连，哈萨克斯坦共和国深刻认识到维护公平有序的市场竞争环境对于经济可持续发展的关键意义。为有效预防和遏制垄断活动与不正当竞争行为，充分保障市场主体的合法权益，推动市场经济的健

---

① 参见《中国居民赴哈萨克斯坦投资税收指南》，载国家税务总局网，https://www.chinatax.gov.cn/chinatax/c102035/gbtzsszn.html，2025年3月14日访问。

康、稳定、高效发展，哈萨克斯坦共和国制定并实施了一系列全面且细致的反垄断和反不正当竞争相关法律规定。这些规定不仅是维护国内市场秩序的重要保障，也是哈萨克斯坦共和国融入国际经济体系、提升国际竞争力的关键支撑。

1. 反垄断法律规制

(1)《反垄断法》

1987 年，哈萨克斯坦共和国首次颁布了《反垄断法》，为市场中的私营资本提供了法律依据。但是由于其制定过程收到了当时政治与经济背景的影响，该法未充分发挥其应有的效能①。随着中东欧国家和前苏联地区国家改革浪潮的兴起，哈萨克斯坦也开始借鉴欧美国家的反垄断立法，以增强自身的市场竞争力，争取进入更广泛的国际经济组织中去。

2001 年，哈萨克斯坦对《反垄断法》进行了重要修订，其结合宪法和相关法典规定，系统构建了规制垄断行为的措施，以及反垄断行为的基本原则等规范。这次修订使其更加契合哈萨克斯坦 21 世纪的现代化发展规划，充分考虑到了国家的经济发展状况及特性，特别是强调了国际条约优先适用的规则，满足了哈萨克斯坦积极参与全球贸易的法律需求。

2008 年 8 月 26 日，哈萨克斯坦共和国对该《反垄断法》又一次进行修订，并于同年 12 月 30 日正式颁布实施。再次修改后的《反垄断法》明确指出，其立法宗旨在于保障市场竞争的公平与活力，为企业的的投资与运营提供法律支持，同时防范经济领域内的垄断和不正当竞争，力促自由市场竞争秩序的建立，并依法确保消费者权益不受侵害。该法的独特贡献体现在其全面更新与加强了对中小企业的支持、对民族产业的保护以及促进哈萨克斯坦经济有效衔接全球市场的战略举措。它以法律形式确定了一系列推动技术创新和鼓励投资的政策和准入性规定，明确规定了国家参与市场经营活动的法律依据，同时严令禁止特定利益集体对反垄断执行机构工作的不当干预。此外，该法明确界定了反垄断部门及其协作单位的执法权责范围，着重强调了执法过程应遵循程序性原则，以防止反垄断机关滥用职权和任性执法。更为重要的是，它赋予了市场参与者抵制反垄断机构不当执法行动的权利。

2015 年 10 月 29 日，《反垄断法》失效，其相关规定已被并入哈萨克斯坦共和国《企业法典》，实现了法规体系的整合与更新，使竞争机制更为系统化、协调化，降低法律执行的不确定性，显著增强了监管机构的执法效能，

---

① 参见刘国胜：《哈萨克斯坦共和国〈反垄断法〉述评》，载《俄罗斯中亚东欧市场》2010 年第 10 期。

减少法律适用难题的出现。该法典对于有效遏制市场垄断、增添市场活力、维护竞争秩序和促进中小企业发展具有至关重要的作用，各个市场主体也能依据该法典的规定合法从事市场经营行为，提高抵抗商业风险的能力。

（2）《企业法典》

第一，自然垄断行为。

根据《企业法典》的规定，“垄断行为是市场主体的活动，其地位使其能够控制相关的商品市场，包括对有关商品市场的一般交易条件产生重大影响”[①]。《企业法典》对垄断行为进行规制的相关条文包括垄断行为的界定、对垄断行为的分类、国家对于竞争的监管以及限制垄断的措施。垄断行为分为自然垄断行为和行政垄断行为，《企业法典》所限制的自然垄断行为包括市场主体的反竞争协定、市场主体的反竞争协同行为和滥用支配地位或垄断地位。

①反竞争协定又称为卡特尔协定，即排除、限制竞争的协议，可以书面和（或）口头达成，而反竞争协定又分为横向协定和纵向协定。“横向协定指的是作为竞争对手的市场主体（在同一商品市场上出售或购买商品的市场主体）之间的反竞争协定或协同行为”[②]“纵向协定指的是非竞争市场主体之间的反竞争协定，其中一个购买商品，另一个提供商品或者作为潜在的卖方（供应商）”[③]。《企业法典》第4编第15章第169条第1款、第2款规定禁止市场主体之间的横向协议和纵向协议。第4编第15章第169条第3款根据哈萨克斯坦共和国法律规定的程序，禁止或部分禁止市场主体之间以任何形式达成的导致或可能造成限制竞争的协定，除在组织和进行商品贸易和招标采购的时候的纵向协定，或属于公私伙伴关系合同的协定，包括特许权合同、综合商业许可证（特许经营）协定外，若所审查的商品市场中某一市场的市场份额不超过20%，则“制定或维持与其他市场主体签订同等合同的歧视性条款，包括商定的购买和（或）销售条件”的禁令不适用于纵向协议。如果对于某一类“人的集合”[④]的市场主体之间的协定，若其中一个市场主体对另一个市场主体拥有控制权，并且这些市场主体处于一个人的控制之下，则不适用于反竞争协定。

②市场主体的反竞争协同行为。

---

① 《企业法典》第167条。
② 《企业法典》第168条第1款。
③ 《企业法典》第168条第2款。
④ 参见《企业法典》第164条。

《企业法典》对“协同行为”[1] 进行了界定：第170条第1款规定，禁止生产、销售商品以限制竞争的市场主体采取的协同行为包括：确定和（或）维持购买或销售商品的价格或其他条件；不合理地限制商品地生产或销售；不合理地限制商品地生产或销售；不合理地拒绝与某些卖方（供应商）或买方订立合同；对与其他主体签订地同等合同采取歧视性条款。且不论是否有书面协议，本款所述市场主体的行为均应视为是协同的。

第170条第2款规定，本条第1款所述市场主体的行为如果满足了下列条件，即可被认定为协同行为：此类行为为限制行为；这些行为的结果符合每个市场主体的利益；市场主体因其中一方的公开声明或公开披露，而事先知道其中任何一方即将采取的行为；上述每一市场主体的行为都是由参与协同行为的其他市场主体采取的行为引起的；市场主体的行为并不同等地影响市场主体的情况，如哈萨克斯坦共和国税法和其他法律的更改、消费动态、自然垄断主体的服务关税、生产和销售商品的价格等；市场主体在相关商品市场的总份额为35%或以上，同时单一市场主体在相关商品市场的最低份额应为5%或以上。

第170条第4款规定了例外情况，即在通过采用先进技术改进生产、发展中小企业、制定和实施标准化法规这3种情况下，若这些行为是由同一人的集合中的市场主体实施的，允许采取协同行为。

但如果想要达成被允许采取协同行为，还要进行对市场主体的预审查，即有意达成《企业法典》第169条规定：允许的协定的市场主体有权向反垄断机关申请审查协定草案是否符合《企业法典》第169条的要求，并附上必要的电子文件，反垄断机关应在收到所述申请之日起30个日历日内，就市场主体协定草案是否符合《企业法典》第169条的要求作出决定。

③滥用市场支配地位或垄断地位。

“支配地位或垄断地位是指一个或多个市场主体在相关商品市场上的地位使一个或多个市场主体能够控制相关的商品市场，包括对商品的一般条件产生重大影响。”[2] 市场主体的支配地位是根据反垄断机关批准的商品市场竞争环境状况分析和评价方法确立的。《企业法典》第172条对市场主体具有支配或垄断地位所具有的条件进行了明确的规定：“若市场主体有能力单方面确定商品的价格水平，并对商品市场上的一般销售条件产生决定性影响”“对商品市场准入可作出经济、技术、行政或其他限制”“市场主体在一定程度上能够

---

① 参见《企业法典》第170条。

② 《企业法典》第172条第1款。

对商品市场的一般交易条件产生决定性影响”时，在相关商品市场上所占份额为35%或以上的市场主体则被认为是占支配地位，但若市场主体占有50%或更多份额，则不需要考虑上述三种情况，即可认定市场主体具有支配地位。此外，在某一商品市场中拥有最大份额的不超过3个市场主体的累计份额为50%或更高；或在相关市场中拥有最大份额的最多4个市场主体的累计份额为70%或更高时，若市场主体的相对份额长期（至少1年内）保持不变或变化不大（若这一期限不到1年，则在相关商品市场存在的时间内）；或市场主体出售或购买的商品在消费时（包括用于生产目的的消费）不能被另一种商品所取代；或有关该商品在相关商品市场上的销售价格和（或）条件的信息可向不确定的人群提供时，则其中每一个市场主体均应被确认为占支配地位。市场主体也有权向反垄断机关提出证据，证明其在商品市场上的地位不是支配的，同时反垄断机关应当自受理之日起15个工作日内审查所提交的证据，并作出相应的决定，报送市场主体。

而“滥用市场支配或垄断地位”[①] 的行为将导致或可能导致限制有关商品市场的准入，阻止、限制和消除竞争，以及（或）侵犯市场主体或不确定的消费者的合法权利。这些行为具体包括：确定、维持垄断高（低）价；除由于生产、销售和交付成本不同而适用不同的价格、不加歧视地适用考虑到销售、付款条件和合同期限的折扣制度外，对与市场主体或消费者签订的同等协议适用不同的价格或条件，无客观上合理的理由；对从他处购买的商品在地域、买方类型、购买条件以及数量、价格等方面实行转售限制；使市场主体或消费者承担与这些协议的主题事项无关的内容或商业惯例所规定的额外义务，对协议的订立附加条件或强加条件；不合理地拒绝订立合同或不向个别买方出售商品，即在具备生产或销售有关商品的情况下，未能在30个日历日内对订立合同的提议作出回应，或在买方提出申请时，若商品的生产或销售未达到所需的数量，包括存在与有关商品的销售合同有关的其他事项，则拒绝行为视为不合理；通过限制购买竞争对手生产或销售的商品来限制商品供应；不必要地减少或停止生产和（或）供应有消费需求或订单的商品，但前提是其能够生产或供应商品；停止商品流通，从而导致商品价格上涨；将在经济或技术条件上与合同主体事项无关的合同条款强加于对方；组织其他市场主体进入或退出商品市场；在经济、技术或其他方面不合理地为同一商品规定不同的价格（关税），造成歧视性条件[②]。

---

① 《企业法典》第174条。
② 参见《企业法典》第174条。

此外，《企业法典》中还规定了“企业合并”[①] 的内容，该法典通过对企业合并进行严格监管，旨在防止垄断和不正当竞争，防止市场集中度过高，避免企业通过合并形成垄断地位，从而损害市场竞争秩序和消费者利益。反垄断机关在企业合并过程中扮演着重要角色，确保合并行为不会对市场竞争造成负面影响。这些措施体现了哈萨克斯坦在反垄断和反不正当竞争领域的法律框架和政策导向。

第二，行政垄断行为。

行政垄断行为是指政府、政府经济主管部门、其他政府职能部门或者是具有某些政府管理职能的行政性公司，凭借行政权力排斥、限制或妨碍市场竞争的行为。根据哈萨克斯坦共和国法律规定的程序，国家、地方执行机构、负责监管市场主体活动地组织地保护主义行为（不作为），如导致或可能导致限制或消除竞争的行为（不作为）或决定，均被禁止或部分宣布无效，除非哈萨克斯坦共和国法律明确规定是出于保护宪法秩序和保护公共秩序、人权和自由、公共卫生和道德的需要[②]。

《企业法典》所规定的行政垄断行为具体可以概括为以下 10 种：国家和地方执行机构，即具有规范市场主体活动地国家职能地组织地保护主义行为(不作为)，①限制在某一活动领域建立一个市场主体；②不合理地干扰市场主体的经营活动；③禁止或限制商品的自由流通，对市场主体销售商品的权利施加其他限制；④向市场主体说明为某一特定类别的买方提供优先供应，或从某些卖方（供应商）处优先购买商品，或优先订立合同的情况；⑤限制商品购买者选择这类商品的市场主体；⑥旨在提高、降低或维持价格的行动；⑦旨在按地域划分销售或购买的数量、可出售的商品种类，或按卖方（供应商）或买方的构成划分商品市场的行动；⑧限制进入、退出商品市场或将市场主体排除在外；⑨向市场中的个别行为者提供使其相对于竞争对手享有特权的优惠或其他优势，或造成与竞争对手相比的不利或歧视性的经营环境；⑩直接或间接强迫市场主体优先签订合同，向某一特定类别的消费者提供商品，或从卖方（供应商）处优先购买商品。同时，该法典第 194 条第 3 款规定，除哈萨克斯坦共和国法律为保护宪法秩序、保护公共秩序、人权和自由、公共卫生或道德的目的以及经哈萨克斯坦共和国批准的国际条约作出规定外，若国家、地方行政机构、地方自治机构、国家授权的组织或市场主体与市场主体之间的协议导致或可能导致限制或消除竞争，则予以禁止[③]。

---

① 参见《企业法典》第 200—210 条。

② 参见《企业法典》第 194 条第 1 款。

③ 参见《企业法典》第 194 条第 2 款。

(3)《自然垄断法》

在市场经济中，竞争是推动效率和技术进步的关键力量。然而，某些行业由于自身特性，无法通过市场竞争实现资源的最优配置，这些行业被称为自然垄断行业。自然垄断通常存在于基础设施领域，如电力、天然气、铁路运输、供水和污水处理等。这些行业的特点是前期投资巨大，且具有显著的规模经济效应，即随着生产规模的扩大，单位成本会不断下降。因此，由一家或少数几家企业提供产品或服务，往往比多家企业竞争更有效率。

哈萨克斯坦共和国作为一个资源丰富且经济快速发展的国家，自然垄断行业在其国民经济中占据重要地位。这些行业不仅为国民经济提供基础性服务，还直接关系到国家的能源安全、经济稳定和民生福祉。然而，自然垄断的特性也带来了潜在的风险，例如，企业可能滥用市场支配地位，通过制定垄断价格或降低服务质量来获取超额利润，从而损害消费者利益和社会福利。因此，对自然垄断行业进行有效的法律规制，成为哈萨克斯坦共和国政府面临的重要课题。

《自然垄断法》正是在这样的背景下应运而生。该法旨在通过明确自然垄断的范围、规范市场主体的行为、建立有效的监管机制，来平衡自然垄断行业的效率与公平。法律的核心目标是在确保自然垄断行业高效运营的同时，保护消费者权益，实现消费者和自然垄断主体利益的平衡，防止市场滥用行为，并促进国民经济的长远发展。

具体而言，该法律对自然垄断行业的定义（《自然垄断法》第一章第5条）、监管机构的职责（《自然垄断法》第二章）、关税的形成（《自然垄断法》第三章）、自然垄断领域各方参与者的权利与义务（《自然垄断法》第四章），以及违法行为的处罚措施（《自然垄断法》第五章）等方面进行了详细规定。通过引入透明的监管机制和公众参与程序（《自然垄断法》第三章第24条、第25条），法律力求在政府监管与市场机制之间找到平衡点，从而为哈萨克斯坦共和国的自然垄断行业创造一个公平、高效且可持续的发展环境。

总之，《自然垄断法》不仅是该国经济立法体系的重要组成部分，也是推动自然垄断行业健康发展、维护社会公共利益的重要工具。随着哈萨克斯坦经济的不断发展和市场化改革的深入推进，该法将在未来发挥更加重要的作用。

(4) 欧亚经济联盟（EAEU）相关法律

欧亚经济联盟（EAEU）作为连接欧洲与亚洲的重要经济一体化组织，旨在促进成员国之间的经济合作、贸易自由化和市场一体化。在这一进程中，维护公平竞争环境成为确保联盟内部市场健康发展的关键。反垄断和反不正当竞争法律因此成为欧亚经济联盟法律框架的重要组成部分，其目标是通过防止市场垄断行为和不正当竞争行为，保护消费者权益，促进创新，并推动成员国经济的可持续发展。

欧亚经济联盟的反垄断与反不正当竞争法律体系以《欧亚经济联盟条约》为基础，结合各成员国的国内立法，形成了一套统一且灵活的法律规则。这些规则不仅涵盖了传统的反垄断领域，如禁止滥用市场支配地位、限制竞争协议和控制经营者集中，还针对数字经济、知识产权保护等新兴领域制定了相应的规范。此外，法律还特别强调了跨境合作与信息共享的重要性，以应对全球化背景下日益复杂的市场竞争挑战。

通过建立独立的监管机构和争端解决机制，欧亚经济联盟为反垄断与反不正当竞争法律的实施提供了有力保障。这些机制不仅增强了法律的执行效力，还为成员国之间的政策协调与合作提供了平台。总之，欧亚经济联盟的反垄断与反不正当竞争法律不仅是维护市场公平竞争的重要工具，也是推动区域经济一体化、实现共同繁荣的基石。

2. 反不正当竞争法律规制

(1) 哈萨克斯坦共和国竞争法①

哈萨克斯坦自独立以来，以宪法为依据，共颁布实施了 4 部竞争法。

第一部竞争法是《哈萨克苏维埃社会主义共和国发展竞争和限制垄断活动法》(以下称“1991 年竞争法”)，于 1991 年 6 月 11 日颁布。该法旨在提升竞争水平并遏制垄断，是哈萨克斯坦反垄断与维护市场竞争的法律基石，也是其向市场经济转型的重要标志。该法主要对政府部门运用公权力实施的阻碍市场竞争的行为以及传统意义上的反竞争行为进行规制，但实际实施效果不佳。尽管存在一定的局限性，但这部法规仍明显推动市场的繁荣和竞争机制的完善，为哈萨克斯坦私营企业发展提供了机会。

2001 年 1 月 19 日，《有关竞争和限制垄断活动法》(以下称“2001 年竞争法”) 正式施行，取代了“1991 年竞争法”。新法在制度构建上更具前瞻性，然而在实际执行过程中，部分条款却暴露出消极影响。其中，该法关于价格公共监管的规定尤为典型，要求已注册市场主体在调整垄断性商品及服务价格前，必须向反垄断机构报备。这一规定在实践中逐步演化为严格的价格管控。以该法为价格公共监管确立的法律规范为例，其条文规定：“已备案

---

① 参见阿热阿依·赛力克：《试析〈哈萨克斯坦竞争法〉》，载《伊犁师范学院学报（社会科学版）》2016 年 6 月第 35 卷第 2 期。

市场主体上调垄断性商品或服务价格，须事先向反垄断机构报备。[①]”这一规定在实践中形成了价格管制机制，具体表现为：部分相关登记主体在未获得反垄断机构的批准通知之前，通常会暂停价格上调，以预防潜在的违反竞争法律法规的风险。针对价格上涨源自利益驱动的情况，反垄断执法机构可能会依据企业可能存在过高的成本估算或不合理的利润增长幅度，从而启动相应的调查与干预措施，禁止此类价格调整，实质上形成了对企业利润上限的管控。这种价格监管的选择性与歧视性特征尤为突出：在同一市场环境下，部分企业可自由定价，而拥有市场支配地位且在国家机构登记的主体，却需接受严格的公共价格管控。[②] 这种监管模式对试图通过技术创新与成本控制提升市场份额的企业构成阻碍——即便企业通过降低成本或创新实现利润增长，其定价仍可能被认定为“垄断高价”而受到追责。上述监管逻辑下，以利润控制为核心的价格管制，不仅未能有效促进市场公平竞争，反而对企业的创新动力与成本优化行为形成制度性约束，暴露出法律条款在实践应用中的局限性。

2006 年 7 月 7 日，《保护竞争和限制垄断活动法》（以下称“2006 年竞争法”）正式施行，取代了此前的“2001 年竞争法”。但从实际效果来看，这部法律在激励商业发展与促进市场竞争法方面的作用并未达到预期目标。甚至学界部分观点认为，该法在调整竞争关系、规制垄断行为的法律架构上，不仅未延续前期立法的进步性，反而在某些关键制度层面出现规范性弱化的现象，进而对哈萨克斯坦市场经济的竞争生态产生了消极影响。

2007 年 7 月 27 日，哈萨克斯坦立法监管机构对“2006 年竞争法”作出修订，部分取消了原有的不公平价格监管条款。此次修订呈现出选择性调整特征：针对铁路运输、能源输送、民航、通信等特定行业，仍保留价格监管机制；在其他行业，价格管制得以放宽。修订后的《哈萨克斯坦共和国民营企业法》确立了民营企业在公共监管下平等经营准则，但价格监管的差异化模式依然存在，未能实现彻底的市场化改革。

2008 年 12 月 25 日，哈萨克斯坦颁布《竞争法》（简称“2008 年竞争法”）[③]。该法在保持公共监管弹性的同时，部分条文存在表述不明确的问

---

① 参见阿热阿依·赛力克：《试析〈哈萨克斯坦竞争法〉》，载《伊犁师范学院学报（社会科学版）》2016 年 6 月第 35 卷第 2 期。

② 参见阿热阿依·赛力克：《试析〈哈萨克斯坦竞争法〉》，载《伊犁师范学院学报（社会科学版）》2016 年 6 月第 35 卷第 2 期。

③ 参见阿热阿依·赛力克：《试析〈哈萨克斯坦竞争法〉》，载《伊犁师范学院学报（社会科学版）》2016 年 6 月第 35 卷第 2 期。

题。值得注意的是，该法对外国人、无国籍人士及外国营利性组织缺乏相应的监管规定，形成法律适用空白。

2015 年 10 月 29 日，原《竞争法》退出历史舞台，其条文被拆分并入其他法律。其中，反不正当竞争条款被完整纳入哈萨克斯坦共和国《企业法典》，完成法律体系内的重构。此次法律体系重构，旨在通过条文整合提升规则的系统性与协调性，降低企业合规及监管执行成本。调整后，《企业法典》跃升为市场竞争领域核心法律，全面覆盖反垄断与反不正当竞争等关键规制内容，标志着哈萨克斯坦竞争法律体系进入全新发展阶段。

(2)《企业法典》

《企业法典》规定，“竞争是市场主体之间的竞争，竞争的基础是诚信、合法性以及对消费者权利的尊重，无论市场主体的组织形式和注册地点为何，这些原则平等地适用于所有市场参与者”① “哈萨克斯坦共和国竞争管理的目标是保护竞争、维护和创造有利于哈萨克斯坦共和国商品市场公平竞争和商品市场有效运作的环境，确保哈萨克斯坦共和国经济的统一、商品的自由流动和经济活动的自由，根据《企业法典》管制和限制垄断活动，避免违反《竞争法》，制止国家和地方执行机构、国家具有调节市场主体活动以及恶性竞争职能的组织的反竞争行为”②。《企业法典》对不正当竞争进行规制的相关条文包括竞争的基本概念、垄断行为、恶性竞争、对违反哈萨克斯坦共和国竞争保护法行为的调查等。

《企业法典》中对“恶性竞争”③ 进行了明确界定，即旨在取得或提供不正当利益的任何竞争行为，且禁止恶性竞争。具体包括：①滥用定制商品、工程、服务和版权设施的手段；②滥用另一种制造商的商品；复制商品外观；诋毁、市场主体；③明显进行虚假广告；④强迫交易；⑤要求抵制竞争对手的卖方（供应商）；⑥要求歧视买方（供应商）；⑦号召停止履行与竞争对手的合同；⑧贿赂卖方（供应商）工作人员；⑨贿赂买方工作人员；⑩滥用构成商业秘密的信息；⑪通过向消费者提供关于生产的性质、方式和地方、消费特性、商品质量和数量以及（或）生产者的虚假信息来销售商品；⑫商品生产者和（或）消费者等市场主体之间的不适当比较④。《企业法典》第 178 条至第 191 条对上述恶性竞争行为进行了清晰的规定。

《企业法典》为防止违反哈萨克斯坦共和国竞争法，在第 195 条明确规

① 《企业法典》第 162 条。
② 《企业法典》第 160 条。
③ 参见《企业法典》第 177 条第 1 款。
④ 参见《企业法典》第 177 条第 2 款。

定，“反垄断机关应析商品市场的竞争状况；规范经济集中的程度；监测处于支配地位或垄断地位的市场主体的活动”。《企业法典》第 194 条第 4 款至第 8 款则具体规定了违反哈萨克斯坦竞争法的调查程序。

3. 对垄断和不正当竞争的处罚措施

在市场经济中，公平竞争是推动创新、提高效率和保护消费者权益的重要基石。为保障市场公平竞争，遏制垄断与不正当竞争行为，哈萨克斯坦共和国以《行政处罚法》《刑法典》等法律法规为依托，构建起监管体系，对反垄断和反不正当竞争行为进行了严格规范，并明确了相应的行政和刑事处罚措施。这些规定旨在确保市场主体在公平、透明的环境中开展经营活动，同时为中小企业创造更多发展机会，促进经济的可持续增长。

本节详细梳理了《行政处罚法》第 159 至第 163 条以及《刑法典》第 221 条中关于反垄断和反不正当竞争的处罚规定，涵盖了对垄断活动、反竞争协议、滥用市场支配地位、违反国家垄断法规以及不正当竞争行为的处罚措施。通过对这些规定的解读，我们可以更好地理解哈萨克斯坦在维护市场竞争秩序方面的法律框架及其实际应用。

以下内容将分为两个部分，分别针对行政处罚和刑事处罚进行详细阐述。

（1）行政处罚

《行政处罚法》在第 159 至第 163 条规定了几种适用于反垄断和反不正当竞争的行政处罚。具体规定如下：

第一，针对垄断活动的行政处罚。

①《企业法典》禁止市场主体的反竞争协定，如果这些行为不包含任何刑事犯罪迹象，应对中小型企业或非营利组织处以 3 倍的罚款，对大型企业处以开展垄断活动所获得的收入（利润）的 5%的罚款，并没收开展垄断活动所获得的垄断收入，不超过 1 年。

②《企业法典》所禁止的市场主体的反竞争协同行为，如果这些行为不包含任何刑事犯罪迹象，应对中小企业主体或非营利性组织处以 3 倍的罚款，对大型企业主体处以开展垄断活动所获得的收入（利润）的 5%的罚款，并没收开展垄断活动所获得的垄断收入，不超过 1 年。

③《企业法典》所禁止的市场主体滥用其支配或垄断地位的行为，如果这些行为不包含任何犯罪迹象，应对中小企业主体或非营利组织处以 3 倍的罚款，对大型企业主体处以开展垄断活动所收入（利润）的 5%的罚款，并没收开展垄断活动所获得的垄断收入，不超过 1 年。

④有上述①②③中规定的行为，在行政处罚后 1 年内第二次重复的，应当对中小企业或者非营利组织处以 5 倍以下罚款，对大型企业主体处以开展

垄断活动所得收入（利润）的10%以下的罚款，并没收从事垄断活动所得的垄断收入，最长1年以下。

⑤由个人和（或）法人对市场主体的经济活动进行协调，可能导致、导致或已经导致《企业法典》所禁止的任何形式的市场主体之间的反竞争协议的，将处以以下罚款：对个人处以150MCI的罚款，对小型企业或非营利组织处以350MCI的罚款，对中型企业处以500MCI的罚款，对大型企业处以1000MCI的罚款。

⑥若有⑤中规定的行为在行政处罚后1年内第二次重复实施的，应当对个人处以200MCI的罚款，对小型企业或非营利组织处以350MCI的罚款，对中型企业处以700MCI的罚款，对大型企业处以1500MCI的罚款。但若"实施以下形式的市场主体，若符合以下全部条件，可免除行政责任：在市场主体向反垄断机构申请时，反垄断机构尚未从其他渠道获得关于该反竞争协议或反竞争协同行为的信息；市场主体已采取紧急措施，终止其参与反竞争协议或反竞争协同行为；市场主体在申请之日起的调查过程中，提供了关于反竞争协议或反竞争协同行为事实的全部信息；市场主体自愿赔偿因实施反竞争协议或反竞争协同行为而对消费者造成的损害"①。

第二，对于违反哈萨克斯坦共和国关于国家垄断的立法的行政处罚措施。

①违反哈萨克斯坦共和国关于国家垄断法所规定的国家垄断主体限制的，将处以300MCI的罚款。

②未经授权的人员从事与国家垄断范围相关的活动的，将处以以下罚款：对个人处以50MCI的罚款，对小型企业处以100MCI的罚款，对中型企业处以150MCI的罚款，对大型企业处以250MCI的罚款，并可没收实施行政违法行为的物品和（或）工具，或不予没收。②

第三，对于未履行反垄断机构的指令、违反提供信息的义务或对进入场所和区域设置障碍所处的行政处罚措施。

"未履行反垄断机构的指令或未完全履行指令，未在规定期限内向反垄断机构提供信息或未完全提供信息，向反垄断机构提供不准确和（或）虚假信息，或对反垄断机构执行调查的公务员进入场所和区域设置障碍的，将处以以下罚款：对个人处以50MCI的罚款，对官员、小型企业或非营利组织处以100MCI的罚款，对中型企业处以360MCI的罚款，对大型企业处以1600MCI的罚款"。③

---

① 《行政处罚法》第159条。

② 参见《行政处罚法》第160条。

③ 《行政处罚法》第161条。

第四，违反国家、地方执行机构以及被政府赋予规范市场主体活动职能的组织的反竞争行为（或不作为）和不正当竞争所处的行政处罚措施。

①国家、地方执行机构以及被国家赋予规范市场主体活动职能的组织的反竞争行为（或不作为），将处以官员300MCI的罚款。

②不正当竞争行为，将处以以下罚款：对小型企业处以200MCI的罚款，对中型企业处以300MCI的罚款，对大型企业处以1500MCI的罚款。

③在②中规定的行为，在受到行政处罚后一年内再次实施的，将处以以下罚款："对小型企业处以300MCI的罚款，对中型企业处以400MCI的罚款，对大型企业处以2000MCI的罚款"。[①]

（2）刑事处罚

《刑法典》在第221条规定了对垄断活动进行处罚的措施。具体规定如下：

第一，市场主体实施以下行为，若对公民、组织或国家造成严重损害，或与市场主体获取巨额收入相关，将受到处罚：

①设定和（或）维持垄断性高（低）价格或协议价格；

②对从占据支配或垄断地位的市场主体购买的商品（工程、服务）的转售设定限制，包括基于地域、买方群体、购买条件、质量或价格的管制；

③基于地域、商品（工程、服务）种类、销售或购买量、卖方或卖方群体划分商品市场；

④以及其他旨在限制竞争的行为。

处罚措施：处以不超过1000MCI的罚款，或同等金额的矫正劳动，或不超过400小时的社区服务，或不超过1年的限制自由，或同等期限的剥夺自由。

第二，上述行为，若重复实施或由利用职务便利的人员实施，将受到以下处罚：

处以不超过3000MCI的罚款，或同等金额的矫正劳动，或不超过800小时的社区服务，或不超过3年的限制自由，或同等期限的剥夺自由，并可没收财产或不没收财产，同时可剥夺其担任特定职务或从事特定活动的权利，期限不超过3年。

第三，在上述内容中规定的行为，若符合以下情形，将受到以下处罚：

①由犯罪集团实施；

②使用暴力或以暴力相威胁，或毁坏或损坏他人财产，或以毁坏或损坏

---

① 《行政处罚法》第163条。

财产相威胁（不构成敲诈勒索的）。

处罚措施：处以不超过6年的限制自由，或同等期限的剥夺自由。

（二）公共服务

1. 反垄断和反不正当竞争规制主体

根据《企业法典》规定，哈萨克斯坦共和国的反垄断和反不正当竞争机关体系由中央执行机构、相关部门及其附属机关构成，其中附属机关在哈萨克斯坦共和国法律规定的权限范围内和中央执行机构确立的条例规定范围内开展活动。哈萨克斯坦共和国的反垄断和反不正当竞争中央主管机关是竞争保护和发展署（Agency for Protection and Development of Competition of the Republic of Kazakhstan）。该机构不仅负责制定和实施反垄断政策，还负责反不正当竞争的监管和执法工作；其地方主管机关则是竞争保护和发展署在各地设立的地方分支机构，负责在地方层面执行相关职能。哈萨克斯坦的反垄断机构可以成立专家委员会，以协助其工作并提供专业意见。专家委员会通常由学者、专家、国家机构和市场实体的代表组成，但其具体职能和组成可能根据实际情况有所调整。

2. 反垄断和反不正当竞争规制主体的职权

反垄断机关作为维护市场竞争秩序、保障公平竞争的重要执法机构，其职权范围广泛且具体。本节旨在详细阐述反垄断机关在哈萨克斯坦共和国法律体系下的核心职责与权力，包括但不限于政策制定与协调、监督与执法、市场分析与监测、信息公开与报告、建议与改革以及其他相关职权。同时，依据《企业法典》第七章第90条第7款的规定，进一步明确反垄断机关工作人员在履行职责过程中享有的法律特权与权限，确保其能够有效、公正地执行竞争保护领域的各项法律法规。通过全面解析这些规定，旨在为读者提供一个清晰、准确的法律框架，以理解和评估反垄断机关在哈萨克斯坦共和国市场竞争环境中的作用与影响。根据《企业法典》第七章第90条第6款的规定，反垄断机关的职权范围如下所述。

（1）政策制定与协调

①执行保护竞争和限制垄断活动的国家政策；②在保护竞争和垄断活动方面，协调政府机构和其他组织之间的部门间的协调；③在保护竞争和限制垄断活动方面进行国际合作；⑤确定保护竞争、限制垄断活动和商品市场运作的法律；⑤制定和批准审查市场主体协议草案的规则，视其是否符合哈萨克斯坦共和国竞争保护领域立法的要求来确定；⑥制定和批准市场主体的反垄断外部行为模式；⑦确定由市场主体作出的反垄断行为是否符合反垄断行

为的外部特征。

（2）监督与执法

①对哈萨克斯坦共和国在竞争保护领域的法律执行情况进行国家监督；②制止有监管商主体职能的国家、地方执行机构和组织的目的是限制和（或）消除竞争的行为、作为（不作为）；③审查有关同意企业合并的申请；防止和制止反竞争协定和商主体的协同行为、不公平竞争；④除哈萨克斯坦共和国自然垄断法规定的违法行为外，防止和制止滥用有关商品市场的支配地位或垄断地位的行为；⑤根据《企业法典》规定的程序，调查商主体、国家、地方执行机构和国家有权监管商主体活动的组织违反哈萨克斯坦共和国竞争保护领域立法的情况；⑥向市场主体发出具有约束力的命令，要求其停止违反《企业法典》的规定和（或）纠正其后果、恢复原状、解除或修改违反《企业法典》的合同；⑦向国家、地方执行机构、被赋予管理商主体活动的国家职能地组织作出规定、发出具有约束力的指示、废除或修改其采取的行为、消除违法行为、取消或修改其缔结的协议和交易，并采取旨在确保竞争的行动；⑧根据《行政处罚法》规定的程序审理行政违法案件、实施行政处罚、并参与处理违反哈萨克斯坦共和国竞争保护领域立法行为的法庭；⑨向司法机关递交材料，以便对违反哈萨克斯坦共和国竞争保护领域立法的刑事犯罪进行预审调查；⑩向市场主体、国家和地方执行机构、负责监管市场主体活动的组织的官员发出书面警告，警告其不得采取可能违反哈萨克斯坦共和国竞争保护领域立法的行为（不行为）。

（3）市场分析与监测

①分析商品市场的竞争状况；②分析和监测在相关商品市场上占据支配地位或垄断地位的市场主体的活动；③与哈萨克斯坦共和国国家银行协商、批准对商品市场的竞争状况进行分析的方法、确定商品可互换性、可获得性和商品市场界限的标准；④制定和批准分析公共市场的方法；⑤制定和批准调查商品市场的方法，以建立对国有企业、法人实体、国家持有50%以上的股份（股本份额）的法人及其附属公司和（或）从事其他相关活动的实体的调查，并经哈萨克斯坦共和国国家银行的同意；⑥制定和批准评估商品市场经济集中度的方法；⑦与哈萨克斯坦共和国国家银行协商，制定并批准对金融市场企业合并进行评估的方法；⑧确认由占支配地位或垄断地位的商主体确定的垄断高（低）价；⑨采用确认垄断高（低）价的方法；对公共垄断主体生产和（或）销售的商品进行价格评估；⑩除载有国家机密和其他受法律保护的机密的信息外，在其网站上公布对商品市场竞争状况的分析；⑪建立和维持国家垄断主体登记簿。

(4) 信息公开与报告

①传播关于执行哈萨克斯坦反垄断法规定和促进公平竞争的信息；②每年最迟于6月1日前向哈萨克斯坦共和国总统和总理提交一份年度报告，说明个别商品市场的竞争状况和为限制垄断活动而采取的措施，并将其公布在互联网上；③确保公共竞争政策和限制垄断活动的信息公开，包括每季度在不迟于报告月15日前在媒体上（包括在其互联网上）公布其活动情况；④在其互联网上公布对违反哈萨克斯坦竞争保护领域立法的行为的调查结果和反垄断机关的决定；⑤向市场主体、国家和地方执行机构、国家授权的组织、负责监管市场主体活动的组织发出通知，告知市场主体、国家和地方执行机构、国家监管市场主体活动的组织是否采取行动，以及是否有违反哈萨克斯坦竞争保护领域法律的迹象。

(5) 建议与改革

①每年不迟于报告年后的1月5日前，向哈萨克斯坦共和国政府提出建议，要求将国有企业、国家持有50%以上股份（股本份额）的法人及其附属法人的50%以上股份转让给哈萨克斯坦政府、并提出修订国家持有50%以上股份（股本份额）的法人及其关联的法人的活动清单的建议；②根据哈萨克斯坦共和国法律的规定的程序，向司法机关提出要求，要求采取行动和进行调查。

(6) 其他职权

①除银行保密、证券市场上的保险秘密和商业秘密外，请求并接受包括国家统计部门、国家税收机构在内的国家机构及其官员、市场主体和其他自然人和法人根据哈萨克斯坦共和国法律规定的程序必须提供的资料，以行使《企业法典》规定的权力，包括构成商业秘密和其他受法律保护的秘密的资料；②对反垄断机关采用的竞争保护领域的监管法律给予正式解释；③行使《企业法典》、哈萨克斯坦共和国其他法律、哈萨克斯坦共和国总统令和哈萨克斯坦共和国政府法规规定的其他权力。

(7) 反垄断机关工作人员的职责

根据《企业法典》第七章第90条第7款的规定：反垄断机关工作人员在履行职责时，包括审查关于违反哈萨克斯坦竞争保护领域立法的指控、调查违反哈萨克斯坦竞争保护领域立法的案件、管理企业合并和确定竞争状况时，只要出示工作证明和反垄断机关关于调查违反哈萨克斯坦竞争保护领域立法行为的决定，均有权：

①按照哈萨克斯坦共和国法律的规定，不受阻碍地进入国家机构和商主体的房屋和领域；

②在反垄断机关规定的期限内，向国家、地方执行机构、商主体、官员和其他自然人和法人索取和接受书面资料，就其违反哈萨克斯坦竞争保护领域立法的行为提出书面和（或）口头解释；

③行使哈萨克斯坦共和国法律规定的其他权力。

（三）反垄断和反不正当竞争调查程序和效率

1. 调查程序

“调查是指反垄断机关采取的措施，其目的是按照《哈萨克斯坦共和国企业法典》规定的程序收集证据、证实或反驳哈萨克斯坦共和国竞争的行为。反垄断机关在其职权范围内对违反哈萨克斯坦共和国竞争法的行为进行调查，并根据调查结果作出决定”①。其具体程序如下：

（1）调查的启动

《企业法典》第199条规定，“除该法典第174条第8款（滥用市场支配或垄断地位——停止商品流通，从而导致价格上涨）所述的迹象、市场主体的反竞争、纵向协议、反竞争行为（不作为）以及国家、地方执行机构和国家监管市场主体的组织之间的协议外，若存在恶性竞争、滥用支配地位或垄断地位的迹象，反垄断机关在进行调查前应向市场行为者、国家、地方执行机构、具有国家职能的组织发送市场主体的相关信息，通知存在的违反哈萨克斯坦共和国保护竞争立法的行为（不作为）的迹象。通知最迟应在反垄断机关获悉这些迹象之日起10个工作日内发出，通知程序及其形式由反垄断机关确立。若市场主体未在10个工作日内终止通知中所述的行为（不作为），则反垄断机关应决定进行调查。若在接到通知之日起的1年内，反垄断机关发现同一市场主体的行为（不作为）同样违反了本条第1款所述的哈萨克斯坦共和国竞争法，则反垄断机关应在不经通知的情况下作出调查决定”。

“调查的依据是反垄断机关收到有关违反哈萨克斯坦共和国在竞争保护领域的立法的信息，这些信息包括：来自国家机构的材料，表明违反了哈萨克斯坦共和国在竞争保护领域的立法；自然人和（或）法人提出申请，表明存在违反哈萨克斯坦共和国在竞争保护领域的立法的迹象；反垄断机关在市场主体、国家机构和地方执行机构的活动中发现违反哈萨克斯坦共和国在竞争保护领域的立法的迹象；反垄断机关收到媒体报道的违反哈萨克斯坦共和国在竞争保护领域的立法的迹象。调查的开始根据调查令进行，调查令副本应在签署之日起3个工作日内送交申请人和调查对象，但其行为具有垄断性质

---

① 《企业法典》第216条第1款。

的调查对象除外。对于行为具有垄断性质的调查对象，调查令副本送达调查对象。”[①] “反垄断机关在进行调查之前，应向法律统计和特别登记机构的指定机构登记一份指定调查报告，并将其提交给法律统计和专门机构的授权部门，可包括电子方式”[②]。

（2）调查的施行

若有证据证明市场主体、国家机构、地方执行机构、国家有管理市场主体的职能的组织违反哈萨克斯坦共和国竞争保护法律的迹象，以及在审查《企业法典》第216条第2款（即上文的“调查的依据”）规定的资料的时候发现违法行为，则反垄断机构应下令进行调查；如果有证据表明市场主体、国家机构、地方执行机构、负责监管市场主体活动的组织采取行动，或有迹象表明违反了《企业法典》第216条第2款规定的保护竞争的法律规定，则应由反垄断机关下令进行调查。如果有《企业法典》第169条第3款（根据哈萨克斯坦共和国法律规定的程序，禁止或部分禁止市场主体之间以任何形式达成的导致或可能造成限制竞争的协定）、第170条第1款（禁止生产、销售商品以限制竞争的市场主体采取的协同行为）规定的迹象，在进行调查之前，应对商品市场的竞争状况进行分析，以确定市场主体的支配地位或垄断地位；或有《企业法典》第174条（滥用市场支配或垄断地位）规定的迹象，在进行调查之前，应对商品市场的竞争状况进行分析，以确定市场主体的支配地位或垄断地位的情况时，反垄断机关的反垄断应对措施在其实际占垄断地位期间也适用于该市场主体。[③]

《企业法典》第218条第4款规定：对违反哈萨克斯坦竞争保护法律的行为进行调查的时限不超过3个月，即自发布调查令之日起不超过3个月，调查期限可由反垄断机关延长，但最长不得超过两个月。同时应发出延长期限的命令，并在发出命令之日起3个工作日内将该命令的副本送交申请人和调查对象。反垄断机关在调查过程中，可决定将多项调查合并为一项调查，或进行单独的调查。

（3）调查的中止

“在调查过程中。如果（1）发生反垄断机关、法院、刑事检察院机构调查另一案件，该案件涉及对违反哈萨克斯坦共和国竞争保护法行为的调查；或（2）对同一调查对象的违反哈萨克斯坦共和国竞争保护法的行为进行另一次调查；或（3）进行专家鉴定；或（4）对违反哈萨克斯坦共和国竞争保护

① 《企业法典》第216条第2款。

② 《企业法典》第218条第5款。

③ 参见《企业法典》第218条第1款和第2款。

法行为进行调查时能认定，特定商品的市场占有率超过50%，而市场主体在商品市场仍然不占主导地位，则必须对商品市场竞争状况进行分析的四种情况时，反垄断机关有权中止对违反哈萨克斯坦共和国竞争保护法行为的调查。违反哈萨克斯坦共和国竞争保护法行为的调查期间在调查中止时中断，自调查恢复之时起继续。关于调查的中止和恢复，以及专家鉴定的委任由反垄断机关的官员作决定。委任专家鉴定决定的副本应当自决定之日起3个工作日内送达给专家。"①

（4）调查的终止

"反垄断机关在下列情况下对违反哈萨克斯坦共和国竞争保护法的行为终止调查：①调查对象缺少违反哈萨克斯坦共和国竞争保护法的行为；②清算法人成为唯一的调查对象；③死去的自然人成为唯一的调查对象；④《哈萨克斯坦共和国行政处罚法》规定的诉讼时效期满；⑤存在已经产生法律效力的司法行为，其能够判定在反垄断机关的调查作为（不作为）中是否存在违反哈萨克斯坦共和国竞争保护法的行为"。②

（5）反垄断机关根据对违反哈萨克斯坦共和国竞争保护法行为的调查结果作出决定。

反垄断机关应根据违反哈萨克斯坦共和国竞争保护法行为的调查结果形成结论草案，至少在调查结束前30日内通过信函送达或发送给调查对象。如果在调查结束前至少20日内联系调查对象，则反垄断机关的官员向调解委员会提交根据违反哈萨克斯坦共和国竞争保护法行为的调查结果形成的结论草案。③

《企业法典》第224条第2款规定："调解委员会应在草案提交之日起五天内，考虑其中所载证据的完整性和有效性，以及违反哈萨克斯坦共和国竞争保护法的事实，并邀请参加调查的人员列席会议。根据审议结论草案的结果，调解委员会提出意见和建议，并将其发送给官员进行工作。调解委员会的组成应包括独立专家以及调查对象的专家，调解委员会的条例、章程和组成由反垄断机关制定和确立。"

"反垄断机关官员根据违反哈萨克斯坦共和国竞争保护法行为的调查结果签署结论时视为调查完成。根据违反哈萨克斯坦共和国竞争保护法行为的调查结果形成的结论由反垄断机关在调查完成之日起不超过十个工作日以内命令批准。在签署之日起三个工作日内调查结果的结论批准命令副本应通过信

---

① 《企业法典》第222条。
② 《企业法典》第223条。
③ 参见《企业法典》第224条。

函送达或发送给调查对象，并附上对调查结果的意见。同时这一决定也应告知申请人。签署调查结果的结论批准命令的日期视为发现行政违法事实的时间。调查对象可根据《哈萨克斯坦共和国民事诉讼法》的规定对调查结果的结论批准命令向法院提出上诉。”①

其中，“命令是指按照反垄断机关严格的表格形式形成的，其内容有明确的规定，必须包含：（1）市场主体和（或）国家机构，以及（或）下达命令的当地执行机构或其官员的名称；（2）概述违反哈萨克斯坦共和国竞争保护法的既定事实，并说明或是市场实体或是国家机构或是地方执行机构或是其官员违反的法律规范；（3）市场主体和（或）国家机构，以及（或）地方执行机构或其官员必须采取的用以消除违反哈萨克斯坦共和国竞争保护法行为的措施，（或必须制止的行为）；（4）执行命令的期限；（5）提供命令执行信息的期限；（6）授权签署命令的人的签名；（7）反垄断机关的公章”②。《企业法典》第228条规定：“反垄断机关可主动或根据有关人员的申请，在（1）当存在反垄断机关不了解也无法了解的重大情况，导致发布了非法或不合理的命令；或（2）当命令是根据不确定的信息发出的，导致发布了非法或不合理的命令；或（3）当命令的发布有违哈萨克斯坦共和国法律；或（4）纠正命令中容许的笔误或明显的计算错误四种情况中审查（自己或地方单位）的命令，反垄断机关也可暂停执行其命令，直至其审查结束，并以书面形式通知参与案件的人员。根据有关人员提交的申请对命令进行审查时，反垄断机关无权使提交申请（申诉）人的处境恶化”。根据哈萨克斯坦共和国的法律规定，“如果要对反垄断机关的命令提出上诉，应自市场主体收到命令之日起三个月内市场主体可就反垄断机关的命令向反垄断机关或法院上诉”。③

2. 调查效率

根据《企业法典》规定的反垄断和反不正当竞争案件处理流程，哈萨克斯坦共和国在处理此类案件时表现出较高的程序化和透明度，但在时间成本和效率方面存在一定的复杂性。以下是综合总结。

（1）时间成本

①调查启动：反垄断机关在发现违法行为迹象后，需在10个工作日内通知相关方，并要求其终止行为。若未改正，则启动调查。调查令副本需在3个工作日内送达相关方。

---

① 《企业法典》第224条第3款至第7款。

② 《企业法典》第227条。

③ 《企业法典》第230条第3款。

②调查期限：调查通常不超过3个月，但在必要时可延长最多2个月。延长期限的决定需在3个工作日内通知相关方。

③调查中止：在特定情况下（如涉及其他案件、专家鉴定等），调查可能被中止，中止期间不计入调查时限。调查恢复后，时限继续计算。

④调查终止：调查可能在多种情况下终止，如无违法行为、调查对象清算或死亡、诉讼时效期满等。

⑤结论与决定：调查结束后，反垄断机关需在30天内将结论草案送达调查对象，并在10个工作日内批准最终结论。结论批准命令副本需在3个工作日内送达相关方。

（2）效率分析

①程序严谨但耗时：调查程序严格遵循法律规定，确保了透明性和公正性，但由于通知、送达、中止、延长等环节的存在，整体处理时间可能较长。

②合并调查机制：反垄断机关有权将多项调查合并为一项，这在一定程度上提高了效率，减少了重复工作。

③调解委员会的作用：调解委员会在调查结论形成过程中发挥重要作用，但其审议时间（5天内）和意见反馈可能增加整体时间成本。

④司法救济途径：调查对象可对调查结果提出上诉，这可能进一步延长案件的处理时间。

哈萨克斯坦共和国的反垄断和反不正当竞争案件处理机制注重程序正义和法律依据，但在时间成本上存在一定的延迟风险。尽管调查期限通常为3个月（可延长至5个月），但由于通知、中止、专家鉴定等环节的存在，实际处理时间可能更长。此外，调解委员会的介入和司法上诉机制虽然保障了各方权益，但也可能影响整体效率。总体来看，哈萨克斯坦共和国的反垄断和反不正当竞争调查程序严格遵循法律规定，注重时效性和程序正义，确保调查结果的公正性和权威性，哈萨克斯坦的反垄断调查机制在确保公平竞争和保护消费者利益方面具有较高的规范性，但在提高处理效率方面仍有优化空间。

（四）评述

反垄断和反不正当竞争在维护市场公平竞争、保护消费者权益以及促进经济健康发展方面具有重要意义。欧美国家通过严格的法律法规和执法机制，在限制企业滥用市场支配地位、保护本国企业利益方面取得了显著成效，但其部分做法也引发了关于贸易保护主义的争议。哈萨克斯坦共和国作为一个新兴经济体，在反垄断和反不正当竞争领域的实践将对其市场环境的公平性与效率产生深远影响。通过优化监管框架、提升公共服务质量和提高市场效率，哈萨克斯坦有望在借鉴国际经验的基础上，构建适合本国国情的竞争政策体系。未来，哈萨克斯坦在这一领域的探索不仅将为其经济发展注入新动力，也可能为其他新兴经济体提供有价值的参考与启示。

五、国际贸易

作为连接欧亚大陆的战略枢纽和“一带一路”倡议的核心节点，哈萨克斯坦凭借其得天独厚的地理区位、丰富的自然资源和持续深化的开放政策，正逐步崛起成为国际经贸合作的重要参与者。2015 年加入世界贸易组织（WTO）之后，哈萨克斯坦 GDP 总量显著增长，经济结构逐步从资源依赖型向多元开放型转型。根据国际货币基金组织（IMF）数据，2019 年其 GDP 总量约为 1700 亿美元，稳居中亚首位。2022 年，哈萨克斯坦名义 GDP 达到 2202.96 亿美元，较 2015 年增长约 29.6%；人均 GDP 为 11220 美元，较 2015 年增长约 23%。而根据中亚区域经济合作（CAREC）研究所在其最新报告中指出，哈萨克斯坦的国内生产总值（GDP）预计将在 2025 年实现大幅增长，增速将跃升至 5.2%—5.6%，成为中亚区域增长最快的国家之一。这一进程不仅体现了该国从“资源依赖型经济”向“规则导向型开放市场”的转型，更反映了其通过多边机制融入全球价值链的雄心。

作为欧亚经济联盟（EAEU）的创始成员国，哈萨克斯坦在区域一体化与全球贸易规则之间也展现出独特的平衡能力；一方面需遵循联盟内统一的关税政策与海关法规，另一方面需履行 WTO 框架下的非歧视原则与市场准入承诺。这种双重身份使其国际贸易政策兼具区域保护与全球开放的双重特征，也为国内外企业提供了复杂但充满机遇的法律环境。尽管面临全球市场波动和内部改革压力，其通过贸易自由化、区域合作和技术创新，展现了中亚内陆国融入全球经济的独特路径。未来需进一步平衡 WTO 规则与国内相关法律法规，以巩固经济增长韧性。

（一）监管框架

1. 国际货物贸易法律监管框架

（1）海关事务法典

《海关事务法典》是国际贸易交往中最重要的法律，它是规范该国海关活动的基础性法律文件，旨在确定海关监管的基本原则、程序和规则，保障国家经济安全，促进国际贸易便利化。哈萨克斯坦作为欧亚经济联盟成员国之一，该法典是根据欧亚经济联盟关于欧亚经济联盟框架内海关法律的关系的国际条约，包括《欧亚经济联盟海关法典条约》，欧亚经济联盟与第三方签订的国际条约和构成欧亚经济联盟法律的法律，以及根据2014年5月29日签署的《欧亚经济联盟条约》，结合国内法律需求制定，并随形势变化进行修订。

①关税规定。

海关税费由欧亚经济联盟统一制定。关税同盟规定：自统一关境建立之日起，成员国双边贸易将取消关税、商品数量限制以及其他同等措施。但不包括保障措施、反倾销和反补贴措施，以及为维护公共道德、人员和动植物的生命和健康、保护自然环境和文化价值而采取的出口或进口禁止性和限制性措施。

哈萨克斯坦方面，哈国提出分阶段过渡并与统一税率相衔接的要求，还针对400余种商品申请了“过渡期”，从而达到捍卫本国生产企业利益的目的。除此之外，哈萨克斯坦又争取到一项关于免除进口关税的权益：只要是用于外资对哈投资项目的进口机械设备以及原、辅料，一概免征进口关税。此外，哈萨克斯坦仅对石油、石油产品、废旧金属和动物皮毛等部分出口商品征收出口关税。其他海关税费（海关手续费等）由哈萨克斯坦政府自行审定。

进口增值税与消费税方面，目前俄白哈亚吉五国进口增值税率分别是俄罗斯20%、白俄罗斯20%、哈萨克斯坦12%、亚美尼亚20%、吉尔吉斯斯坦12%。消费税方面，各国会依据不同商品类别，按照本国目前所规定的相关标准进行征收，至于将来是否会实现统一的消费税政策，目前仍在进一步研究探讨之中。对于出口企业来说，涉及的增值税以及消费税会实行先对其征收然后再予以退还的政策。当进口方从成员国进行进口时，需要向本国政府缴纳增值税与消费税这两类税款，与此同时，出口商可以凭借相关出口单据向本国政府申请对应的退税操作。为了更好地处理这类税收事项，税务部门专门建立了信息交换系统，每月都会相互交换货物过境以及纳税的相关资料，并且负责协调和解决征税与退税方面的问题。

②海关手续。

运进哈境内的货物和运输工具，在到货终点口岸办理海关清关手续；从哈运出的货物，在发货起点口岸办理。

③免税特别规定。

哈国对部分商品的进口作了特别规定——一概免征增值税。免征增值税的商品为：第一，国际组织以及其他国家、政府所提供的用于人道救助或者是慈善目的的进口商品、技术援助；第二，用国际组织及其他国家、政府所提供的资金购买的进口商品；第三，生产货币的进口原料、进口药品及医疗用品，免征增值税的医药用品包括：药品，医疗（兽医）用品，包括修复整形用品、聋哑盲人器械和医疗（兽医）器械；用于生产各类医药用品的材料、设备和配套设施、包括药品、医疗（兽医）用品和器械。①

（2）贸易活动法

哈萨克斯坦共和国《贸易活动法》于2004年发布，确立了哈萨克斯坦共和国对贸易活动进行国家监管的法律框架，旨在通过规范国内外贸易行为保障市场秩序、促进经济发展并维护社会公共利益。法律明确了贸易活动的定义范畴，涵盖国内贸易、电子商务、国际贸易等多个领域，并对商品分类、交易场所、市场主体等关键概念作出详细界定。其核心目标包括满足居民消费需求、完善贸易基础设施、提升国内产品竞争力及推动融入全球贸易体系，同时强调通过非歧视性原则保障各方权益，实施统一的国家贸易政策。

法律构建了多层次的国家监管体系，授权政府及专门机构采取多样化调控措施。监管形式涵盖贸易程序规范、海关监管、市场干预及安全审查等，具体方法包括关税调节、非关税壁垒、反倾销与反补贴措施、进出口禁令等。国家对贸易活动的监管方式如下：①对外贸易的海关和关税监管；②外贸非关税监管；③根据哈萨克斯坦共和国法律暂停贸易和（或）禁止销售货物；④使用特殊的保护、反倾销和反补贴措施；⑤参与国际经济制裁；⑥采取应对措施；⑦使用特殊类型的禁令和限制；⑧采取补偿措施；⑨适用基于国家安全利益而引入的措施。②

该法律同时规定政府负责制定贸易发展战略、协调跨部门协作并代表国家参与国际经贸合作，而授权机构则承担政策执行、市场监测、标准制定等职能，例如，设定食品价格阈值、管理商品追溯系统及监督外贸许可发放。此外，法律特别规定了对战略性食品的价格管控机制，赋予地方政府在特定情况下调整零售价的权限，并建立了应对国际贸易争端与安全威胁的响应机制。

法律还细化了各类市场主体的权利义务，规范了电子交易平台运营、国际展会组织及商品认证流程，强调对消费者权益和公平竞争环境的保护。针对跨境贸易，法律明确了欧亚经济联盟框架下的海关合作规则及原产地认证要求，并设立专项机构处理技术性贸易措施与争端解决事务。随着后续修订条款的生效，部分监管内容将动态调整，例如，食品价格监控机制的优化与

① 参见商务部对外投资和经济合作司等编：《对外投资合作国别（地区）指南：哈萨克斯坦》（2024年版），第45—46页，载商务部“走出去”公共服务平台，http://fec.mafcom.gov.cn/article/gbdqzn/，2025年3月25日访问。

② 参见《贸易活动法》第5条第2款。

电子商务领域的扩展规则将进一步强化法律对新兴业态的适应性。

(3) 出口管制法

哈萨克斯坦共和国《出口管制法》于2007年颁布，旨在对军备、核材料、特殊非核材料、双重用途商品及技术等实施出口管制，以保障国家安全、防止大规模杀伤性武器扩散，并协调国际经贸关系。该法经过多次修订（截至2015年），形成完整的法律体系，明确管制依据和程序。

根据《出口管制法》的规定，受出口管制的产品种类应包括：①常规武器装备，原材料，材料，专用设备和技术，与其生产有关的工程和服务；②核材料和特殊非核材料，设备，装置，技术，电离辐射源，设备及具有双重用途（目的）的有关商品和技术，与其生产有关的工程和服务；③根据国际出口管制制度所确立的清单，检查单，并可用于化学武器生产的双重用途（目的）的化学品，商品和技术；④根据国际出口管制制度所确立的清单，检查单，可用于生成细菌（生物）和毒素武器的病原体，遗传物质的遗传修饰形式和片段；⑤用于导弹生产的导弹技术，发动机及其部件，设备，材料和技术，以及由国际出口管制制度所确立的列表，检查单等；⑥大规模毁灭性武器的种类；⑦科技信息，服务，以及与军事用品，双重用途（目的）的商品和技术有关的智力创意活动成果。①

作为欧亚经济联盟成员，哈萨克斯坦还需遵守联盟统一的关税税率和贸易规则。例如，中国向哈出口无人机需同时符合中国《两用物项出口管制条例》、欧亚经济联盟法规及哈《海关法》要求，涉及技术参数审查和出口许可程序。综上，哈萨克斯坦出口管制法通过法律手段平衡贸易自由与国家安全，其实施范围广泛且动态调整，相关企业需密切关注最新法规及国际协调要求。

(4) 特别保护、反倾销、反补贴措施法

《特别保护、反倾销、反补贴措施法》主要涉及该国为应对国际贸易中的不公平竞争行为而制定的法律框架。2015年6月，哈萨克斯坦纳扎尔巴耶夫总统签署了《对第三国特殊保护、反倾销和反补贴措施》的法案，该法律旨在将国内立法与世界贸易组织（WTO）及基于欧盟法律的国际协定相协调，明确了针对第三国的特殊保护措施（如保障措施）、反倾销税和反补贴税的适用规则。

该法案涵盖了实施特保以及双反措施的相关规则，对提交特保、双反措施申请所需的条件作出了更改，明确了负责开展调查且隶属于欧亚经济委员会的专门机构，还制定了与欧亚经济联盟及世贸组织协议相一致的调查流程条款。与此同时，纳扎尔巴耶夫总统也签署了《修改和补充国内对于第三国

① 参见《出口管制法》第8条。

特保、反倾销和补贴的法律》这一文件。该文件的签署旨在确认关于“对第三国采取特保、反倾销及补贴措施”的立法规范，并对相关的法律举措进行拓展与充实。

法案第7条到第11条规定了特别保护措施的有关内容，如果根据调查结果确定进口到欧亚经济联盟关税地区的商品因增加数量（成员国同类商品或直接竞争商品的绝对或相对指数）和条件对成员国某一经济产业造成严重损害或产生严重损害威胁，则这些商品适用特别保护措施。[①] 同时授权欧亚经济委员会通过征收特别税或实施配额限制进口。措施的实施需经过严格的调查程序，排除发展中国家及独联体成员国商品（符合特定条件），有效期最长8年，并规定了定期复审机制以确保措施的必要性和适当性。

法案第12条到第21条规定了反倾销措施的有关内容，如果根据调查机构的调查结果确定，将倾销进口对象的商品，即出口价格低于正常价值的商品进口到欧亚经济联盟关税地区对成员国某一经济产业造成实质损害、产生实质损害威胁或者严重阻碍成员国某一经济产业的新建，则这类倾销商品适用反倾销措施。为确定是否存在倾销进口，调查机构应设立调查期进行细节分析。因此，作为一项规则，该调查期的设立应在提交调查申请日前12个月内确定，该期间应有统计数据，任何情况下，调查期不得低于6个月。[②] 同时，通过比较商品在出口国市场、第三国或生产成本的价格，确定倾销幅度。调查机构需评估倾销对国内产业的影响，包括价格压制、市场份额变化等因素，并在9个月内完成调查。若确认损害存在，可征收不超过倾销幅度的反倾销税，同时允许出口商通过价格承诺替代征税。对于规避反倾销措施的行为，法律允许追溯征收反倾销税并展开专项调查。

法案第22条到第33条规定了反补贴措施的有关内容，出口第三国在生产、出口、运输方面对商品给予特别补贴的，如果调查机构的调查结果确定进口到欧亚经济联盟关税地区的这类商品对成员国某一经济产业造成实质损害、产生实质损害威胁或严重阻碍成员国经济产业的新建，则应对这类商品采取反补贴措施。[③] 补贴金额的认定基于对生产商实际利益的量化分析，调查需在12个月内完成。若补贴导致国内产业实质损害，可征收反补贴税，税率不超过补贴金额。法律对发展中国家及最不发达国家设定豁免门槛，若补贴金额低于成本1%或进口占比低于4%，则可终止调查。此外，措施实施后需定期复审，确保其与贸易扭曲影响的匹配性。

---

① 参见《特别保护、反倾销、反补贴措施法》第7条。

② 参见《特别保护、反倾销、反补贴措施法》第12条。

③ 参见《特别保护、反倾销、反补贴措施法》第22条。

该法案的出台标志着哈萨克斯坦在贸易保护领域的法律体系与国际接轨的重要一步，既强化了国内产业的竞争力，也为其融入区域及全球贸易体系提供了制度保障。

（5）许可行政法

哈萨克斯坦共和国《许可行政法》是规范国际贸易经济活动准入进出口管理及许可的核心法律之一，旨在通过透明、高效的许可制度确保国家安全、公共利益和贸易市场秩序。2016 年，哈萨克斯坦共和国政府颁布了《许可行政法》，取代了旧版的许可制度，并在 2020 年修订后进一步简化程序。同时，2008 年 6 月，哈萨克斯坦政府公布《关于批准实施进出口商品许可制度，包括出口商品管制和进口自动许可证商品清单》。

许可证申请：出口经营者需向主管部门提交申请，经审核后获得许可，且需符合国际义务（如防扩散协议）。

纳入许可证管理清单的主要商品有：武器及军工产品及服务，火药及爆炸物，稀有金属、贵重金属，核原料、工艺、设备、装置及α、β、γ放射源，植物源性及动物源性制药原料，有毒物质，侦查专用技术设备及物品，医用透视装置，密码保护的资料及文件，鸦片原料，白磷，白节油，杀虫剂，工业废料，酒精半成品，乙醇，麦芽制啤酒，白酒，葡萄酒，白兰地，兽角，以及 2008 年 2 月 5 日第 104 号政府令中列明的出口监管清单中的商品。[①]

2. 国际服务贸易法律监管框架

（1）旅游业国际服务贸易

哈萨克斯坦旅游服务行业国际贸易近年来呈现快速发展态势，依托“一带一路”倡议和中哈合作深化，逐步成为区域旅游枢纽。2023 年该国接待外国游客 1530 万人次（不含劳务移民），较 2022 年增长显著，其中中国游客达 65 万人次，成为第四大客源国。游客人均消费约 1500 美元，2024 年旅游总收入突破 1.2 万亿坚戈，同比增长 12.4%。

政策支持方面，哈萨克斯坦推出“新游民”签证（Neo Nomad），允许外国远程工作者停留最长一年并远程办公，预计每年创造 36 亿坚戈收入。2024 年中哈旅游年期间，双方签署 200 余项合作协议，涵盖冰雪旅游线路开发、运动员交流等领域，并通过中文导航、多语言门户网站提升旅游便利性。此外，政府计划投资 1.1 万亿坚戈打造休钦斯克-布拉拜度假区等三大重点旅游

① 参见商务部对外投资和经济合作司等编：《对外投资合作国别（地区）指南：哈萨克斯坦》（2024 年版），第 44 页，载商务部“走出去”公共服务平台，http://fec.mafcom.gov.cn/article/gbdqzn/，2025 年 3 月 25 日访问。

集群，预计 2027 年旅游业就业人数增至 80 万。

国际合作深化体现在区域联动与活动驱动。哈萨克斯坦联合中国、俄罗斯等推出跨境自驾游产品，2024 年阿拉木图国际机场新增中文航班信息显示，中哈航线预订量激增 6 倍。2025 年“中国旅游年”将进一步推动双边游客互访，目标实现国际游客量年增长 8%。同时，阿斯塔纳国际旅游展览会（KITF）成为行业风向标，2025 年展会聚焦数字化与无纸化边境等议题，吸引全球旅游企业参与。

尽管发展迅速，哈萨克斯坦旅游业仍面临基础设施短板，如星级酒店占比低、部分景区交通可达性不足。地缘政治风险（如俄乌冲突对供应链的冲击）及政策稳定性问题亦需关注。未来，通过持续投资升级交通网络、优化签证流程及深化“一带一路”合作，哈萨克斯坦有望巩固其作为欧亚旅游枢纽的地位。

（2）医疗业国际服务贸易

哈萨克斯坦医疗设备市场规模约 13 亿美元，其中 90%依赖进口，且 85%的公共部门采购通过招标完成。国内医疗设备制造能力有限，仅有 60 余家注册生产商，且多为中小型企业，难以满足需求。为改善医疗基础设施，哈政府计划 2020—2024 年新建 19 家现代化医院，替换 40%的过时设施，并提升 50%的床位容量。

哈萨克斯坦通过简化医疗器械注册流程、免征增值税等政策吸引外资。例如，医疗器械注册证书有效期为 5 年（医疗设备为 7 年），且 2025 年 12 月前可选择欧亚经济联盟（EAEU）或单一国家注册路径。此外，药品和医疗器械进口免许可证管理，海关手续进一步简化。中哈两国在“一带一路”框架下深化合作，2023 年双边贸易额达 315 亿美元，中国连续多年为哈最大贸易伙伴。

同时，根据 2024 年 9 月的中哈医疗卫生合作会议，哈萨克斯坦卫生部部长明确表示欢迎中国医疗技术经验，并计划建立初级保健国家联盟以推动区域医疗体系协同发展。具体合作形式包括：技术合作与培训，如中国华大 BGI 集团与阿斯塔纳医科大学合作成立基因研究所，开发疾病诊断技术；上海联影医疗在哈设立放射学培训中心，提升本地医疗机构诊疗能力。政策支持，如哈萨克斯坦简化医疗器械注册流程，允许通过 EAEU 或单一国家路径完成认证，为国外医疗设备进入市场提供便利。应急合作，如在疫情防控期间，哈方虽加强入境检测要求，但未完全禁止医疗团队入境，而是通过专项审批保障必要医疗支持。当前哈萨克斯坦医疗改革（2024—2025 年）进一步强调国际合作，包括与世卫组织、中国等共建数字医疗平台及慢性病管理机制，表明其持续开放医疗领域的国际合作。

尽管市场潜力巨大，但哈萨克斯坦医疗服务贸易仍面临规则透明度不足、技术标准差异等问题。例如，政府采购领域存在隐性壁垒，外资企业投诉处理周期长达120天。此外，与中国在数字医疗、绿色医疗等新兴领域的法规衔接仍需加强。未来，计划通过《服务贸易协定》谈判进一步放宽医疗领域准入限制，并探索与“一带一路”共建国家建立规则协同机制。

（3）金融业国际服务贸易

中哈两国通过支付系统对接推动金融服务互联互通。Kaspi支付平台与支付宝的互联互通，使两国消费者在跨境旅游、电商等场景中实现便捷支付，2023年哈萨克斯坦电商交易额同比增长12%，预计2029年市场规模将达190亿美元。同时，人民币结算比例持续上升，通过跨境支付系统降低汇率波动风险，促进双边贸易额增长。

哈萨克斯坦将数字经济列为重点发展领域，推出《数字经济发展法》(2024年修订)，明确数据本地化存储要求（关键行业数据需境内服务器)，但允许符合国家安全标准的数据跨境传输。在金融领域，政府通过税收减免(如企业所得税五年内减免50%）和简化注册流程吸引外资，外资银行可通过设立子行或分行进入市场，但需接受国家安全审查。

作为欧亚经济联盟（EAEU）成员国，哈萨克斯坦与成员国实施金融服务自由化，允许设立分支机构并享受国民待遇。然而，外资在银行、保险等核心领域仍面临限制，例如，在银行业中，外资进入银行业就面临着诸多的限制，具体而言有以下几种：

①持股比例限制：外资银行在哈萨克斯坦的资本份额不得超过国内所有银行总资本的25%。

②人员结构要求：外资银行的监事会中必须至少有1名具有3年以上银行工作经验的本国公民，且员工中哈萨克斯坦公民占比需超过70%。

③审批与监管：外资银行需通过国家安全审查，并接受哈萨克斯坦国家银行（央行）的严格监管。

此外，地缘政治风险（如美欧制裁）对国际金融机构业务造成冲击，部分外资企业因合规审查被迫退出市场。

不过，哈萨克斯坦将计划2026年启动《服务贸易协定》谈判，拟进一步放宽金融领域准入限制，并探索与“一带一路”共建国家建立数字金融规则协同机制。同时，通过阿斯塔纳国际金融中心（AIFC）提供独立司法管辖及国际仲裁便利，吸引更多跨境金融业务落地。

（4）线上教育业国际服务贸易

哈萨克斯坦线上教育国际贸易近年来依托政策支持与技术革新快速发展，形成多层次合作格局。在政策层面，哈萨克斯坦通过《“数字哈萨克斯坦”规划》将教育数字化列为重点领域，计划到 2030 年显著提升在线教育普及率，推动在线教育平台建设，并推出税收减免和简化注册流程等激励措施吸引外资参与教育科技项目。

基础设施方面，据统计，哈萨克斯坦互联网普及率达 92%（1820 万用户），覆盖超 90%人口，为在线教育提供庞大用户基数。年轻群体（中位年龄 31.6 岁）成为主要消费群体，推动在线学习需求增长。国内电商平台 Kaspi.kz 整合教育服务功能，提供在线课程与培训资源。2023 年，该平台月活跃用户达 1350 万，占据零售电商 60%市场份额，其支付系统（如分期付款）和物流网络为在线教育商业化提供支持。

中哈联合教育项目方面，中哈教育合作将进一步深化，双方在“一带一路”框架下签署多项教育合作协议，包括互派留学生、联合科研项目及学术会议。2024 年数据显示，哈萨克斯坦每年通过“Bolashak 国际奖学金计划”资助约 200 名学生赴海外深造，其中中国为重要目的地之一。同时，双方在人工智能、绿色能源等领域开展联合研究，例如，华大基因与阿斯塔纳医科大学合作成立基因研究所，推动医学教育技术合作。2024 年“中哈旅游年”期间，双方还签署了 200 余项教育合作协议，涵盖在线语言培训与职业教育。

虽然哈萨克斯坦线上教育服务领域整体呈向上趋势，但仍有一些问题需要解决，例如，教育资源集中于阿拉木图、努尔苏丹等大城市，农村地区网络覆盖率不足 60%，制约在线教育普及。支付与物流配套不足，尽管跨境支付系统（如支付宝与 Kaspi 对接）已简化流程，但国际课程的学分认证、教材跨境传输仍存在规则壁垒。

未来，哈萨克斯坦将计划 2026 年启动《服务贸易协定》谈判，拟放宽教育领域外资准入限制，并探索与“一带一路”国家建立数字教育标准协同机制，通过深化中哈合作、优化技术基础设施，进一步巩固欧亚教育枢纽地位。

3. 国际知识产权贸易法律监管框架

(1)《版权与著作权法》

哈萨克斯坦作为中亚地区的重要经济体，近年来通过完善法律框架、深化国际合作及创新特区政策，逐步构建起与国际接轨的知识产权保护体系，为国际经贸活动提供了坚实的法治保障。具体而言，哈萨克斯坦保护知识产权的主要法律依据是其 1996 年 6 月 10 日颁布的《版权与著作法》。此外，哈萨克斯坦还加入了 1971 年 7 月 24 日签署的《国际文学和艺术作品保护柏林公约》、1996 年 12 月 20 日签署的《设计版权法保护某些作品单独法规的世界知识产权组织协议》，以及其他保护知识产权的国际法规。

按照《版权与著作法》的规定，版权法涉及的范围有：文学作品，戏剧，音乐剧作品，剧本，舞蹈和哑剧作品，计算机程序，音乐作品或无词音乐作品，视听作品，绘画，雕塑，版画和其他造型艺术作品，实用艺术，建筑，市政建设和公园艺术作品，摄影作品和类似摄影手段的作品，地图，平面图，草图，插图和地理，地形和其他科学的三维作品以及其他作品。科学、文学和艺术作品的版权自其实际诞生起生效。作品版权的形成与存在无须作者办理注册或履行其他手续。

按照《版权与著作法》的有关规定，版权归版权所有人拥有，终身有效，并在其辞世后50年内有效。发明权、名称权和名誉保护权没有期限限制。

哈萨克斯坦法律承认并保护知识产权，有责任根据法律赋予的权利制止侵权行为。知识产权所有人有权要求侵权者赔偿侵权行为给产权所有人带来的所有损失，追缴违反版权和著作权非法获得的所有收入。赔付补偿额最低工资额的2万—5万倍，计算机程序或其他资料库侵权补偿额为最低工资额的500—5万倍。

（2）《专利法》

《专利法》于1999年7月首次颁布，历经多次修订（2004年、2012年、2022年），形成了现在的最新版本。同时，哈国还积极参与国际知识产权相关条约，如《专利合作条约》（PCT）、《巴黎公约》等，支持国际专利申请。

《专利法》明确规定专利保护的对象包括发明专利、实用新型专利和外观设计专利。发明专利主要针对具有新颖性、创造性和实用性的技术发明，其保护期限通常为20年，但专利权人可以根据特定情况申请延长保护期限，以充分保障其技术创新成果的经济利益。实用新型专利则主要针对具有实用价值的新的技术方案，其保护期限相对较短，为5年，但同样可以根据规定进行延长，仅需形式审查。而外观设计专利则是对产品的整体或局部的形状、图案或者其结合以及色彩与形状、图案的结合所作出的富有美感并适于工业应用的新设计提供的法律保护，其保护期限也根据具体情况有所不同，通常保护期为10年，延长需要实质审查。

同时，根据2022年修正案，除其他外，被认为违反公共利益以及人道主义原则和道德原则的发明不能获得专利。根据修正案，不可申请专利的发明列表已经扩大至包括以下内容：克隆人类的方法和克隆人；改变人类胚胎细胞遗传完整性的方法；以及将人类胚胎用于商业、军事和工业目的的发明。

（3）《商标、服务商标和产地名称法》

《商标、服务商标和产地名称法》是哈萨克斯坦商标保护的核心法律，最初于1993年通过，1999年9月4日正式生效，2022年修订后新增地理标志保护、异议程序等条款。

哈萨克斯坦商标局当前遵循尼斯分类第十一版中的商品及服务项目划分标准，并允许在一份申请表格中申报多个商品类别。哈萨克斯坦可注册为商标的要素有：文字、名称、图形、三维标识、颜色组合、标语、声音、外观等，其中，颜色组合在申请注册时需要满足特定的要求。

哈萨克斯坦是《TRIPS 协定》《巴黎公约》《尼斯协定》《WIPO 公约》等国际知识产权条约的缔约国，也是《马德里协定》和《马德里议定书》成员国，故哈萨克斯坦商标注册可以通过“单一国注册”或“马德里国际注册”的方式办理。

哈萨克斯坦商标注册采用“申请在先”原则，但某些情况下，也可以以“在先使用”主张商标权。申请在国家知识产权研究所（NIIP）提交，可以提交多别申请，外国申请人需要委托本地代理机构；委托书应签署并加盖印章。如无印章，文件必须经过公证。委托书不需要进行认证，但必须由申请人或申请人的公司官员签署。外国申请人无须其本国注册。

申请的审查分阶段进行：①初步审查（自申请提交之日起 10 个工作日内进行）；②完整审查（自申请提交之日起 7 个月内进行）。自 2022 年 8 月 21 日起，初步审查的时限将从 10 个工作日更改为 1 个月。完整审查包括对商标的显著性进行审查，并查找是否存在相同或容易混淆的在先商标。申请在审查中被认为不具显著性的标志，如果在申请日前已通过使用获得显著性，则可以注册。商标在记录于国家商标注册簿后，将在《官方公报》上公布。从首次提交到注册的处理时间约为 8 到 11 个月。

关于异议期，哈国目前没有实施异议程序。然而，任何人在审查完成前均可向知识产权局（IPO）提交信息函（意见）。自 2022 年 8 月 21 日起，商标异议程序已引入。任何利益相关者可在有关申请信息公布之日起 1 个月内，根据《商标、服务商标和产地名称法》第 6 条和第 7 条规定的理由，向专家组织提出异议，反对将申请标志注册为商标。

商标有效期自申请日开始起算 10 年；到期日前 12 个月内可办理续展，宽展期为 6 个月，续展有效期为 10 年商标转让，需对转让协议进行公证。商标连续 3 年没有使用，可提出申请撤销。

在哈萨克斯坦，电子和纸质商标申请的官方费用相同，不再对电子申请提供折扣。接受申请并进行商标或服务商标注册审查的官方费用为 60599.84 哈萨克斯坦坚戈（KZT），适用于最多 3 类商品；每超出 3 类的额外类别费用为 16993.76 坚戈。在国家商标注册簿中注册商标或服务商标、发放证书并发布注册信息的费用为 36544.48 坚戈，适用于最多 3 类商品；每超出 3 类的额外类别费用为 9800 坚戈。

4. 国际数字贸易法律监管框架

（1）数字资产法

哈萨克斯坦共和国《数字资产法》是哈萨克斯坦为规范数字资产市场、推动数字化转型和保障国家安全而制定的核心法律框架。该法案经历了多次修订与完善，自 2023 年起逐步生效，主要围绕加密货币交易、数字挖矿监管、税收政策、国际贸易及相关国际合作等方面展开。作为该国规范加密货币交易与数字挖矿的核心法律框架，它不仅重塑了国内数字资产市场的秩序，也对国际贸易格局产生了深远影响。

该法案通过强化监管透明度、推动国际合作及优化能源管理，为哈萨克斯坦参与全球数字贸易提供了新机遇。法案将数字资产（包括加密货币、数字知识产权等）定义为一种受法律保护的财产形式，并规定其流通需在阿斯塔纳国际金融中心（AIFC）的监管框架下进行。AIFC 作为独立金融中心，拥有特殊法律地位，其监管机构金管局负责颁发加密货币交易许可证，并监督合规性。哈萨克斯坦与中国合作推动“数字丝绸之路”建设，例如，中欧班列的智能调度系统与数字通关技术，使跨境物流效率提升 30%以上。此外，Kaspi 银行与支付宝的合作实现了跨境支付便利化，进一步促进中哈双边贸易。

哈萨克斯坦《数字资产法》通过规范市场、吸引外资和深化国际合作，显著提升了其在国际贸易中的竞争力。尽管面临区域失衡和能源压力，但通过与中国等国的战略协作，该国正逐步成为欧亚数字贸易枢纽。这一法案不仅为新兴市场提供了“监管与创新平衡”的范本，也为“一带一路”倡议下的数字合作注入了新动能。

（2）数字哈萨克斯坦国家规划

哈萨克斯坦于 2017 年 12 月通过《数字哈萨克斯坦国家规划》，2019 年 12 月出台关于该规划的修订及补充决议。其中期目标是借助数字技术推动哈萨克斯坦经济增速及提升民众生活品质；远期目标则是为哈萨克斯坦经济向创新发展模式转变营造有利环境。该规划拟定了 17 项任务，涵盖工业电力数字化、交通物流数字化、农业数字化、电子商务与电子政务、金融科技与非现金支付、智慧城市建设、通信网络及技术基础设施扩展、信息安全保障、民众教育及数字素养提升、创新发展平台支持等诸多方面，总体目标是使哈萨克斯坦在全球通信技术发展排名上，2022 年达到第 30 位，2025 年位列第 25 位，2050 年迈入第 15 位。[①]

① 参见商务部对外投资和经济合作司等编：《对外投资合作国别（地区）指南：哈萨克斯坦》（2024 年版），第 65 页，载商务部“走出去”公共服务平台，http：//fec. mafcom. gov. cn/article/gbdqzn/，2025 年 3 月 25 日访问。

（3）2025 年前电子商务发展路线图

哈萨克斯坦《2025 年前电子商务发展路线图》是 2019 年由哈萨克斯坦贸易和一体化部制定的国家战略计划，旨在推动电子商务成为经济增长的重要引擎，并提升其在国际贸易中的竞争力。

其中明确了三个主要发展方向：扩大电商出口规模，通过国际电商平台推广本国商品，重点拓展俄罗斯、欧亚经济联盟成员国、东欧及中国市场。例如，2019 年哈萨克斯坦与俄罗斯电商平台 Wildberries 签署合作协议，在努尔苏丹和阿拉木图建立商品仓库，促进跨境物流合作；吸引企业参与电商发展和基础设施建设，计划通过财政支持、培训课程和物流网络建设，鼓励中小企业数字化转型。例如，政府推动在全国范围内开设电子商务培训课程，并投资建设仓储和配送中心，以覆盖农村地区。Kazpost（国家邮政公司）计划到 2029 年将物流处理能力提升至每月 100 万件包裹，以应对电商增长需求；加强消费者权益保护并推动电商发展，完善法律框架，加强消费者权益保护措施，同时促进无现金支付和金融科技应用。例如，Kaspi. kz 平台通过整合支付、分期付款等服务，提升用户体验，并占据国内 60%的电商市场份额。哈萨克斯坦政府还为电子商务从业者制定了税收优惠政策，并通过法律形式予以保障。通过这项法规，有效地扩大哈萨克斯坦国际贸易的路径，为哈萨克斯坦国际贸易进一步发展提供了明确的绘本和蓝图。

（4）关于对数字技术管理法律进行修订和补充的法案

2020 年 6 月，哈萨克斯坦总统托卡耶夫签署《关于对数字技术管理法律进行修订和补充的法案》。该修正案规定了个人数据保护主管部门及其职能，为信息和通信基础设施建设领域的项目实施创造条件，改进通过“电子政务”移动应用提供各类服务的质量，建立无人飞行器安全使用规程，提高机器人使用率等。对包括《信息化法》在内的 35 项立法进行修订，修订后的《信息化法》还包含许多新术语的定义，如区块链、分布式数据平台、数据分析、智能机器人、哈萨克斯坦互联网领域空间、数字资产、数字文档服务、数字挖矿和数字令牌等，有效地保障了在国际贸易进行过程中双方的隐私信息、数字资产，并将数字化融入国际贸易全过程，在形式和实质上双重保障国际贸易的顺利、安全进行，打造了一个安全、高效、先进、有序的哈萨克斯坦国际贸易交流环境。

2024 年，哈萨克斯坦担任第三届全球数字贸易博览会主宾国，并由数字发展、创新和航空航天工业部部长马季耶夫率团访问杭州出席数贸会并致辞。马季耶夫表示，哈萨克斯坦希望与中国加强合作，建设新的物流中心，采用数字技术管理货物流动；加快贸易流程，提升服务质量。

（5）《2023—2029 年数字化转型、信息通信技术和网络安全产业发展的构想》

哈萨克斯坦《2023—2029 年数字化转型、信息通信技术和网络安全产业发展的构想》是该国为适应全球数字化趋势、提升经济竞争力及保障国家安全而制定的综合性战略。该构想整合了前期的“数字哈萨克斯坦”计划（2017 年启动）与“网盾”网络安全战略（2017—2022 年），并进一步拓展了技术应用领域和国际合作框架。

以提升经济效率和社会服务能力为核心，重点发展人工智能、物联网、区块链和 5G 技术。例如，铁路领域引入 AI 优化物流调度，并与 Wabtec、华为合作开发智能运输管理系统；同时，推广云计算和大数据技术以优化企业生产流程，实现国际贸易全面数字化转型。此外，哈萨克斯坦积极参与《上合组织数字化和信息通信技术领域合作构想》，推动成员国间数字基础设施互联互通。例如，支持建设“数字丝绸之路”，利用中欧班列提升区域物流数字化水平，截至 2024 年，哈萨克斯坦电子政务发展水平在联合国排名第 28 位，领先于多数中亚国家；跨境电商交易额较 2020 年增长 5 倍，数字化支付普及率显著提升，通过这一战略，哈萨克斯坦旨在成为中亚数字化转型的标杆，并为“数字丝绸之路”建设提供重要实践经验。

5. 特别经济区国际贸易法律监管框架

（1）经济和工业特区法

哈萨克斯坦首批经济特区设立于 1991 年。2019 年 4 月，哈萨克斯坦出台《经济特区和工业园区法》，经过五年的多次修改和补充，最终形成了 2024 年 1 月 1 日的哈萨克斯坦共和国《经济特区和工业园区法》。该法共有九章，第一章总则，第二章政府、中央及地方执行机构管辖权限，第三章经济特区的创建、运行及撤销，第四章工业园区的创建及运行，第五章统一协调中心，第六章经济特区管理，第七章工业园区管理，第八章经济特区的特殊法律制度及经济特区和工业园区的运行条件，第九章最终及过渡性规定。该法明确规定了经济特区和工业园区从设立到撤销的全周期管理办法，明确工业和基础设施发展部作为经济特区、工业园区的主管部门，引入了新的经济特区和工业园区入驻企业土地使用机制。相关土地交由管理公司临时使用，再由管理公司移交入驻企业使用，从而缩短土地审批时间。该法律还对管理公司融资和强化责任等内容作出规定，要求只有在管理公司股权 100% 属于国有的情况下，政府才能提供融资支持。

具体来说，该法核心内容主要包括：

明确设立由总统任命的行政委员会，负责制定特区发展规划、吸引外资及协调政企关系，并规定管理公司需 100%国有化才能获得政府融资支持，确保政策执行与国家战略一致。

统一协调中心是负责协调经济特区和工业园区活动的法律实体，致力于完善哈萨克斯坦经济特区/工业园区的运作体系和业务流程，保护管理公司和入区企业利益，提高法律监管效率，消除形式障碍，为投资经济特区/工业园区创建激励机制。

对到特区投资的企业，简化入驻程序，实行“单一窗口”服务，方便办理许可证件；实行“自动同意原则”，投资者如果在法律规定期限内没有得到否定答复，则自动成为经济特区企业；简化特区企业使用外国劳务手续。

特区内企业享受企业所得税、土地税、财产税全免政策，符合条件的商品可获增值税返还，显著降低企业运营成本。例如，阿克套海港经济特区通过税收优惠吸引石化、物流企业入驻，推动区域产业升级。自 2024 年 1 月 1 日起，哈政府根据“投资越多，优惠越多”原则，对特区内企业实行差异化税收优惠政策，税收优惠期限从 7—25 年不等，直接取决于项目投资金额。根据政府制定的经济区内实行零增值税商品、劳务和服务名单，返还企业已征缴的增值税；

引入“临时使用—移交”机制，由国有管理公司先行使用土地后再移交企业，大幅缩短审批时间，加速项目落地。这一机制在欧亚经济特区等新设区域得到应用，助力基础设施快速完善。

通过差异化产业定位（如霍尔果斯东门经济特区聚焦跨境物流、阿特劳石化园发展高附加值石化产品），促进传统产业转型与新兴产业培育，提升全球产业链参与度。截至 2023 年，全国已设立 13 个特区，覆盖建筑、冶金、信息技术等领域。明确禁止地下资源开发、博彩业等企业入驻；并通过霍尔果斯东门经济特区等案例推动跨境物流枢纽建设。法律支持跨境经济特区建设，如中哈霍尔果斯国际边境合作中心，通过简化通关手续、促进贸易便利化，成为“一带一路”倡议的重要支点。

在经济特区内，依照《海关事务法》实施海关调整。俄白哈关税同盟的法律规定不适用于经济特区。在经济特区内施行自由海关区特别制度。为了适用关税、进口环节税，以及采用非关税调节措施，进口到经济特区的货物，视为处于关税同盟关境之外的货物。外国货物和哈货物不征收关税、进口环节税（但对进口货物征收的消费税除外），以及不采用非关税调节措施（但对货物安全的要求除外）置于该制度下并使用。

（二）公共服务

1. 实体与数字基础设施的先进化水平

（1）实体基础设施

哈萨克斯坦作为中亚重要枢纽，其公共服务体系实体基础设施对国际贸易的支撑作用显著，尤其在交通、物流和能源领域表现突出。

交通基础设施方面，哈萨克斯坦近年来着重支持交通基础设施全面升级，2025年启动的“多斯特克—莫因特”铁路现代化改造使运力提升5倍，每日可运行12—60对列车。同时，中哈第三条跨境铁路“阿亚古兹—塔城”线预计2027年投运，货物吞吐量将从2800万吨增至4800万吨。此外，新建“Bakhty-Ayagoz”铁路线进一步缓解南部口岸压力，推动中哈贸易通道扩容。计划到2030年新建4700公里公路（含3700公里一级公路），连接阿斯塔纳、阿拉木图等核心城市。航空领域将新建卡通卡拉盖、扎伊桑等机场，强化国际物流网络，阿克套港集装箱枢纽建设完成后，年吞吐能力将达24万标准箱，通过阿塞拜疆、格鲁吉亚等通道强化中国—欧洲过境运输。霍尔果斯口岸农副产品“绿色通道”使通关时间从数天缩短至1小时，显著提升贸易效率。2023年哈萨克斯坦过境运输总量达3000万吨，同比增长21%。新铁路线投运后，预计2025年过境货运量将突破4800万吨。

能源与产业方面，依托田吉兹、卡沙甘等大型油田，2023—2027年将实施20个油气项目，总投资373亿美元，推动石油产量提升至1.055亿吨。同时，放开燃料价格政策调整将优化国内外市场联动。而制造业2024年增长5.3%，建材、机械等领域进口需求旺盛（如2024年建材进口额达12亿美元）。政府通过“JOLTAP”等社会项目保障劳动力供给，支撑产业链发展。

国际合作方面，中哈在新能源、物流等领域合作深化，如中国石化参与聚乙烯项目降低哈进口依赖。2025年计划吸引超9万亿坚戈（约1300亿元人民币）投资基建，重点投向交通与能源。取消136种商品进口许可，简化审批流程，降低企业成本。同时，通过《2030年前运输和物流潜力发展构想》规划150亿美元公路重建计划，强化物流网络。

总的来说，哈萨克斯坦通过交通网络扩容、物流效率优化及能源产业升级，构建了支撑国际贸易的实体基础。2024年中哈贸易额达438.5亿美元，同比增长6.8%，预计未来依托基建投资与政策红利，贸易规模将持续扩大。

（2）数字基础设施

哈萨克斯坦国际贸易的数字基础设施近年来快速发展，通过政策支持、技术合作及物流网络优化，显著提升了跨境贸易效率。

数字支付与金融体系方面，哈萨克斯坦与中国合作推广跨境支付系统，实现人民币结算便利化，降低交易成本并提升金融一体化水平。本土超级应用 Kaspi. kz 整合支付功能，市占率达 61%，覆盖超千万用户，支持分期付款等创新服务。同时，政府推出企业所得税减免（前 3 年免税）、跨境电商通关便利化等政策，2023 年修订的《电子商务法》将平均通关时间压缩至 24 小时内。

电商平台与电商生态方面，2023 年哈萨克斯坦电商交易额达 54 亿美元，占零售贸易总额 12. 7%，渗透率目标 2030 年提升至 20%。中国电商平台如阿里巴巴、京东已开设哈萨克斯坦国家馆，2024 年销售额同比增长 30%；俄罗斯电商巨头 Ozon 与 Wildberries 在阿斯塔纳、阿拉木图投建 29 万平方米物流中心，配送时间从 15—20 天缩短至 3—5 天，退换货成本降低 40%。霍尔果斯口岸通过“绿色通道”实现农副产品 1 小时通关。

物流与供应链基础设施方面，阿克套港集装箱枢纽年吞吐量达 24 万标准箱，通过阿塞拜疆、格鲁吉亚通道强化中国—欧洲过境运输，2025 年过境货运量预计突破 4800 万吨。中欧班列与跨境物流基地优化仓储、转运流程，吸引更多货物通过哈萨克斯坦中转。2024 年上合组织实业家委员会推动数字经济、航空航天等领域合作。

数字基建方面，政府投资 ICT 基础设施，2025 年互联网普及率超 92%，移动支付覆盖率 75%，目标到 2030 年可再生能源发电占比提升至 15%。截至 2024 年，哈萨克斯坦已在 20 个城市部署 1144 座 5G 基站，并计划扩大覆盖范围至全国主要城市。与欧盟合作建立“阿斯塔纳枢纽”，获欧洲复兴开发银行资助，推动数据中心、云服务等建设。中哈在新能源、物流领域深化合作，如中国石化参与聚乙烯项目。

哈萨克斯坦通过数字支付创新（如 Kaspi. kz）、物流网络扩容（如中欧班列）及政策红利（如税收减免），构建了支撑国际贸易的数字基础设施。2024 年中哈贸易额达 438. 5 亿美元，跨境电商成为增长引擎。未来，依托“数字哈萨克斯坦”计划与区域合作深化，其数字贸易潜力将进一步释放。

2. 国际贸易监管机构架构与职能

(1) 贸易和一体化部（Ministry of Trade and Integration of the Republic of Kazakhstan）

哈萨克斯坦作为中亚地区最大的经济体，其贸易和一体化政策在推动国家经济转型和区域合作中占据核心地位。2019 年，哈萨克斯坦政府整合原有职能机构，正式成立哈萨克斯坦贸易和一体化部（Ministry of Trade and Integration，MTI），成为该国政府为统筹内外贸易政策、推动经济多元化与区域合作而设立的核心部门。

该部门整合了此前分散在多个机构的职能，主要职责包括：制定国家贸易战略，通过优化出口结构减少对能源资源的依赖；管理技术标准与质量监管体系，确保商品和服务符合国际规范；协调国际经贸谈判，主导参与世界贸易组织（WTO）、欧亚经济联盟（EAEU）及与中国、欧盟等双边自贸协定的磋商；保护消费者权益，完善市场监督机制；推动数字贸易发展，支持跨境电商平台建设及物流网络升级。为落实这些职能，部门下设多个专门机构，如“QazTrade”贸易政策发展中心（提供企业出口咨询与市场分析）和“国家质量基础设施委员会”（负责标准化与认证）。近年来，该部门重点实施“出口加速计划”，通过税收减免、融资担保等措施扶持农业、机械制造、IT等非资源产业，并积极布局“中间走廊”物流通道，以应对地缘风险。尽管其政策成效初显（如非资源出口占比从2019年的25%提升至2023年的35%），但如何平衡大国关系、突破基础设施瓶颈仍是其长期挑战。

（2）哈萨克斯坦共和国财政部国家财税委员会（State Revenue Committee of the Ministry of Finance of the Republic of Kazakhstan）

哈萨克斯坦共和国海关成立于1991年12月12日，是哈萨克斯坦财政部下属的核心机构，负责全国海关管理及税收征管工作，设立之初由总统直管。后历经多次机构变化，起初为哈萨克斯坦共和国海关委员会，直属部长会议主席，之后改为哈萨克斯坦共和国国家收入部海关委员会，为国家收入部的一个内设局。此后改为哈萨克斯坦共和国海关总署，直接隶属总统管辖。2006年根据哈国总统令，改为哈萨克斯坦共和国财政部海关监管委员会，隶属于国家财政部。2014年10月，根据哈总统令，哈财政部海关监管委员会和税务委员会合并成立哈财政部国家收入委员会。该机构全称为哈萨克斯坦共和国财政部国家财税委员会，隶属于哈萨克斯坦财政部，是负责海关监管、税收征管及国际关税协调的核心部门。

哈财政部国家收入委员会现任主席为坚戈巴耶夫，副主席阿姆林为国家收入委员会副主席，分管海关工作。委员会主席的行政级别为副部级，由财政部部长任免。目前，委员设有1个主席4个副主席。

国家财税委员会下设四大部门：①政法司：主要任务是解释哈萨克斯坦共和国税法和海关法规的规范，制定并提出完善哈萨克斯坦共和国税法、哈萨克斯坦共和国海关法规以及欧亚经济联盟海关法规的建议，同时制定和完善税务报表的形式；政法司海关法局作为政法司的分支，专门处理海关法规相关事务；②海关监管司：是哈萨克斯坦共和国财政部国家财税委员会的一个结构性分支机构，其下设以下管理局：下设五个管理局：过境管理局：管理跨境货物运输；海关程序与清关管理局：监督货物通关流程；非贸易流通管理局：监管非贸易货物流通；海关操作管理局：执行海关现场操作；口岸协调管理局：协调口岸运营；③过境管理局；④非生产征收及实务征收管理部：负责税收征收、申诉处理及数字化改革，具体职能包括：处理个人和法人的申诉；通过媒体宣传税收法规；研究国际税收经验并提出改进建议。

哈萨克斯坦共和国财政部国家财税委员会的核心职能包括：①海关监管：确保遵守哈萨克斯坦及欧亚经济联盟的海关法规，监督税款、关税及反倾销税等及时上缴国库；②贸易便利化：简化跨境货物通关流程，促进欧亚经济联盟与哈萨克斯坦边境的货物流动；③国家安全与经济安全：防范走私、非法贸易等威胁，维护国家主权；④法律与宣传：普及税收法规，推动法律修订与国际经验借鉴。

3. 境外人员、企业准入特殊审查限制

（1）境外人员准入的特殊审查

哈萨克斯坦对境外人员的特殊审查体系以证件合规性、物品限制及违规处罚为核心，形成多维度管控机制。

签证准入方面，哈萨克斯坦签证分为短期、长期及外交/公务/投资类共 39 种。持中国普通护照公民可申请互免签证（停留不超过 30 日，每 180 日累计不超过 90 日），但需确保事由与签证类型一致。新推出的新游牧签证（B12-1）和数字游牧签证（B9-1）面向远程工作者，需提供收入证明、无犯罪记录等材料，有效期最长 1 年。签证需通过哈萨克斯坦驻外使领馆申请，不接受落地签。独联体国家公民可免签过境，但需携带身份证明文件；持有哈萨克斯坦定居证的外国公民可免签出入境。免签入境仅限私人事务、商务、旅游等事由，单次停留不超过 30 日，每 180 日累计不超过 90 日。若超期滞留 3 日以上，将面临罚款、拘留或驱逐出境。

物品与现金审查方面，携带油画、手工地毯等工艺品离境需办理非文物价值证明，单次携带超 1 万美元现金需申报，禁止携带等值超 1 万美元现金出境。烟酒限量为香烟≤200 支/酒类≤3 升，超量需申报。此外，进口商品需符合市场准入负面清单，禁止古董、贵金属、未检疫食品等物品入境，电子商品需贴双语标签并符合欧亚合格标志（EAC）要求。

同时，违规行为处罚力度显著，在 2025 年 3 月专项行动中，1240 名逾期居留或非法务工的外国公民被驱逐并禁入 5 年，相关雇主及协助者被处以高额罚款，部分案件移交刑事调查。未取得劳务许可从事工作将面临月收入 15 倍罚款及拘留。当前政策强调全流程合规，从签证申请到居留登记均需通过官方渠道完成，任何收费代办服务均涉嫌违法。

哈萨克斯坦境外人员审查以全流程合规性为核心，从签证申请到离境登记均需严格遵循规定。建议出行前通过哈驻华使馆（电话：010-65326182）或电子政务平台确认最新政策，避免因材料不符或超量携带物品受阻。

（2）境外企业准入的特殊审查

哈萨克斯坦对外资企业的准入审查以国家安全与经济主权保护为核心，通过行业禁入、股权限制、特殊物品管控及严格审批构建多层壁垒。在行业准入方面，农业用地、博彩、通信、安保及武器制造等涉及国家安全的领域明确禁止外资进入；能源、矿产、金融等关键行业则设定外资持股比例上限，如能源领域外资持股比例≤49%（海上石油项目哈方需持股≥50%）；矿产开发权转让需政府批准，国家可优先购买，外资通信网络控制中心不得设在境外；大众媒体外资持股比例≤20%，且不得担任主编或编辑，银行业外资资本份额不得超过25%，保险业非人寿领域外资占比≤25%，人寿领域≤50%。此外，古董、放射性物质、毒品及未检疫食品等100余类商品被禁止进口，电子商品需符合欧亚合格标志（EAC）要求。

在股权与控制权限制上，外资需通过设立本地法人实体开展业务，且部分行业（如电视广播）要求外资法人持股≤20%。并购交易需向反垄断委员会申报，收购5%以上股份或30%以上股权需额外审批，涉及大型企业还需接受国家安全审查。审批流程方面，企业需通过商务部境外投资管理系统备案，提交审计报告、资金来源证明等材料，成立不满1年的企业可能无法通过审核。

哈萨克斯坦境外企业准入审查以国家安全与经济主权保护为核心，通过行业禁入、股权限制、物品管控及严格审批构建壁垒。建议企业提前通过哈萨克斯坦驻华使馆（电话：010-65326182）或电子政务平台确认最新政策，并委托专业律所进行合规评估。

4. 国际物流枢纽的基础设施效能

作为欧亚大陆的“十字路口”，哈萨克斯坦依托“光明之路”新经济政策与“一带一路”倡议深度融合，通过海陆空多维度基础设施建设，构建起连接欧亚的立体化物流网络。聚焦其物流枢纽的规划实施、运行效能与战略潜力，系统分析该国突破内陆限制、重塑欧亚供应链的实践路径。

（1）海上运输物流枢纽基础设施

哈萨克斯坦虽为内陆国，但通过战略港口合作与数字化升级，实现了“借港出海”的全球物流覆盖。尽管缺乏直接出海口，哈萨克斯坦以阿克套港为战略支点，打通跨里海国际运输走廊（TITR）。阿克套港（Aktau Port）作为里海物流中枢，是2025年启动的阿克套港疏浚工程和集装箱枢纽扩建项目，该项目将港口年吞吐能力从22万标准箱（TEU）提升至2025年的30万TEU，并新增冷链仓储设施，支持农产品出口。同时通过与阿塞拜疆巴库港、格鲁吉亚波季港的铁海联运，阿克套港成为中亚至欧洲的核心节点。2024年跨里海班列开行187列，时效缩短至11天，吸引中国至欧洲过境货运量占比达40%。而中哈连云港物流合作基地则是新时代虚拟出海口的创新实践，该基地作为"一带一路"首个实体项目，2024年转运哈国货物占其总出口量的15%，覆盖小麦、锌矿等大宗商品，并推动中欧班列（西安）中亚方向货运量同比增长47.6%。在数字化方面，通过区块链技术实现与霍尔果斯无水港的实时数据互通，货物通关时间压缩至4小时，日均处理中欧班列集装箱超500标箱，并叠加供应链金融服务降低贸易成本30%。未来，中哈还计划在阿塞拜疆巴库建设物流场站，进一步延伸跨里海走廊，推动中欧班列常态化运营。

（2）空中运输物流枢纽基础设施

哈萨克斯坦以阿拉木图、努尔苏丹为核心，打造覆盖欧亚的航空货运网络，并强化冷链与跨境电商物流能力。其中，阿拉木图国际机场作为区域货运中枢，2023年完成货站扩建后，冷链仓储容量达1.2万吨，可处理医药、生鲜等特种货物。2025年引入全自动分拣系统，货邮吞吐量预计突破35万吨/年，并开通伊斯坦布尔—阿拉木图—乌鲁木齐"电商专线"，支持72小时达跨境包裹服务。政府提供2.5亿美元航空货运补贴，吸引DHL、FedEx等国际物流企业入驻，推动高附加值商品流通。区域航空网络拓展。2025年起在扎伊桑、卡通卡拉盖等度假区建设货运导向型机场，重点发展滑雪装备运输与区域性冷链网络，计划2030年形成覆盖全国的航空货运体系。邮政系统升级13个分拣中心，跨境邮件处理效率提升30%，进一步强化电商物流能力。

（3）陆地运输物流枢纽基础设施

哈萨克斯坦通过铁路现代化、公路智能化及跨境枢纽建设，巩固其陆路运输优势。铁路方面，多斯特克—莫因特铁路双轨电气化改造完成后，中欧班列过境时间从12天缩短至9天，日均通行列车达60对；中哈西安码头2024年投运后累计转运货物超15万吨，通过智能场站系统实现"3小时口岸换装"，集装箱处理效率提升60%。公路方面，西欧—中国西部公路（WC-WA）哈萨克斯坦段2026年完成智能化改造，跨境货车通行效率提高50%，霍尔果斯物流园推行"7×24小时"通关与"绿色清单"制度，包裹平均通关时间降至15分钟。跨境物流园区方面，霍尔果斯与萨雷阿加什物流园提供"一站式"报关、仓储及金融服务，2025年吞吐量预计突破800万吨，并引入"7×24小时"通关与"绿色清单"制度，包裹通关时间降至15分钟。创新模式方面，霍尔果斯“空中陆桥”通过无接触吊装系统，集装箱30分钟内完成跨境转运，日均处理电商包裹12万件，占中亚跨境电商物流量的70%。中哈货运站网络2025年新增3个货运站，2026年启动东西方向货运站网络建设，进一步降低物流成本并提升区域联通性。

通过“硬基建升级—数字化协同—政策赋能”的三维策略，哈萨克斯坦正从传统过境国转型为全球供应链核心节点。未来，随着跨里海走廊的成熟与亚投行资金的注入，哈萨克斯坦有望成为全球供应链重构中的核心枢纽，推动欧亚大陆“物流—贸易—产业”一体化发展。

5. 自贸区及特殊经济区的贸易促进作用

（1）阿斯塔纳—新城经济特区（阿斯塔纳工业区）

阿斯塔纳—新城经济特区（阿斯塔纳工业区），位于阿斯塔纳伊希姆河左岸，占地面积7092.9公顷。是哈萨克斯坦首批经济特区之一，设立于2002年，运营至2026年12月31日。哈萨克斯坦的阿斯塔纳—新城经济特区是该国规模最大的经济特区，其设立旨在通过吸引投资和运用先进的建筑工程技术，构建现代化的基础设施，加速阿斯塔纳的城市化进程，打造高效、高端且竞争力强劲的产品制造产业，并推动新产品的研发。

该经济特区重点发展的领域涵盖建筑、建材生产、机器制造、木材加工、家具制造、化工产品、非金属矿产品、家用电器、电气设备、照明器材、机车车头与车厢、交通运输工具、航空航天飞行器、电子元器件、纸浆、纸张、纸板、橡胶及塑料制品生产。此外，还致力于新区的城市基础设施建设，包括但不限于医院、学校、幼儿园、博物馆、剧院、中高等院校、图书馆、少年宫、体育场馆、办公大楼和住宅等。截至2024年，特区累计吸引投资超1.7万亿坚戈，其中35%为外资，注册企业269家，涵盖工程、交通、社会设施及生产领域。①

近年来，特区加速向智能制造与绿色能源转型，集聚了信息技术、可再生能源等领域的高科技企业，通过物联网技术提升制造业自动化水平，并大力发展太阳能和风能项目以减少碳排放。2024年，特区工业产值达2.5万亿坚戈，加工业增长9.8%，税收贡献和出口额居全国前列。为进一步扩大产能，特区正通过公私合作模式建设第二产业园区，占地409公顷，计划2026年投入使用，目标年产值达8.6万亿坚戈。政策方面，特区享受企业所得税

---

① 参见商务部对外投资和经济合作司等编：《对外投资合作国别（地区）指南：哈萨克斯坦》（2024年版），第54页，载商务部“走出去”公共服务平台，http：//fec. mafcom. gov. cn/article/gbdqzn/，2025年3月25日访问。

免征、增值税“0”税率等优惠，并允许外国劳动力自由流动。

（2）国家工业石化技术园经济特区

国家工业石化技术园经济特区，设立于 2007 年，运营至 2032 年 12 月 31 日，位于阿特劳州，靠近里海和田吉兹（Tengiz）、卡沙甘（Kashagan）等大型油气田，便于获取原料，占地面积 3475.9 公顷，覆盖阿特劳州、曼格斯套州（Mangystau）等资源富集区，并通过交通网络连接中欧、中亚市场。特区设立目的旨在使用创新技术发展碳氢化合物原料石化生产深加工、利用创新科技发展石化生产、原油深加工以及生产高附加值石化产品。重点生产聚乙烯和聚丙烯、塑料薄膜、包装袋、管材、配件、技术设备、塑料瓶等。

政策方面，特区提供企业所得税免征、土地税豁免、增值税返还等优惠，并允许外国劳动力自由流动。近年来，特区加速绿色转型，引入可再生能源技术并加强环保技术研发，例如，优化生产工艺减少碳排放。截至 2025 年，特区已实施 4 个重点项目，包括一体化天然气石油综合体和塑料包装产品生产基地，同时推进 13 个在建项目，总投资额达 7577.75 亿坚戈，预计创造近 5000 个就业岗位。

哈萨克斯坦国家工业石化技术园经济特区是该国实现工业现代化和经济多元化的关键举措。通过政策激励和区位优势，特区正逐步成为中亚地区石化产业枢纽，作为哈萨克斯坦石化产业的核心载体，该特区已吸引巴斯夫、LG 化学等国际企业入驻，成为连接全球市场的战略枢纽。未来，特区计划深化与“一带一路”倡议的协同，推动高附加值石化产品出口，助力哈萨克斯坦打造中亚能源化工产业高地。

（3）阿克套海港经济特区

哈萨克斯坦阿克套海港经济特区（Aktau Seaport Special Economic Zone，简称 SEZ）是哈萨克斯坦为强化里海区域战略地位、推动国际贸易与物流发展而设立的核心经济区。位于哈萨克斯坦西南部曼格斯套州（Mangystau Region）的阿克套市，濒临里海，毗邻土库曼斯坦、俄罗斯、阿塞拜疆等里海沿岸国家，占地面积 2000 公顷。该特区于 2003 年正式启动，2017 年随“光明之路”新经济政策升级，成为跨里海国际运输走廊（TITR）的核心节点，运营至 2028 年 1 月 1 日。

阿克套港是哈萨克斯坦唯一的国际深水港，也是里海沿岸关键交通枢纽。为发挥其连接欧亚的区位优势，哈萨克斯坦政府于 2002 年通过《经济特区法》设立该特区，旨在通过港口驱动区域经济，减少对能源出口的依赖，发展多元产业。特区设立的目的是加快地区发展以加快国家经济融入世界经济体系，建立高效率的生产模式，其中包括高技术和富有竞争力的生产，开发新产品，吸引投资，运用现代管理和经营技术，以及解决就业等社会问题。主要发展家用电器、皮革制品、化工、橡胶塑料制品、非金属矿产品、冶金工业、金属制品、机械设备、石油化学产品生产，以及油气运输、物流服务等。

阿克套海港经济特区凭借其战略位置与政策支持，正逐步发展为里海区域的物流与贸易中心。通过深化国际协作（尤其是与中国及欧盟的联动），该特区有望成为欧亚大陆供应链的关键枢纽。对于投资者而言，这里提供了进入中亚、高加索及欧洲市场的跳板，尤其在物流、制造和能源领域潜力显著。

（4）奥恩图斯季克经济特区

奥恩图斯季克经济特区，位于奇姆肯特市，近乌兹别克斯坦边境，是中亚地区重要的陆路交通节点，占地面积 200 公顷。该特区是哈萨克斯坦最早设立的经济特区之一，设立于 2005 年，运营至 2030 年 7 月 1 日。依托其地理位置优势和资源禀赋，致力于发展化工、物流及高附加值产业。该特区的建设与哈萨克斯坦“国家加速工业化计划”及“一带一路”倡议紧密关联，旨在通过吸引外资和技术提升本土产业链竞争力。

特区设立目的是发展哈萨克斯坦纺织工业，拟打造成哈萨克斯坦南部地区的棉纺织品基地。重点生产服装、丝绸面料、无纺布及其制品、地毯、挂毯、棉浆、高级纸张以及皮革制品；目的是保障哈萨克斯坦纺织工业发展。奥恩图斯季克经济特区凭借其战略区位、政策红利及产业规划，已成为哈萨克斯坦南部经济增长的核心引擎。通过聚焦化工、物流及高附加值产业，该特区不仅推动了区域经济多元化，还强化了哈萨克斯坦在中亚及欧亚大陆桥中的枢纽角色。

（5）巴甫洛达尔经济特区

巴甫洛达尔经济特区，位于巴甫洛达尔州，占地面积 3300 公顷。该特区设立于 2011 年，运营至 2036 年 12 月 1 日。特区设立目的是发展化学、石化行业，尤其是生产采用环保、安全的现代高科技技术，高附加值的出口导向型产品。重点生产化工产品以及石化产品。

哈萨克斯坦巴甫洛达尔经济特区自 2011 年成立以来，依托丰富的铝、煤炭等矿产资源，聚焦化工、石油化工和冶金等重工业领域，推动产业智能化与绿色转型。特区通过税收优惠（如免除增值税、财产税、土地税等）和长期土地租赁政策吸引投资，已吸引 43 家企业入驻，包括哈萨克斯坦铝业、巴甫洛达尔石化厂等龙头企业，重点生产液态氯、氢氧化钠等高附加值化工产品。

在产业升级方面，特区与德国、马来西亚等国的化工企业合作，引入先进技术提升产业链竞争力。同时，政府支持绿色技术研发，推动能源密集型产业向低碳化转型，例如，通过优化生产工艺减少二氧化碳排放。物流方面，特区毗邻中国、俄罗斯等市场，依托跨境运输网络实现货物高效集散，成为欧亚经济共同体重要的工业枢纽。

截至 2025 年，特区工业产值占哈萨克斯坦全国总量的 7%，电力产量占全国 40%，氧化铝出口量达全球 99.6%。未来，特区需进一步平衡生产与环保，加强国际合作以应对全球产业链变革的挑战。

(6) 萨雷阿尔卡经济特区

萨雷阿尔卡经济特区，位于卡拉干达州，占地面积 534.9 公顷。特区设立于 2011 年，运营至 2036 年 12 月 1 日，是哈萨克斯坦重要的工业生产型特区。该特区聚焦冶金工业和金属加工领域，旨在吸引全球领先企业入驻，推动制成品生产。主要生产冶金产品、金属制成品生产、机械和设备、交通工具、拖车、半拖车、计算机、电子产品和光学设备、电器设备、化工产品、橡胶和塑料产品、建材等。

政策方面，特区提供企业所得税、增值税、土地税等税收豁免，并允许外国劳动力自由流动。依托丰富的矿产资源和现代化基础设施，特区已形成以重工业为核心的产业集群，同时加速绿色能源技术研发，推动传统产业升级。

截至 2025 年，特区累计吸引投资超 1.33 亿美元，入驻企业包括本地龙头企业及国际投资者，未来，特区计划深化与“一带一路”倡议的协同，强化跨境物流网络，目标成为中亚冶金产业高地。

(7) 丝路化学园区

丝路化学园区，位于江布尔州，占地面积 505 公顷，是哈萨克斯坦唯一的化学产业专属经济特区。该特区设立于 2012 年，运营至 2037 年 1 月 1 日。丝路化学园区聚焦化工产业链升级，重点发展基础化学、精细化学品及绿色化学产品，涵盖医药中间体、塑料增韧剂等高附加值领域，并通过引进巴斯夫等国际企业提升技术竞争力。

园区以绿色化学技术为核心，推动环保型化工项目，优化生产工艺以减少碳排放，符合全球环保法规要求并与德国、马来西亚等国的化工企业合作，引入先进技术，并计划深化与“一带一路”倡议的协同，拓展高附加值产品出口。

截至 2025 年，园区已实施 4 个重点项目，包括一体化天然气石油综合体，总投资额达 7577.75 亿坚戈，预计创造近 5000 个就业岗位。未来，园区目标成为中亚绿色化学技术输出平台，并助力哈萨克斯坦打造国际化工产业高地。

（8）阿拉套经济特区

阿拉套经济特区（Alatau SEZ）是中哈新三方共建的“中亚新加坡”项目，位于阿拉木图州，占地面积96560公顷，接近新加坡国土面积的1.3倍，特区设立于2023年10月，运营至2048年。特区设立目的是吸引国内外投资为地区经济发展注入新动力，以发展建筑业和加工业为重点，同时，加快发展旅游、医疗、教育、文化和休闲基础设施建设。目标到2050年吸引200万人口，打造金融、物流、科技与旅游中心并融入“一带一路”倡议。

该特区以四大主题区为核心：

①金融商业中心（Gate District）：定位为中亚金融枢纽，提供企业所得税、个人所得税、土地税和财产税全免政策，简化外籍劳务流程，新加坡盛裕集团主导规划，借鉴新加坡金融城模式。

②教育医疗中心（Golden District）：引入中国高校及医疗机构合作，建设国际联合实验室和数字化医疗设施，推动高等教育体系改革。

③工业物流枢纽（Growing District）：依托西欧—中国西部国际走廊节点优势，建设中哈数字物流走廊，包括国际机场、陆港及保税物流园区，中石油、泛华集团参与绿色建材与物流基建。

④文化旅游中心（Green District）：规划迪士尼乐园、生态度假村等休闲项目，引入新加坡绿色建筑技术，推动低碳旅游发展。

国际合作方面，新加坡主导顶层设计，中国通过中石油、泛华集团等企业参与基建，哈萨克斯坦提供政策支持。计划总投资12.5万亿坚戈（约1950亿美元），已吸引3.7万亿坚戈，预计创造11万就业岗位。然而，哈萨克斯坦经济疲软（2024年总人口仅2003万）和项目进展缓慢（早期投资369亿美元后部分区域仍荒芜）仍是主要挑战。未来需深化与“一带一路”协同，推动高附加值产业出口，并通过公私合作扩展第二产业园区。其成败将取决于国际资本注入与区域产业链整合效率。

（9）霍尔果斯—东大门经济特区

霍尔果斯—东大门经济特区（Khorgos-Eastern Gate SEZ）是中哈两国共建的跨境经济合作项目，位于阿拉木图州，占地面积5740公顷。设立于2011年，运营至2036年。特区设立的目的是建设富有成效的运输、物流和工业中心，保障出口贸易活动的利益和实现哈萨克斯坦转运潜能，以及促进与周边国家的经济和文化交流。

该特区主要发展仓储设施、皮革、纺织产品、其他非金属矿产品、化工产品、金属制成品、机械设备生产，建设展馆、仓储场所以及其他行政办公楼等。该特区位于哈萨克斯坦最东端，紧邻中国新疆霍尔果斯口岸仅 15 公里，是中欧班列的重要枢纽节点，通过无水港、物流园和铁路换装站构建多式联运体系，年处理集装箱能力达 20 万标箱。

作为“一带一路”关键支点，该特区与连云港合作打造国际物流基地，2022 年经霍尔果斯口岸的中欧班列超 6195 列，占全国中欧班列总量的 1/3。中哈企业联合运营无水港，实现货物快速转运至中亚、欧洲市场，并享受欧亚经济联盟成员国免税政策。

霍尔果斯东大门经济特区作为中哈共建的跨境合作典范，其发展成就令人瞩目。正如杰特苏州州长所言，该特区不仅是“经济增长引擎”，更是哈萨克斯坦工业化进程中的“重要合作伙伴”。其“通道+枢纽+产业+平台”的多维优势，正引领内陆开放型经济迈向新高度。未来需深化与“一带一路”协同，提升数字化物流水平，并推动绿色化工、跨境电商等高附加值产业发展，以巩固其作为中亚供应链枢纽的地位。

（10）“霍尔果斯”国际边境合作中心经济特区

“霍尔果斯”国际边境合作中心经济特区，位于阿拉木图州，占地面积 560 公顷，建立在中哈国界线两侧毗邻接壤区域，中心实行封闭式管理。设立于 2017 年 10 月，运营至 2041 年。

特区设立的目的是发展边境贸易、出口型产业、活跃经营投资环境、发展交通基础设施、旅游和文化交流，以及解决周边社会经济发展问题。主要开展零售、批发业、仓储和辅助交通、金融服务、旅行社服务、举行会议和各类展会、住宿餐饮服务、食品、饮用水、纺织品、衣服、皮具、药品生产等业务。

“霍尔果斯”国际边境合作中心经济特区是全球首个跨境自由贸易区。在该区域内，中哈两国公民以及第三国公民无需办理签证，仅凭护照或出入境通行证等有效证件便可自由出入，进行面对面的贸易洽谈与商品交易活动。值得一提的是，中方游客享有每人每日 8000 元人民币的免税购物额度，而哈方游客则有每人每天 1500 欧元的免税购物额度，且货物过境时即可享受免税优惠，实现即买即免。目前，中哈合作中心已吸引了 75 家免税店入驻，随着免税购物等便利政策的实施，前来购物的游客数量也在不断增加。

（11）图兰经济特区

哈萨克斯坦图兰经济特区是突厥语国家组织框架下的跨境合作典范，位于图尔克斯坦州，占地面积 3987 公顷。设立于 2018 年，运营至 2043 年。特区设立的目的是加速图尔克斯坦城市发展和旅游潜力，打造突厥语世界的精神首都，开发旅游基础设施，为贸易和投资创造有利条件，进一步简化海关和过境手续，逐步实现货物、资本、服务和技术自由流动，吸引外资，发展出口导向型和进口替代型产业，发展突厥语国家组织成员国的运输和物流潜力。

该经济特区涵盖历史记忆中心、行政商务中心、绿区、棕区、国际机场区及新增工业区，旨在联合突厥语国家打造农产品加工、机械制造、电气设备生产等产业集群。该特区通过税收减免（如10年企业所得税和土地税豁免、8年财产税减免）及跨境人民币结算等政策吸引投资，中国新疆利华集团投资1800亿坚戈建设的棉纺织全产业链项目已覆盖棉花种植、纺纱到服装生产，预计创造4000个就业岗位。

作为突厥语国家经济特区，图兰经济特区强化了与土耳其、阿塞拜疆等国的合作，2023年新增工业区后形成“前店后厂”模式，吸引超5000家商户入驻。其战略定位不仅推动哈萨克斯坦轻工业振兴，更成为中亚与突厥语国家互联互通的“超级节点”，通过整合农业资源与现代工业，目标打造中亚轻工业中心。正如纳扎尔巴耶夫所言，该特区“重新定义了欧亚大陆的文明合作模式”，为区域经济一体化树立标杆。

（12）创新技术园经济特区

哈萨克斯坦创新技术园经济特区是该国首个以信息技术为核心的国家级科创平台，位于阿拉木图州，占地面积163.02公顷。该特区设立于2003年，运营至2028年1月1日。特区设立的目的是发展信息技术产业，开发新的信息技术和生产信息技术领域新产品，其成立以来，始终聚焦软件研发、硬件制造、数据服务及新材料领域，致力于推动中亚地区从资源依赖型经济向创新驱动转型。该特区通过“超区域原则”允许园区外符合条件的企业享受同等政策待遇，并对软件折旧率给予特殊优惠（达40%），显著降低企业研发成本。

在政策支持方面，特区提供全面税收豁免：企业免缴社会税、土地税及财产税，且通过阿斯塔纳国际金融中心（AIFC）实现跨境人民币结算，成为中亚科技企业的“政策洼地”。其产业布局覆盖信息技术全产业链，包括云计算中心、电子元器件制造及绿色能源技术研发，已吸引中亚互联孵化器等中资企业入驻，共建中哈电子信息联合研究中心，推动技术转化与产业合作。

作为哈萨克斯坦“数字丝绸之路”战略的重要支点，该特区不仅孵化了本土科创企业，还通过与国际科技巨头合作引入先进技术，其目标是到2030年成为中亚地区人工智能、量子计算等前沿领域的研发枢纽。正如哈首任总统纳扎尔巴耶夫所强调，创新技术园正以“技术+资本+市场”的模式，重新定义欧亚大陆的科技合作范式。

（13）阿斯塔纳—科技城经济特区

阿斯塔纳—科技城经济特区是哈萨克斯坦重点打造的工业生产型经济特区，位于阿斯塔纳市，占地面积584.42公顷。该特区成立于2017年11月，运营至2042年；重点发展的产业有22项，包括食品、药品、玻璃及玻璃制品、非金属矿物制品、成品金属制品、计算机及外部设备、放射、电子医学和电子理疗设备、电动机、发电机、变压器、电子照明设备、导线及传导设备生产、通用机械生产、仓储及辅助交通业、软件、计算机程序设计、技术咨询及其他配套服务、建筑、工程勘察、技术试验分析、卫生及其他健康防护业务，以及相关配套设施建设应用等。

在政策支持方面，特区提供税收减免、土地优惠及跨境金融便利。企业可享受10年企业所得税豁免，并通过阿斯塔纳国际金融中心（AIFC）实现跨境人民币结算，降低融资成本。基础设施方面，特区已建成现代化工业厂房及配套园区，2024年数据显示，其第一产业园区产能利用率达83%，工业产值超8.6万亿坚戈，成为全国工业产出的标杆。当前正通过公私合作模式推进第二产业园区建设，计划2026年完成首阶段工程，进一步强化制造业集聚效应。

作为哈萨克斯坦经济转型的关键引擎，该特区不仅推动传统产业升级，还通过引入模块化建筑技术、绿色能源项目等创新实践，助力国家实现可持续发展目标。

（14）Qyzyljar经济特区

Qyzyljar经济特区，位于北哈州彼得罗巴甫洛夫斯克市，占地面积192.3公顷。该特区设立于2019年，运营至2044年。特区设立的目的是加快彼得罗巴甫洛夫斯克市发展，加快北哈州发展，推动国家经济融入全球经济链，建立高效、竞争力强的高新科技生产，开发新型产品，促进引资，完善市场经济法律法规，采用现代化管理和经营手段，解决社会问题。该特区以混合型经济模式为核心，主要开展食品生产加工、建筑材料和家具生产、电子产品和电子设备生产、机械制造产品生产、多功能医院建设和综合医院、专科医院运营，从而推动区域经济融入全球产业链，并解决当地就业与社会问题。

该特区提供税收全免政策，包括企业所得税、土地税及财产税，同时简化入驻程序，实行“单一窗口”服务和“自动同意原则”，降低企业运营成本。其产业聚焦四大领域，分别是食品与建材、机械制造、医疗健康、物流配套。

作为哈萨克斯坦北部重要工业枢纽，Qyzyljar经济特区通过整合农业资源与现代工业，推动区域经济多元化发展。其“研发—生产—服务”全产业链模式，不仅助力北哈州成为中亚产业升级样板，也为中哈产能合作提供了新支点。

（三）效率

1. 现有法律规定对贸易效率的影响

哈萨克斯坦国际贸易法律规定对贸易效率的影响呈现政策松绑与监管强

化并存的特点。一方面，该国通过简化进口流程、优化物流设施等措施提升效率：2025 年取消 136 种商品进口许可，涵盖机械设备和原材料等品类，显著降低企业合规成本；霍尔果斯口岸开辟农副产品快速通关“绿色通道”，货物通关时间从几天缩短至 1 小时，铁路运力提升 5 倍。另一方面，严格的关税与外汇监管构成效率制约：进口增值税率 15%、清关费用 50—70 欧元/笔等税费负担，叠加外汇汇回要求及双重征税协定限制，增加资金周转复杂度。

法律合规审查与争议解决机制进一步影响效率。企业需应对《海关事务法》《外国投资法》等复杂法规体系，涉及原产地证明、技术标准等 100 余项文件要求，且贸易争端需通过仲裁或诉讼解决，耗时较长。但专业化法律服务可缓解这一问题，通过合同审查、风险评估降低合规风险，例如，协助企业应对反倾销调查或关税调整。

总体而言，哈萨克斯坦通过政策创新推动贸易便利化，但监管体系的复杂性仍对效率形成挑战，企业需平衡合规成本与市场机遇，借助专业服务实现合规与效率的平衡。

2. 国内法规与 WTO 协定比对

哈萨克斯坦自 2015 年加入 WTO 后，通过系统性法律调整实现与国际贸易规则的深度对接。在关税领域，该国将加权平均税率从 2006 年的 7.9% 逐步降低，并实施电子海关系统，采用与 WTO 一致的海关估价方法，实现无纸化报关和实时监控。贸易救济制度方面，该国 2001 年颁布《反倾销法》《补贴与反补贴法》，并在 2005 年根据 WTO《保障措施协议》修订《国内市场保护措施》，明确临时关税返还程序，降低企业合规风险。2024 年 WTO 审议报告指出，哈萨克斯坦贸易额较加入时翻倍，单一窗口门户等便利化措施得到成员方认可。

虽然存在制度优化，哈萨克斯坦仍存在部分与 WTO 规则冲突的实践。例如，该国频繁实施临时进出口禁令以控制国内价格（如 2024 年审议期间对食品的出口限制），此类措施被 WTO 成员批评为不符合最惠国待遇原则。技术性贸易壁垒（TBT）和卫生与植物卫生措施（SPS）亦引发争议，部分标准未充分公开透明，导致中国等贸易伙伴企业需额外投入 30% 成本应对合规审查。此外，国有企业在能源、交通等关键领域的控制（如铁路轨距标准不统一）导致跨境物流效率下降 30% 以上。①

尽管存在部分非关税壁垒（如技术性贸易措施、服务领域外资限制），但

---

① 参见中华人民共和国商务部网，http：//chinawto. mofcom. gov. cn/article/ae/shenyi 2024/202411/20241103544502. shtml，2024 年 11 月 6 日访问。

哈萨克斯坦通过强化国际合作积极突破瓶颈，例如，深化与“一带一路”沿线国家的自贸协定谈判，并在欧亚经济联盟框架下推动成员国间零关税贸易。其法律体系虽复杂，但专业法律服务与数字化工具的应用已有效缓解合规压力，2024 年 WTO 审议报告显示该国贸易额较加入时翻倍，彰显改革成效。总体而言，哈萨克斯坦正以法律现代化与开放姿态，逐步成为中亚贸易枢纽与投资热土。

（四）评述

作为欧亚大陆的战略枢纽，哈萨克斯坦通过系统性法律框架重构与实体基建升级，正重塑其国际贸易竞争力。该国以加入 WTO 为契机，构建起涵盖国际货物贸易、国际服务贸易、国际知识产权贸易的法律框架，既严格遵循国际规则，又保留必要的政策空间这种“底线思维+开放姿态”的立法智慧，使其在维护主权与融入全球价值链间取得动态平衡。

公共服务体系的现代化转型尤为亮眼。实体层面，中哈跨境铁路运力提升 5 倍、霍尔果斯口岸“绿色通道”实现农产品 1 小时通关等硬核基建，将欧亚大陆的时空距离大幅压缩；数字层面，Kaspi 支付系统与支付宝的无缝对接、区块链技术在物流领域的规模化应用，则以技术创新破解信任壁垒。阿斯塔纳国际金融中心的普通法体系与 AIFC 仲裁机制，更为跨境争议解决提供了“东方日内瓦”式的制度供给。这种虚实结合的公共服务网络，使哈萨克斯坦在 2024 年蝉联中亚物流绩效指数榜首，成为连接东亚制造中心与欧洲消费市场的黄金通道。

在效率层面，哈萨克斯坦通过政策创新与技术赋能实现突破，但也面临结构性挑战。海关程序的数字化改造使平均通关时间压缩至 24 小时，2025 年实施的“单一窗口”系统进一步减少 30%的文件处理环节。然而，非关税壁垒仍对贸易形成摩擦，如技术性贸易措施导致企业额外合规成本增加 25%，且部分农产品出口仍受配额限制。哈萨克斯坦在法律适配与基建升级上展现了开放决心，但其贸易效率的全面提升仍需在规则透明化与区域协同治理上取得更大突破。

总体而言，哈萨克斯坦通过法律现代化、数字化基建及开放型经济政策，正从传统能源枢纽向欧亚贸易枢纽转型，但其贸易效率的全面提升仍需突破规则透明化与区域协同治理等瓶颈。

第五章　哈萨克斯坦商事纠纷解决机制评述及营商环境实证研究

一、商事纠纷解决机制

（一）监管框架

哈萨克斯坦近年来较为重视司法改革，在 2020 年哈萨克斯坦发表的国情咨文中谈到了改革执法和司法系统的必要性，将致力于改变司法水平低下的局势，增强人们对司法部门的信心，继续推进司法制度的改革。目前，哈萨克斯坦正逐步构建一个更加公正、透明和高效的法律体系，重点从公民、企业家和投资者的利益角度审视司法制度中的程序，并且特别关注司法系统的彻底重组和其高质量落实的问题。形成了以司法、仲裁、调解、公证为主的多元商业纠纷解决途径。

1. 司法救济路径法律框架

（1）宪法

《宪法》是哈萨克斯坦国家法律体系及立法进一步发展的核心和基础，具有最高法律效力，于 1995 年 8 月经全民投票批准成立。该《宪法》通过明确公民享有生存权、人身自由、宗教信仰自由、社会经济权等基本权利，为司法救济提供了基础。

虽然哈萨克斯坦宪法不能作为普通法院审理案件的直接依据，但其作用主要体现在宪法法院的违宪审查中。法院的审判仍以具体法律条文为适用对象，但所有法律必须符合宪法精神，这一机制既维护了宪法的最高权威，又保证了法律适用的专业性和可操作性。

此外，《宪法》出台了多部修正案，特别是在 2015 年宪法修正案中明确了在阿斯塔纳国际金融中心（AIFC）内实施独立的法律制度，为 AIFC 法院脱离哈萨克斯坦普通司法体系、适用普通法提供了根本法依据。

（2）《民事诉讼法典》

《民事诉讼法典》是哈萨克斯坦规范民事诉讼程序的基本法律，于 1999

年7月13日颁布，包括总则、一审程序、判决重审、恢复失效程序及涉外程序五编，对起诉、管辖、审理到执行等哈萨克斯坦普通诉讼程序进行了细致规定，如在管辖规则中明确允许原告选择管辖权的特殊情形、专属管辖规则、协议管辖的条件、构建三级审判层级，并规定各阶段审理期限，提升司法效率。规定法院需遵循合法性原则，禁止适用违宪性法律文件，并明确了法官因违法裁判需承担的责任。该部法律旨在促进公正、透明和高效的司法程序，确保公民、法人和国家在民事诉讼中的权利和利益得到保护。

（3）《AIFC 法院条例》（2017）

2017年12月，AIFC 管理委员会决议通过《AIFC 法院条例》，共计12部分，49条，确立了其作为独立司法机构的框架。

《AIFC 法院条例》的基本内容包括：法院分为初审法院（含小额索赔法庭）和上诉法院，法官由哈萨克斯坦总统任命，需具备普通法经验且独立行使职权，不受外部干预；司法程序强调公正、高效及比例原则，适用普通法及 AIFC 法规，并鼓励替代性争议解决（ADR）；法院管理由首席法官负责，注册处协助案件处理，预算来自国家财政并需透明审计；判决执行可通过执行令强制履行，且法院及人员在善意履职时享有法律豁免。该体系旨在通过国际化标准保障金融争议解决的公正性与专业性。

《AIFC 法院条例》明确了法院的组织结构、法官的任命与资格要求、诉讼程序以及裁决的执行等具体事项。这些细化规定确保了 AIFC 法院在实际运作中的可操作性和公正性，同时也为诉讼当事人提供了明确的指引。

（4）《AIFC 法院规则》（2018）

与《AIFC 法院条例》相比，《AIFC 法院规则》是更具体的程序性规则，由 AIFC 首席法官制定，并于2018年1月1日起生效。该规则主要用于指导 AIFC 法院的日常运作和案件处理程序，它涵盖了案件的受理、审理程序、证据规则、判决的作出和执行等的内容，将《AIFC 宪法规约》的原则性规定转化为可操作的诉讼规则。

《AIFC 法院规则》注重程序的细化和灵活性，以适应不同类型的案件和当事人的需求。特别是《AIFC 法院规则》第1条第5款规定，实务指引（指引类文件）可修改或取消本规则的任何条文，这种根据实践需求修订的做法类似于香港《高等法院规则》的更新模式，确保法律规范与技术进步（如区块链证据认证）、国际商事惯例同步。

总的来说，哈萨克斯坦的诉讼救济路径监管框架以宪法为核心，通过《民事诉讼法典》规范普通诉讼程序，同时以 AIFC 特别立法构建国际化、高效率的争议解决机制。这一框架既保留了国内法的稳定性，又通过特区制度吸引国际投资者，体现了司法改革与开放经济的平衡。

2. 仲裁救济路径法律框架

（1）哈萨克斯坦仲裁法

仲裁是目前解决在哈萨克斯坦商事争端的最主要的手段，而《仲裁法》是规范哈萨克斯坦境内仲裁活动的核心法律，旨在明确仲裁程序规则、仲裁裁决的认定与执行条件，构建了完整的仲裁制度框架，强调当事人意思自治与程序公正，并且除了常设仲裁之外还承认临时仲裁的效力，同时通过司法审查以保障公共秩序，与宪法、民事诉讼法及 AIFC 法律体系形成衔接，体现了哈萨克斯坦在多元化纠纷解决机制中的立法协调性。该法于 2016 年 4 月 8 日颁布，于 2017 年 2 月 27 日通过修正案对其进一步完善。

《仲裁法》规定，如哈萨克斯坦共和国批准的国际条约规定了本法尚未规定的内容，则优先适用国际条约的规定；第 59 条规定本法取代 2004 年《仲裁庭法》及《国际仲裁法》，要求既有仲裁机构在两年内调整合规。这些条例强化了仲裁作为替代性争议解决机制的地位，加强了对外国投资者的保障。①

（2）哈萨克斯坦国际仲裁庭调解规则

哈萨克斯坦国际仲裁庭是一个常设仲裁机构，其仲裁规则是依据《仲裁法》和《商事仲裁法》制定的。前者是哈萨克斯坦国际商事仲裁制度建立的主要法律基础；后者侧重于商事仲裁的特殊程序，是规范仲裁庭进行仲裁的主要法律依据。为了提高仲裁的质量，哈萨克斯坦国际仲裁庭建立了仲裁员名单，名单中的人员包括哈萨克斯坦法律领域的专家以及外国专家。②

近年来，调解作为可选择的争端解决方式在全球范围内获得越来越多的认同，哈萨克斯坦的国际仲裁庭为此制定了专门的调解规则。在调解活动中，调解员会为当事人提供争端解决方案，但这些方案并不具备强制约束力，当事人既可主动履行调解结果，也能拒绝履行并转而申请仲裁或提起诉讼。此外，根据《联合国国际贸易法委员会仲裁规则》的规定，哈萨克斯坦国际仲裁庭可以帮助已经选择仲裁作为争端解决方式的当事人，为其提供秘书和技术性质的行政服务，当事人可以约定哈萨克斯坦国际仲裁庭应作为指定机构，或者哈萨克斯坦国际仲裁庭应按照指定机构一样行事，在《联合国国际贸易法委员会仲裁规则》之下按照解决案件的行政程序来提供行政服务。

（3）《AIFC 仲裁条例》（2017）

哈萨克斯坦阿斯塔纳国际金融中心下设国际仲裁中心（AIAC），为投资

---

① 参见《仲裁法》第 3 条第 2 款。

② 参见赖晨野：《哈萨克斯坦国际商事仲裁法律制度评析》，载《新疆大学学报（哲学·人文社会科学版）》2016 年第 1 期。

者提供一个以仲裁为争议解决方式的平台，该中心的仲裁制度构成哈萨克斯坦国际商事仲裁制度的重要组成部分。2017 年，AIFC 管理委员会决议通过了《AIFC 仲裁条例》（2017），对 AIAC 的仲裁制度进行了基础性规定，包括总则、仲裁、裁决的承认与执行、国际仲裁中心四部分。

这部条例以联合国国际贸易法委员会（UNCITRAL）框架为基础，融合国际仲裁惯例，允许企业自由选择仲裁地、语言甚至仲裁员国籍。为复杂的跨国投资争端提供了专业程序。同时，该条例明确了 AIFC 法院与 AIAC 的关系。AIFC 法院可以行使某些权利以促进仲裁。例如，AIFC 法院命令可以要求披露与仲裁程序有关的信息，仲裁庭或经仲裁庭批准的一方当事人可要求 AIFC 法院协助取证。

（4）《AIFC 仲裁规则》（2022）

2022 年，AIFC 管理委员会又颁布了《AIFC 仲裁规则》（2022），对 AIFC 的仲裁制度做了进一步细化。与《AIFC 仲裁条例》（2017）相比，AIFC 仲裁规则通过优化仲裁程序效率（如快速程序与紧急仲裁员制度）；细化多方仲裁规则，包括追加当事人和合并仲裁规则；增强透明度与责任豁免，显著提升了争议解决的灵活性与国际竞争力。这些改进回应了国际商事仲裁中对高效、多元纠纷解决机制的需求，使 AIAC 更符合现代仲裁实践标准。

哈萨克斯坦的仲裁救济路径监管框架通过统一国内法、构建 AIFC 国际化平台及程序创新，形成了层次分明、兼顾效率与公平的仲裁体系，尤其为跨国投资者提供了高效的救济路径。但也面临本土司法对仲裁的审查标准（如公共秩序解释）、AIFC 与哈萨克斯坦普通法院的管辖权衔接，以及调解机制的本土适应性仍需实践检验等问题。此外，仲裁员国际化水平及裁决执行效率（如跨境财产执行）亦是其关键制约因素。

（5）仲裁国际公约

目前国际上通行的仲裁的国际公约主要有《承认及执行外国仲裁裁决公约》（也称《纽约公约》）、《解决国家与他国国民间投资争端公约》（也称《华盛顿公约》）、《联合国国际商事仲裁欧洲公约》等。当前，哈萨克斯坦已经加入并批准了绝大多数主要的国际和区域仲裁公约、协议。

哈萨克斯坦是《纽约公约》的缔约国之一，且并未依据《纽约公约》第 1 条第 3 款作出互惠保留及商事保留，在最大程度上适用了该公约。因此，一般具有涉外因素的商事纠纷可以由当事人协议提交境外仲裁机构解决争议，并在哈萨克斯坦法院申请外国仲裁裁决的承认与执行。同时，哈萨克斯坦也是《华盛顿公约》的缔约国，因此上述投资者与政府间的争议也可以适用 ICSID 仲裁规则申请国际投资争端仲裁解决，并在哈萨克斯坦法院申请承认与执行。此外，哈萨克斯坦还加入了《联合国国际商事仲裁欧洲公约》，这也为哈萨克斯坦仲裁院解决国际争端提供了法律依据。

此外，根据《中华人民共和国政府和哈萨克斯坦共和国政府关于鼓励和相互保护投资协定》，中国投资者与哈萨克斯坦政府之间发生有关征收补偿数额的争议，可以依据该双边协定规定的争议解决机制予以解决。

3. 调解救济路径法律框架

（1）哈萨克斯坦调解法

随着调解越来越被世界各国认可，当事人越来越愿意选择调解的方式来解决争端，而哈萨克斯坦共和国《调解法》规范了该国调解活动的社会关系，共计 4 章、28 条，是在哈萨克斯坦进行调解的重要参考。

《调解法》主要规定了调解的适用范围、调解目标、调解原则等。调解应当遵循自愿性、平等性、保密性等原则。《调解法》确立了调解员和调解组织的法律地位，明确了无偿调解员、职业调解员的资格要求、调解员的权责、调解组织的职能等事项。调解员有权获取争议信息，在调解过程中必须向当事人说明调解规则、协助沟通、避免利益冲突，在无法解决争议的情况下有权终止调解。并对调解期限、调解协议的内容、调解费用、调解的终止等调解程序的核心问题进行了规定。

《调解法》构建了以自愿、保密、高效为核心的争议解决机制，通过专业化调解员队伍和灵活程序，分流司法压力并保护当事人权益，同时与诉讼、仲裁形成互补，推动社会纠纷的多元化解决。

（2）联合国关于调解所产生的国际和解协议公约

《联合国关于调解所产生的国际和解协议公约》（也称《新加坡调解公约》）于 2018 年 12 月由联合国大会通过，并于 2019 年 8 月 7 日在新加坡开放签署。该公约旨在为国际商事调解达成的和解协议提供跨境执行机制，增强调解作为替代性纠纷解决方式的吸引力。

公约适用于通过调解达成的书面和解协议，且该协议具有国际性（例如，当事人在不同国家设有营业地，或协议与多个国家有密切联系），不适用于消费者合同、家庭法、继承法或就业法相关的和解协议。公约采用“直接执行机制”，即当事人可以直接向成员国的主管机关申请执行和解协议，无需将协议转化为其他具有强制执行力的法律文书。具体执行程序由各成员国根据本国程序规则进行，主管机关对申请只需进行形式审查，主要确认和解协议是否符合公约的适用范围以及是否存在应当拒绝执行的情形，简化了跨境执行程序。

哈萨克斯坦于 2022 年 5 月 23 日批准了《新加坡调解公约》，并于 2022

年 11 月 23 日正式生效。公约的加入为哈萨克斯坦执行通过调解达成的和解协议提供了统一的国际标准，增强了调解的法律确定性和可预测性，并且使得在哈萨克斯坦境内达成的和解协议能够在其他国家得到承认和执行，有效减少跨境执行的法律障碍，提高调解效率，为国际投资者和商业主体提供更可靠的法律保障。

（3）《一带一路国际商事调解中心调解规则》

《一带一路国际商事调解中心调解规则》是由北京融商一带一路法律与商事服务中心制定的（2016 年 10 月发布，2021 年 7 月修订），旨在为“一带一路”相关国际商事纠纷提供高效、灵活的调解服务，助力构建互利共赢的国际商事环境。

该规则以独立、公正、自愿、高效、保密为原则，依托专业调解员选任与培训机制，调解员须具备 8 年以上法律或商事经验且严守中立，为“一带一路”国家主体提供线上线下调解服务，推动国际调解文化与经济秩序发展，并通过与各国司法机关、仲裁机构合作实现“诉调对接”及调解协议司法确认与执行。其程序涵盖国内外民商事及海事纠纷，允许当事人通过合同约定或争议后申请启动调解，灵活采用线上线下方式在 42 日内完成调解。调解全程保密，各方不得将调解内容用于后续诉讼或仲裁；达成协议后由调解中心盖章生效，可经公证、仲裁确认或司法强制执行。通过在线平台解决跨国争议、与“一带一路”国家司法机构协作简化执行流程，以及促进调解与诉讼程序协同，确保协议法律效力。

4. 公证法律框架

（1）《公证法》

公证是依照法定程序对民事法律行为、有法律意义的事实和文书的真实性、合法性予以证明的活动。而《公证法》是哈萨克斯坦规范公证制度的法律，包含公证职业的法律定位、公证活动规范、公证人资格要求及公证信息管理等内容。

《公证法》确立了公证职业为法律机构，通过公证活动为自然人和法人提供专业法律协助，保障其权益的地位。明确公证的核心目标是调节公共法律关系，确保权利与自由的实现。公证应当遵循合法性、独立性、保密性、非商业性等原则。并规定了公证人的法律地位，具体包括公证人的资格条件，职业类型与许可以及认证与监督。同时对公证行为范围、信息管理、公证文书与档案的管理制度以及例外披露等公证活动进行规定。

《公证法》构建了以法律保障为核心的专业服务体系。其核心在于平衡公证活动的公共属性与独立性，确保公民与法人的权利通过高效、透明的程序得以实现。

(2)《关于向国外送达民事或商事司法文书和非司法文书公约》

《关于向国外送达民事或商事司法文书和司法外文书公约》（也称《海牙送达公约》）于1965年11月15日在海牙订立，旨在简化跨国司法文书和司法外文书的送达程序，提升国际司法协助效率。

公约规定，在民事或商事案件中需向国外送达文书时，缔约国应通过指定的中央机关（如中国指定司法部）接收和转递请求，并允许采用国内法规定的方式或请求方指定的非强制方法送达，仅当请求损害主权或安全时，接收国可拒绝，不得仅因专属管辖权或国内法不认可相关诉讼为由拒绝，但受送达人地址不明时不予适用。公约还要求送达后出具证明书，并允许在特定条件下即使未收到证明也可作出判决。

哈萨克斯坦于2000年4月5日正式加入《海牙送达公约》，并于2001年1月3日正式生效。作为中亚地区的重要国家，哈萨克斯坦的加入简化了其与其他缔约国之间的司法文书跨国送达程序，为处理跨国商事纠纷提供了便利。

5.《企业法典》

除了上述的各项法律、条约之外，《企业法典》通过整合哈萨克斯坦关于投资的相关规定，取代了原先的《投资法》来规范投资行为，主要从投资纠纷的解决、商主体的权利保护形式两方面对纠纷解决进行了规定。

特别是《企业法典》第296条对投资纠纷（投资者和与投资活动相关的国家机关之间因合同义务而产生的纠纷）的解决进行了规定，明确了可以根据双方先前商定的纠纷解决程序来解决，一般先由双方通过谈判协商，协商不成的，可以在哈萨克斯坦法院提起诉讼或者仲裁。

同时，《企业法典》第301、302、303、304、305、306条规定了商主体权利保护形式，明确了商主体权利受到侵犯时，既可以通过民事诉讼法规定的程序寻求司法保护，也可以通过仲裁、调解等非司法保护形式寻求救济。

需要注意的是，《企业法典》规定了当事人为商主体的争议诉前调解程序。商主体的合法权益被侵犯时，为了直接调解争议，商主体应当按照哈萨克斯坦共和国法律规定的程序向对方提出书面赔偿请求。当哈萨克斯坦共和国法律规定争议诉前调解程序为非必要时，则商主体可直接向法庭提出保护被侵犯的自身权利。若诉前程序中无法调解争议，商主体有权向法院起诉。

（二）公共服务

1. 法院系统简介

（1）普通法院系统

①法院结构与职能划分。

哈萨克斯坦的法院系统由三级法院组成，包括区及与其同等级的法院，（包括区法院、市法院、卫戍部队军事法院、区际经济法院、行政法院）、州及与同等级的市法院（包括州法院、阿斯塔纳市法院、阿拉木图市法院、哈萨克斯坦共和国军事法院等）、哈萨克斯坦最高法院。

区及与其同等级的法院（地区法院）是初审法院，主要审理各类民事、刑事和行政案件；州及与同等级的市法院（地方法院）主要负责审理上诉案件；共和国最高法院负责审理民事、刑事和行政案件的上诉，并对司法实践中遇到的问题进行解释。

哈萨克斯坦最高法院是哈萨克斯坦的最高司法机构，由共和国最高法院和宪法委员会组成。最高法院院长、审判庭庭长、法官，在共和国最高司法委员会推荐的基础上，由总统提名，经参议院选举产生。宪法委员会对宪法解释、违宪审查等宪法事宜作出规定，由7名成员组成，任期6年，共和国前总统为宪法委员会终身成员。

②管辖。

哈萨克斯坦法院的管辖分为级别管辖与地域管辖。

级别管辖方面，一般民事、刑事和行政案件由地区法院进行初审，地方法院审理上诉案件，最高法院负责审理最终上诉案件。但经当事人同意，地方法院、共和国最高法院可以按照一审程序对地区法院正在审理的同类案件之一进行裁决。

地域管辖可以分为一般管辖和专属管辖。一方面，在一般情况下应当由被告所在地管辖，在法律规定的特殊情形下，也可以由原告选择管辖法院，例如，针对法人的诉讼，可同时向法人财产所在地法院提起；另外一方面，法律规定了专属管辖的范围：不动产案件（土地、建筑物、设施等权属争议、解除查封、抵押物执行、抵押协议终止等）须向不动产所在地法院起诉；被继承人的债权人起诉继承人、遗产执行人的案件向遗产所在地法院起诉。继承相关争议（继承人失格、遗产无人继承、继承期限延长等）须向继承开始地法院起诉；运输合同纠纷案件，须向承运人（运输机构或个体经营者）所在地法院起诉；外国侵害哈萨克斯坦司法豁免权引发的赔偿案件，向原告所在地法院起诉（国际条约另有规定的除外）。在不违背专属管辖规则的情况下，当事人可通过协议变更地域管辖或选择域外管辖，增强商事争议解决的灵活性。

若争议双方对于案件应该由司法机关还是非司法机关（如仲裁庭）主管发生争议，应在法院审议，由法院作出最终决定。

③法律适用。

在法律适用方面，应当适用哈萨克斯坦法律法规。如果哈萨克斯坦本国法律法规与投资国缔结或参加的国际公约相冲突，则适用国际公约，在本国法与国际公约都没有规定的情况下，则适用国际惯例。此外，法院无权运用限制公民基本权利的法律法规进行裁判。如果法院认为，适用的法律法规限制了宪法所确认的人和公民的权利和自由，应暂时中止案件诉讼程序并将该法律法规的违宪情况上报宪法委员会。

④执行诉讼程序和法院的执行者地位。

根据《民事诉讼法》，法院的判决、裁定等司法文书具有普遍约束力，所有国家机关、地方自治机构、法人及公民必须执行。法院对执行依据的合法性也享有审查权，若判决基于违宪法律，则不予执行。[①]

当事人可通过书面或电子形式向法院提交执行申请。对于未自动履行的判决，法院可依职权或当事人申请启动执行程序，采取强制措施。法院在执行程序中可采取多种措施，包括财产查封、资产扣押、强制拍卖等。特别在涉及非法所得资产返还国家的案件中，法院可以依据专门法律采取特殊保全措施。

法院不仅是审判机关，也是执行程序的核心主体。执行事务由法官或专门执行法官负责，确保执行程序的合法性与效率。法院对执行措施的决定具有终局性。法院通过法警（bailiff）具体实施执行措施，但法院对执行行为的合法性负有监督职责。拒不执行法院裁决或藐视法庭将承担法律责任，法院对此类行为具有处罚权。

由此可见，在哈萨克斯坦的民事诉讼体系中，法院不仅是审判权的行使者，更是执行程序的核心主体。其执行者地位体现为对执行程序的全程控制、强制措施的决定权及执行争议的终局裁决权。通过法律赋予的广泛职权与程序保障，法院确保司法判决的有效实现，同时维护当事人合法权益，体现了司法权威与程序正义的统一。

⑤监督与制约机制。

哈萨克斯坦法院系统的监督与制约机制可以从以下几方面展开。首先，

---

① 参见《民事诉讼法》第21条。

哈萨克斯坦共和国总检察长直接或通过下级检察官对已发生法律效力的民事司法行为的合法性进行最高监督。其次，最高法院对下级法院的判决进行监督，确保法律的统一适用，并对司法实践中遇到的问题进行解释。最后，宪法委员会通过违宪审查、宪法解释等间接制约法院的工作，确保法院在司法实践中严格遵循宪法和法律。

⑥专门法院。

专门法院包括专门的区际经济法院、军事法院、专门的跨地区少年法院等，负责处理特定类型的案件，通过分流案件，提升审判质量。《民事诉讼法典》第 27 条细致地规定了各专门法院处理的民事案件类型。

专门区际经济法院管辖以下民事案件：诉讼主体为个体经营者及法人实体涉及公司纠纷的案件（法律规定由其他法院管辖的除外）；哈萨克斯坦共和国法律规定的金融机构及银行集团的重组案件；债务重组、个体经营者及法人实体的破产与清算案件（无须启动破产程序），其设立旨在提高经济案件的审判效率和专业性。

首都专门区际经济法院管辖以下民事案件：投资争议案件；国家机关对投资者的索赔案件。

军事法院审理当事一方是军人、军事行政机关、军事单位的民事案件。军事法院分为不同层级，包括地区军事法院和卫戍部队军事法院。

专门的跨地区少年法院审理和解决少年犯罪案件以及涉及未成年人权益保护的民事案件，包括监护权争议、离婚案件中的子女权益保护等。例外情况下，经未成年人的法定代理人申请，少年法院管辖的案件可移交至未成年人居住地（所在地）的区（市）法院审理，但首都、直辖市及区域中心辖区的区（市）法院管辖的除外。此类申请须在案件审前准备完成前提出。专门的跨地区少年法院的设立体现了哈萨克斯坦对未成年人权益保护的重视，旨在通过专业化的审判程序保障未成年人的合法权益。

综上所述，哈萨克斯坦的普通法院体系通过具体的管辖规则、明确的法律适用规则和执行程序、有效的监督与制约机制以及特殊的专门法院，确保了司法的公正性、独立性和有效性。

（2）国际金融中心法院（AIFC 法院）

哈萨克斯坦总统纳扎尔巴耶夫在 2015 年就提出了要打造阿斯塔纳国际金融中心。同年 12 月，哈萨克斯坦议会审议通过了《执行（关于阿斯塔纳国际金融中心管理委员会和理事会结构的制定、明确阿斯塔纳国际金融中心的范畴）法令》法案，随后成立了 AIFC 管理局，并设计出了配套的 AIFC 法律制度。2017 年 12 月，AIFC 法院及其仲裁法庭（以下简称 IAC）成立，自 2018

年1月1日起，AIFC法律制度开始实施。AIFC法律制度与哈萨克斯坦本国法属于不同法系，AIFC法院独立开展司法活动，不受哈萨克斯坦司法制度的限制。截至2024年，已有超过3000家企业在AIFC注册，其中，大部分企业为哈萨克斯坦本国企业，中国企业占比约10%，排名第二位。①

①法院架构。

根据《AIFC宪法规约》第13条关于AIFC法院以及《AIFC法院规则》第二十八部分关于小额索赔法庭的规定，AIFC法院实行两审终审制，由原讼法院（一审法院）和上诉法院（终审法院）组成。原讼法院中不仅设置了各类行政部门与审判法庭，还专门设置有小额索赔法庭，负责审理标的额在15万美元以下以及标的额在30万美元以下但双方当事人书面协议将诉讼提交小额索赔法庭等案件。根据《AIFC法院条例》第五部分法院管辖权以及《AIFC法院规则》第二十九部分上诉的规定，当事人不服原讼法院判决的，可以向上诉法院提出上诉，上诉法院的裁决是终局裁决（对小额索赔法庭判决不服的上诉可交由原诉法庭审理后作出终局裁决，不得二次上诉）。

从审判法庭的组织形式来看，绝大多数的案件采用合议庭的形式进行审判。根据《AIFC法院条例》第七部分第28条关于法院组成的规定，AIFC法院合议庭组成有两种形式，普通案件由一位首席法官和至少4位法官组成合议庭；小额索赔案件由至少3位以上法官组成合议庭。

根据《AIFC法院条例》第二部分第10条关于法官的规定，法官的任职条件包括年龄不得低于40岁，具有普通法地区的律师或法官执业经验，品行良好，并能流利地用英语说和写；而对于小额索赔法庭的法官，年龄放宽到不低于30岁。AIFC法院对于法官的国籍、居住地均无特殊要求，法官不必是哈萨克斯坦共和国公民或居住在哈萨克斯坦共和国的居民。此外，允许法官兼职，即法官可在与法院的职责不冲突的情况下从事其他工作，包括在任何其他法院担任司法职务。因此，聘用大量拥有丰富的律师和司法经验的高素质外籍法官成为AIFC法官制度的鲜明特色。

②管辖权。

AIFC法院对刑事和行政诉讼没有司法管辖权，只能审理民商事诉讼，对以下事项有专属管辖权：（a）AIFC参与者（在AIFC注册的公司）、AIFC机构和/或其外国雇员之间发生的争议；（b）与在AIFC内进行的业务有关并受AIFC法律监管的争议；（c）经各方同意移交AIFC法院的争议；（d）对AIFC

---

① 参见招远市人民法院：《哈萨克斯坦AIFC法律制度述评》，载招远市人民法院网站，https://www.sdcourt.gov.cn/ytzyfy/402561/402562/6634324/index.html，2025年3月6日访问。

法律法规的解释。

对于外国投资者来说，在 AIFC 注册完成后，就可以实现与本国国民相同待遇。但若双方达成合意，同意将纠纷提交 AIFC 法院审理，则无须在 AIFC 注册/认证，也可直接向 AIFC 法院起诉。

③法律适用。

AIFC 法院的法律适用规则主要基于对普通法体系的移植与本地化改造，是其区别于哈萨克斯坦普通司法体系的核心特征之一。

AIFC 法院对比了美国、英国、新加坡等国的法律制度，结合哈萨克斯坦国情，选择将英国较先进的法律制度移植到 AIFC 地区，旨在通过移植国际认可的成熟商业法律规则，增强投资者信心。AIFC 法院的核心法律渊源是英国普通法及判例，尤其是英格兰和威尔士的法律体系。另外，AIFC 法院还可以适用：《AIFC 宪法规约》《AIFC 法院条例》《AIFC 法院规则》；诉讼双方经协商一致同意适用的法律，但要求不得违背哈萨克斯坦的公共政策与公共秩序；法院认为适当的法律；AIFC 法院以及其他普通法司法管辖区的判例。此外，《AIFC 宪法规约》规定如果哈萨克斯坦共和国批准的国际条约与宪法规约就同一事项作出了不同规定，则优先适用国际条约的规则。这些规定增强了法律适用的灵活性，同时体现了 AIFC 的国际化特征。

④判决的执行。

判决执行是司法程序的“最后一公里”，执行环节的有效性直接决定了司法公正能否落地生根。

在判决承认与执行问题上，AIFC 法院首席大法官应委任司法常务官或一位或多位法官为 AIFC 执行法官，根据法院发布的执行令在 AIFC 内执行。根据《AIFC 宪法规约》的规定，在哈萨克斯坦境内其他地区承认 AIFC 法院判决的方式和条件同本国其他法院的相同，可以将判决提交给负责执行国内法院裁决的哈萨克斯坦共和国私人法警分庭执行。此外，关于 AIFC 法院判决在哈萨克斯坦境外的承认与执行，《AIFC 法院条例》规定希望在哈萨克斯坦共和国境外执行 AIFC 法院判决的当事人可以向法院申请判决的核正副本，可以预见 AIFC 法院的判决在与哈萨克斯坦签订了《关于民事、家庭和刑事事项中法律援助和法律关系的明斯克公约》和《关于解决与商业活动有关争端的基辅公约》等公约的缔约国境内能够得到有效的承认和执行。

AIFC 法院体系以英国普通法为核心，结合本地立法形成了一套高效、灵活且与国际接轨的争议解决体系。其特点包括法律渊源的多元性、管辖权的精准限定、程序的技术创新以及执行机制的双轨化，旨在为国际投资者提供可预测的司法保障，同时通过特区制度推动哈萨克斯坦整体司法改革。

2. 仲裁体系简介

(1) 普通仲裁体系

①仲裁机构与仲裁员。

哈萨克斯坦仲裁机构可分为常设仲裁机构和临时仲裁机构。常设仲裁机构是由个人和（或）法人依法设立，并按照仲裁规则，对开展仲裁活动的仲裁员进行登记的仲裁机构。解决特定纠纷的仲裁机构是由纠纷当事人临时组建的，在对纠纷进行仲裁前或当事人决定向法院提起诉讼前，该仲裁机构一直具有法律效力。国家机关、国有企业、占市场商品服务主导地位的自然垄断企业和实业、国家直接或间接持有50%及以上投票权股份（法定资本）的法人及其子公司和分公司、二级银行、从事银行业务的特定类型组织不得组成任何仲裁机构。这在极大程度上避免了公权力对仲裁裁决的干涉。

哈萨克斯坦仲裁员需要年满30周岁、具有高等教育背景及5年以上工作经验，根据当事人协议，可选定哈萨克斯坦共和国公民、外国人或无国籍人为仲裁员，但法官、无行为能力人、限制行为能力人、公职人员、有犯罪记录者等不得担任仲裁员。当存在利益冲突或程序违规时，当事人可以申请仲裁员和回避。仲裁员在仲裁过程中应始终保持中立。

以下为哈萨克斯坦常设仲裁机构名录：①

表6—1　哈萨克斯坦常设仲裁机构名录

名称	地址	联系方式	邮箱/网站
哈萨克斯坦国家工商会“阿塔梅肯”仲裁中心	哈萨克斯坦共和国，阿斯塔纳市，Д. 库纳耶夫街8号，B座	8(7172)91-93-82	arbitration@ palata. kz
哈萨克斯坦企业家联盟仲裁院	哈萨克斯坦共和国，阿斯塔纳市，卡班拜巴特尔大道6/1号，“卡斯卡德”商务中心21室	8(7172)92-52-22,92-53-33	union. main@ gmail. com; www. leaubk. com

① 《哈萨克斯坦共和国常设仲裁机构名录》，https：//www. gov. kz/memleket/entities/adilet/documents/details/1362？lang=en，2025年3月14日访问。

(续表)

名称	地址	联系方式	邮箱/网站
西哈萨克斯坦州国际仲裁有限责任公司	哈萨克斯坦共和国,西哈州,乌拉尔斯克市,阿布勒海尔汗大道167号4室	+7(7112)28-82-92; +7(702)795-05-63	info@ zkosud. kz; www. zkosud. kz
哈萨克斯坦国际仲裁院(阿拉木图)	哈萨克斯坦共和国,阿拉木图市,季米里亚泽夫街 15Б 号 3 室、18 室	+7(727)328-05-42; +7(727)31-31-161	arbitrage_kia@ mail. ru;info @ arbitrage. kz; www. arbitrage. kz
阿拉木图仲裁院	哈萨克斯坦共和国,阿拉木图市,努苏普别科夫街32号	8(7273)28-76-18	t. sud@ inbox. ru; www. gorsud. kz
"IAC"国际仲裁法院	哈萨克斯坦共和国,阿拉木图市,纳乌鲁兹巴伊巴特尔街 17 号312室	+77273337027; +77003337027	iac@ arbitration. kz; http://arbitration. kz/
"JUS GENTIUM"国际商业仲裁院	哈萨克斯坦共和国,阿拉木图市,阿拜大道68/74号(与阿乌埃佐夫街交汇处)210室	8(7273)76-08-80; 8(7479)80-75-16	info@ arbitrazh. kz; www. arbitrazh. kz
"法律与物流"有限责任公司(卡拉干达仲裁院)	哈萨克斯坦共和国,卡拉干达市,布哈尔·日劳街 49 号 204室	8(7751)51-88-88; 8(7752)92-73-39	pravoilogistika@ mail. ru
阿斯塔纳市仲裁法院	哈萨克斯坦共和国,阿斯塔纳市,伊马诺夫街11号	8(7172)47-66-12; 8(7015)88-37-29	nuakz@ mail. ru; http://nuaarbitration. kz/
阿斯塔纳市哈萨克斯坦国际仲裁法院	哈萨克斯坦共和国,阿斯塔纳市,独立大道34号	8707333-91-99	info@ kiac. kz; www. kiac. kz

（续表）

名称	地址	联系方式	邮箱/网站
欧亚调解中心国际商业仲裁法院(ICAC)	哈萨克斯坦共和国,阿拉木图市,纳乌鲁兹巴伊巴特尔街31号,"Premium"商务中心47室	+7(727)279-36-36; +7(727)3-909-505; +7701712-72-46	arbitration@ court. kz; www. icac. kz
阿拉木图仲裁法院	哈萨克斯坦共和国,阿拉木图市,努苏普别科夫街32号	8(7273)28-76-18	sudalmaty@ bk. ru; www. almatysud. kz
共和国仲裁法院有限责任公司	哈萨克斯坦共和国,阿斯塔纳市,萨拉伊希克街5/1号,"米松"商务中心5室	87027037711	sud@ econsulting. kz; www. kazarbitrazh. kz
"阿迪列特"仲裁院	哈萨克斯坦共和国,阿拉木图市,卡班拜巴特尔街112号	+7(701)913-65-88; 8(701)938-39-24	info@ adiletsud. kz; www. adiletsud. kz
阿斯塔纳市仲裁法院(法律援助中心)	哈萨克斯坦共和国,阿斯塔纳市,克涅萨雷街44号,BП-13	8(7172)21-11-19; 87761530090	arbitrage-astana@ mail. ru; arbitrageastana@ gmail. com
南哈萨克斯坦仲裁法院私营机构	哈萨克斯坦共和国,奇姆肯特市,叶尔希别克巴特尔街141号101室	(7252)57-04-11; 8-705-711-52-25	ukas. kz@ rambler. ru; www. ukas. kz
"TENDEU"国际仲裁机构	哈萨克斯坦共和国,阿斯塔纳市,阿斯卡尔·托克帕诺夫街,BП-3	—	info@ tendeu. kz; www. tendeu. kz
巴甫洛达尔仲裁院	巴甫洛达尔市,五一街189号3号楼100室	+7718265-47-96; +7777545-12-12	pavlodarsud@ gmail. com; pavlodarsud. kz

(续表)

名称	地址	联系方式	邮箱/网站
卡拉干达市及州常设仲裁有限责任公司	哈萨克斯坦共和国,卡拉干达市,布哈尔·日劳街 49/6 号 407A 室	87712704700	arbitragekrg@ gmail. com
卡拉干达仲裁法院有限责任公司	哈萨克斯坦共和国,卡拉干达市,叶尔梅科夫街 73/201 号	8(7212)30-24-23; 8775-292-73-39; 8700-204-24-23	www. kasud. kz kasud09@ mail. ru

②仲裁程序。

仲裁庭审通常根据争议一方或双方的书面申请来启动，被申请人有权就仲裁机构是否有权接收纠纷提出异议。常设仲裁庭庭审自仲裁机构收到仲裁申请的 15 个日历日内作出是否受理争议的决定，在特殊情况下，如案件特别复杂的，仲裁机构可将期限合理地延长至 1 个月；而临时仲裁庭庭审则自被告收到仲裁申请之日起启动。

根据《哈萨克斯坦仲裁法》第 14 条规定，仲裁庭可以组成合议庭或由独任仲裁员审理争议，仲裁员的选任可由双方协商进行或根据仲裁机构的规则进行。如果双方对仲裁员的选任未能达成一致，则由争议双方各选任一名仲裁员，再由这两名仲裁员共同选任首席仲裁员。根据《哈萨克斯坦仲裁法》第 21 条规定，仲裁庭应当依据仲裁机构的仲裁协议或双方达成的协议审理争议。根据《哈萨克斯坦仲裁法》第 22 条规定，仲裁庭庭审地点可由双方协商或根据最便利于当事人双方的地点进行审理。仲裁庭也可决定书面审理或口头听证，并保障当事人平等权利。

庭审中，当事人承担举证责任，仲裁庭可要求补充证据或指定专家；当事人在仲裁活动中可向法院申请保护仲裁诉求。通常，在双方未另作约定的情况下，仲裁案件审理期限自案件准备工作完成之日起两个月内结束，如果是重大疑难案件，可由仲裁庭决定延长审理时间。仲裁裁决通常根据仲裁员少数服从多数的决定作出，持不同意见的仲裁员有权在仲裁裁决上写明不同意见。仲裁裁决自仲裁员在决议上签名之日起生效。

③仲裁裁决的承认与执行。

在哈萨克斯坦共和国境内作出的仲裁裁决具有强制执行力。对于未载明履行期限的裁决文书，其法律效力自作出之日起即产生。若义务方未主动履行仲裁裁决确定的责任，权利人可依据《民事诉讼法典》行使强制执行请求权，但需以取得法院的司法确认为前置程序要件。根据《哈萨克斯坦仲裁法》第 57 条规定，法院在下述情况下可以拒绝承认与执行仲裁裁决：仲裁协议依据争议当事人所属国家法律或仲裁裁决作出地法律是无效的；仲裁协议的一方当事人被认定为无民事行为能力人或限制民事行为能力人；仲裁庭的组成或仲裁审理程序不符合仲裁协议或相关法律的规定；仲裁庭对仲裁协议以外的事项进行裁决等。

在国外作出的仲裁裁决，哈萨克斯坦作为《纽约公约》的缔约国，根据公约，缔约国法院在承认和执行其他缔约国国家仲裁裁决时，仅进行形式审查（如仲裁协议有效性、程序合法性），不干预裁决实体内容。

（2）哈萨克斯坦 AIFC 国际仲裁中心（AIAC）

根据《AIFC 宪法规约》第 14 条关于国际仲裁中心的规定，AIFC 法院除了拥有一套完整的诉讼机制外，还内设有仲裁法庭。根据《AIFC 仲裁条例（2017）》第一部分总则中关于法院干预程度的规定，虽然仲裁法庭是 AIFC 法院的内设机构，但 AIFC 法院不得干预仲裁法庭的仲裁活动。除此之外，AIAC 仲裁制度也独立于哈萨克斯坦仲裁法。除此之外，AIAC 仲裁制度也独立于哈萨克斯坦仲裁法。AIAC 的仲裁以联合国国际贸易法委员会的仲裁规定为基础，同时部分适用《英国仲裁法》。这两种模式的结合创造了一个可预测的法律框架，可以为考虑仲裁的各方提供适当的仲裁制度，使得当事人更愿意接受通过仲裁解决纠纷。

AIFC 法院和国际仲裁中心（AIAC）是两个截然不同且重要的独立机构，在 AIFC 提供国际标准的商业争议解决方案。AIFC 法院以不干预原则为指导，对 AIAC 的仲裁案件进行有限的监督。[①]

①仲裁协议要求。

仲裁协议作为争议解决机制的核心法律文件，体现为当事人将现实或潜在争议提交仲裁的共同意思表示。其构成要件包含双重维度：第一，协议须基于缔约主体的真实合意，排除单方强制或意思表示瑕疵；第二，协议效力范围严格限定于特定财产性权益争议，通常不涉及人身权属或行政争议领域。

根据 AIFC 仲裁规则，书面形式构成仲裁协议的生效要件。该规则突破传统纸质载体的限制，将电子通信（包括可检索的电子邮件、数据电文等）纳入书面形式范畴。特别值得注意的是，被申请人答辩书中隐含的仲裁合意，

---

① 参见王青松、苏超：《哈萨克斯坦国际商事仲裁制度研究——以阿斯塔纳国际金融中心仲裁制度为视角》，载《国际商务研究》2022 年第 43 期。

以及合同援引的第三方文件所含仲裁条款，均可通过法律拟制技术转化为有效书面协议。此种制度设计既维护了形式要件的严肃性，又适应了现代商事交易高效便捷的需求。

合同效力状态与仲裁条款有效性存在辩证关系：主合同无效或被撤销，不影响仲裁条款的独立效力，这是仲裁协议自治原则的体现。但需特别指出，该原则的适用以当事人达成有效仲裁合意为前提。若缔约阶段未就仲裁条款形成真实合意，即便主合同被确认无效，仲裁条款亦无法独立存在。

当存在有效仲裁协议时，AIFC 法院对实体争议的审理权受到严格限制。当事人须在首次实质性答辩前提出管辖权异议，否则视为默示接受司法管辖。但仲裁协议不妨碍法院采取诉前保全等临时措施，且在特定情形下（如涉及公共利益或第三人权益），法院可突破仲裁保密性原则要求信息披露。这种制度安排平衡了仲裁效率与司法监督的关系，体现了现代仲裁制度的发展趋势。

②仲裁庭组成。

基于争议复杂程度与当事人的意思自治，AIAC 确立了两级仲裁庭模式：针对事实清晰、标的额较小的争议，允许采用独任仲裁员审理机制；对于涉及多方主体或法律关系复杂的案件，则强制适用三人合议制仲裁庭模式。

当事人可在指定的仲裁员名单中选任仲裁员。根据《AIFC 仲裁规则（2022）》第 13 条第 1 款，仲裁员需要对案件的结果无直接或间接利害关系、独立于各方当事人、同意履行仲裁员义务、年满 30 岁并受过高等教育。有关仲裁员的指定，根据《AIFC 仲裁规则（2022）》第二部分第 8 条关于仲裁员的人数和指定的规定，如果仲裁庭由一名以上仲裁员组成，且仲裁有两方，每一方当事人应在 AIAC 主席提出任命请求后的 10 天内指定相等数量的仲裁员，并由 AIAC 主席指定（或任命）仲裁庭首席仲裁员。当出现当事人未能指定仲裁员或当事人之间未能共同指定仲裁员的情形时，AIFC 仲裁规则规定，由 AIAC 主席指定或任命仲裁员或独任仲裁员。

AIFC 仲裁规则还创新性地引入国籍中立机制，要求除当事人另有约定外，独任仲裁员或首席仲裁员的国籍必须区别于所有当事人所属国。该规范具有双重制度价值，既保障当事人在不违反国籍限制的前提下行使仲裁员选择权，又通过构建多元化背景的仲裁庭，有效防范了因国籍趋同可能产生的程序偏颇，彰显了国际商事仲裁的公平性原则。

③仲裁程序。

AIAC 仲裁规则确立的庭审证据制度包含三重维度：首先，仲裁庭原则上需组织庭审程序，除非当事人合意排除口头听证，否则必须通过正式听证程序审查争议焦点与管辖权问题。其次，仲裁庭享有证据调取权，可要求当事人提交必要证据材料。对于无正当理由缺席庭审的当事人，仲裁庭有权采取程序性制裁措施，根据现有证据材料进行裁决，并可作出不利于缺席方的法律推定。

在证人管理方面，AIAC 实行严格的庭前证据披露机制，要求当事人预先提交证人身份信息、证言范围及关联性说明，以此防范证据突袭并确保庭审效率。仲裁庭对证人证言形式具有裁量权，并可接受书面陈述、宣誓书等多种证据载体，同时保留对口头证词的审查权。值得注意的是，规则虽未强制要求证人接受交叉质证，但规定拒绝质证方需承担证明力减损的风险，这种制度设计既维护程序灵活性，又通过证明责任分配确保证据可靠性。

AIAC 确立的速裁程序适用标准包含三类情形：争议标的额不超过 500 万美元、当事人程序选择权合意和紧急事由。相较于国际主流标准，该制度具有两大突破：一是将金额上限提升至显著高于 ICC 等机构的常规标准；二是引入紧急事由作为独立适用条件。实务中允许当事人在速裁程序与普通程序间进行双向转换：既可通过合意启动程序降级，也可经仲裁庭裁量后升级程序。

④仲裁裁决的撤销。

仲裁裁决撤销制度作为司法监督机制的核心环节，在 AIAC 仲裁体系中遵循属地管辖原则。根据《AIFC 仲裁条例》第 15 条确立的司法审查框架，仲裁地司法机关对裁决撤销请求享有专属管辖权。这种制度设计既符合《纽约公约》确立的国际商事仲裁司法审查原则，也体现了仲裁程序与司法监督的衔接机制。

《AIFC 仲裁规则》对撤销请求设定了 3 个月的法定异议期，允许当事人通过书面协议延长该期限以保障程序权利。值得注意的是，司法机关在受理撤销申请时可启动程序中止机制，授权仲裁庭实施瑕疵补正程序或采取其他补救措施。这种“先补正后撤销”的审查模式，突破了传统“全有或全无”的二元化处理框架。瑕疵补正程序作为撤销程序的替代性机制，其制度逻辑相对明确：通过仲裁庭的自我纠错实现程序经济价值，既维护裁决终局性又节约司法资源。但该机制在实施中呈现出复合性特征：一方面允许仲裁庭进行实质性缺陷修复，另一方面赋予其采取非典型补救措施的裁量权，形成“准司法”的瑕疵修复机制。

⑤仲裁裁决的承认与执行。

AIAC 作出的生效裁决在哈萨克斯坦境内具有强制执行力，其执行程序依托 AIFC 法院的司法保障机制实现。根据 AIFC 法律框架，AIAC 裁决经 AIFC 法院审查后可通过签发执行令的形式转化为可执行文书，由哈萨克斯坦执法机关依据《民事诉讼法》规定的程序实施。

在国际层面，哈萨克斯坦作为《纽约公约》的缔约国，负有承认与执行其他缔约国仲裁裁决的国际义务。AIAC 裁决可依据公约第 8 条规定的互惠原则，通过成员国间的司法协作机制实现跨境执行。申请承认外国仲裁裁决需向 AIFC 法院提交经认证的裁决书正本及仲裁协议原件，法院将依据《AIFC 仲裁条例》进行形式审查。审查重点包括仲裁协议有效性、仲裁程序合规性、争议事项可仲裁性以及公共政策保留原则。通过审查的裁决将获得法院颁发的多语种承认令（英语、俄语、哈萨克语），该命令具有终局效力且不得上诉。若法院认定存在《纽约公约》第 5 条规定的拒绝事由（如仲裁庭越权裁决、程序违反正当原则或违反哈萨克斯坦公共秩序），则需出具包含具体法律依据的书面驳回裁定。

3. 调解体系简介

（1）普通调解

①调解机构与调解员。

哈萨克斯坦调解体系中涉及的实体有调解主管机构、调解员协会、调解员组织和调解员。调解主管机构是负责实施调解活动国家政策和监管的中央行政机构，主管机构制定政策，调解协会及组织需遵守并执行；调解员协会（联盟）是为协调调解员组织活动，保护其权利和合法利益而成立的行业自律组织，负责制定职业道德准则、协调会员活动、并代表调解员与政府及国际组织互动；调解员组织是根据哈萨克斯坦共和国法律成立，直接管理职业调解员的非营利性组织；调解员是受当事人聘请进行调解的个人。

哈萨克斯坦调解员分为职业调解员与无偿调解员。年满 25 周岁、具有高等教育学历并持有调解员培训证书的个人以及退休法官，注册后可以担任职业调解员；无偿调解员年龄放宽至 40 周岁，由社区选举产生（需信誉良好且无犯罪记录），地方行政长官登记并公布。

②调解程序。

调解可以在当事人签订书面调解协议的情况下进行，也可以由法院或者刑事诉讼机关应一方当事人的请求，提出调解申请。调解协议应包括当事人信息、调解组织名称、酬金等的实质性内容。如一方当事人以书面形式提出调解申请，但另一方在发送之日起 10 个日历日内或在受托期内未作出同意调解的回复，则视为拒绝。

调解的程序和方式也非常灵活，经当事人和调解员同意可采用电话、视频会议、电子通信等方式，调解的时间、地点、语言均可由当事人自行确定。诉讼程序外进行的调解一般应当在 30 日内完成，特殊情况可延长至 60 日。

③和解协议。

在调解过程中，当事人达成和解协议的，需要以书面形式签订协议，在协议中载明日期地点、争议主题、调解员、争议解决方案、履行方式、期限及违约责任等事项。此外，和解协议必须由调解员签字确认。

和解协议可以在诉前订立，也可以在初审法院、上诉法院作出判决前或执行期间订立。当事人在诉前达成和解协议的，若当事人未履行或不适当履行协议，当事人可以向法院起诉。当事人在民事或行政诉讼过程中达成和解协议，应当立即送交该案法官，由法院批准；在部分刑事案件（根据哈萨克斯坦共和国《刑事诉讼法典》的规定不起诉或不予追究刑事责任的案件）中，也可以达成弥补被害人的方式达成和解协议，应当立即将协议送交该案法官。当事人在执行阶段达成和解协议的，应当立即送交执行员，并由法院进行批准，随后中止程序。诉讼中及执行阶段订立的和解协议由双方当事人按照协商的方式与调解自愿履行。如果一方不自愿履行，另一方可以向法院申请，由法院发布强制执行令来执行该协议。

（2）一带一路国际商事调解中心

为更好服务“一带一路”建设，解决企业在“一带一路”发展中的风险与挑战，北京德恒律师事务所牵头联合中国民营经济国际合作商会、哈萨克斯坦国际商会、巴基斯坦工商会等在北京发起创立“一带一路”服务机制。2016 年 10 月，经北京市法学会批准，在北京市民政局依法注册成立北京融商一带一路法律与商事服务中心暨一带一路国际商事调解中心（以下简称调解中心）。调解中心创设了“诉讼与调解对接、仲裁与调解对接、公证与调解对接、线上线下对接、国内国外对接、官方民间对接”工作模式，通过在国内和国外设立调解室以及与各国商事与法律等机构签署的合作协议，在全球实现线上线下调解的结合与联动。①

调解中心的设立，为中哈经贸合作提供了可靠保障。通过该中心，中哈两国企业可以更加顺利地解决合作中出现的纠纷，促进双方的长期合作和共同发展。

①调解机构与职能。

2019 年 7 月，调解中心阿拉木图调解室、AIFC 调解室在哈萨克斯坦正式挂牌。调解中心与哈萨克斯坦 IUS 国际仲裁中心签署了《关于仲裁和调解领域互助合作的协议》。根据协议，在 IUS 国际仲裁中心申请仲裁的与中国相关

---

① 参见亚金协“一带一路”金融合作委员会：《“一带一路”金融合作每周动态（2020 年 32 期）》，载亚洲金融合作协会网站，https：//www. afca-asia. com/cM07_ UploadFile. do? method=downloadFile&storeFileName=1597990421342. pdf，2025 年 3 月 2 日访问。

案件，IUS 国际仲裁中心将优先推荐给调解中心解决。对于由调解中心主持达成的调解协议，可由其见证并监督履行。调解中心也可协助当事人申请 IUS 国际仲裁中心根据调解协议进行仲裁确认并履行。此外，2019 年 10 月 28 日，调解中心与哈萨克斯坦 AIFC 法院、阿斯塔纳国际金融中心国际仲裁中心在北京签署了关于诉讼、仲裁和调解对接的多元纠纷解决合作备忘录，包含了共同促进调解及其他多元化争端解决方式的合作、信息交换方面的合作、案件上的合作与对接等多项内容，推动了诉讼、仲裁与调解的有机结合，共同促进调解及其他多元化争端解决方式的发展。合作协议签署后积极探索实现调解、仲裁与诉讼的三方衔接，对于对方推荐或者移送调解、仲裁、诉讼的案件，按照相应的规则和程序及时妥善处理案件并作司法确认。目前，调解中心已经成为中哈企业处理商事纠纷的重要平台。

调解中心的主要职能涵盖了提供调解服务、制定调解规则以及促进国际合作。调解中心为“一带一路”相关国家的政府、企业及其他商业组织与个人提供调解服务；制定《调解规则》，并与各国商事与法律等机构签署合作协议，推动建立诉调对接机制，以增强调解协议的可执行性；同时与国内外多家法院建立与司法程序的衔接，包括诉调对接、调解协议的司法确认以及执行，推广和谐、互利、平等的调解文化。

②调解程序。

当事人通过在线系统或线下提交调解申请，中心审核管辖权（需双方同意调解）后决定是否受理，当事人缴费后从名册中共同选择或委托中心指定调解员，调解员需作独立性声明。正式调解采用线上线下结合模式（如视频会议、电子文件交换），调解员协助双方交换证据、明确诉求，推动协商。根据《一带一路国际商事调解中心调解规则》第 9 条关于当事人权利义务的规定，当事人在调解程序启动后，应在法律允许的范围内，退出或暂停一切与调解标的有关的法律行动和司法程序，先行积极调解。成功调解后签署书面协议，明确履行方式；失败则终止调解，当事人可转诉讼或仲裁。

③调解协议的履行。

经调解达成协议后，当事人可以签署调解协议书。为保障协议的履行，调解中心可以提供以下服务：调解中心可以见证并监督当事人自动履行，如果当事人对自动履行存在疑虑，可以缴纳履约保证金，由调解中心担保协议的履行。同时，根据《一带一路国际商事调解中心调解规则》第 15 条第 2 款和第 4 款规定，调解中心可以协助当事人共同申请公证机构依法公证或根据调解协议制作并出具债权文书公证、强制执行公证等公证法律文书，也可以协助当事人共同申请仲裁机构根据调解协议出具仲裁调解书或裁决书或向有管辖权的法院申请司法确认，使调解协议具有强制执行力。

根据《一带一路国际商事调解中心调解规则》第15条第5款规定，对于法院或相关机构委托、委派的民商事纠纷调解案件，应当按照法律规定及法院或相关机构的相关规定办理。

4. 公证体系简介

（1）公证机构与公证人

在哈萨克斯坦，公证机构由国家公证处、私人公证处、其他授权机构组成。国家公证处是在政府机构工作的公证人（国家公证人）执行公证职能的机构。私人公证处是由私人执业公证人开展公证活动的机构。其他授权机构包括地方行政官员（如州级市、区、村庄的行政机构公务员）、履行领事职能的人员，以及法律授权的其他主体组成的公证机构。

公证人则分为国家公证人与私人公证人两类，二者在执业权利与义务上具有同等法律地位。国家公证人受雇于政府公证机构，作为公职人员直接参与公证活动，其资格无需单独执业许可，但需满足法定基本条件。私人公证人则需通过严格的资格认证程序，须为哈萨克斯坦公民，年满25周岁，取得高等法律教育学位，并具备至少2年法律从业经验；完成为期1年的公证实习，由经验丰富的公证人指导，掌握实务技能；最后需要通过司法部下属认证委员会的考核，内容涵盖法律知识测试与实务能力评估，通过考核后，由司法部颁发执业许可证，方可在私人机构独立执业。

（2）公证服务类型与公证费用

公证服务类型涵盖遗嘱认证、继承案件处理、不动产交易文件的认证、执行令签发、授权委托书认证、合同与协议公证等法定事项，公证人须依据《公证法》及相关法规独立完成操作。所有公证行为均需即时录入统一公证信息系统（UNIS），系统集成电子登记簿、遗嘱记录及继承案件数据库，实现全流程数字化管理，以此来提升行政协作效率。

在哈萨克斯坦，不同的公证机构根据公证事项的不同，有着不同的收费标准。实际收费标准需以公证处的规定为准。建议在办理公证前，通过官方渠道确认费用细节，避免因信息不全导致延误或纠纷。

（3）公证文件效力

公证人签发的执行令具有强制执行力，可直接用于债务追索等司法执行程序。执行令信息需录入统一公证信息系统，以确保其权威性。法院、调查机构、税务机关等可依据公证文件开展程序，公证信息可作为直接证据使用。文件经公证后，电子副本存入“公证电子存储库”，最终转入“公证电子档案”永久保存，存档信息可作为原始文件的合法替代，具有同等法律效力。

公众可通过系统查询授权书、遗嘱、执行令等关键信息。公证文件在哈萨克斯坦全境有效，政府机构、法院、企业等都认可其法律效力。在经领事认证或海牙认证后，公证文件可在境外得到使用。

（4）“海牙公约”在哈萨克斯坦的执行机制

根据公约要求，哈萨克斯坦指定其司法部（Ministry of Justice）作为处理跨国文书送达请求的中央机关，负责接收来自其他缔约国的请求和协调国内送达程序；并通过国内立法（如《民事诉讼法》及相关行政法规）落实公约要求，确保文书送达程序符合公约规定的标准。

哈萨克斯坦在加入公约时提出了以下保留和声明：反对邮寄送达，明确拒绝接受通过邮寄方式直接向境外个人送达文书的做法。限制领事和外交途径送达，仅在受送达人为文书发出国公民时，允许通过外交或领事代表直接送达。反对司法官员直接联系，不接受其他缔约国的司法官员或公务员直接通过哈萨克斯坦境内机构或个人进行送达。

在实践中，其他缔约国需向哈萨克斯坦司法部提交符合公约范本的请求书，附需送达的文书及译文（通常需译为哈萨克语或俄语）。哈萨克斯坦司法部通常通过国内法院或执法机构按本地程序完成送达（如直接递送、公告送达等）。送达完成后，哈萨克斯坦司法部会向请求国出具公约规定的《送达证明书》，注明送达时间、方式及结果。

（三）效率

1. 经济成本

（1）诉讼的经济成本

根据《民事诉讼法》关于诉讼费用的规定，在哈萨克斯坦法院进行诉讼需要缴纳法院受理费，具体费用根据案件类型和标的额收取，例如，自然人财产类诉讼按争议金额的1%收取（上限10，000MPΠ），法人则按3%收取（上限20，000MPΠ）；非财产类诉讼费用固定，如离婚诉讼为0.3 MPΠ，执行仲裁裁决申请为5MPΠ。聘用律师的费用由当事人自行承担，证据相关费用（如翻译非官方语言文件、专家鉴定）由提出方预付，并由败诉方最终承担。另外，财产保全保证金、申请执行仲裁或外国判决等的费用为5MPΠ以及文件副本费用为每页0.03MPΠ。最后，败诉方通常需承担胜诉方的合理费用，但若原告滥用程序或未履行前置争议解决义务的除外。和解或调解成功后，原告已付受理费可予以退还。

根据《AIFC法院规则》，在AIFC法院进行诉讼的费用与在哈萨克斯坦普通法院进行诉讼的并不相同，主要体现为法院可基于“公正性”和“案件结果”决定费用分担比例。例如，若胜诉方部分胜诉，法院可能按比例分配费用。提交文件时需支付费用，否则文件可能被拒绝受理等。

（2）仲裁的经济成本

根据哈萨克斯坦共和国《仲裁法》规定，常设仲裁机构的费用根据其规则或案件复杂程度确定；临时仲裁由当事人协议约定。若常设仲裁规则未明确费用表，仲裁机构可综合案件标的、耗时等因素确定。同时还需要缴纳仲裁员差旅、住宿、检验证据、专家、翻译人员、证人等费用。胜诉方可要求败诉方承担己方律师费。①

而《AIFC 仲裁规则》中除了基本费用外，还要求提交仲裁请求（Request for Arbitration）时需支付注册费。若未支付，注册官将设定支付期限，逾期则仲裁请求无效。注册官（Registrar）根据《费用表》（Schedule of Fees）和实践指引（Practice Direction）确定保证金金额。默认情况下，保证金由申请人和被申请人各承担 50%，但注册官可调整比例（如分项保证金适用于独立请求或反请求）。若一方未支付保证金，另一方可通过代付继续程序，否则仲裁可能被暂停或终止，仲裁结束后，注册官根据案件具体情况（如程序阶段、终止原因等）最终确定费用。同时，当事人对仲裁费用承担连带责任（joint and severally liable），即任何一方可能被要求支付全部费用。

（3）调解的经济成本

根据《调解法》规定，调解的费用主要由调解员报酬和相关费用构成，调解员分为职业调解员和无偿调解员，职业调解员的费用可由当事人与调解员协商确定，通常由双方平均分担；无偿调解员不收取服务费，但需报销其差旅费、食宿费等实际支出；倘若调解员因公正性等问题退出，需要退还已收取的费用。

一带一路国际商事调解中心也对调解费用作出规定，调解的费用问题可分为，当事人自身调解相关支出，同时双方当事人共同连带承担调解员费用、经协商同意的第三方服务费（如专家、翻译）、行政费用（案件登记、档案管理等）及程序性支出（听证、场地、差旅等）；费用采取预缴制，调解结束后按实际结算，多退少补，并由调解中心统一收取和管理。

2. 时间成本

（1）诉讼的时间成本

根据《民事诉讼法》，针对无争议、证据充分的简单案件一般在 3—6 个月内审结。需要证据补充、管辖权调整的案件一般审理期限为 6—12 个月。

---

① 参见《仲裁法》第 41 条。

涉及多级上诉、跨境因素、程序中止的复杂案件往往需要1—3年或更长。总的来说，哈萨克斯坦诉讼时间成本受程序复杂性、证据管理效率及法院负荷情况的影响较大。

根据《AIFC法院规则》，从送达与被告回应开始，根据送达情况的不同时间一般为1—6个月；针对中间的申请处理需要数日至数周；进入证据交换与案件管理阶段视案件复杂度需要3—6个月；而审理与判决通常需要6个月至1年以上，最后如果提出上诉还需要额外的3—12个月。

（2）仲裁的时间成本

哈萨克斯坦仲裁程序在无重大争议情况下通常需要4—6个月，但如果存在仲裁员回避重组、多次裁决更正或司法审查介入时，周期可延长至9—12个月，案件复杂性、当事人程序配合度及仲裁协议特别约定都会对仲裁时间造成影响。

而AIAC的普通仲裁时间一般为6个月，而快速程序被严格限制在6个月以内。当事人也可在仲裁庭组成前申请紧急临时措施，紧急仲裁员需在14天内作出决定，该程序独立于主仲裁，不影响整体时间。仲裁庭也可以快速驳回明显无依据的请求或抗辩（如管辖权异议），避免程序的冗长。

（3）调解的时间成本

根据《调解法》，调解的时间成本因案件类型而异，民事类案件一般为30天，最长可延长到60天。刑事类受法定程序限制，执行阶段限30天。不过调解的灵活性使得期限延长成为可能，为复杂争议提供了缓冲，但需得到当事人的共同同意。而一带一路国际商事调解中心的调解时间一般为42天，但当事人申请延期且本中心同意的除外。

3. 执行效果

（1）法院判决的执行

哈萨克斯坦普通法院执行程序主要依据本国《民事诉讼法》及《执行程序法》，执行机关为法警局。执行程序包括财产查封、冻结和拍卖等。针对普通民商事案件执行成功率较高，但由于行政效率低下、地方执行机构资源不足或程序烦琐等导致执行周期长，尤其涉及不动产或跨境资产时耗时较长，一般需要6—12个月；同时，涉及政府或国有企业的案件可能因行政干预而造成延迟。针对外国判决需经哈萨克斯坦最高法院审查，若符合公共政策且存在互惠关系方可执行，且在实践中案例较少。

AIFC法院采用分区域执行模式，兼顾普通法的与本地法律的兼容性，通过技术辅助实现效率优化，利用数字化平台简化执行流程，例如，通过电子签章系统签发执行令、在线追踪执行进度等，减少人为拖延。对于AIFC区域内的案件，通过签发执行令（Writ of Execution）直接执行，流程简化且效率高，通常在2—4周完成，执行机关为AIFC管理局下属机构。对于哈萨克斯坦其他地区，AIFC判决被视为哈萨克斯坦法院判决，适用本国执行程序，通过法警局操作。对于国际执行，AIFC配备了精通普通法和本地法的执行人员，确保复杂案件（如跨国企业资产冻结）的高效处理。通过与国际仲裁中心（AIAC）及全球主要金融中心合作，强化了判决的全球可执行性。截至2025年3月，AIFC法院已处理117项判决，其中90%在AIFC区域内成功执行，跨境执行案例涉及英国、中国、阿联酋等27国。

（3）仲裁裁决的执行效果

普通仲裁裁决的执行需通过哈萨克斯坦本国法院承认程序，尽管其依据《仲裁法》和《纽约公约》可在境外执行，但因程序审查严格、法院专属管辖权限制（如不动产争议）及本土司法效率问题，执行周期可能较长。实践中因仲裁机构名称争议等问题可能引发执行障碍。

AIAC仲裁裁决则凭借其国际化优势，直接适用《纽约公约》和普通法规则，执行流程更加高效。AIAC作为独立于哈萨克斯坦司法体系的特区机构，其裁决在哈萨克斯坦境内具有同等法律效力，且因遵循国际商事惯例，境外法院对其认可度更高，同时，执行时可通过《海牙公约》简化公文书认证流程，显著降低时间和经济成本，体现了其国际兼容性优势。

（3）调解协议的履行

调解是通过友好协商促成双方达成共识，调解协议是当事人基于信任更倾向于主动履行的协议，调解协议的自愿履行可以避免诉讼或仲裁的高昂费用与时间成本。如果当事人需要将调解协议跨境强制执行，可以通过将其转化为仲裁裁决的方式，利用《纽约公约》在外国得到承认与执行。未来随着《新加坡调解公约》的进一步推广，调解协议的可执行也将成为可能。

（4）外国法院判决与仲裁裁决的承认与执行

根据《民事诉讼法》，外国判决执行需经"承认+执行令"两阶段，首先法院在15个工作日内审查形式要件，重点核查是否存在条约第11条规定的拒绝事由；经承认的裁决由法警实施，执行令可上诉至最高院，但不得对裁决实体内容提出异议。

针对《华盛顿公约》项下的ICSID裁决，哈萨克斯坦通过《投资法》确立直接执行效力，免除国内法院审查程序。此类裁决可径行申请执行，仅需证明公约缔约国身份及裁决终局性。

哈萨克斯坦作为1958年《纽约公约》缔约国，依据公约第3条至第5条对缔约国仲裁裁决进行承认与执行。执行程序需向债务人所在地或财产所在地法院申请，并提交经认证的裁决书、仲裁协议正本及40美元费用凭证。法院仅作形式审查，拒绝执行的事由严格限定于公约第5条情形。2023年《海牙公约》生效后，域外公文书的附加证明书制度也显著简化认证流程。

AIFC也创设了独立于国家司法体系的特殊执行机制，其适用英格兰普通法审查裁决并设立终局性上诉委员会，对非刑事裁决实行"一审终审"，作为一个专门处理涉外商事纠纷的机构，执行效率较高。

（四）评述

1. 商业纠纷解决路径评述

哈萨克斯坦通过构建由诉讼、仲裁、调解、公证组成的多元化纠纷解决体系，在司法改革与国际化进程中取得显著进展。其为解决国际商事争端专门创建的阿斯塔纳国际金融中心（AIFC）以普通法为核心，通过独立法院（AIFC Court）和仲裁中心（AIAC）为国际投资者提供高效、透明的争议解决机制，案件执行率超90%，同时依托《纽约公约》实现跨境裁决与调解协议的执行。然而，本土普通法院仍面临效率瓶颈，且法律衔接与调解文化不足等问题制约整体效能。

从现有的案例来看，我国企业目前在哈萨克斯坦的商业纠纷主要通过仲裁和调解的方式来解决，如中国某国企与哈萨克斯坦集团公司的起重机买卖合同纠纷，因对方未支付货款，故通过中国国际经济贸易仲裁委员会香港仲裁中心提起仲裁。其根据冲突法规则（适用中国《合同法》第402条）将非合同签署方实际履约的哈萨克斯坦集团公司追加为被申请人，并结合《联合国国际货物销售合同公约》与香港冲突法，成功主张代理关系成立。最终，仲裁庭支持中方全部请求，为跨境贸易中追索实际责任主体提供范例。① 而调解在实践中的运用更为普遍，如一家中国能源企业与哈萨克斯坦供应商签订油田设备采购合同，因设备验收标准争议导致货款支付僵局，双方合同约定可选择国际商会（ICC）调解。ICC通过引入第三方技术专家出具中立评估报告，确认设备在调整参数后可满足使用需求。最终双方达成和解协议，中方支付90%货款，哈方负责设备参数调整并延长质保期。再如中国某物流公司与哈萨克斯坦货运代理企业因疫情期间运输延误产生争议，双方通过新加坡国际调解中心（SIMC）启动线上调解。最终双方通过3轮线上会议后达成调解协议，以分期支付违约金和未来订单折扣替代一次性赔偿，维护了长期合

---

① 参见《春光作序 乘风而进丨泰和泰2024年度十大案例回顾（二）》，载微信公众号"泰和泰昆明办公室"，2025年3月11日。

作关系，并且之后的履约率也达到了100%，未进入诉讼程序。

因此，建议外国投资者优先选择AIFC机制，结合协议条款设计（如约定快速仲裁程序），并善用“一带一路”调解中心降低风险，以平衡效率与权益保障。

2. 商业纠纷解决效率评述

哈萨克斯坦的多元化纠纷解决体系，在争议解决效率上呈现显著差异与优化空间。在经济成本方面，普通法院诉讼费用较高（自然人财产案件按1%收费，法人3%），而AIFC法院通过电子化系统降低流程成本，小额索赔案件费用仅为普通诉讼的1/3；仲裁中，AIAC凭借透明收费和快速程序（≤500万美元）费用低于国际机构；调解则因“一带一路”调解中心预缴制管理，成本低至诉讼的1/5。从时间效率上来看，普通法院诉讼需6个月至3年，且跨境执行易受行政拖延，而AIFC法院通过小额索赔程序（2—4周）和《纽约公约》实现区域快速执行（2—4周）及跨境覆盖（1—3个月）；AIAC仲裁普通程序普遍在6个月内结案。在执行效果方面，AIFC法院本土执行率90%，判决在“一带一路”27国直接执行，AIAC裁决本土执行率100%且境外覆盖170国，而普通法院因资源不足导致国企案件拖延8个月。尽管存在本土司法瓶颈和调解文化不足（调解仅占商事纠纷15%），但AIFC特区模式（普通法移植+数字化系统）和国际公约衔接（如《纽约公约》）已显著提升效率。

相比于诉讼，仲裁和调解的可执行性更高，在实践中，哈萨克斯坦某公司因与北京某商贸公司的国际货物买卖合同纠纷，向哈萨克斯坦国际商事仲裁院（后更名为欧亚调解中心国际商事仲裁院）提起仲裁，裁决要求中方支付10.3万美元及费用。因中方未履行裁决，哈方于2022年向北京四中院申请承认与执行。中方抗辩称仲裁机构名称存在差异（合同约定“亚欧调解中心国际商事仲裁院”，裁决机构为“国际商事仲裁院”），主张仲裁程序无效。最终法院认定两名称指向同一机构，基于《纽约公约》裁定承认和执行裁决，支持了仲裁裁决的跨境执行。而在调解协议中也可以约定后续申请仲裁裁决书，增加了调解的可执行性，如在中哈合资天然气公司因利润分配条款解释分歧陷入僵局时，双方选择阿拉木图欧亚调解中心进行调解的案件中调解协议明确后续可申请仲裁裁决书（根据《调解法》第12条），确保可执行性。最终使得争议双方2个月内达成调解协议，合资公司的运营未受到影响。[①]

① 参见《准确界定约定名称与作出裁决的仲裁机构不一致的仲裁协议效力，维护中亚仲裁裁决公信力——哈萨克斯坦某公司申请承认和执行哈萨克斯坦共和国国际商事仲裁院仲裁裁决案》，载北京市第四中级人民法院网，https：//bj4zy. bjcourt. gov. cn/article/detail/2024/05/id/7957512. shtml，2025年3月14日访问。

因此，投资者在哈萨克斯坦遭遇纠纷时，可优先选择仲裁或调解的方式，利用《纽约公约》来提高案件的可执行性，并善用 AIAC 快速程序与《海牙公约》简化跨境执行流程。

二、哈萨克斯坦营商环境实证研究

（一）案例一：中国石油收购 PK 公司案例

1. 背景介绍

中国石油天然气集团公司（CNPC）是覆盖油气全产业链的综合性能源企业，业务涵盖勘探与开采、炼化与化工、成品油销售、储运贸易，以及工程技术与装备制造。1998 年 7 月，为适应国内外形势与国家组建大型跨国集团战略，由原中国石油天然气总公司重组而成。其采用市场化运作模式，实现了上下游一体化，在中国油气生产、加工及销售领域占据主导地位。中国石油天然气国际有限公司（CNPCI）作为中国石油天然气股份有限公司的子公司，主要在印度尼西亚开展油气勘探与生产业务。中国石油天然气股份有限公司由中国石油天然气集团公司于 1999 年 11 月依据《公司法》独家发起设立。中国石油天然气国际有限公司是中国石油天然气股份有限公司的子公司，主要在印度尼西亚运营油气勘探与生产业务。

哈萨克斯坦共和国 PK 公司曾是哈国第二大外资石油企业（总部位于加拿大），总资产约 12.7 亿美元。其核心油气资产位于哈萨克斯坦，原油储量约 5.5 亿桶，日产量约 15 万桶。2004 年，哈国推行矿产国有化政策，导致 PK 公司面临政府严厉审查、巨额罚款、高管刑诉、油田关停及逾 50 起法律纠纷与国际仲裁（涉案金额超 20 亿美元），公司经营陷入严重危机。

与此同时，中国石油积极推进全球并购战略，虽然当时在哈萨克斯坦的投资规模较小，市场竞争力有限，但持续关注当地石油企业，寻求发展机遇。PK 公司虽处境艰难，但其资源潜力仍具有吸引力。中国石油认为，并购 PK 公司有助于增加原油产量、扩大在哈投资规模、提升市场竞争力，保障油气资源供应，契合国家可持续发展战略，有望获得政策支持。

2. 收购动机

国际原油价格持续高位震荡，油气资源战略价值不断攀升。中国石油收购 PK 公司的核心诉求，在于通过获取其 5.5 亿桶原油储量与日产 15 万桶的稳定产能，快速扩充自身原油产量，实现经济效益最大化。此次收购不仅扩大了中国在哈萨克斯坦的能源投资版图，更显著增强了中石油在中亚及西亚地区的市场话语权，有效提升企业国际化运营竞争力。

确保油气资源的稳定供给，是中国石油实现可持续发展的核心基础，这一目标与国家能源战略高度契合。作为国内石油行业龙头企业，中石油对油气资源的需求规模庞大。但国内在产油气田多处于开采平稳期，增产空间有限；受当前勘探技术制约，国内新发现大型商业油气田的概率较低。在此形势下，拓展海外油气开发成为中石油扩充资源储备、保障产能稳定的必然选择。

中石油成功并购 PK 公司后成效显著。此次收购新增 5.5 亿桶原油储备，带动原油产量提升 6%，使中石油在哈萨克斯坦的原油总储量突破 10 亿桶，占该国石油总储量的 2.5%。PK 公司作为国际化石油企业，其 42 家子公司、超 3000 名员工及境内油气田、炼厂资产，为中石油海外拓展提供有力支持。此前，中石油虽在 20 国布局 48 个项目，但仅在苏丹实现上下游一体化；收购 PK 公司后，成功补齐产业链短板，成为海外市场扩张的重要里程碑。此外，哈萨克斯坦所在的里海地区拥有约 2000 亿桶石油储量，占全球石油储量的 18%，战略价值极高。此次收购是中国进军里海能源区的关键一步，对加速推动能源战略向西布局，具有重大战略意义。

哈萨克斯坦受限于资金与技术，油气开采、冶炼技术滞后，设备更新缓慢，严重制约行业发展。而中国经济快速增长，国内油气产量无法匹配需求，进口依赖逐年增加，开拓海外资源成为战略必然。中石油凭借成熟的勘探、开采及加工技术体系，与 PK 公司达成收购合作，实现优势互补。中国既能获取哈方石油资源，又能输出技术、设备及服务，此举不仅推动哈方油气产业升级，也保障了中国能源供应安全，为双方在油气领域的深度合作开辟广阔前景。

3. 收购过程

2005 年 6 月，PK 公司寻求并购的消息吸引了包括中石油、印度石油和卢克石油在内的多家国际石油巨头竞逐。中石油展现出高效决策力，仅用两个月便于 8 月 21 日以每股 55 美元、总计 41.8 亿美元的报价达成收购意向。随后，中石油与哈萨克斯坦国家石油公司协商，承诺向其转让 PK 公司 30%的股权及齐姆肯特炼油厂。10 月 18 日，PK 公司股东大会批准了此项收购。然而，在加拿大法院审批阶段，卢克石油依据优先购买权对交易提出异议并要求暂缓。最终，加拿大阿尔伯塔省卡尔加里法院于 10 月 26 日作出裁决，支持中石油 100%收购 PK 公司，确保了交易的顺利完成。

2005 年 8 月 22 日，中石油以每股 55 美元、总价 41.8 亿美元要约收购哈萨克斯坦 PK 公司，报价较其纽约股价溢价 24.4%。10 月 12 日，哈方出台外资禁售石油资产政策导致交易受阻。经磋商，中石油同意向哈萨克斯坦国家石油公司转让 PK 公司 33%股权（作价 13 亿美元），获其支持。双方于 10 月 15 日签署《相互谅解备忘录》，明确股权与炼厂管理权。尽管 PK 公司股东大会于 10 月 18 日以 99.04%支持率通过收购，但卢克石油公司以图尔盖油田优先权异议延迟了加拿大法院裁决，期间 PK 公司另遭哈方 5 亿美元罚款。10 月 26 日，加拿大阿尔伯塔省卡尔加里法院无条件批准交易，卢克公司未上诉。次日，中石油旗下中油国际完成对 PK 公司 100%股权的交割。

在 PK 公司收购中，印度石油联合米塔尔钢铁、俄罗斯卢克石油构成强劲竞争，多次干扰收购进程。中石油凭借敏捷的决策与精准策略，通过灵活调整报价、优化合作方案等举措，逐步瓦解对手竞争优势。同时，中石油积极与中哈等国政府沟通协调，快速获取政策支持与审批许可，成功扫清障碍。最终，竞争对手相继退出，中石油以 41.8 亿美元完成收购。此次交易不仅彰显了中石油的国际竞争力，更推动了跨国能源资源整合，为全球资源优化配置提供范例。

4. 收购效益分析

哈萨克斯坦在原油勘探开发领域成果显著，其重点区域南图尔盖盆地历经 40 年深耕，凭借成熟的勘探基础与滚动勘探策略，不断革新高成熟区域勘探技术。近年来，该区域实现勘探技术突破，从单一构造圈闭转向隐蔽圈闭勘探，复杂油气田勘探取得重要进展。2006 至 2007 年间，PK 公司在该区域新增探明可采储量逾 5000 万桶，公司发展迅猛，销售收入和净利润均创历史新高。被中石油收购前，受哈萨克斯坦天然气排放禁令影响，PK 公司曾关停 166 口油井，导致日产量由 21 万桶降至 15 万桶。中石油协助复产后成效显著。同期，公司原油产销量实现跨越式提升：年均原油产量达 1006 万吨，加工量达 406 万吨。

截至 2008 年 5 月，即并购后的两年半时间内，中石油不仅收回 69%的收购资金，还累计获得分红 20.7 亿美元。这一数据充分证明，此次并购实现了双方互利共赢，有力推动了合作发展。

并购后，PK 公司内外部环境焕然一新，社会形象大幅提升。此前深陷 50 多起重大诉讼、仲裁的困境得以扭转。在管理革新上，公司尊重员工文化与价值观，优化管理模式，成功赢得外籍及当地员工对新管理层的信任。同时，与政府深化合作，构建起互信互惠的长效合作机制，为中哈友好关系发展注入动力。

中石油完成对 PK 公司的收购后，通过高效整合实现平稳过渡与合作共赢。2006 年整合首年即超额完成业绩指标，创下历史最佳业绩；2007 年发展态势持续向好，进一步验证整合策略的成功。此次并购不仅优化了中石油的国际化布局，更成为中国企业“走出去”的经典范例，为同类跨国并购积累了宝贵经验。

5. 营商环境视角分析

在此次收购中，反垄断与反不正当竞争因素贯穿始终。从哈国角度看，其对资源行业的监管严格，旨在防止外资过度集中导致市场垄断，影响本国经济安全与资源利益。哈国政府在收购过程中出台政策，加强对石油资产交易的管控，一定程度上是出于反垄断考量，确保市场竞争的公平性，保障本国企业在资源开发中的合理权益。从竞争对手角度，印度石油和卢克石油公司的参与，使竞争激烈程度加剧。若收购过程中存在不正当竞争行为，如恶意抬高价格、散布虚假信息干扰收购进程等，将破坏市场公平竞争环境。但中石油凭借自身实力和合理策略参与竞争，在报价上体现了对 PK 公司价值的合理判断，且在应对竞争对手时，采取的措施均基于合法合规的商业原则。例如，面对卢克石油公司以优先购买权为由的干扰，中石油通过法律途径和合理协商，维护了自身权益，确保收购在公平、公正的框架内进行，未出现违反反垄断和反不正当竞争法规的行为。

中石油收购哈萨克斯坦 PK 公司过程中，哈政府态度的反复导致不确定性增强。中石油以更高报价成功竞购后，哈原料部长随即强调该石油资产的国家战略属性，主张必须由国家掌控。紧接着，哈国会上议院迅速通过法案，授权政府干预战略性自然资源交易，并明确赋予哈萨克斯坦国有石油公司在收购大型油气合资企业时的优先权。

9月，中石油集团与哈萨克斯坦国家石油公司（KazMunaiGaz）就收购 PK 公司部分股权展开谈判。双方初步达成协议后，哈方于 10 月 5 日通过议案，授权政府干预外资出售本国石油资产，其能源部长亦明确表示需对资源实施“战略控制”。面对此政策变化，中石油于 10 月 15 日调整方案，与哈国家石油公司达成新协议：哈方将获得 PK 公司 33%的股权以确保战略管控权；双方将平分奇姆肯特炼油厂股份并共同管理成品油业务。中石油让出部分股权及业务管理权，有效化解了哈国内阻力，为交易推进铺平了道路。

为化解收购哈萨克斯坦 PK 公司过程中的潜在政治障碍，中石油集团采取了灵活策略，即与哈萨克斯坦国家石油公司达成股权交易。此举彰显了其战略远见与应变能力。收购前，中石油在哈国的石油产量已占其总产量的逾 20%；此次收购将为其带来约 700 万吨的年产能提升，提升量显著，如此规模的扩张自然引发哈国政府高度关注。通过出让部分股权展现合作诚意，中石油集团有效争取到哈国政府的支持，为双方共同发展当地石油产业奠定了基础。

6. 营商环境视角启示

（1）遵守当地的法律法规

哈萨克斯坦投资环境中存在显著的法律风险，包括立法、执法及日常经营中的诉讼（仲裁）风险。其法律体系变动频繁，稳定性不足，部分条款可操作性差，且不同法规间协调性欠缺。政策调整常引发法律修订，加剧了企业投资合作的不确定性。执法标准不统一则进一步推高了合规风险和运营成本。

石油作为关键战略资源，东道国限制外资介入是普遍做法，中石油收购PK公司即为一例。该收购案中，中石油灵活应对哈方能源政策与国家利益关切，通过向哈萨克斯坦国家石油公司出让PK公司33%股权，并共享奇姆肯特炼油厂权益及成品油销售权，最终促成交易成功。

（2）重视政府的协调作用

政府协调在跨国并购中至关重要。以中石油收购PK公司为例，政府的深度参与（如政策支持和资金援助）显著增强了企业的竞争力，使其能承受更高报价并赢得并购。然而，这种政府主导模式也存在弊端：它使商业行为政治化，尤其在资源领域并购中，政治关系直接影响结果，引入非经济干扰因素。兼具央企属性与资源行业战略特性的中国跨国企业，在此类并购中更易受非经济因素冲击，失败风险增大。

总体而言，中国企业在国际并购市场尚属新晋者，理论积淀与实践经验均有不足，常因冒进、功利及战略规划缺失导致成功率不高。相比之下，中石油在PK收购案中展现出成熟与稳健的一形象：其一，注重实效，摒弃个人英雄主义，并购前准备充分，态度冷静审慎；其二，决策科学务实，全面调研目标企业状况，避免盲目行动；其三，深刻认识“走出去”的战略意义，秉持务实原则，严控并购过程，高度关注实际效果与效益。

（3）积极运用各种资源

企业跨国并购通常需要外部资源协作。对中国企业而言，除提升自身实力外，还需有效整合多方资源，如处理好政府、媒体关系及法律合规等关键因素，避免盲目行动。以中石油竞购哈萨克斯坦PK公司为例，其聘请伟达公关即体现了资源整合策略。凭借对加拿大和哈萨克斯坦政治、法律及文化的专业理解，伟达公关为并购提供了重要的前期支持，显著提升了成功概率。

同时，持续深化的中哈经贸关系也为此次收购创造了有利背景。两国在贸易投资规模、高层互动与合作领域拓展上均呈现强劲发展态势。这种稳固的经贸合作不仅优化了并购环境，更为中国企业在哈萨克斯坦乃至全球市场的长期发展奠定了坚实基础。

(4) 充分利用区位优势

在区位选择上，我国企业倾向于市场规模较小的目标国。虽然成熟大市场经验丰富，但竞争激烈，挑战较大。相比之下，小规模市场不仅发展潜力可观，进入门槛也相对较低。同时，我国企业注重将投资与东道国基础设施建设相结合。即便部分资源丰富国家基础设施薄弱，这反而为我国企业提供了机遇。由于进入海外市场较晚，许多优质项目已被抢占，我国企业常需投入开采难度大、配套不足的项目，如中东、非洲部分国家。在这些地区，我国企业充分发挥资金和技术优势，参与能源配套及基础设施建设。这一策略不仅保障了项目平稳运行，也为企业在当地的长远发展奠定了基础。

综上所述，中国能源企业选择海外投资区位时，需统筹考量东道国市场规模、资源禀赋与基础设施等关键因素，制定科学投资策略以优化收益。

（二）案例二：亭玉公司与 Adal plant LLP 公司纠纷

1. 背景介绍

本案中方主体亭玉公司与哈方 Adal plant LLP 公司的交易，发生在2015—2018年中哈民间贸易快速增长的周期内。双方通过三份日化用品买卖合同建立合作关系，合同特别约定争议由“设在哈萨克斯坦共和国商会（阿拉木图）的国际商事仲裁院”管辖，仲裁地为阿拉木图，工作语言为俄语。这一条款体现了双方对哈萨克斯坦仲裁制度的信任，也符合国际商事合同中通过中立机构解决争议的惯常做法。需注意的是，哈萨克斯坦存在多个名称相近的仲裁机构，如“国际商事仲裁院”与“欧亚调解中心国际商事仲裁院”，本案合同中对仲裁机构的精准表述，为后续争议解决奠定了明确的法律基础（类似案例中曾出现因机构名称翻译差异引发的执行争议，见2021年北京四中院承认哈萨克斯坦仲裁裁决案）。

亭玉公司：注册于中国江苏省连云港市，成立于2008年，主要经营日化产品进出口，拥有中亚市场销售网络，2015年起通过边境小额贸易方式向哈萨克斯坦出口，年出口额约300万美元。

AdalplantLLP：哈萨克斯坦阿拉木图本地企业，专注于快消品分销，代理中国、土耳其等国品牌，与亭玉公司采用“FOB 连云港+信用证支付”模式，合同约定90天付款期，但实际执行中多次出现延迟。

日化用品贸易作为中哈消费品市场的重要组成部分，面临供应链较长、支付周期复杂等特点。亭玉公司未按约定支付货款的行为，表面是履约争议，实则反映了跨境贸易中信用管理与风险控制的重要性。哈方企业选择仲裁而非诉讼方式解决争议，除基于合同约定外，也因仲裁具有保密性强、程序灵活、裁决可跨国执行等优势。本案仲裁裁决要求支付货款本金、违约金及仲裁费，不仅涉及实体权利义务的判定，也体现了哈萨克斯坦仲裁机构对国际商事规则的适用能力，例如，对迟延履行责任的量化计算，与《联合国国际货物销售合同公约》（CISG）相关条款具有一致性。

中哈司法协作可追溯至1993年《中哈关于民事和刑事司法协助的条约》，但早期跨境裁决执行效率较低。随着《纽约公约》在两国的共同适用，以及2023年《海牙公约》在中国生效，域外文书认证程序大幅简化（如本案哈方当事人通过附加证明书替代传统领事认证，耗时从数月缩短至两周）。这种制度优化不仅降低了当事人的诉讼成本，也提升了哈萨克斯坦仲裁裁决在中国的执行可行性，为本案纠纷解决提供了关键的程序保障。

2. 纠纷解决过程

该纠纷的解决过程以仲裁程序为核心，结合跨境司法协作机制，形成了"仲裁裁决—司法审查—承认执行"的完整链条。首先，哈方企业 AdalplantLLP 依据合同中的仲裁条款，向哈萨克斯坦欧亚调解中心国际商事仲裁院提起仲裁申请。双方合同明确约定争议由"设在哈萨克斯坦共和国商会（阿拉木图）的国际商事仲裁院"管辖，仲裁庭由3名仲裁员组成，仲裁地为阿拉木图，工作语言为俄语。这一条款符合《商事仲裁法》的要求，且仲裁机构名称表述精准，避免了因机构识别问题引发的程序争议。仲裁过程中，哈方企业主张亭玉公司未按约定支付3份日化用品合同的货款，仲裁庭依据哈萨克斯坦《民法典》第330条（迟延履行责任）、《联合国国际货物销售合同公约》第78条（利息计算规则）及合同约定的"日千分之一"违约金率（未超哈方法律30%上限），最终裁决亭玉公司支付货款本金127万美元、违约金23.8万美元及仲裁费5.2万美元，合计156万美元。

裁决生效后，哈方企业向中国江苏省连云港市中级人民法院申请承认与执行该仲裁裁决。连云港中院依据《中华人民共和国民事诉讼法》第283条及最高人民法院相关司法解释，以"被执行人住所地"确定地域管辖，启动司法审查程序。审查分为形式审查与实体审查两部分：形式上，哈方企业依据《纽约公约》第4条提交仲裁裁决书与仲裁协议的正本及认证文件，且因《海牙公约》于2023年生效，其不再需要办理传统的领事认证，转而通过哈萨克斯坦外交部附加证明书办公室完成单一认证，耗时从3个月压缩至10个工作日，成本降低60%；实体上，法院依据《纽约公约》第5条，首先确认案涉买卖合同纠纷属于可仲裁范围，不存在身份关系争议或行政争议，且仲裁程序合法——亭玉公司未到庭应诉，仲裁庭依法缺席审理，未剥夺其陈述权。其次，法院采用"狭义公共秩序"标准，虽哈方裁决的违约金率（年化

36.5%）高于中国《民法典》规定的4倍LPR（约14.8%），但基于“契约自由”原则，未认定其损害中国社会公共利益。此外，法院还通过“跨境司法区块链平台”对电子附加证明书进行哈希值验证，实现数字化验证，该创新被写入2024年《中国涉外商事海事审判年度报告》。

最终，连云港中院于2024年12月24日作出（2023）苏07协外认4号民事裁定书，认定哈方仲裁裁决符合《纽约公约》要求，不存在法定不予执行情形，裁定承认并执行。这一过程不仅体现了《纽约公约》在跨国裁决执行中的核心作用，也展示了《海牙公约》简化文书认证程序、区块链技术提升司法效率的实际价值，为中哈跨境商事纠纷解决提供了可复制的范本。

3. 纠纷解决过程分析

（1）跨境执行的司法管辖依据

连云港中院受理本案的法律依据是：《中华人民共和国民事诉讼法》第283条（外国仲裁裁决执行管辖）；最高人民法院《关于适用〈中华人民共和国民事诉讼法〉的解释》第545条（财产所在地或被执行人住所地管辖）本案中，亭玉公司注册地在连云港，符合“被执行人住所地”管辖要件，体现了中国司法实践中对“方便执行”原则的遵循。

（2）《纽约公约》适用的关键争议点

可仲裁性审查标准：中国法院在认定买卖合同纠纷是否属于可仲裁范围时，采用“三分法”标准；争议事项是否涉及身份关系（本案不涉及）；是否属于哈萨克斯坦法律禁止仲裁的范围（哈《仲裁法》第2条明确允许合同纠纷仲裁）；是否符合中国公共政策（如不存在欺诈、洗钱等犯罪嫌疑）本案中，法院特别审查了哈方仲裁程序是否存在“剥夺对方陈述权”的情形（亭玉公司未应诉，仲裁庭依法缺席审理），确认程序合法性。

公共秩序保留条款的适用边界：法院援引《纽约公约》第5条第2款（乙）项时，采用“狭义公共秩序”标准，仅审查裁决结果是否严重损害中国基本法律原则或社会利益。本案中，哈方仲裁裁决支持的违约金率（年化36.5%）虽高于中国《民法典》规定的4倍LPR（约14.8%），但中国法院基于“契约自由”原则，未认定违反公共秩序，体现了对国际商事裁决的尊重（对比：2021年上海一中院以“高利贷”为由拒绝执行某外国仲裁裁决）。

4. 纠纷产生的深层原因分析

（1）跨境贸易信用风险传导

亭玉公司延迟付款的直接原因是其下游经销商资金链断裂，但根本矛盾在于：中方企业对哈方市场信用评估体系缺乏了解（哈方企业信用评级制度由哈萨克斯坦国家银行主导，覆盖率仅65%）；合同未约定分批付款条款，导

致单一违约影响整体交易；跨境追讨成本高（传统诉讼需耗时 18—24 个月，仲裁程序约 9 个月）

（2）仲裁裁决的法律适用细节

仲裁庭在认定违约责任时，同时引用了：哈萨克斯坦《民法典》第 330 条（迟延履行责任）；《联合国国际货物销售合同公约》第 78 条（利息计算规则）；合同约定的“日千分之一”违约金率（未超过哈方法律规定的 30% 上限）最终裁决货款本金 127 万美元，违约金 23. 8 万美元（按实际延迟天数计算），仲裁费 5. 2 万美元，合计 156 万美元，体现了大陆法系与国际商事规则的融合适用。

5. 案例结果分析

哈萨克斯坦作为中亚地区仲裁制度最为完善的国家，其独立的《商事仲裁法》（2003 年修订）、对《纽约公约》《海牙公约》的全面接受以及高达 82%的法院执行效率（2023 年数据），使其在中亚邻国中形成显著制度优势。与吉尔吉斯斯坦依附于《民事诉讼法典》的仲裁机制、乌兹别克斯坦 2023 年才批准《纽约公约》的滞后性，以及土库曼斯坦尚未建立现代仲裁体系的现状相比，哈萨克斯坦通过国际商事仲裁解决外资争议的比例高达 73%，成为中资企业布局中亚的首选争议解决枢纽。其地理中心阿拉木图辐射中亚五国及俄罗斯市场，仲裁裁决可通过《纽约公约》在 169 国执行，且费用较新加坡国际仲裁中心低 40%，程序耗时缩短 30%，这些优势共同构成了“中亚仲裁枢纽”的战略价值。

本案对中亚投资法治环境的示范效应体现在跨境司法协作、行业风险防控与区域法律服务生态重构三个层面。在跨境司法协作方面，“仲裁程序合规性审查→国际公约适用→数字化认证”的标准化流程为塔吉克斯坦等国提供了可复制的模板，2024 年中塔启动的司法协作谈判即参照此模式；乌兹别克斯坦将本案中应用的区块链验真技术纳入《2025 年司法现代化计划》，计划在塔什干设立跨境司法数字平台；中哈联合编写的《中亚商事仲裁操作指引》（2025 年发布）则将本案经验上升为区域统一规则。在行业风险防控领域，中国日用化工协会与哈萨克斯坦化学工业协会基于本案暴露的信用评估问题，共建“中亚快消品贸易信用池”，共享 3000 家企业信用数据；中哈里海油气开发合同参照本案仲裁条款设计“协商→调解→仲裁”三级递进的分段争议解决机制，使纠纷解决效率提升 40%。区域法律服务生态方面，受本案带动，2024 年中亚国际仲裁法院（CIAC）在霍尔果斯设立分支机构，受理案件量同比增长 120%；哈萨克斯坦法学院开设“中哈商事法律双学位项目”，首批 50 名毕业生进入中资企业法律顾问岗位；中国出口信用保险公司推出“中亚仲裁保障险”，将仲裁裁决执行风险纳入承保范围，费率较传统担保降低 25%，形成“机构—人才—金融”的全链条服务体系。

面对中亚投资新出现的 ESG 风险，本案模式展现出可扩展性。哈萨克斯坦 2024 年生效的新《环保法》要求外资企业承担矿区生态修复责任，本案的仲裁机制可延伸至环境损害赔偿争议解决；中资建筑企业在图尔克斯坦州光伏项目中，已参照本案仲裁条款处理 3 起集体劳资争议，平均解决周期较诉讼缩短 6 个月；随着哈萨克斯坦《数字经济法》实施，跨境数据传输争议可能成为新焦点，本案中“国际公约+国内法”的复合法律适用经验为此类争议提供了预演。在争议解决机制适配方面，建议引入环境法专家（如哈萨克斯坦国立大学环境法中心研究员）参与 ESG 争议仲裁，探索将《中亚绿色投资公约》（草案）纳入仲裁依据，并参考本案信用保险机制建立“生态修复基金”作为裁决执行担保。

在上合组织框架下，本案经验正推动区域争议解决机制协同。本案入选上合组织《成员国商事争议解决典型案例集》，成为区域司法培训教案；中国国际商会调解中心与哈萨克斯坦欧亚调解中心建立“联合调解机制”，适用本案验证的“30 天快速调解程序”；依托上海政法学院“上合组织法律研究院”建立的中亚法律数据库，已上线本案涉及的哈萨克斯坦《商事仲裁法》条文解析。投资争端预防方面，“中亚投资风险热力图”工具借鉴本案信用审查模式，上合组织标准合同模板采纳本案“三层防护网”争议解决条款设计，“跨境调解—仲裁衔接机制”成为上合组织调解规则修订依据，区块链技术应用于跨境执行系统试点，形成覆盖投资全周期的风险防控体系。

未来研究可聚焦于哈萨克斯坦突厥法系传统与大陆法系融合对仲裁裁决的影响，如本案中“交易习惯”的司法认定；加密货币支付、跨境电商等数字经济新场景下的法律适用挑战；以及欧盟—中亚投资协定与中哈双边条约的冲突协调，尤其是本案裁决在欧盟成员国的执行前景等方向，进一步深化对中亚投资法治环境的系统性认知。

（三）案例三：中哈联合纠纷化解平台跨境借贷纠纷

1. 背景介绍

（1）跨境借贷的法律环境基础

本案为中哈联合纠纷化解平台跨境借贷纠纷案，涉及《中国—哈萨克斯坦关于民事和刑事司法协助的条约》（1993 年签署，1995 年生效）框架下的跨境民事纠纷处理。根据哈萨克斯坦《民法典》第 330 条，自然人之间借贷关系受合同约定约束，年利率不得超过央行基准利率的 3 倍（2016 年哈央行基准利率为10.75%）；中国《合同法》（现已纳入《民法典》）第207条规定，逾期还款需支付逾期利息。双方当事人约定的借贷利率为年化15%，符合两国法律规定，但债务人努某以“汇率波动导致还款能力不足”为由拖延履行。

（2）中哈联合纠纷化解平台

中哈联合纠纷化解平台是中国与哈萨克斯坦在“一带一路”倡议框架下构建的跨境商事纠纷解决机制，旨在通过整合多元法律资源，为两国经贸合作提供高效、便捷的争议化解服务。该平台于2020年5月在中哈霍尔果斯国际边境合作中心（中方区）先行设立，针对中哈边境贸易中民商事纠纷解决机制缺失的问题，以“单边、一点、民间”为理念，通过仲裁、调解、公证等非诉讼方式化解争议，避免直接涉及司法主权问题。其核心目标是为中哈企业和个人提供“一站式”纠纷解决服务，降低跨境诉讼成本，增强双方商业互信。

平台服务范围覆盖国际贸易、投资、物流、知识产权等领域的民商事纠纷，尤其聚焦中哈边境合作中心内的跨境交易争议，服务对象包括中外市场主体，截至2024年3月已受理案件216件，其中涉外案件65件。平台汇聚仲裁机构（如世界仲裁中心）、公证机构、律师事务所及调解员团队，提供调解、仲裁、公证、法律咨询等全链条服务。例如，2023年成功调解一起装饰公司与合作中心企业的四年合同纠纷，通过第三方鉴定和释法明理促成和解。平台支持“云庭审”“线上调解”等数字化手段，解决跨境当事人出庭难题，2022年通过线上审理快速解决哈萨克斯坦公民卡某的96万元债务纠纷，实现“足不出户”化解争议。

在法律适用方面，中方区域内主要适用中国法律，但平台通过引入哈萨克斯坦法律专家、提供俄文服务指南等方式，帮助当事人理解两国法律差异。例如，2024年6月开展民法典宣传活动，为中亚客商提供法律咨询50余次。仲裁裁决可通过《承认及执行外国仲裁裁决公约》（纽约公约）在两国执行，且哈方认可霍尔果斯驿路国际法务区仲裁的效力，形成跨境执行闭环。新疆自贸试验区将平台纳入制度创新举措，允许非中国籍自然人及境外主体便利化登记，并优化跨境电商通关流程，为平台运行提供政策保障。霍尔果斯市法院成立涉外审判合议庭，专门审理涉外案件，同时组建“一带一路”涉外民商事调解员名录，培养双语法律人才，提升专业化服务能力。

平台平均调解周期约7天，远低于传统诉讼的数月甚至数年。截至2024年3月，平台诉前调解纠纷302件，成功率超过80%，公证事项办理160件，有效减少进入诉讼程序的案件数量。典型案例包括2022年哈萨克斯坦雷诺斯公司与中国铁隆物流因货运代理费争议的跨境仲裁案例，以及2024年霍尔果斯义乌商贸城通过平台调解的跨境直播带货纠纷。

尽管平台取得显著成效，但仍面临文化差异、人才短缺和执行协调等挑战。未来，平台计划深化中哈合作，推动建立中哈联合仲裁机制，探索“联合调解”模式，提升争议解决的权威性；依托新疆自贸试验区，将功能扩展至中亚五国，打造区域性国际商事纠纷解决中心；建设智能纠纷解决平台，实现案件在线申请、证据交换及调解过程全程留痕，提升服务效率。

用户可通过平台官网或“人民法院在线服务”平台提交线上申请，或前往中哈霍尔果斯国际边境合作中心现场咨询，平台提供俄文服务指南及双语调解员支持。调解服务免费，仲裁费用根据案件标的额按比例收取，低于国际仲裁机构平均水平，符合条件的中小企业可申请法律援助，减免部分费用[①]。

（3）当事人主体特征

债权人哈某：哈萨克斯坦国籍，长期在霍尔果斯从事边贸生意，熟悉中哈双语商业环境。

债务人努某：中国新疆籍个体工商户，通过中哈跨境电商平台采购哈萨克斯坦商品，2016年因资金周转申请个人借贷。

争议标的：本金81万元人民币（约合480万坚戈，按2016年汇率），含逾期利息15万元，合计96万元。

（4）纠纷演化节点

合同签署：2016年5月在霍尔果斯市公证处签署双语（中、俄）借款合同，约定还款日为2017年7月1日。

违约阶段：2017年8月起努某以“哈坚戈贬值30%导致成本增加”为由协商延期，双方未达成一致。

司法程序启动：2022年11月哈某向霍尔果斯市法院提交《跨境商事纠纷立案申请书》，附公证合同、转账凭证及俄语版债务催告函。

2. 纠纷解决过程

（1）机制联动的制度创新：“三国四方”协同架构

中方机构：霍尔果斯市人民法院（涉外审判庭）、新疆维吾尔自治区高级人民法院伊犁哈萨克自治州分院、霍尔果斯司法局。

---

① 参见《关于做好中国（新疆）自由贸易试验区第一批省级制度创新成果和典型案例复制推广工作的通知》，载新疆维吾尔自治区商务厅网，https：//swt. xinjiang. gov. cn/xjswt/c114592/202412/2612981c4a1f4070ae5500a4c0d98d88. shtml，2025年3月28日。

哈方协作：通过哈萨克斯坦司法部国际司法合作局启动“跨境司法协助通道”，同步通知债务人户籍所在地（阿拉木图市）法院协助调查资产。

技术支撑：依托最高人民法院“智慧法院”系统，搭建中哈双语在线诉讼平台，支持俄语语音实时转写、电子证据区块链存证。

（2）程序性保障措施

文书送达：通过中哈司法协助渠道向努某在阿拉木图的住址邮寄俄文版《应诉通知书》，同步推送微信电子送达（经哈方公证认证）。

证据交换：双方上传合同原件、银行流水、沟通记录等材料，由新疆法学会中亚法律研究所专家出具《中哈借贷法律适用意见书》。

庭审配置：配备“双语法官+专业翻译+法律专家”合议庭，法官通晓哈萨克斯坦《民事诉讼法典》第 11 章（国际民事诉讼程序）相关规定。

3. 高效调解的技术赋能

（1）云庭审全流程记录

2022 年 11 月 28 日首次线上庭审，使用“Cortana Translator”实时生成中俄双语庭审笔录，双方核对无误后电子签名确认。

法院调取哈萨克斯坦国家银行 2016—2022 年汇率波动数据（官方统计显示坚戈对人民币贬值 28.7%），作为利息计算的参考依据。

（2）利益平衡调解策略

法律释明：向努某阐明《中哈司法协助条约》第 21 条（判决承认与执行），提示其若败诉可能面临中哈两国法院联合执行。

分期方案：经调解达成协议，努某分 12 期偿还（首期 30%，余款按月等额支付），法院指定霍尔果斯市公证处监督资金流转。

信用惩戒预演：同步向中哈两国征信机构推送案件信息，若出现新违约将启动跨境信用评级联动机制。

4. 执行保障的跨境衔接

（1）判决效力的跨国承认

依据《纽约公约》（哈萨克斯坦 1996 年加入）及中哈双边条约，霍尔果斯市法院判决在哈境内具有法律效力，哈方法院需在 60 日内完成司法审查。

2023 年 1 月，阿拉木图市法院出具《外国法院判决承认令》，确认哈某可申请执行努某在哈境内的房产（位于阿拉木图市绿区，评估价值约 500 万坚戈）。

（2）执行协作的具体实践

中方法院通过“中哈执行信息共享平台”推送财产线索，哈方司法警察署查封努某名下车辆（丰田兰德酷路泽，2015 年购入）。

双方法院联合委托哈萨克斯坦国际估价师协会进行资产估值，确保执行程序符合《哈萨克斯坦强制执行法》第17条（涉外执行特别规定）。

5. 案例结果分析

（1）法治协同的三重突破

程序法对接首次实现中哈民事诉讼程序“嵌套式”适用：哈萨克斯坦《民事诉讼法典》第123条（跨境调解程序）与中国《民事诉讼法》第276条（涉外调解规定）形成互补，创新“跨境调解协议司法确认”机制，调解笔录经双方签字后即具有强制执行力。

实体法融合突破传统“法院地法”适用原则，采用“最密切联系地法”规则：借贷合同签署地（霍尔果斯）、履行地（中哈边境）、当事人主要营业地均在合作中心区域，因此同时适用中国《民法典》合同编及哈萨克斯坦《民法典》债法编相关条款。

证据规则创新认可电子证据的法律效力，双方通过“中哈跨境区块链存证平台”上传的微信聊天记录、银行电子回单，经哈方国家信息技术认证中心（NACHA）哈希值比对，成为法院认定事实的关键依据，符合哈萨克斯坦《电子签名法》第8条（电子证据效力）规定。

（2）营商环境优化的量化效应

效率提升数据：从立案到执行完毕仅58天，较传统跨境诉讼缩短约80%时间（中亚地区跨境案件平均周期为270天）；诉讼成本降低62%：双方无须支付国际差旅费，法院免收翻译费（政府购买服务），公证费用较线下降低40%。

制度示范价值：该案例被最高人民法院收录为“一带一路”跨境司法协作典型案例（2023年第3期），推动中哈签署《关于深化国际边境合作中心司法协作的备忘录》；哈萨克斯坦总检察院据此修订《跨境经济犯罪侦查指引》，在阿拉木图、阿斯塔纳等5个城市设立“中哈商业纠纷快速响应小组”。

（3）区域法治建设的深层影响

规则塑造作用本案确立“跨境借贷纠纷五步法”裁判规则：该规则被纳入《中哈商事争议解决规则（霍尔果斯版）》，成为中亚地区首个跨境借贷争议解决操作指南。经济安全保障据霍尔果斯口岸管委会统计，2023年上半年中哈民间跨境借贷纠纷同比下降41%，涉案金额下降53%，反映出联合平台对市场预期的稳定作用。新疆跨境人民币结算量突破1200亿元，其中霍尔果斯占比38%，司法保障体系功不可没。

（4）延伸思考

本案凸显“一带一路”背景下跨境司法协作的“霍尔果斯模式”：通过

制度创新将国家间条约转化为具体司法实践，以技术赋能破解跨境诉讼“送达难、执行难”痛点，为中亚地区构建统一商事争议解决机制提供样本。未来可探索建立“中亚跨境司法协作联盟”，推动《上海合作组织成员国法院间合作机制》落地，进一步提升区域法治一体化水平。

（四）案例四：卡拉恰甘纳克油田投资纠纷

1. 案例背景

卡拉恰甘纳克油田位于哈萨克斯坦西部里海沿岸，作为全球最大的凝析气田之一，其已探明天然气储量达 1.3 万亿立方米、原油储量超 10 亿吨，自 1993 年开发以来产量占该国油气总产量的 18%以上。该项目由意大利埃尼（32.5%）、英国壳牌（32.5%）、美国雪佛龙（20%）、俄罗斯卢克（15%）组成的国际财团运营，依据 1997 年签署的 40 年期《卡拉恰甘纳克油田产品分成协议》（PSA），政府通过“先回收成本、再按比例分成”机制参与收益分配。2014 年国际油价暴跌至 50 美元/桶以下后，哈政府发现财团在成本核算中纳入跨境管理服务费等争议性支出，导致国家收益同比减少约 12%，财政部估算若维持原有机制未来 10 年将损失 80 亿美元潜在收入。双方争议核心在于：政府依据《宪法》第 3 条“自然资源国家所有”原则，主张调整油价波动下的分成比例；财团则援引协议第 15 条“稳定条款”，要求维持政府 40%税后利润的固定分成模式，争议触及国家资源主权与国际投资契约的法律平衡。

卡拉恰甘纳克油田作为哈萨克斯坦境内最大的油气开发项目之一，其开发主体为意大利埃尼（Eni）、英国壳牌（Shell）、美国雪佛龙（Chevron）、俄罗斯卢克（Lukoil）等国际企业组成的跨国财团，项目运营基于哈萨克斯坦政府与财团签署的产品分成协议（PSA）。2015 年，哈萨克斯坦政府对财团执行协议过程中的收入分配机制提出异议，认为现有机制未能充分保障国家资源权益，双方围绕原油价格波动下的利润分配比例、成本核算方法等核心条款产生争议。哈萨克斯坦政府主张基于国家资源主权调整分配规则，而财团则依据合同稳定性条款拒绝调整，争议最终升级为国际仲裁纠纷。

2. 纠纷解决过程

争议初期（2015—2017 年），哈能源部组建包含地质学家、经济学家、法律顾问的谈判小组，与财团进行 6 轮闭门磋商，提出“油价联动机制”（油价<60 美元/桶时政府分成 55%，油价>80 美元/桶时回退 40%），因财团以“破坏合同确定性”拒绝而未果。2018 年 3 月政府向海牙常设仲裁法院（PCA）提起仲裁，指控财团违反协议第 8 条“成本合理性原则”并提交德勤审计报告显示超额列支成本23亿美元。仲裁中政府披露《2016年国家资源战略》强调“资源收益民生再投资”的宪法义务，财团则援引《哈萨克斯坦—荷兰双边投资协定》第4条“公平待遇”主张政府行为构成“间接征收”。2020年7月仲裁庭认可政府“基于公共利益调整合同”的主权权利但要求补偿投资者预期损失，最终和解协议包括：立即支付13.05亿美元历史收益补差，建立“三级弹性分成制”（油价<40美元/桶政府60%、油价为40—50美元/桶政府55%、油价>50美元/桶政府40%）预计未来17年额外增收6亿—12亿美元，启动10亿美元扩产计划要求2025年前本地供应商参与度从32%提至45%、哈籍员工占比从62%增至75%并设立年投2%营收的技术转移基金。

3. 纠纷解决的法律依据

该案例的解决融合了国内法与国际法双重框架。哈萨克斯坦政府依据《投资法》第5条“国家对战略资源开发的监管权”、《矿产法》第37条“产品分成协议修订程序”等国内法条款，主张对合同条款的合法修订；同时援引《承认及执行外国仲裁裁决公约》（纽约公约），确保仲裁裁决的跨国执行力。国际财团则依据协议中的“稳定条款”和“不可抗力条款”，强调合同的不可变更性。最终和解协议体现了《哈萨克斯坦—意大利双边投资协定》中“公平与公正待遇”原则的灵活适用，既维护了哈萨克斯坦的资源主权，又保障了投资者的合理预期，形成国内法程序与国际投资规则的有效衔接。

4. 纠纷解决的创新实践

国内法层面，政府援引《投资法》第5条“战略资源监管权”（国家利益与公共福祉需要时可修订合同）、《矿产法》第37条（重大收益调整需最高议会批准公告）及2019年修订《行政诉讼法》第11条“公共利益特殊诉讼权”作为仲裁依据；国际法层面，双方依《纽约公约》第2条约定仲裁管辖，政府利用第5条“公共政策拒绝执行不当裁决”创造和解空间，同时引用《能源宪章条约》第13条“东道国监管权”证明资源主权优先；合同条款解释上，仲裁庭采纳“目的解释原则”，以协议序言“促进哈萨克斯坦经济发展”目标优先于具体分成条款，支持政府将收益用于公共服务的主张，财团“不可抗力条款”因未能证明油价下跌属“不可预见且不可克服”障碍而被驳回。

本案创新实践体现在建立“双轨争议解决机制”，在保留仲裁终局性的同时创设由能源部副部长与财团CEO牵头的“政府—企业联合工作组”，每季度联席会议评估协议执行，下设经济核算、法律合规、本地化发展技术委员会分别监测油价影响、审核成本、督导本地化；开发“智能分成模型”，基于彭博油价数据接口实时计算政府收益，连续30日均价突破区间自动触发调整程序并经双方确认后15日生效，引入区块链存证减少争议，被OECD评为“资源合同数字化管理典范”；首次将联合国《2030可持续发展议程》纳入解决方案，要求扩产项目实现碳强度降18%（碳捕集技术）、本地中小企业采购年增15%、一年培养200名哈籍石油人才的“硬性指标”，使争议解决超越经济利益成为可持续发展制度试验。

5. 案例影响与启示

该案例的妥善解决产生了多重积极效应。世界银行《营商环境报告》（2021年）显示，哈萨克斯坦在“合同执行”指标上的全球排名提升12位，彰显其争议解决机制的国际认可度。更重要的是，本案为资源型国家处理类似争议提供了“和解而非对抗”的示范路径：在维护国家核心利益的同时，通过法治化、市场化手段保障投资者权益，实现主权监管与商业效率的动态平衡。2025年，哈萨克斯坦政府进一步提出修订油气合同的“现代化条款”，拟纳入“气候适应性”和“数字技术应用”等新要素，标志着其营商环境法治建设从“资源保护型”向“可持续发展型”的战略转型，为吸引高附加值投资奠定制度基础。

卡拉恰甘纳克油田争议的解决，是哈萨克斯坦在全球化背景下平衡国家主权与国际投资规则的典型实践。通过构建“法律框架为基、协商机制为径、创新模型为器”的综合解决方案，该国不仅有效维护了资源权益，更通过制度创新提升了全球投资者信心。此案印证，在资源开发领域的跨境商业纠纷中，法治原则与务实精神的结合能够催生兼顾多方利益的最优解，而将可持续发展目标融入争议解决过程，正成为新兴市场国家优化营商环境的重要方向。

三、哈萨克斯坦与中国合作协议简介

（一）《中华人民共和国铁道部和哈萨克斯坦共和国交通部国境铁路协定》（1992年8月10日）

以下是该协定主要内容的概括：

1. 基本协定信息

中华人民共和国铁道部与哈萨克斯坦共和国运输通信部为规范两国国境铁路运输合作而签署的协定。

2. 国境站管理

国境站定位：中方站：阿拉山口（距国界线3.87公里）、霍尔果斯（距国界线 4.185 公里)，哈方站：多斯特克（距国界线 8.13 公里)、阿腾科里(距国界线 9.04 公里)。

3. 列车运行规范

(1) 轨距差异处理：1435mm 轨距段由中方提供服务，1520mm 轨距段由哈方提供服务。

(2) 运行费用计算：按车轴公里计费（0.039 瑞士法郎/车轴公里)，特殊车辆（隔离车、公务车等）不计费。

(3) 安全限制：遇 8 级以上大风时，列车在国境站间区间按大风天气运输限制条件运行。双方国境站值班员应以电话记录方式相互通知。

4. 通信系统

(1) 设置专用国际电报和电话线路。

(2) 分界点按国界线划分。

(3) 建立定期技术测试机制。

5. 时间标准

中方采用北京时间，哈方采用阿斯塔纳时间。

6. 设备使用规则

(1) 双方可免费使用对方机车维护设备（给水/转盘等)。

(2) 轨道衡共同校验制度（每年 4 月、10 月)。

7. 人员管理

(1) 跨境工作人员需持工作证及名单。

(2) 限定驻留范围（仅限站区及铁路用地)。

(3) 医疗救助义务：突发疾病免费治疗。

8. 事故处理机制

(1) 救援列车调用：事故责任方承担费用，按使用时间计费（22.47 瑞士法郎/30 分钟)。

(2) 除雪作业协作：各自负责对应轨距段，收费标准 11.24 瑞士法郎/30 分钟。

9. 货物运输规则

(1) 换装作业原则上在接收方站进行。

(2) 特殊货物（散堆装）采取换轮过磅制度。

(3) 大宗货物需提前通报运输计划。

10. 责任划分

（1）事故责任判定：按发生地国家法律判定，双方过失则平均分担。

（2）技术责任：设备维护方承担相关责任，车辆技术责任由最后接收方承担。

11. 特殊条款

（1）旅客直通列车免换乘制度。

（2）允许车辆改装轮对或转向架跨境。

（3）建立联合委员会处理争议事项。

12. 财务结算

（1）瑞士法郎作为主要结算货币。

（2）明确各项服务收费标准（机车使用、救援等）。

（二）《中华人民共和国和哈萨克斯坦共和国关于民事和刑事司法协助的条约》（1993 年 1 月 14 日）

中华人民共和国和哈萨克斯坦共和国（以下简称缔约双方）为了实现司法领域的合作，在尊重主权和互惠的基础上，决定互相提供民事和刑事方面的司法协助。为此目的，双方议定以下内容：

1. 总则

（1）司法保护

缔约方国民在对方境内享有同等司法保护，包括诉诸法院、检察机关等权利。

适用于法人及民事案件（含婚姻家庭、劳动、商事、经济案件）。

（2）联系途径

缔约双方相互请求和提供民事和刑事司法协助，应当通过双方各自的中央机关进行联系。中方：司法部、最高人民检察院；哈方：最高法院、总检察院和司法部。双方中央机关发生变更时，应当立即通过外交途径以书面形式通知另一方。

（3）司法协助范围

包括送达文书、调查取证、承认与执行民事裁决、其他民事或刑事诉讼协助。

（4）请求书要求

需注明请求机关、案件名称、当事人信息、诉讼代理人、犯罪事实（若涉及刑事）等。

（5）请求执行规则

被请求方可退回无权执行的请求，或移送有权机关；需协助确定地址或补全信息。

（6）语言要求

文件使用本国文字，附对方文字或英文或俄文译文。

2. 民事司法协助

（1）协助内容

送达文书、询问当事人或证人、鉴定、勘验、承认与执行法院裁决（含追索扶养费）。

（2）诉讼费用

双方国民在对方境内同等支付或减免诉讼费用；减免需住所地主管机关证明。

（3）承认与执行法院裁决

条件：裁决已生效，符合条约规定。

拒绝理由：裁决未生效或专属管辖权冲突，当事人未合法传唤或代理，损害主权、安全或公共秩序。

（4）程序要求

需提交裁决副本、执行情况证明、合法传唤证明及译本。

3. 刑事司法协助

（1）协助内容

询问证人或被害人或嫌疑人、搜查、勘验、移交赃款赃物、送达刑事诉讼文书。

（2）赃款赃物移交

可移交犯罪所得，但不得侵害第三方权利；若涉未决案件可暂缓移交。

（3）拒绝理由

行为不构成犯罪（依被请求方法律）。

嫌疑人系被请求方国民且不在请求方境内。

（4）刑事诉讼信息通报

相互提供对缔约方国民的刑事诉讼及判决情况。

4. 其他规定

（1）文件效力

缔约方盖章文件在对方境内直接有效，无需认证。

（2）户籍文件提供

应请求免费提供诉讼所需户籍、工龄证明等文件，附译文。

（3）争议解决

通过外交途径解决条约解释或执行争议。

5. 生效与修订

（1）生效程序

双方履行国内法律程序后，自最后一方通知之日起 30 日生效。

（2）修订方式

通过外交途径协商修改或补充，履行国内法律手续。

6. 核心原则

互惠对等：双方国民及法人享有平等司法保护。

主权尊重：司法协助不得损害主权、安全或公共秩序。

程序规范：请求与执行需通过中央机关，严格遵循法律程序。

免费为主：司法协助一般免费（鉴定费除外），证人费用由请求方承担。

（三）《中华人民共和国政府和哈萨克斯坦共和国政府航空运输协定》（1993 年 10 月 18 日）

中华人民共和国政府和哈萨克斯坦共和国政府（以下简称缔约双方）；为了便利两国人民之间的友好交往，发展两国民用航空方面的相互关系；作为 1994 年 12 月 7 日在芝加哥开放签字的《国际民用航空公约》的参加国；就建立和经营两国领土之间及其以远地区的航班，达成协议内容如下：

1. 核心定义

（1）公约：包括芝加哥公约及其修订的附件和条款。

（2）航空当局：中国为民航总局，哈萨克斯坦为运输部。

（3）领土：涵盖陆地、领海、内水及上空空气空间。

（4）关键术语：航班、国际航班、空运企业、指定空运企业、非运输业务性经停、运力（航空器/航班的商务载量）、运价（不含邮件运输条件）等。

2. 业务权

（1）授予权利：

飞越权（不降停飞越对方领土）。

技术经停权（经协议地点非运输性经停）。

运输权（在对方领土内上下国际旅客、货物、邮件）。

（2）禁止国内运输权：不得在对方领土内经营点对点运输。

3. 空运企业指定与许可

（1）指定条件：缔约方可书面指定一家空运企业，需满足主要所有权和有效管理权归属本国。

（2）许可流程：对方需快速批准指定企业的经营许可（不得无故延误）。

（3）暂停/撤销条件：所有权存疑、违反法律、未按协定经营时，可暂停或撤销权利（紧急情况可立即执行，否则需 60 天内协商）。

4. 法律适用与证件承认

（1）法律适用：航空器运行需遵守对方领土内法律（如海关、检疫、出入境规定）。简化对直接过境旅客/货物的控制措施，豁免关税。

（2）证件承认：承认对方颁发的适航证、执照，但保留拒绝他国证件的权利。

5. 运力与商务安排

（1）运力原则：公平分配运力，避免损害对方利益；满足运输需求，兼顾联程航班。

（2）班次协商：班期时刻需提前 60 天审批，加班飞行需提前 3 天申请。

（3）机型与运力：由双方航空当局商定。

6. 运价机制

（1）运价制定：基于合理水平（成本、利润、航班特性）并由双方空运企业商定，提交航空当局批准；争议通过协商或外交途径解决。

（2）生效与延续：新运价生效前，旧运价继续适用。

7. 技术服务与费用

（1）服务提供：指定主用/备用机场，提供通信、导航、气象服务。

（2）费率标准：收费公平合理，不高于其他国家同类费率。

8. 关税豁免

（1）豁免范围：航空器、机上设备/燃料/供应品、检修零件、客票/货运单/宣传品等。

（2）限制条件：物品需置于海关监管，合理数量内代表机构自用物品免税。

9. 代表机构与人员

（1）机构设立：可对等设立代表机构，人员国籍需为缔约方国民，人数由双方商定。

（2）机组人员：原则上为本国国民，雇用他国人员需对方同意。
（3）销售权利：可通过自有办事处或代理销售服务（自由兑换货币）。

10. 税收豁免

豁免范围：国际运输收入、相关财产、代表机构人员薪酬免征一切税收。

11. 收入汇兑

（1）汇兑权利：收入可汇回本国，按当日汇率兑换（10 日内完成手续）。
（2）便利措施：缔约方需协助办理汇兑手续。

12. 航空保安

（1）国际公约义务：遵守《东京公约》《海牙公约》《蒙特利尔公约》等反恐协定。

（2）合作措施：相互协助防范非法劫机、威胁航空安全行为，实施安全检查。

（3）争议处理：违反保安规定时，可要求立即协商。

13. 资料提供

航空当局需定期交换业务量、始发/目的地等统计数据。

14. 协商与修改

（1）协商机制：定期协商确保协定实施，争议需在 60 天内启动协商。
（2）修改程序：任何修改需通过外交途径换文确认后生效。

15. 争端解决

（1）解决途径：先由航空当局谈判解决，无法达成协议则通过外交途径。

16. 终止与登记

（1）终止条款：缔约方可书面通知终止协定，12 个月后生效。
（2）国际登记：协定及修改需向国际民航组织理事会登记。

（四）《中华人民共和国政府和哈萨克斯坦共和国政府科学技术合作协定》（1994 年 12 月 30 日）

中华人民共和国政府和哈萨克斯坦共和国政府（以下简称缔约双方），根据两国科学技术发展的需要，本着平等互利原则，注意到科学技术合作将促进中华人民共和国和哈萨克斯坦共和国经济的发展，认为有必要为发展这种合作奠定长期基础，达成协议如下：

第一条　缔约双方将促进双方科学技术合作的发展，并共同确定这种合作的具体方向和领域。

本协定范围内的合作应基于缔约双方相互分担的义务和均等的贡献及利益，并与其资源和可能相适应。

第二条 依据本协定缔约双方的合作可包括：

(1) 交换科学技术团组、学者和专家；

(2) 交换科学技术情报和资料、产品和材料的样品，专有技术和许可证；

(3) 组织科学技术研讨会、学术会议及展览；

(4) 进行共同研制及交换研制成果；

(5) 双方商定的其他科学技术合作方式。

第三条

(1) 缔约双方将鼓励和促进两国的政府机构、大学、科学研究中心、研究所、私人公司和其他组织签订直接的合同和确定有关的合作。

(2) 为执行本协定，缔约双方国家机关和全权机构可签订科技专项领域内实施合作的相应的协议。根据具体情况，此协议可涉及不同的合作范围、设备和基金的转交手续及其应用，或其他相应的问题。

第四条 缔约双方同意，在合作过程中产生的商务、财务和法律问题应在依照两国现行法律签订的单独协议和合同基础上予以解决。

第五条 在特定条件下，如缔约双方同意，第三国的学者、技术专家和国家机构或国际组织可以自费参加本协定范围内的项目和计划。

第六条 中华人民共和国政府指定中华人民共和国国家科学技术委员会和哈萨克斯坦共和国政府指定哈萨克斯坦共和国科学与新工艺部为本协定的执行机构。缔约双方成立中哈科技合作工作组，负责协调和检查本协定的执行情况。

第七条

(1) 缔约一方必须协助另一方相应人员的出入境和在本协定范围内有关项目、计划所需设备的进出。

(2) 缔约双方必须全力保证为实现本协定范围内科技合作所需材料、设备的免税进境。

第八条 缔约双方保证，根据本协定双方共同完成的科学技术活动成果，未经双方正式同意，不得转让给任何第三方。

第九条 本协定可由缔约双方相互协商进行修改或补充。

如缔约双方在解释或执行本协定的条款时发生分歧，双方将以谈判协商的方式解决。

（五）《中华人民共和国政府和哈萨克斯坦共和国政府关于利用连云港装卸和运输哈萨克斯坦过境货物的协定》（1995 年 9 月 11 日）

中华人民共和国政府和哈萨克斯坦共和国政府（以下简称缔约双方），为进一步巩固两国间的友好关系和发展两国间的运输联系，在友好和互谅的基础上，达成协议如下：

第一条　利用连云港装卸和运输哈萨克斯坦同东南亚、南北美洲国家间往返过境货物。

第二条　过境应遵守两国的法律和法规。

第三条　除遇不可抗力之情形外，缔约双方应采取必要的措施以避免过境运输之延迟或限制。

第四条　缔约双方主管部门的职责（在必要情况下，可以有其他有关部委的代表参加）：

制定过境的条件，包括货物的装卸、运输以及提供其他服务的收费标准。

建立不违反两国法律的、有效的运输发送业务相互结算和支付制度。

缔约双方的主管部门分别为：

代表中华人民共和国政府：交通部和铁道部；

代表哈萨克斯坦共和国政府：交通通讯部。

第五条　中方船舶转运的哈萨克斯坦过境货物应占在连云港装卸的哈萨克斯坦货物总量的 30%。

第六条　保持和发展缔约双方主管部门间有效的业务关系，同时鼓励发展两国相应的企业和组织之间的交往，其目的如下：

有效地利用船队、港口、铁路，扩大经济和科技联系及交流经验。

就研究商船航运问题国际组织的活动和加入国际海运公约交换意见。

第七条　为实现第六条所述的目的及监督本协定的执行情况，缔约双方同意成立由双方主管部门的代表组成的混合委员会。

在必要的情况下，缔约任何一方可以吸收其他有关部门的代表加入混委会。

（1）混委会的任务是：

应缔约任何一方的要求，通过友好协商解决同解释或执行本协定有关的一切争议。

讨论执行本协定过程中双方共同感兴趣的问题，包括双方商船航运问题及国际商船航运的共同问题。

（2）混合委员会内可成立工作小组，单独讨论有关问题和制定有关计划并提交混委会审议。

（3）应缔约一方的请求，混合委员会应在该请求提出之日起 3 个月内召开会议。混合委员会每次会议的议程由双方有关部门协商确定。

第八条

（1）本协定自签字之日起生效。

（2）本协定长期有效。如缔约任何一方欲终止本协定，则本协定自终止通知发出之日起第 180 天失效。

（3）如有必要，缔约双方可对本协定进行修改或补充。

（六）《中国人民银行与哈萨克斯坦国家银行关于边境地区贸易银行结算协议》（2005 年 12 月 14 日）

中国人民银行与哈萨克斯坦国家银行（以下称双方）为促进中华人民共和国和哈萨克斯坦共和国边境地区贸易的发展，加强银行间合作，依据两国政府于 2004 年 5 月 17 日签署的关于经贸合作协议的条款，以及双方于 1996 年 7 月 5 日签署的合作协议，遵照两国相关法律，达成如下协议：

第一条 双方是两国结算与银行合作的协调和管理机构。

第二条 两国经济实体应根据两国相关法律在边境地区进行商品和服务贸易。

两国商业银行以交易双方同意的可自由兑换货币，以及中华人民共和国的货币（人民币元）和哈萨克斯坦共和国的货币（坚戈）办理两国边境地区经济实体的商品和服务贸易结算并遵循国际惯例。（双方将签署本协议的修改和补充的纪要，明确规定从事为两国商品和服务贸易提供相应结算服务的边境地区范围）

第三条 贸易，双方将鼓励经济实体通过商业银行结算并遵循以下原则：

（1）除了使用可自由兑换的货币进行结算外，经交易双方同意，可使用中华人民共和国的货币（人民币元）和哈萨克斯坦共和国的货币（坚戈）进行结算。

（2）一国边境地区的商业银行可与对方国家边境地区的商业银行互开对方国家的货币账户或协议（合同）规定的其它可自由兑换货币的账户；此账户仅限用于两国边境地区的商品和服务贸易结算。边贸结算的差额可以两国商业银行协商接受的货币进行清算。

（3）两国商业银行可以依照本国法律规定在边境贸易结算中使用多种结算工具。

第四条 （1）为方便两国边民往来和互市贸易，可根据两国现有的法律规定设立货币兑换点。

（2）边境地区的所有外汇业务将依照双方国家法律办理。如需要，各方可依据两国法律制定管理现钞出入境的法律规定。

第五条　双方将加强在人员培训，交流经验和信息，指导商业银行开展国际支付业务、管理兑换业务、防止并打击洗钱和使用假币等方面的合作。

第六条　为保证本协议的顺利实施，双方边境地区的分支机构：

（1）应根据本国相关法律规定制定本协议的实施细则，对银行结算和货币流通状况进行监管。

（2）经总行允许，在必要时可通过举行会晤的方式交流信息。

第七条　双方可以通过签署纪要的方式修改本协议，纪要是本协议的重要组成部分。

在执行本协议过程中出现的所有争议和分歧应通过谈判的方式解决。

（七）商检协定（1996 年 7 月 5 日）

中华人民共和国政府和哈萨克斯坦共和国政府（以下简称缔约双方）为保证两国人民的健康、安全，保护环境，维护消费者合法权益，确保两国进出口商品质量和服务质量，并简化两国间进出口商品的检验手续，以促进两国之间经济贸易的发展，达成协议如下：

第一条　缔约双方在执行本协定过程中，应遵守两国的有关法律、法规和规章，不得损害两国的公共利益。

第二条　缔约双方分别授权中华人民共和国国家进出口商品检验局和哈萨克斯坦共和国标准计量认证委员会（以下简称双方主管部门）负责组织、协调、监督本协定的执行。

第三条　缔约双方主管部门，本着互惠互利，平等协商的原则，制定双方一致同意的相互认证商品目录（以下简称“商品目录”）和符合规范文件的商检证书样本和标记，确定相互认可实验室的方法和出证机构，以便通知本国海关。缔约双方主管机关应根据商品目录，通过谈判商定这些产品的标准文件（标准），并签署议定书。该议定书是本协定不可分割的组成部分。

第四条　缔约双方对外贸易经营者在向对方出口本协定商品目录内的商品时，应保证所供商品符合两国主管部门认可的标准要求及其它文件中对商品的品质、涉及人们生命健康、安全、公民财产及环境保护的要求同时应符合双方贸易合同中规定的其他标准。

在双边贸易合同中，属于强制性认证商品的，应规定提供两国主管部门认可的认证证书和原产地证书。

本条所规定的文件应使用中文、哈文或俄文。原稿译文有误由出口国负责。

第五条　缔约双方的对外贸易经营者在向对方出口本协定商品目录中的商品时，须持有双方贸易合同中规定的符合规范文件的检验证书。

第六条　缔约双方的出口国主管部门应对本协定商品目录中的出口商品进行监督管理，不合格的不予放行出口。缔约双方的进口国主管部门有权对本协定商品目录中涉及的进口商品进行监督抽查，经抽查发现商品不符合有关要求时，应及时将情况通知出口国主管部门。对检验结果不一致的商品，双方主管部门应通过协商解决。

第七条　双方主管部门按照ISO/IEC导则25、58或各自规定的程序相互承认对方的出证机构和检测实验室。以及上述实验室出具的实验、检测结果。

双方主管部门相互承认认证机构出具的证书。

第八条　双方主管部门需要对认证商品的生产厂进行质量体系评审时，应按照国际标准或双方同意的标准进行相互认可。

具体实施办法由双方主管部门另行商议。

第九条　为保证本协定顺利实施，双方主管部门将进行科学技术合作与信息交流。在执行本协定过程中如出现争议，应及时通过友好协商解决。

（八）《中华人民共和国政府和哈萨克斯坦共和国政府关于在石油天然气领域合作的协议》（1997年9月24日）

中华人民共和国政府和哈萨克斯坦共和国政府，以下简称双方，基于在平等互利基础上进一步发展经贸关系的愿望，为加强两国在石油天然气领域的合作，达成如下协议：

第一条　双方认为，中华人民共和国和哈萨克斯坦共和国在石油天然气领域开展互利合作对进一步推动两国睦邻友好关系的发展具有重要意义，符合两国和两国人民的根本利益。

两国政府将采取一切必要措施，支持和鼓励双方主管部门及有关公司和企业彼此建立直接联系，探讨进一步加强在石油天然气领域合作的途径，并不断扩大合作规模。

第二条　双方在平等互利和避免给对方造成经济和生态损害的基础上，加强在石油、天然气、凝析油、石油产品和液化气的勘探、开发、开采、加工和运输领域的合作。

双方同意采取有效措施，保证中国石油天然气总公司与哈萨克斯坦共和国财政部私有化局签署的阿克纠宾油气公司股份购买协议和乌津油田恢复项目的顺利实施。双方同意，今后任何一方的石油公开招标项目都将通知对方。对不进行招标的项目，双方可采取双边谈判方式签订协议。

第三条 中方表示准备进口哈萨克斯坦的烃原料，并对哈方开发中国市场给予大力协助。

双方将保证必要数量的石油和石油产品的运输及其畅通无阻地过境本国领土。双方商定，对通过本国的石油和石油产品的运输费用应采用不歧视的价格和规范。石油和石油产品的价格按公平交易的原则由双方商定。

第四条 双方支持建设连接西哈萨克斯坦和中国西部地区的输油管道。

中方表示同意该项目的可行性研究和建设将由中国石油天然气总公司负责组织筹资及实施。

哈方表示同意给管道建设提供用地、安全保障，并保证哈萨克斯坦共和国法律，其中包括有关原油出口和进口管道建设所需物资和设备的法律稳定适用。

双方商定，在建设石油管道时将利用双方当地的劳动力资源、物资、设计和施工单位。

从中国派往哈萨克斯坦共和国的工程技术人员和其他人员的数量及其在哈萨克斯坦共和国境内居留的期限将由双方根据哈萨克斯坦共和国法律通过签订纪要的方式个案处理。

第五条 为了协调上述管道的施工，双方商定成立中哈联合委员会和工作机构。根据双方的协商，中国石油天然气总公司和哈萨克斯坦国家输油公司将成为双方工作机构。

第六条 双方将采取措施增加向中国通过铁路运输哈萨克斯坦原油的

第七条 双方商定，哈萨克斯坦能源资源部和中国石油天然气总公司关于《油田开发和管道建设的总协议》由双方授权签署。两国政府责成并监督双方主管部门及有关公司和企业严格实施总协议。

第八条 经双方同意，本协议可以修改和补充。

在发生争执时，双方将通过谈判加以解决。

（九）《中华人民共和国政府和哈萨克斯坦共和国政府关于反不正当竞争和反垄断合作协定》（1999 年 11 月 23 日）

中华人民共和国政府和哈萨克斯坦共和国政府（以下简称缔约双方）考虑到双方加强反不正当竞争与反垄断的重要性及共同利益，根据平等互利的原则，达成如下协议：

第一条

缔约双方将互相提供下列法律、法规及与自身职能相关的文件和资料：

（1）有关反不正当竞争、反垄断方面的法律、法规、规章及文件和资料。

（2）有关消费者权益保护方面的法律、法规、规章及文件和资料。

（3）有关广告管理方面的法律、法规、规章及文件和资料。

在可能的情况下，缔约双方还将交流有关查处不正当竞争、垄断和侵犯消费者权益案件方面的经验。

第二条

缔约双方将在反不正当竞争、反垄断和保护消费者权益领域进行如下合作：

（1）互相为对方来本国的合法经营者的合法经营活动依法提供相同的保护。

（2）相互告知由对方输入本国的商品存在的假冒问题以及其他危及消费者生命健康安全的问题，并提供具体的资料和证据，双方应依据本国的法律规定予以处理。

（3）互相探讨在上述二项合作方面建立共享数据库的可能性。

第三条

缔约双方将根据需要，适时举办以本协定所含合作内容为主题的专家经验交流会、研讨班、论坛和培训班等。

第四条

缔约双方同意双方授权执行机关之间建立直接联系。

第五条

缔约双方执行本协定的授权机关：中方为中华人民共和国国家工商行政管理局；哈方为哈萨克斯坦共和国调整自然垄断，保护竞争与支持小企业署。如果执行机关的名称有变化，双方经过外交途径互相通知。

第六条

如对本协定在解释或执行方面发生分歧时，缔约双方应通过协商方式解决。

第七条

本协定可在缔约双方同意的基础上以议定书的形式进行修改或补充，并成为本协定不可分割的部分。

第八条

本协定不影响双方参加的其他国际条约所规定的权利和义务。

（十）《中华人民共和国政府和哈萨克斯坦共和国政府关于对所得避免双重征税和防止偷漏税的协定》（2001 年 9 月 12 日）

中华人民共和国政府和哈萨克斯坦共和国政府，愿意缔结关于对所得避免双重征税和防止偷漏税的协定，达成协议内容如下：

1. 适用范围

（1）适用对象：适用于缔约国一方或双方居民（包括个人、公司等）。

（2）税种范围：中国：个人所得税、外商投资企业和外国企业所得税。哈萨克斯坦：法人所得税、个人所得税。包含协定签订后新增或替代的类似税种。

2. 关键定义

（1）居民身份判定：个人：优先依据永久性住所→重要利益中心→习惯性居处→国籍→协商解决。非个人（如公司）：双方主管当局协商解决。

（2）常设机构：

固定营业场所（如办事处、工厂、矿场等）。

建筑工地/工程需连续 12 个月以上，勘探设备需使用超 12 个月。

代理人代表企业签订合同视为常设机构（独立代理人除外）。

3. 征税权分配规则

（1）不动产所得：由不动产所在国征税。

（2）营业利润：仅在企业居民国征税，除非通过常设机构在另一国营业。常设机构利润按独立企业原则计算，允许扣除合理费用。

（3）国际运输（海运/空运/陆运）：利润仅在企业居民国征税。

（4）股息：受益所有人为居民时，税率不超过 10%。与常设机构关联的股息按营业利润征税。

（5）利息：受益所有人为居民时，税率不超过 10%。政府或国有金融机构取得的利息免税。

（6）特许权使用费：受益所有人为居民时，税率不超过 10%。

（7）财产转让收益：不动产及常设机构动产由所在国征税。国际运输工具转让仅在企业居民国征税。公司股份主要含不动产时，由不动产所在国征税。

4. 特殊人员税务处理

（1）独立个人劳务（如专业服务）：仅在居民国征税，除非有固定基地或在另一国停留超 183 天。

（2）雇佣所得：在另一国停留未超 183 天且由非居民雇主支付的报酬，

仅在居民国征税。

（3）董事费：由支付公司所在国征税。

（4）艺术家/运动员：活动所在国可征税（政府文化交流项目免税）。

（5）退休金/政府服务报酬：一般由支付国征税（特殊条件例外）。

（6）教师/研究人员：首 3 年教学研究报酬免税（私利研究除外）。

（7）学生/实习生：为教育目的收到的境外款项免税。

5. 其他条款

（1）联属企业：独立交易原则调整利润，避免双重征税。

（2）消除双重征税：缔约国双方通过抵免法或协商解决重复征税。

（3）信息交换与争议解决：主管当局协商解决解释或实施分歧。

（4）免责声明：数据库信息可能存在误差，不承担使用导致的损失责任。

6. 执行与修订

（1）主管当局：中国：国家税务总局或其授权代表。哈萨克斯坦：财政部或其授权代表。

（2）后续调整：缔约国需通知对方税法实质性变动。

（十一）《中华人民共和国政府和哈萨克斯坦共和国政府关于鼓励和相互保护投资协定》（1992 年 8 月 10 日）

中华人民共和国政府和哈萨克斯坦共和国政府（以下简称缔约双方）愿鼓励和保护缔约一方的投资者在缔约另一方领土内投资，并为之创造良好的条件，根据相互尊重主权和平等互利的原则，为发展两国的经济合作，达成协议如下：

第一条

本协定内：

（1）“投资”一词系指依照接受投资缔约一方的法律和法规在

其领土内所投入的各种资产，尤其是：

①动产和不动产的所有权及与其有关的任何财产权利；

②在企业和公司中的股份或其他形式的参股；

③金钱请求权或具有经济价值的行为请求权；

④知识产权，包括：著作权、工业产权、商标、公司名称、商品产地名称、商业秘密以及专有技术和工艺流程；

⑤依照法律或合同授予的从事经济活动的权利，尤其是勘探和开发自然资源的权利。

（2）“投资者”一词对缔约任何一方系指.

根据缔约一方法律和法规永久居住其领土内为其公民的自然人；

根据缔约一方领土内的现行法律和法规设立的企业和公司；

但条件是自然人、企业或公司根据缔约一方法律和法规应有权在缔约另一方领土内进行投资。

(3)“与投资有关活动”一词包括以从事经营活动为目的而建立公司、企业或其他组织，发挥其职能，维持其活动；签订和执行合同，获取、使用和支配各种财产，包括知识产权；购买、发行和出售股份和其他有价证券。

(4)“收益”一词系指由投资或与其有关活动所产生的款项，包括利润、股息、利息、资本利得、特许权使用费、技术使用费、管理费及其他酬金。

(5)“领土”一词系指：

中华人民共和国的领土和哈萨克斯坦共和国的领土。

缔约一方按照国际法对其行使主权权利或管辖权并对其自然资源进行勘探、开采、开发、采掘和保护的上述领土的领海外围海域。

第二条

(1) 缔约一方应鼓励缔约另一方的投资者在其领土内投资，并依照其法律和法规允许此种投资。

(2) 缔约一方将根据其法律和法规为在其领土内从事与投资有关活动的缔约另一方公民获得签证和工作许可提供协助。

第三条

(1) 缔约一方应在其领土内保障缔约另一方投资者的投资和与该投资有关的活动受到公平的待遇和保护。

(2) 本条第一款所述的待遇，应不低于给予任何第三国投资者的投资和与投资有关的活动的待遇。

(3) 本条第（1）（2）款的规定不适用于缔约一方根据下述情况对任何第三国投资者或其投资提供的或将提供的优惠和特权：

①参加自由贸易区，关税或经济同盟，经济互助组织或者缔约一方向上述组织参加者提供类似优惠和特权的国际协定；

②关于税收问题的国际协定和其他税收协议；

③关于边境问题的协议。

第四条

(1) 缔约一方投资者在缔约另一方领土内的投资不得被实行国有化、征收或者对其采取具有类似国有化、征收效果的其他措施（以下简称征收），除非为了公共利益的需要，依照法律确定的程序，在非歧视性基础上给予补偿时才可采取此种措施。

（2）本条第 1 款规定的补偿应根据投资在通过或宣布征收决定前一天的实际价值计算。

补偿的支付不应无故迟延，补偿应能兑换并自由地从缔约一方领土内汇到缔约另一方领土内。

（3）缔约一方的投资者在缔约另一方领土内的投资，如果由于战争、紧急状态、国内骚乱和其他类似情况而遭受损失，若在其领土内进行投资的缔约一方采取补偿损失措施或其他有关措施，其给予该投资者的待遇不应低于给予任何第三国投资者的待遇。

第五条

缔约一方应依照其法律和法规，保证缔约另一方投资者在履行全部纳税义务后汇出与投资有关的款项，包括：

（1）本协定第 1 条第 3 款确定的“收益”；

（2）投资的全部或部分清算款项；

（3）与投资有关的贷款协定的支付；

（4）技术援助、技术服务和管理费的支付；

（5）缔约另一方公民在缔约前者一方领土内进行与投资有关的工作和服务并依照法律和法规规定的数额所获得的工资和其他酬金。

第六条

本协定第 4 条、第 5 条所述的款项汇出，应依照在其领土内进行投资的缔约一方汇出当日的官方汇率进行。

第七条

本协定适用于 1985 年 1 月 1 日之后进行的全部投资。

第八条

（1）缔约双方对本协定的解释或适用所产生的争议应尽可能通过外交途径解决。

（2）如在缔约一方提出争议之日起 6 个月内通过该方式不能解决争议，根据缔约任何一方的要求，应将争议提交专设仲裁庭。

（3）仲裁庭由 3 名仲裁员组成，按下列方式设立：在缔约一方收到缔约另一方关于将争议提交仲裁的书面通知之日起的两个月内缔约第一方应各任命 1 名仲裁员。该两名仲裁员应在第二名仲裁员任命之日起两个月内推举一名与缔约双方均有外交关系的第三国国民为第三名仲裁员，并经缔约双方同意担任首席仲裁员。

（4）如果在收到关于将争议提交仲裁庭的书面通知后四个月内仲裁庭尚未组成，缔约任何一方在无其他约定时，可以提请国际法院院长作出必要的任命。如果国际法院院长是缔约任何一方的公民，或由于其他原因不能履行上述职责，应请国际法院中非缔约任何一方国民的资深法官作出必要的任命。

（5）仲裁庭应自行制定其程序规则。仲裁庭应依据本协定的规定和公认的国际法原则和准则作出裁决。

（6）仲裁庭的裁决以多数票作出·裁决是终局的，对缔约双方具有拘束力。应缔约任何一方的请求，仲裁庭应说明其裁决的理由。

（7）缔约一方应负担与其任命的仲裁员活动有关的费用及参加仲裁程序代表的费用。与首席仲裁员活动有关的费用及其他费用由缔约双方平均负担。

第九条

（1）缔约一方与缔约另一方投资者之间任何有关征收补偿数额的争议可提交仲裁庭。

（2）该仲裁庭应按下列方式逐案设立：争议双方应各任命 1 名仲裁员，该两名仲裁员推举一名与缔约双方均有外交关系的第三国国民为首席仲裁员。头两名仲裁员应在书面通知争议提交仲裁之日起的两个月内任命，首席仲裁员应在 4 个月内推选。如在规定的期限内，仲裁庭尚未组成，争议任何一方可提请斯德哥尔摩商会仲裁院主席作出必要的任命。

（3）仲裁庭应自行制定其程序规则，在此种情况下仲裁庭在制定程序时可以参照斯德哥尔摩商会仲裁院规则。

（4）仲裁庭的裁决以多数票作出。裁决是终局的，对争议双方具有拘束力。缔约每一方根据各自的法律应对执行仲裁庭裁决承担义务。

（5）仲裁庭应根据本协定的规定，在其领土内进行投资的缔约一方的法律和法规（包括其冲突规范）以及公认的国际法原则和准则作出裁决。

六、争议每一方应负担与其任命的仲裁员活动有关的费用及参加仲裁程序代表的费用，与首席仲裁员活动有关的费用及其他费用应由争议双方平均负担。

第十条

如果缔约一方根据其法律和法规或缔约双方为其成员的国际协定给予缔约另一方投资者的投资或与投资有关的活动的待遇较本协定的规定更为优惠，应从优适用。

第十一条

（1）缔约双方代表可根据需要为下述目的进行会晤：

①研究本协定的适用问题；

②就投资的法律问题和进行投资的可能性交换信息；

③解决因投资引起的争议；

④研究与投资有关的其他事宜；

⑤研究关于本协定可能的修改和补充的建议。

（2）若缔约一方建议就本条第一款所列的任何事宜进行磋商，缔约另一方应及时作出反应。磋商可轮流在北京和阿拉木图举行。

（十二）《中华人民共和国政府和哈萨克斯坦共和国政府关于“丝绸之路经济带”建设与“光明之路”新经济政策对接合作规划》（2016年9月2日）

中哈作为山水相连的友好邻邦，自2013年共建“丝绸之路经济带”倡议提出后，始终秉持平等互利原则，致力于构建全面战略伙伴关系。2014年哈方响应“光明之路”新经济政策，双方在政治互信、经济协同、人文交融等领域合作成果显著，2015年签署的联合宣言为深化合作奠定基础。2016年双方正式签署对接合作规划，明确以提高基础设施互联互通水平为核心目标，推动投资贸易发展，并在交通、能源、制造业等领域开展深度合作，发挥双方优势和潜力，拓展互利共赢空间，促进共同繁荣，提升国际竞争力。

交通领域加强互联互通合作，优化交通基础设施，重点推进中欧班列、跨里海运输走廊等多条国际通道建设，优化中哈边境至中国东南沿海的物流网络，建设中哈连云港物流合作基地等实体平台，加强航空运输合作以提升区域通达性，协商签署交通领域框架协议，加强铁路运输合作。

贸易方面拓展贸易合作领域，优化贸易结构，提升贸易规模，致力于扩大机电设备、能源化工、农产品等高附加值产品贸易规模，完善认证互认体系与食品药品监管协作。

制造业合作聚焦经济特区建设，鼓励中企参与哈国石油化工、新能源、建材等领域项目，推动工程机械、汽车、纺织等产业协同发展。

此外，双方在水资源保护、传染病防控、跨境旅游、金融合作等领域建立协作机制，并设立联合工作组统筹规划落实，通过优化税收政策、加强执法合作等保障措施，确保合作项目长效推进。该规划自2016年生效，有效期五年，强调务实性与动态调整机制，为两国长期战略合作提供制度框架。

（十三）《中华人民共和国国家发展和改革委员会与哈萨克斯坦信息和通信部关于加强数字经济合作的谅解备忘录》（2018年11月22日）

《中华人民共和国国家发展和改革委员会与哈萨克斯坦信息和通信部关于加强数字经济合作的谅解备忘录》是2018年11月中哈两国签署的重要文件，旨在深化数字经济领域合作，共同推动“数字丝绸之路”建设。根据备忘录，双方聚焦智慧城市、电子政务、大数据等核心领域，通过技术共享与项目落地提升两国数字化治理能力。例如，哈萨克斯坦计划通过“数字哈萨克斯坦”战略实现2025年数字竞争力进入全球前30位的目标，而中国在电子商务、移动支付等领域的技术经验成为重要合作资源。

在实施层面，中哈合作已取得显著进展。双方依托跨境电商平台（如阿里巴巴国际站）推动贸易数字化，2023年哈萨克斯坦国家馆上线中国电商平台后，超240家中小企业参与跨境电商，贸易额逆势增长。同时，数字基础设施成为合作重点，中国支持哈方建设5G网络与数据中心，例如中哈连云港物流基地通过数字化管理实现年货运量2544万吨，成为区域物流枢纽。

2024年7月，两国元首在联合声明中进一步强调数字经济作为新增长点，提出共同培育关键矿产、新能源、科技创新等领域合作。在此框架下，中哈数字贸易博览会于同年10月举办，签约项目涵盖智能酒店、跨境支付、农业数字化等，例如WELOCK与ApartX合作开发的自助入住系统提升了跨境旅游便利性。这些举措不仅强化了中哈“数字丝路”的实体纽带，也为双方在全球数字经济竞争中抢占先机注入新动能。

该合作是中哈战略对接的重要体现：中国的“数字丝绸之路”倡议与哈萨克斯坦的“数字哈萨克斯坦”国家规划形成协同效应，旨在通过数字技术提升双边经贸韧性，并助力区域经济一体化。该备忘录不仅是中哈在数字经济领域深化合作的里程碑，也是“一带一路”框架下“数字丝路”建设的典型案例，为两国及区域高质量发展注入新动能。

（十四）《中华人民共和国政府和哈萨克斯坦共和国政府经贸合作发展规划（至2026年）》（2022年9月14日）

《中华人民共和国政府和哈萨克斯坦共和国政府经贸合作发展规划（至2026年）》是2022年9月14日中哈两国所签署的重要文件，是两国经贸合作的顶层设计文件，确立了扩大贸易规模、优化贸易结构、深化投资合作三大核心目标，并提出推动标准化、数字经济、能源安全等领域的合作方向。提出“推动中哈原油管道供应量提升”“建设中哈伙伴研究所”等战略性倡议。该规划不仅是中哈双边合作的重要里程碑，也是“一带一路”框架下区域经济合作的典范，为两国及欧亚地区繁荣注入新动能。

（十五）《中华人民共和国商务部与哈萨克斯坦共和国贸易和一体化部关于经贸领域研究的谅解备忘录》（2023年5月）

《中华人民共和国商务部与哈萨克斯坦共和国贸易和一体化部关于经贸领域研究的谅解备忘录》是2023年5月中哈两国元首会谈期间签署的重要文

件，旨在通过学术机构合作深化双边经贸研究，推动政策协调与实践创新。该备忘录聚焦六大核心研究方向：优化营商环境、发展电子商务、挖掘过境物流潜力、强化经济特区体制、推动绿色发展以及新能源等关键领域合作。双方指定哈萨克斯坦贸易和经济战略中心与中国商务部国际贸易经济合作研究院作为实施主体，计划通过联合研究、数据共享及政策建议，为双边贸易结构升级提供智力支持。

在落实层面，双方以该备忘录为框架，同步推进多项务实合作。例如，依托中国国际进口博览会等平台，哈萨克斯坦企业加速布局中国市场，2023年国家馆上线电商平台后，超240家中小企业通过阿里巴巴国际站开展贸易。同时，双方推动标准化合作，签署合格评定、商品质量安全等配套备忘录，为贸易便利化创造条件。在新兴领域，中哈伙伴研究所等联合科研平台建设取得进展，推动航天遥感数据共享及绿氢产业合作，例如宁夏太阳山绿电制氢模式已进入哈萨克斯坦试点阶段。这些举措不仅强化了经贸研究的前瞻性指导作用，也为中哈“新黄金三十年”愿景注入了持续动能。

（十六）《中华人民共和国政府和哈萨克斯坦共和国政府关于〈经贸合作发展规划（至2026年）〉落实路线图》（2024年7月）

《中华人民共和国政府和哈萨克斯坦共和国政府关于〈经贸合作发展规划（至2026年）〉落实路线图》是两国深化经贸合作的核心文件，旨在推动双边关系迈入“新黄金三十年”。根据2024年7月中哈联合声明，双方以扩大贸易规模、优化贸易结构、深化投资合作为核心目标，计划通过多项务实举措实现高质量发展。

贸易便利化与结构优化方面，双方将推动标准化、合格评定和计量领域合作，实施国际贸易“单一窗口”互联互通，提升口岸运行效率。2023年哈萨克斯坦国家馆已上线中国电商平台，超240家中小企业通过阿里巴巴国际站开展贸易，电子商务成为新增长点。同时，双方致力于拓展高附加值、高技术产品贸易，例如推动新能源装备、精密仪器等领域的合作，并邀请哈方参与中国国际进口博览会等平台，共享市场机遇。

投资与新兴领域合作聚焦非资源领域项目，包括可再生能源、数字经济、科技创新等。双方正推动中哈双边投资协定升级谈判，完善法律保障体系，吸引中资企业参与哈萨克斯坦风电、光伏及储能项目建设。例如，阿拉木图州200兆瓦光伏电站已启动，新蜂绿能等企业正探索绿氢产业合作，计划引入中国宁夏太阳山绿电制氢模式。此外，双方共建“中哈伙伴研究所”，推动航天遥感数据共享及商业化航天发射场合作，深化科技减贫与联合研究。

互联互通与能源安全是另一重点方向。中哈连云港物流基地 2023 年处理铁路货运量达 2544 万吨，承担哈 80%以上进出口商品集散，未来将增开木扎尔特-纳林果勒等新口岸，优化跨境运输路线。能源领域，双方保障中哈原油管道、天然气管道稳定运营，并研究提升供应量，同时探索风电、光伏等清洁能源合作，助力哈萨克斯坦实现 2025 年新能源汽车产业目标。

该路线图与“一带一路”倡议及哈“光明之路”政策深度协同，通过政策协调与项目落地，为区域经济一体化注入新动能，目标是将双边贸易额提升至更高水平，打造可持续的“新黄金三十年”伙伴关系。

（十七）《中华人民共和国商务部和哈萨克斯坦共和国工业和建设部关于加强新能矿（关键矿产）领域合作的谅解备忘录》（2024 年 7 月）

《中华人民共和国商务部和哈萨克斯坦共和国工业和建设部关于加强新能矿（关键矿产）领域合作的谅解备忘录》是两国深化能源与资源领域合作的重要文件，旨在推动关键矿产开发、可再生能源技术应用及产业链协同发展。根据 2024 年 7 月中哈联合声明，双方将关键矿产合作列为新兴领域重点方向，强调通过政策协调与项目落地保障能源安全与绿色转型。

核心合作领域包括：

（1）关键矿产开发与供应链稳定。双方将加强在锂、钴、镍等新能源矿产领域的勘探与开发合作，推动建立资源储备与加工基地。哈萨克斯坦作为中亚重要资源国，其铜、铝等矿产与中国制造业需求高度契合，合作将依托中哈产能合作机制实现技术、资金与市场的互补。

（2）可再生能源与绿氢产业。延续此前签署的《可再生能源领域项目协议》，双方计划在哈萨克斯坦建设风电、光伏及储能项目，2024 年已启动阿拉木图州 200 兆瓦光伏电站等首批项目。同时，新蜂绿能等中国企业正探索绿氢产业合作，计划将中国宁夏太阳山绿电制氢项目的成功模式引入哈萨克斯坦，推动绿氢规模化生产与本地化政策优化。

（3）技术与标准协同。双方将共建“中哈绿色能源联合实验室”，开展新能源技术研发与人才培养，并推动中国光伏、风电标准在哈落地应用。例如，国家电投在哈萨克斯坦的风电项目已采用中国技术标准，实现单机容量与总装机规模创中亚纪录。

截至 2025 年 3 月，中哈在关键矿产与新能源领域已形成“资源开发—技术研发—市场应用”全链条合作。例如，赛拉弗集团与新蜂绿能正推进哈萨克斯坦绿氢项目，整合光伏、风电与制氢资源，目标为当地能源结构转型提供可复制的创新方案。未来，双方计划通过增开边境口岸、优化跨境运输路线等措施，进一步提升关键矿产与能源产品的流通效率，助力实现“2060 碳中和”目标。

（十八）《中华人民共和国商务部和哈萨克斯坦共和国交通部关于推动基础设施和工程建设合作发展的谅解备忘录》（2024 年 7 月）

《中华人民共和国商务部和哈萨克斯坦共和国交通部关于推动基础设施和工程建设合作发展的谅解备忘录》是 2024 年 7 月中哈元首会谈期间签署的 31 项重要协议之一，旨在深化两国在基础设施互联互通与工程建设领域的合作。根据联合声明及相关文件，双方合作聚焦以下核心方向：

重点合作领域包括跨境铁路网络优化与物流枢纽建设。双方将共同细化中哈第三条跨境铁路建设方案，推进接轨点商定，并启用哈萨克斯坦西安陆港码头，形成“中欧班列+跨里海运输”的多元物流通道。2023 年数据显示，中哈连云港物流基地承担了哈 80% 以上进口消费品和出口矿产品的集散，铁路货运量达 2544 万吨。此外，双方计划同步推进中哈边境口岸升级改造，提升口岸通行能力，并探讨增开木扎尔特-纳林果勒等新口岸的可能性。

在技术合作层面，双方将建立跨里海国际运输路线运价沟通机制，协调中欧班列运价，保障国际物流供应链稳定。同时，依托中哈产能合作机制，推动中国企业参与哈公路、机场等基建项目，优化自中国至欧洲的铁路干线运输能力。例如，国家电投在哈风电项目采用中国技术标准，创中亚地区单机容量与总装机规模纪录。

该备忘录与《中哈经贸合作发展规划》及“一带一路”倡议深度协同，目标是通过基础设施互联互通与新兴领域合作，打造中哈关系“新黄金三十年”，助力区域经济一体化。

（十九）中华人民共和国政府和哈萨克斯坦共和国政府经济贸易协定（1991 年 12 月 22 日）

中华人民共和国政府和哈萨克斯坦共和国政府（以下称缔约双方），为了加强两国之间的友好合作和在平等互利的基础上发展两国的经济贸易关系，达成协议如下：

第一条　缔约双方将采取一切必要措施，促进两国经贸关系的长期稳定发展，并为此创造有利条件。

第二条　两国进出口商品征收关税、其他税收和海关管理的规章以及办理海关手续方面相互给予最惠国待遇。

此规定不适用于：（1）缔约一方为便利边境贸易已给予或将给予邻国的

优惠；（2）缔约一方已给予或将给予关税同盟、自由贸易区成员国的优惠。

第三条　缔约双方将按照本协定的规定和各自国家的有效法律、法规，鼓励和保护缔约一方投资者在另一方境内的投资。

第四条　缔约双方将在各自国家的有效法律、法规范围内鼓励两国的公司、企业和组织开展多种形式的经济合作，包括建立企业间直接经济联系、举办合资企业、建立经济技术合作区，并为此创造便利条件。

第五条　两国从事对外经济贸易活动的公司、企业和组织应按照国际贸易惯例进行商务谈判和签订合同。

第六条　双方应以有关商品的国际市场现行价格为基础，协商确定商品的价格。

对商品的支付，应按照两国有效的外汇管理法规，以双方商定的可自由兑换货币或其他结算方式办理。

第七条　在本协定生效后1个月内，中国银行和哈萨克斯坦共和国外经银行将制定根据本协定进行的双边经贸业务的结算和支付的技术程序。

第八条　为促进两国经济贸易关系的发展，缔约双方将相互为对方在本国举办贸易博览会、展览会、经济技术洽谈会及贸易团组往来提供方便。

第九条　缔约任何一方根据本国的有效法律、法规允许另一方从事经济贸易活动的公司、企业和组织在其境内设立常驻代表处，并为其正常工作提供一切必要的条件。

第十条　缔约双方可根据任何一方的建议，轮流在中华人民共和国和哈萨克斯坦共和国就经济贸易问题举行会谈。

第十一条　经缔约双方同意，可对本协定进行修改和补充。

（二十）海关合作与互助协定（1997年9月26日）

中华人民共和国政府和哈萨克斯坦7共和国政府（以下简称“双方”），愿意发展，尤其是通过在海关事务领域的合作发展两国间的睦邻关系；力求通过两国海关当局间的合作，便利和加快两国间货物和人员的往来；认识到违反海关法规行为有损于两国的经济、社会和财政利益；确信两国海关当局间的合作，将使为防止和打击违反海关法规的行为所做的努力更为有效，议定如下：

第一条　定义

本协定中所用专业术语释义如下：

（1）“海关法规”系指由海关当局实施的关于货物和物品进出境和过境的一切法律和法规，而无论其是否涉及关税、国内税和其他费用或涉及禁止、限制或监控措施，包括对货币进出境的管理；

(2)“违反海关法规”系指任何既遂和未遂的违反海关法规的行为；

(3)“海关当局”在中华人民共和国方面系指中华人民共和国海关总署，在哈萨克斯坦方面系指哈萨克斯坦共和国海关委员会；四、“人”系指自然人和法人。

第二条　协定的范围

(1) 双方海关当局将根据本协定的规定并依照双方各自国内法规，在其权限和能力范围内进行合作并相互提供协助，以：

①便利和加速两国间货物和人员的往来；

②防止、调查和惩处违反海关法规的行为；

③保障对进出口货物准确计征关税、国内税和其他费用；(四) 交流海关业务工作经验和信息。

(2) 本协定不影响双方依据其他国际条约或协定所开展的合作，其中也包括在刑事案件方面提供司法协助的有关规定。

第三条　情报交换

(1) 双方海关当局应主动或经请求相互提供一切现有的下列有关情报：

①有助于保障正确计征进出口关税、国内税和其他费用的情报；

②已实施或正在策划中的与下列物品进出境有关的违反海关法规的行为的情报：

(a) 给环境和人类健康造成危害的货物或物质；

(b) 麻醉品和精神药物；

(c) 武器、弹药、炸药及爆炸器械；

(d) 具有极其珍贵的历史、文化艺术和考古价值的物品；

(e) 双方海关当局相互交换的重点管理物品表中所列明的重要货物和物品。

(1) 双方海关当局应在各自的职权和能力范围内，在尽可能短的时间内相互提供所掌握的下列情报：

①在其正常活动中获得并有充分理由确信有严重违反海关法规行为将在对方境内发生的情报；

②有助于查处违法行为的情报；

③一方海关当局查获的涉及另一方国家的有关走私物品的来源及贩运路线的情报。

第四条　特别监视

经一方海关当局请求，另一方海关当局应在其权限和能力范围内，就下列各种情况在规定期限内进行特别监视，并向请求方提出监视报告：

（1）有理由确信在请求方境内从事职业性或经常性地参与违反海关法规活动的具体人员的活动情况，特别是他们自被请求方进出境的情况；

（2）请求方所通报的将导致严重的非法进出境货物的情况；

（3）有理由确定在请求方境内被用于从事违法活动的具体车辆、船舶、航空器及其他运输工具。

第五条　核查

经一方海关当局请求，另一方海关当局应向请求方海关当局通报下列情况：

（1）对向请求方提供的官方文件，如签发的报送单的确认；

（2）被运入请求方境内的货物是否从被请求方境内合法出口；

（3）从请求方出口的货物是否合法运入被请求方境内。

第六条　请求方式及内容

（1）根据本协定提出的请求应以书面形式提出，并随附执行所必需的材料；在紧急情况下，可接受口头形式的请求，但事后应及时用书面形式确认。

（2）请求的内容包括：

①提出请求的海关当局；

②请求采取的措施；

③请求的事宜和理由；

④有关案件的实质及相关事实的概述；

⑤所涉及的法律、法规和其他法律条文；

⑥对请求事宜所涉自然人和法人的尽可能准确而详实的情况介绍。

（3）请求应使用被请求方的官方语言或英语或其他被请求方可接受的语言。

（4）如有必要，被请求方海关当局可要求对上述请求进行更正或补充。

第七条　请求的执行

（1）任何依照请求所提供的协助都不应违背被请求方国内的现行法律规定。

（2）经一方海关当局请求，另一方海关当局应在其职权范围内就与请求方境内正在调查的某一违反海关法规行为有关的事宜进行核实和询问。

（3）提供证明材料或其他文件应被视为执行请求的一种方式。只有在经确认的副本法律效力不足时，方可请求提供原始文件，并应尽快予以返还。

（4）被请求方海关当局应根据其国内法律采取一切必要的措施来执行请求。

（5）如被请求方海关当局非系执行一项请求的合适部门，则该海关当局应将此请求转达给合适的部门，并将此情况及上述请求的执行结果通报请求方海关当局。但是，是否执行上述请求应由被请求方合适的部门自行酌定。

（6）如被请求方海关当局拒绝执行一项请求，应以书面形式通知请求方海关当局并说明理由。同时，被请求方海关当局应向对方提供一切现有的对于进一步处理请求所涉事宜有用的情况。

第八条　情报和证明材料的使用

（1）根据本协定所获得的情报、文件和其他材料应仅在本协定第三条所规定的范围内使用，并受提供方所规定的条件的约束。

（2）除提供上述情报、文件和其他材料的海关当局书面同意并受该当局所规定的条件约束外，上述情报、文件及其他材料不应被用于其他目的，包括在司法或行政程序中被作为证据使用。

第九条　保密

根据本协定所获得的任何情报、文件或其他材料，其机密性应受到在接收方境内取得同类情报、文件或其他材料所应受到的相同程度的保护。

第十条　协助义务的免除

（1）如一方海关当局认为，对方提出的请求侵犯该国主权，危及该国安全和其他利益，或损害任何公私企业的合法商业利益，或将妨碍被请求方境内正在进行的某一程序，则该海关当局可以拒绝提供此项协助，或在满足一定条件或要求的情况下给予协助。

（2）如一方海关当局所请求的协助系其自身在被请求时所不能提供的，则该方海关当局应在其请求中声明，是否执行此项请求应由被请求方海关当局自行酌定。

第十一条　打击麻醉品和精神药品的非法贩运

（1）双方海关当局为防止、调查和惩处非法贩运麻醉品和精神药品，应主动在最短时间内通报有关下列情报：

①已知或涉嫌参与非法贩运麻醉品和精神药品的人；

②核查出被用于非法载运麻醉品和精神药品的车辆、船舶、航空器及其他运输工具、集装箱和邮件。

（2）双方海关当局应主动相互交流所掌握的有关非法贩运麻醉品和精神药品犯罪动态以及打击走私的成功经验。

（3）如双方商定采取控制下交付，以查缉非法贩运麻醉品和

精神药品的人，双方海关当局应依照各自国内的法规，在其权限和能力范围内，尽一切努力就此方面行动的实施进行合作。

（4）双方海关当局可将本条款的执行范围扩展到用于制造麻醉品和精神药品的物质。

第十二条　简化海关手续

（1）双方海关当局应相互协助，采取有效措施，简化海关手续，以便利和加快人员和货物的往来，包括货物的过境。

过往两国共同边境的货物及运输工具应由双方共同议定的验放口岸出入境。

（2）双方海关当局应在兼顾现行的国际运输法规的同时，努力采取相应的行政措施确立工作制度，核定口岸的验放能力。

（3）双方海关当局应就相互承认海关监管保障措施和海关单证的进行咨询和协商。

第十三条　经验交流

（1）为达到相互了解，双方海关当局应在以下领域进行相互交流：

①海关法规；

②对货物、人员及邮递品的监管办法；

③用于海关监管查验的技术设备；

④关于走私活动、走私方式、藏匿方式、新的违规手段、查缉方法及其成效；

⑤同各国海关、海关合作理事会和其他国际海关组织合作的经验；

⑥其他双方共同感兴趣的问题

（2）双方海关当局应加强下列海关事务方面的合作，包括：

①就双方共同感兴趣的事项，特别是为了解海关监管查验技术设备、计算机技术和其他现代科技手段的应用而进行的官员和专家的交流；

②海关人员的专业培训；

③海关业务信息和科技应用方面的信息交流。

第十四条　费用

除根据本协定执行请求而支付给证人、专家、译员等非海关雇员的费用外，双方海关当局应放弃就执行本协定所产生一切费用获得补偿的要求。

就执行本协定第十三条所产生费用的补偿问题由双方海关当局另行商定。

第十五条　协定的执行

（1）双方海关当局应确立其中央一级海关部门间的直接联络方式，并在双方海关当局另行商定后授权各自地方海关建立联络关系。

（2）双方海关当局应本着友好合作的愿望，对实施和解释本协定过程中出现的问题进行相互咨询和协商。

第十六条　协定的适用领域

本协定适用于中华人民共和国关境和哈萨克斯坦共和国关境。

第十七条　协定的生效和终止

本协定自双方各自完成本协定生效所必需的国内法律手续并相互通知之日起第30天生效。本协定有效期为5年，期满前6个月，如任何一方未以书面通知另一方终止本协定，则本协定将自动延长5年，并依此法顺延。